Rolf Kaufmann | Monotheismus

Rolf Kaufmann

Monotheismus

Entstehung, Zerfall, Wandlung

opus magnum

Foto: Paul Jenni

Rolf Kaufmann, geb. 1940 in Zürich, ist Theologe, Dipl. Analytischer Psychologe, Meditationslehrer, Erwachsenenbildner, Freitodbegleiter und Dozent am ISAP Zürich, dem Internationalen Seminar für Analytische Psychologie.

Dieses Buch ist sein siebentes, angeblich sein letztes. Wie dem auch sei: Es ist seine *Summa.*

Impressum

Die Deutsche Bibliothek verzeichnet diese Publikation in der Deutschen Nationalbibliografie.

Layout / Prepress: Paul Jenni, Rudolfstetten
Herstellung: Book on Demand GmbH, Norderstedt
Verlag: opus magnum, Stuttgart (www.opus-magnum.de)
Version 1.02 – ISBN 978-3-95612-010-7

Das Werk ist als PDF-Datei über http://www.opus-magnum.de abrufbar.

Inhalt

Vorwort

Der Gegenstand dieses Buches ist fächerübergreifend; eine Monographie über die Entstehung, den Zerfall und den Wandel des Monotheismus zu verfaxen, wäre die Aufgabe eines inter- und transdisziplinären *Teams*. Da ich kein solches zusammen brachte, schrieb ich das Buch allein – und setze mich damit dem Vorwurf aus, ein «Hans-Dampf-in-allen-Gassen» zu sein.

Das inter- und transdisziplinäre Teamwork hat Tradition in der Tiefenpsychologie; schon Freud und Jung arbeiteten fächerübergreifend (Kaufmann 2010, 97). Ich unternehme in dieser Hinsicht nichts Neues.

Auch mein eigener geistiger Werdegang begann interdisziplinär: Das Studium der Theologie (1959–1964) an der liberalen theologischen Fakultät der Universität Zürich lehrte mich, die Bibel historisch-kritisch zu analysieren und mich in die Ethnologie, Religions-, Kirchen-, Dogmen- und Philosophiegeschichte einzuarbeiten.

In den letzten Semestern wurde die Ausbildung transdisziplinär: Zur Vorbereitung auf die Seelsorge, Katechese und Erwachsenenbildung schnupperten wir an der Tiefenpsychologie, Pädagogik und Psychiatrie. Der Beruf des Priesters umfasst viele Disziplinen; er entstammt einer Zeit, da die Arbeitswelt noch nicht so spezialisiert war wie heute.

Transdisziplinär war ab 1970 auch meine Ausbildung als Krankenhausseelsorger, die meine medizinischen und psychosomatischen Kenntnisse vertiefte. Schließlich absolvierte ich 1974–1979 am Jung-Institut Zürich die Ausbildung zum Analytischen Psychologen.

Mein erster Lehranalytiker war von Haus aus Mediziner (Psychiater und Neurologe). Einmal träumte ich, ich pflücke in meinem großen Garten – im Talar! – feierlich reife, von brennenden Kerzen umstandene Himbeeren. Der Traum zeigte mir, wie tief meine Religiosität in der Natur verwurzelt war. Tagsüber war ich ein reformierter Pfarrer, nachts ein heidnischer Priester; im Beruf war das WORT maßgebend, im Traum das *lumen naturale*.

«Es ist die Aufgabe unserer Zeit, beides zu verbinden», kommentierte mein Analytiker. Das war freilich schneller gesagt als getan; denn die Kirche verpönte die religiöse Naturverbundenheit als «heidnisch». Doch ich nahm den Traum ernst; er gab mir den Anstoß zur geistigen Weiterentwicklung.

Auf meiner Suche begegnete ich schließlich Willy Obrist, einem Arzt (Internist/Angiologe) mit eigener Praxis in Luzern, der 1976 am Jung-Institut eine Vorlesung über die *Mutation des Bewusstseins* hielt. Dabei fiel bei mir der Groschen. Nun hatte ich gefunden, was ich gesucht hatte: die Grundlagen einer wirklich zeitgemäßen Spiritualität.

Willy Obrist war in der SHG engagiert, der «Stiftung für humanwissenschaftliche Grundlagenforschung», einer inter- und transdisziplinären Arbeitsgemeinschaft von Schweizer Hochschuldozenten mit dem Ziel, ein zeitgemäßes Welt- und Menschenbild zu erarbeiten (Obrist 2006, S. 142f.). Im Kontakt mit Obrist – zuerst als Schüler, später als Freund – lernte ich, seine Ideen schrittweise in mein Berufsleben umzusetzen.

Mit der Zeit wurde mir allerdings bewusst, dass selbst die Zürcher Kirche, die liberalste der Welt, nicht der geeignete Ort war, Obrists Entdeckung weiterzugeben. Darum traten meine Frau und ich aus ihr aus. Nun waren wir ganz frei, am Puls der Evolution.

Wir gründeten die Interessengemeinschaft: «Sein und Sollen» (www.seinundsollen.ch).

Meinen Leserinnen und Lesern empfehle ich, dieses Buches langsam zu lesen; es ist auch langsam gewachsen.

Rolf Kaufmann

Entstehung

(Phase 1)

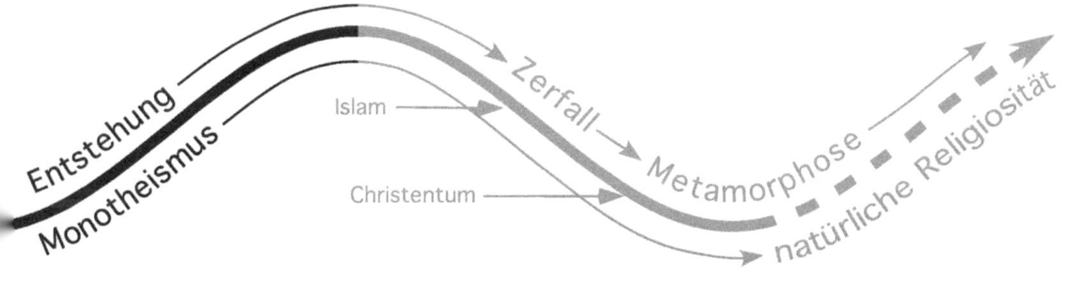

Grundlagen

Hinweis zum kleinen **a** oder **p** nach den Jahreszahlen:
Vor der so genannten Zeitenwende werden die Jahreszahlen mit einem nachfolgenden **a** bezeichnet, der Abkürzung für lateinisch **ante:** vorher. 587**a** bedeutet: 587 **vor** Christus (das war das Jahr der Zerstörung des Salomonischen Tempels durch Nebukadnezzar).

Nach der Zeitenwende werden die Jahreszahlen mit einem nachfolgenden **p** versehen, der Abkürzung für lateinisch **post:** nachher. 70**p** bedeutet: 70 **nach** Christus (das war das Jahr der Zerstörung des Herodianischen Tempels durch die Römer).

Grundsätzlich ist zur Datierung folgendes zu bedenken: Dass es immer noch keine global gültige Zeitrechnung gibt, ist meines Erachtens fatal. Die heute üblichen Datierungen (die christliche, jüdische, muslimische, chinesische etc.) entstammen alle dem mythischen Äon und sind überholt.

Da die Menschheit noch keine gemeinsame Zeit hat, weiss sie auch nicht, wie spät es ist. Ein konkreter, der UNESCO Schweiz vorgelegter Vorschlag für eine einheitliche Zeitrechnung der gesamten Menschheit findet sich in: Kaufmann 2010, S. 147.

Das alte Weltbild

Grundmuster

«Sie sehn vor lauter Bäumen den Wald nicht ...»

Die Weltbilder vieler alter Völker wurden von Historikern ausführlich dargestellt. Die Arbeiten zeigen, wie sich die alten Eskimos, Indianer, Aborigines, Germanen, Perser, Ägypter, Babylonier, Griechen, Römer etc. Gott und die Welt einst vorstellten.

So spannend die Darstellungen sind: Sie arbeiten das *Grundmuster* nicht heraus, das allen gemeinsam ist. «Sie sehn vor lauter Bäumen den Wald nicht» (Wieland, 1733–1813).

Das Grundmuster entdeckte Willy Obrist vor vierzig Jahren durch einen Quervergleich vieler alter Weltbilder. Es ist so einfach, dass es leicht übersehen wird; es lautet:

> «Das Seinsganze besteht aus einem Diesseits und einem Jenseits.»

Das Weltbild der Alten war ein *duales*; dadurch unterschied es sich fundamental vom *unistischen* Weltbild der Moderne. Der Schritt vom dualen zum unistischen Weltbild ist der Kern der in unserer Zeit stattfindenden *Mutation des Bewusstseins* (Obrist, 1980)

Dauer des ersten Grundmusters

Von der Altsteinzeit bis zum Ende des Mittelalters in Europa glaubte der Mensch überall, es gebe nicht nur diese Welt, das Diesseits, sondern noch eine andere, das Jenseits. Man glaubte, das Schicksal werde aus natürlichen und übernatürlichen Fäden gewoben. Das Jenseits galt als ein Mysterium, das sich den Sterblichen von Zeit zu Zeit in numinosen Erfahrungen offenbare. Berichte von drüben waren von zentraler Bedeutung.

Dieses Grundmuster nennt Obrist das *archaisch-mythische Weltbild (archaios* heißt: uralt, und *Mythen* sind Geschichten von jenseitigen Wesen); es liegt auch dem Monotheismus zugrunde, der zuletzt entstandenen Form desselben.

Details

Zum Grundmuster gehörte die Vorstellung, die Welt sei von jenseitigen Wesen erschaffen worden, und diese würden von Zeit zu Zeit, belohnend oder bestrafend, in den Verlauf der Geschehnisse hienieden eingreifen. Deshalb war es wichtig, mit jenseitigen Wesen in ein gutes Einvernehmen zu gelangen. Dazu verhalf die Religion, ohne die das Leben undenkbar war. Die Alten waren religiös.

Im Gegensatz zum vergänglichen Diesseits war das Jenseits für sie ewig und viel mächtiger als die Mächte «dieser Welt». Unsere Erde war nach damaliger Vorstellung nur ein paar Jahrtausende alt und stets vom Untergang bedroht. Das Leben im himmlischen Jenseits war darum ungleich wertvoller als das Leben hienieden. Die Welt war ein «Jammertal» (als solches bezeichneten die Mönche unser Dasein in der *Komplet*, ihrem Nachtgebet).

Die Alten glaubten auch, jenseitige Wesen *inkarnierten* sich von Zeit zu Zeit, d.h. sie nähmen «fleischliche» Gestalt an und lebten unerkannt unter den Sterblichen.

Zudem dachten sie, das Jenseits schicke himmlische Boten (griechisch: *Angeloi*, Engel), um den Menschen den göttlichen Willen kund zu tun.

Ausserdem berief der Himmel Propheten, denen er sich in «Gesichten» (Träumen, Visionen, Eingebungen) offenbarte, um die Sterblichen in seine Pläne einzuweihen.

Auch Naturkatastrophen, Glück- oder Pechsträhnen galten als Zeichen von drüben.

Das Diesseits wurde früher in einem heute unvorstellbaren Maß vom Jenseits durchdrungen. Das Gefühl, von drüben geleitet zu werden, entstand dadurch, dass die inneren Wahrnehmungen und wörtlich verstanden wurden.

Angesichts seines hohen Alters ist es nicht verwunderlich, dass das archaisch-mythische Weltbild drei Jahrhunderte nach dem Beginn der Aufklärung immer noch nicht verschwunden ist und dass zumindest Bruchstücke davon auch hierzulande noch in vielen Köpfen herum geistern. Was sind ein paar Jahrhunderte gegenüber den Jahrzehntausenden, in denen es als selbstverständlich galt!

Religion und Tradition

Die Religion wahrt die Tradition. Sie glaubt, für die Ewigkeit geschaffen zu sein. Wenn alte Zöpfe abgeschnitten werden sollen, beschwört sie «unantastbare Grundsätze». Religiöse Neuerungen sind allemal Zangengeburten; sie werden als Rebellion aufgefasst.

Die konservative Einstellung der Religion befriedigt das Bedürfnis nach Sicherheit und ist nicht nur negativ zu bewerten. Wenn sie aber zum Reflex gegen alles Neue wird, wird sie lebensfeindlich; denn Leben ist Evolution. Religionen tendieren zur *Neophobie*, zur Angst vor Neuem.

Ich illustriere dies mit drei Beispielen aus der katholischen Kirche:

1. Das erste Beispiel ist der *Antimodernisteneid*. In der ersten Hälfte des 20. Jahrhunderts wurden alle kirchlichen Mitarbeiter verpflichtet, den Antimodernisteneid abzulegen. Dabei mussten sie nicht nur dem Sozialismus, Kommunismus und Atheismus, sondern auch naturwissenschaftlich fundierten Erkenntnissen abschwören, sofern diese der Bibel widersprachen. Dazu gehörte etwa die Entdeckung der Evolution durch Charles Darwin (1809–1882). Darwin wurde von Rom bis heute – im Gegensatz zu Galilei (1564–1642) – nicht rehabilitiert. Die Kirche hat die Tatsache der Evolution bis heute noch nicht offiziell anerkannt.

2. Das zweite Beispiel sind geheime Pläne des vorzeitig zurück getretenen Papsts Benedikt XVI., der angesichts der «gottlosen Moderne» einen globalen «Schulterschluss aller Rechtgläubigen» inszenieren wollte. Zu den «Rechtgläubigen» gehörten nach David Berger auch konservative Muslime: «Der katholische Dschihad kann in seinem Kampf gegen die offene Gesellschaft auf ein erstaunlich großes Netzwerk zurückgreifen, das von den ranghöchsten Männern der katholischen Kirche über Rechtsaußenpolitiker und Restbestände des europäischen Adels bis hin zu fundamentalistischen Muslimen fest geknüpft ist» (Berger 2010, S. 124).

3. Das dritte Beispiel betrifft das *Selbstbestimmungsrecht am Lebensende*, das die Kirche immer noch nicht anerkennt, obwohl es ein Menschenrecht ist. Wer nach einem erfüllten Leben an einem unheilbarem Krebs erkrankt, der ihm Unzumutbares bringt, darf seine Qualen nicht durch einen erlösenden Freitod beenden, bei dem ihn kompetente Fachleuten begleiten. Es nützt ihm nichts, wenn er urteilsfähig ist, autonom handelt und sich die Sache reiflich überlegt hat.
   Der Freitod ist für die Kirche eine Todsünde, schlimmer als ein Mord; er ist eine Auflehnung gegen den Schöpfer selbst, der uns das Leben schenkte. Darum müssen «Selbstmörder» in die Hölle kommen, und da kein Ritus die Höllenstrafe abwenden kann, erübrigt sich auch eine kirchliche Bestattung.
   Die Kirche ist eine Gegnerin des Selbstbestimmungsrechts. Nach einer Abstimmung im Kanton Zürich (2011), bei der sich das Zürcher Stimmvolk mit über 85% der Stimmen für das Recht der Selbstbestimmung am Lebens-

ende aussprach, wetterte ein deutscher Bischof, nun habe «der moderne Bazillus der Selbstbestimmung» auch die Schweiz vergiftet ...
Mit ihrer neophoben Haltung ist die Kirche ein Hemmschuh der Evolution; sie vergeht sich gegen ein grundlegendes Naturgesetz. Dies ist – in ihrer Sprache gesagt – eine Todsünde. Ihre Neophobie ist «die Sünde wider den Heiligen Geist, die nicht vergeben wird» (Matthäus 12_{31}). Darum kann sie im Kampf ums Dasein nicht überleben.

Entstehung des dualen Weltbilds

Der Glaube an ein Jenseits wurde nicht «erfunden», sondern war von allem Anfang an da. Er entstand in der Morgendämmerung des Bewusstseins, als noch vermischt war, was wir heute unterscheiden. Innere und äußere Wahrnehmungen lagen wie Kraut und Rüben auf demselben Haufen. Was man *innerlich* sah – in Träumen, Visionen, Eingebungen, Fantasien, Intuitionen etc. –, nahm man für bare Münze: Engel, Teufel, Drachen, Heilige, Verstorbene, die Gefilde der Seligen oder die Hölle hielt man für *äußerlich real.* Infolge des *archaischen Konkretismus* wurden innere Bilder *tels quels* verstanden, d.h. in der Projektion erlebt. Sie waren nicht *Symbole* für psychische Realitäten, sondern Abbilder von Dingen, die außerhalb des Menschen existierten. Da sich der Vorgang der Projektion *unbewusst* abspielte, konnte das Ganze nicht hinterfragt werden.

Der Jenseitsglaube gehört aber nicht nur der Vergangenheit an. In den tieferen Schichten unserer Psyche lebt er noch heute. Wir kennen den archaischen Konkretismus aus unseren Träumen, wo wir die innere Wirklichkeit ja immer noch für äußerlich real halten. Erst wenn wir erwachen, durchschauen wir die Sache und realisieren, dass es «nur ein Traum» war. Dann schütteln wir die Steinzeit ab und begeben uns auf das intellektuelle Niveau unserer Zeit, in der innere Wahrnehmungen nicht mehr als äußeren Realitäten gelten.

Steinzeitmenschen hatten diese Möglichkeit noch nicht; sie verstanden ihre Träume konkretistisch. Wenn sie träumten, flog ihre Seele aus ihrem Leib in die andere Welt hinüber (siehe Abbildung S. 17).

Das archaisch-mythische Weltbild entstand, weil die Alten ihre inneren Bilder konkretistisch verstanden. Sie erfanden den Jenseitsglauben nicht, sondern fanden ihn vor als etwas, das schon immer da gewesen und darum selbstverständlich war; denn der Mensch träumt jede Nacht!

«Während der Leib schläft, fliegt die Seele ins Jenseits» (Bild: E. Fux, in: Kaufmann 2006, 2.1.6.).

Die Ausdrücke «innere Wahrnehmung» und «Projektion» entstammen der Tiefenpsychologie. Ich trete nun näher darauf ein. Wir betrachten das duale Grundmuster jetzt mit den Augen der Tiefenpsychologie. Diese erschließt das alte Weltbild neu.

Das alte Weltbild im Verständnis der Tiefenpsychologie

Verkopfung der Religion in der Neuzeit

Wie gesagt, pflegten die Alten den Kontakt mit den tieferen Schichten der Psyche *via Projektion*. Weil die Teilnahme an religiösen Riten kollektiv vorgeschrieben war, kamen sie – dank den dabei verwendeten archetypischen Symbolen – regelmäßig mit ihrem Seelengrund in Kontakt. Die religiösen Riten bewahrten sie vor der Selbstentfremdung. Darum bezeichnete Jung die Religionen als «die psychotherapeutischen Systeme der Alten».

Mit der Entwicklung des Intellekts in der Moderne verlor die Religion ihre Funktion als Bindeglied zu den tieferen Schichte der Psyche. Die Religion wurde verkopft. Man wollte sie sich *rational* aneignen: Im Unterricht wurde der Katechismus eingetrichtert, und im Gottesdienst rückte die Predigt ins Zentrum. Infolge ihrer Kopflastigkeit verband die Religion die Menschen nicht mehr mit dem Grund des Seins, dem Selbst.

Was mit dem «Selbst» gemeint ist, skizziert der nächste Abschnitt.

Das Selbst

Das Verdienst, die Existenz eines unbewussten Bereichs der Psyche als erster wissenschaftlich nachgewiesen zu haben, kommt Sigmund Freud zu. Nach ihm entdeckte C. G. Jung die Zentrierung der Psyche im Selbst.

Darauf stieß Jung durch Erfahrung. Bei der therapeutischen Begleitung seelischer Reifeprozesse fiel ihm auf, dass diese oft *von innen* angeregt wurden. Es waren meist Träume, die seine Klienten weiter brachten.

Wer komponierte diese Träume im Unbewussten? Wie könnte man diese Instanz benennen? Jung gab ihr den Namen «das Selbst», um sie vom Ich, dem Zentrum des Bewusstseins, zu unterscheiden.

Da Jung kein systematischer, sondern ein intuitiver Denker war, stellte er die Beziehung zwischen dem Ich und dem Selbst nie grafisch dar.

Diese Lücke füllten, unabhängig von einander, Jungs Schülerin M.-L. von Franz und W. Obrist. Hier Jungs Psyche-Modell nach Obrist:

Die grafischen Darstellungen von M. L. von Franz und von Obrist sind fast identisch; sie geben darum Jungs Ansicht wohl korrekt wieder. Im Unterschied zu Obrist stellte von Franz Jungs Psyche-Modell als dunkle Kugel

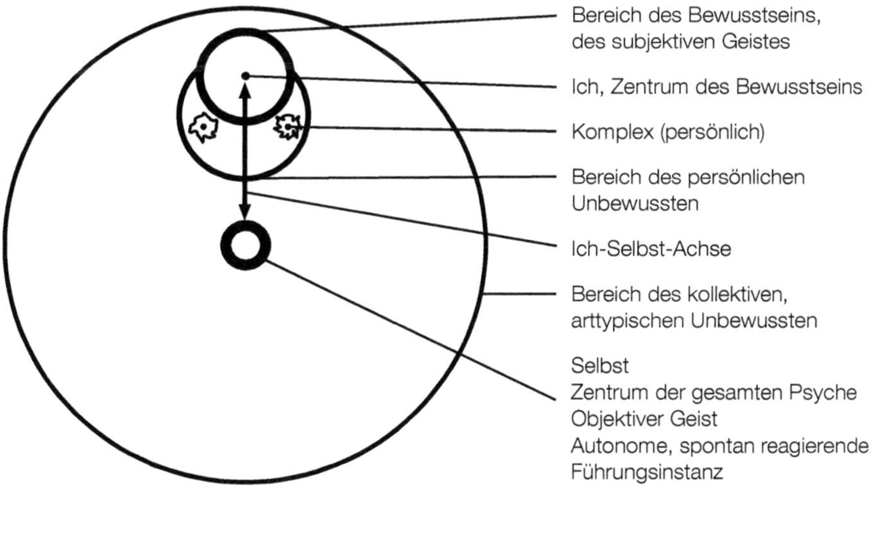

dar, auf deren Oberfläche das Bewusstsein als heller Kreis erscheint; den Mittelpunkt der Kugel bildete das Selbst (S. 332).

Was die Tiefenpsychologie als den Bereich des Bewusstseins bezeichnet, die Welt des Ichs, das nannten die Alten «die Menschenwelt» oder «diese Welt». Jung bezeichnete das Ich auch als den «subjektiven Menschengeist», das Selbst als den «objektiven Naturgeist». Archetypen und autonome Komplexe waren für die Alten unsichtbare jenseitige Wesen. Das Selbst erschien ihnen als Gott.

Das in der Phylogenese entstandene arttypische Unbewusste nannte Jung das «kollektive» (d. h. allen Menschen gemeinsame), angeborene Unbewusste, im Gegensatz zu den biografisch erworbenen Komplexen im persönlichen Unbewussten.

Die Pflege der Ich-Selbst-Achse war früher Sache der Religion; heute ist sie Sache des Einzelnen. Jungs Entdeckung des Selbst und der «Ich-Selbst-Achse» (Neumann) führten zu jener fundamentalen geistigen Umwälzung, die Obrist als *Mutation des Bewusstseins* bezeichnete.

Zwischenbemerkung:

Jungs Selbst wird oft – zu Unrecht – mit dem Selbst der *altindischen Philosophie* gleichgesetzt; das altindische Selbst und Jungs Selbst entstammen jedoch grundverschiedenen Weltbildern:

Das Selbst der altindischen Philosophie gehört zum *dualen*, archaisch-mythischen Weltbild und bezeichnet ein jenseitiges Geist-Wesen, das sich bei der Geburt eines Menschen inkarniert und nach dem Tod desselben das Diesseits wieder verlässt, um in seine ewige Heimat im Jenseits zurückzukehren.

Jungs Selbst hingegen entspringt dem *unistischen* Weltbild der modernen Wissenschaft und bezeichnet die natürliche unbewusste Führungsinstanz der Gesamtpersönlichkeit. Dasselbe Wort «Selbst» meint zwei grundverschiedene Dinge, die nicht mit einander vermischt werden sollten.

Vor drei Jahrzehnten wurde Jungs Selbst neurologisch geerdet bzw. naturwissenschaftlich bestätigt. Sein Entdecker, Gino Gschwend, bezeichnete die zentrale Führungsinstanz im Unbewussten als den Gesamtintegrator unseres Zentralnervensystems.

Der Integrator

Der Neurobiologe und Hirnforscher *Gino Gschwend* fand zwei Jahrzehnte nach Jungs Tod die zentralnervöse Entsprechung zu Jungs Selbst.

Obrist beschreibt diese epochale Entdeckung mit den Worten:

> «Die Neurobiologie hat das zentralnervöse Substrat ausgemacht, in dem die Zentrierung der Gesamtpsyche stattfindet. Der Schweizer Physiologe Walter R. Hess (Nobelpreis 1949) ... griff im hohen Alter die einst von seinem englischen Kollegen Charles Sherrington (Nobelpreis 1932) geäußerte Idee auf, im Großhirn befinde sich ein Gesamtintegrationssystem. Die Erforschung dieses Systems – abgekürzt Integrator genannt – hat Hess seinem jüngeren Mitarbeiter Gino Gschwend, einem passionierten Hirnforscher, überlassen.
>
> Dieser hat dann die anatomische wie auch die funktionelle Grundstruktur des Integrators beim Menschen, der 70% seiner Hirnneuronen umfasst, erschlossen. ...
>
> Der Integrator ist die weit vernetzte ‹Kommandozentrale› der gesamten Hierarchie unbewusst arbeitender innersomatischer Integrationszentren. Er hat die Gesamtübersicht. Zu ihm fließt (als Input) die gesamte von den Sinnesanalysatoren vorbearbeitete Information über die Außenwelt, ferner Information über den Zustand des eigenen Bewegungsapparates, über den Zustand des visceralen Systems sowie des Wach-Schlaf-Systems. Der Integrator allein hat zudem die Übersicht über alle Sollwerte: über die genetisch fixierten (die arttypischen Muster) und über Erinnerungen an Ergebnisse früherer Lernprozesse. Ihm fließen auch die Instinktmotivationen zu. Aufgrund all dessen ist er in der Lage, ein der gesamten momentanen Situation angepasstes Aktionsmuster zu entwerfen» (Obrist 1999, 296f.).

Gschwend und Obrist waren befreundet. Da Gschwend Jungs Psyche-Modell kannte, waren für ihn die Parallelen zwischen seinem Gesamtintegrator und Jungs Selbst augenfällig. Er verstand Jungs Selbst als den geistigen, den Integrator als den materiellen Aspekt derselben Führungsinstanz.

Infolge der Entdeckungen der Tiefenpsychologie werden die religiösen Projektion zurückgenommen, und an die Stelle jenseitiger Mächte treten Kräfte der unbewussten Psyche.

Da der Begriff der Projektion für das Verständnis der Religion von zentraler Bedeutung ist, trete ich nun ausführlich darauf ein.

Projektion

Zum Begriff

Der Begriff: «Projektion» verdankt sich dem vor hundert Jahren entwickelten Projektionsapparat, mit dessen Hilfe sich Bilder auf eine Leinwand projizieren (wörtlich: nach außen werfen) ließen. Der tiefenpsychologische Begriff hat sich in den hundert Jahren seines Bestehens in die Umgangssprache eingebürgert.

Gleichzeitig verlor er dabei an Gehalt. Das Wort «Projektion» großspurig in den Mund zu nehmen, heißt noch nicht, auch zu verstehen, was damit gemeint ist. Besonderer Beliebtheit erfreut es sich in Redeschlachten, wo man den Gegner mit dem Schlag-Wort: «Dieser Vorwurf ist reine Projektion!» mundtot machen will.

Anhand eines Modells treten wir näher auf den Begriff ein.

Das Projektions-Modell von Obrist (2009, S. 51)

Die kleine Klammer unten rechts umfasst den bewussten, die große Klammer darüber den unbewussten Bereich der Psyche. Der winzige Kreis zuunterst bezeichnet das Ich, der doppelte, gestrichelte Kreis darüber das Selbst.

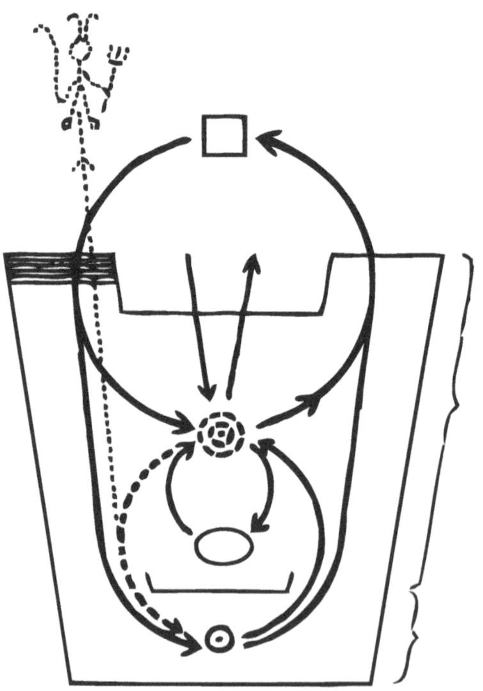

Der große, obere Kreis mit den beiden Pfeilen stellt die unbewusst verlaufende Beziehung zwischen der Außenwelt (Quadrat) und dem Selbst dar. Diese wird weitgehend durch angeborene (phylogenetisch erworbene) Programme gesteuert.

Die sechs kurzen, waagrechten Linien oben links bilden die Sinnesorgane ab, welche die äußere Wirklichkeit wahrnehmen und ihre Wahrnehmung nach innen ans Ich und ans Selbst weiter leiten. Gewisse Informationen bleiben unbewusst und fließen nur zum Selbst; andere gelangen auch zum Ich.

Beispielsweise leiten die Sensoren der Nase gewisse Düfte (z. B. sexuelle Lockstoffe) nur ans Selbst weiter, das dann in eigener Regie entscheidet, wie die betreffende Person oder Sache rieche: anziehend oder abstoßend. In diesem Fall entscheidet das *Unbewusste*, wie jemand reagiert. Entweder wird der Meid-Instinkt in Gang gesetzt; dann ist das Gegenüber: «Pfui!» Oder dann wird der Gewinn-Instinkt mobilisiert, und man ist erfreut. Der Entscheid wird nicht bewusst, weil die Nerven, die die sexuellen Lockstoffe wahrnehmen und zur Verarbeitung weiterleiten, nicht ans Bewusstsein im Frontallappen angeschlossen sind, sondern tiefer gelegene Stellen des Gehirns informieren.

Früher oder später – je nachdem, ob jemand eine «lange Leitung» hat oder nicht – mischt sich aber auch das Bewusstsein – das Ich – in die Angelegenheit ein. Es will mitreden beim Entscheid, wie man sich in diesem Fall verhalten soll; schließlich hat es am Schluss auch die Verantwortung für den Entscheid zu tragen! Vielleicht sagt ihm seine gute Kinderstube (sein Über-Ich oder Eltern-Ich), es müsse höflich bleiben und dürfe nicht die Nase rümpfen.

Zur «langen Leitung» ist zu ergänzen, dass Fühltypen in dieser Hinsicht besser dran sind als Denktypen, weil ihr Ich neuronal gut vernetzt ist mit dem Unbewussten. Denktypen dagegen, die innerhalb des Frontallappens agil sind und darum schnell denken, tun sich schwer bei der Rückkoppelung mit dem unteren Pol der Psyche bzw. mit den tiefer gelegenen Schichten des Gehirns. In dieser Hinsicht haben sie eine «lange Leitung».

Die beiden fast senkrechten Pfeile oben im Bild, von denen der eine nach oben, der andere nach unten zeigt, stellen die noch kaum erforschte außersinnliche Wahrnehmung und unbewusste Rückkoppelung mit der Umwelt dar. Diese vollzieht sich normalerweise völlig unbewusst; nur besonders sensitive Menschen erhaschen in Träumen und Intuitionen bisweilen etwas von diesem Austausch zwischen allen Dingen.

Die beiden gebogenen Pfeile unterhalb des Selbst (über der kleinen liegenden Ellipse) bilden den Regelkreis zwischen dem Selbst und dem Körper ab, der ebenfalls weitestgehend unbewusst arbeitet.

Der untere große Kreis, dessen linke Hälfte gestrichelt ist, stellt die Rückkoppelung zwischen dem Ich und dem Selbst dar.

Der rechte Halbkreis mit dem Pfeil nach oben meint den Informationsfluss vom Ich zum Selbst. Das Selbst erfährt, was im Ich geschieht. Dieser Informationsfluss bildet die neuronale Basis des Glaubens der Alten, jenseitige Wesen wüssten um die Gedanken der Menschen. Die Alten spürten, dass es sinnlos ist, sich selbst belügen und betrügen zu wollen.

Der linke, gestrichelte Halbkreis mit dem Pfeil nach unten bezeichnet den umgekehrten Informationsfluss, den vom Selbst zum Ich. Die Grafik zeigt das Beispiel einer Teufelsprojektion. Diese kommt dadurch zustande, dass das Ich in einer inneren Wahrnehmung, etwa einem Traum, einen Teufel sieht, den ihm das Selbst vorführt. Weil sich das Ich im Schlaf auf einem wenig entwickelten intellektuellen Niveau befindet, hält es den Teufel für eine *äußere* Realität und meint, es begegne dem «Leibhaftigen».

Rücknahme der Projektion

Ein Mensch des 21. Jh.s hat nach dem Erwachen die Möglichkeit, sich zu fragen, was das innerlich geschaute Symbol des Teufels für ihn bedeute. Die Alten, die im archaischen Konkretismus befangen waren, nahmen ihre innere Wahrnehmung für bare Münze.

In der Steinzeit war die ganze Welt voller Gottheiten, die jeden auffälligen Baum, Stein, Hain, Berg, Bach, See und Stern, jede besondere Höhle oder Quelle bevölkerten. Die Jenseitsvorstellungen aller Religionen beruhen auf Projektionen: Himmel und Hölle, Götter und Teufel, Engel und Dämonen sind konkretistisch verstandene innere Bilder.

Die moderne Tiefenpsychologie nimmt *sämtliche* religiösen Projektionen zurück und macht aus der vermeintlich äußeren eine innere Realität. So symbolisiert beispielsweise der Teufel die unkultivierte Seite des Träumers, sexuelle und aggressive Kräfte, die wegen ihrer Rohheit als «tierisch» bezeichnet werden.

Der heutige Mensch ist angehalten, seine Projektionen zurückzunehmen und aufzuarbeiten. Die Rücknahme einer Projektion ist peinlich; deshalb weichen viele der Arbeit der Schattenintegration aus.

Träume vom Teufel konfrontieren uns mit dem Steinzeitmenschen in uns und stellen uns vor die Frage, wie wir als zivilisierte Menschen mit rohen Kräften verantwortlich umgehen können. Das mit der Entdeckung der Projektion gegebene *ethische Problem* ist von großer Bedeutung.

Zitat von Obrist zur Projektion:

> «Die Tatsache, dass Visionäre den Eindruck haben, das Geschaute spiele sich in der Außenwelt ab, obwohl es sich dabei um eine innere Wahrnehmung handelt, wird in der Tiefenpsychologie als *Projektion* bezeichnet. Unter Verwendung dieses Fachausdrucks kann man sagen, im außergewöhnlichen Bewusstseinszustand werde der aus dem Unbewussten kommende Bilderstrom in der Projektion wahrgenommen und deshalb *konkretistisch*, d.h. als Wahrnehmung konkreter Dinge und Wesen, aufgefasst.

Nun hat die ethnologische Forschung ergeben, dass bei ‹Naturvölkern› auch Träume, ja sogar Wachfantasien in der Projektion wahrgenommen und deshalb konkretistisch apperzipiert wurden. Dass bei uns nur noch Visionen den Eindruck erwecken, das Geschaute spiele sich außen ab, ist eine Folge der Evolution des Bewusstseins.

Seit der Pionierzeit der Verhaltensforschung wissen wir, dass Tiere – unbewusste Lebewesen – durch ihre Erkenntnis- und Verhaltensmuster fest in ihre arteigene Umwelt eingefügt sind: dass sie – in der Sprache der Technologie ausgedrückt – zusammen mit ihrer arteigenen Umwelt ein kybernetisches System bilden. Durch das In-die-Welt-Treten von Bewusstsein beim Evolutionsschritt vom tierischen Primaten zum Menschen ergab sich die Möglichkeit, sich sukzessive aus diesem festen Eingefügtsein herauszulösen: der ‹Welt› bzw. der objektiven Wirklichkeit als etwas von einem selber zu Unterscheidendem gegenüberzutreten. Das, was man Evolution des Bewusstseins nennt und gewöhnlich als fortschreitende Fähigkeit zur Unterscheidung von Ich und Nicht-Ich umschreibt, besteht zur Hauptsache in diesem schrittweisen Sich-Herauslösen des Menschen aus dem Eingefügtsein in seine arteigene Umwelt.

Aus dem ethnografischen Material wurde ersichtlich, dass bei nur geringem Grad der Herauslösung das Gefühl des Eingefügtseins überwog. Dabei ist zu beachten, dass der frühe Mensch sich nicht nur in eine sinnlich wahrnehmbare Umwelt – in die Welt der ‹sichtbaren Dinge› – eingefügt erlebte, sondern auch in eine unsichtbare Welt: in eine Welt voll unsichtbarer Mächte, die auf ihn einwirkten. Allerdings vermochte der frühe Mensch noch nicht klar zwischen sichtbarer und unsichtbarer Welt zu unterscheiden, so wenig wie er zwischen belebten und unbelebten Dingen oder zwischen lebendig und tot zu unterscheiden vermochte. …

Wenn wir nun fragen, worauf es beruhte, dass der frühe Mensch sich von unsichtbaren Mächten umgeben fühlte, können wir heute sagen, das habe sich daraus ergeben, dass die aus dem Innern kommenden Bilder noch so erlebt wurden, als befänden sie sich außen und die aus dem Innern kommenden Impulse so, als wirkten sie von außen auf den Menschen ein. In der Fachsprache der Tiefenpsychologie ausgedrückt: Es beruhte darauf, dass die aus dem unbewussten Bereich der Psyche kommenden Bilder und Impulse in der Projektion wahrgenommen wurden» (Obrist 2009, 51–53).

Den entscheidenden letzten Satz des Zitats gestaltet die folgende Grafik:

Projektion und Erkenntnis

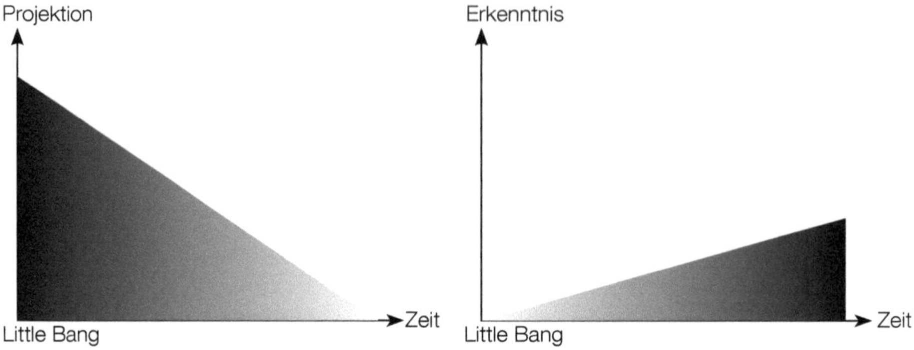

«Little Bang» bezeichnet hier den Anfang der Bewusstwerdung bei höher entwickelten Säugetieren. Den Ausdruck wählte ich in Analogie zum «Big Bang», dem Anfang allen Seins vor 13,7 Milliarden Jahren.

Die beiden Abbildungen zeigen, wie sich die Projektion im Verlauf der *Bewusstseinsevolution* allmählich verringerte und wie gleichzeitig das rationale Unterscheidungsvermögen zunahm. Durch diesen langwierigen Prozess löst sich der Mensch langsam aus dem Geflecht der Projektionen heraus, in das er ursprünglich verwoben war.

Die Grafik macht sichtbar, dass am Anfang alles Projektion war. Auf der niedrigsten Stufe seines Intellekts, als Kleinkind oder im Traum, ist auch der moderne Mensch noch ein Archaiker.

Neurologische Bestätigung

Die Übermacht des Unbewussten über das Bewusstsein, die Freud und Jung entdeckten, wird heute neurologisch bestätigt.

So schreibt der Neurologe David Eagleman (2011):

> «Unsere Hoffnungen, Träume und Ängste, unsere Geistesblitze, Ideen und Entscheidungen, unser Sinn für Humor und unser Empfinden für Schönheit, Kunst und Musik – all dies hat seinen Ursprung in diesem rätselhaften Organ, das wir Gehirn nennen.
>
> Über die meisten unserer Handlungen, Gedanken und Gefühle haben wir keine Kontrolle. Unser Bewusstsein – das Ich, das den Motor anwirft, wenn wir morgens aufwachen – macht nur den kleinsten Teil dessen aus, was sich in unserem Gehirn abspielt. Die Schaltzentrale unseres Innenlebens (tiefenpsychologisch gesagt: das Selbst; der Verf.) funktioniert weitgehend ohne

> unser Ich. Die meisten Abläufe im Gehirn werden nicht vom Bewusstsein abgenickt. Das Ich hat zu diesen Vorgängen keinen Zutritt.»

Die Freiheit des Ichs – darin sind sich Tiefenpsychologie und Neurologie einig – hat, aufs Ganze gesehen, an einem kleinen Ort Platz. Dennoch existiert sie, und im Prozess der Bewusstwerdung geht es darum, den Freiraum des Ichs Schritt für Schritt zu vergrößern. Der Kampf um diese Freiheit ist für die *Menschwerdung des Menschen* von zentraler Bedeutung. Da er vom Unbewussten angestoßen wird, dürfen wir annehmen, es sei die Natur selbst, die den Spielraum des Ichs und damit das Bewusstsein ständig erweitern wolle. Die Bewusstseinsevolution ist naturgewollt.

Mit dem Begriff: «Bewusstsein» befasst sich der nächste Abschnitt dieses Kapitels. Auch hier ist der evolutionäre Gesichtspunkt hilfreich.

Bewusstsein

Evolutionsgeschichtlich betrachtet, ist das Bewusstsein eine Weiterentwicklung des Neugierverhaltens junger Säugetiere, dessen physiologische Basis der *Neocortex* ist, der jüngste Teil der Großhirnrinde, der sich mit den Säugern entwickelte. Die materielle Basis des Bewusstseins ist somit ein Stück weit für Menschen und höher entwickelte Säugetiere dieselbe. Was hingegen beide unterscheidet, ist die Bedeutung, die das Bewusstsein im Laufe des Lebens erhält: Beim gesunden Menschen lässt der Lernwille kaum nach. Bei den Tieren ist das anders. Wenn sie ausgewachsen und *fit* sind für den Kampf ums Dasein, flaut er ab, weil sie erreicht haben, was sie für ihr Überleben brauchen. Der Mensch hingegen hat nie ausgelernt. Zur Ergänzung seiner mangelhaft ausgebildeten Instinkte muss er sein Bewusstsein ständig weiter ausbauen. Er kann es sich nicht leisten, nichts Neues mehr hinzulernen; er muss seinen Instinktmangel mit bewusstem Wissen kompensieren.

Die Evolution des Bewusstseins führte beim Menschen zum Ausbau einer zweiten inneren Führungsinstanz: seines bewussten Ichs. Dieses erreicht beim Menschen im Reifezustand ein in der Evolution noch nie da gewesenes Ausmaß. Insofern nennt man den Menschen zurecht das seiner selbst bewusste Lebewesen.

> Dass sich auch Primaten – zumindest im Keim – ihrer selbst bewusst sind, zeigen Spiegelexperimente: Primaten erkennen sich im Spiegel, im Gegensatz etwa zu Katzen, deren Neocortex noch nicht so leistungsfähig ist wie der von

Primaten. Selbsterkenntnis ist eine höchst komplexe Leistung des Zentralnervensystems.

Der Mensch ist nicht einfach Mensch; er *wird* Mensch, indem er seiner selbst *bewusst* wird. Der Übergang vom Primaten zum Menschen war fließend, und der Mensch wird heute noch erst richtig Mensch durch den Schritt vom unbewussten zum bewussten Leben. *Menschwerdung ist Bewusstwerdung*: «Der Übergang vom Menschenaffen zum Menschen – das sind wir» (Konrad Lorenz).

Schluss

Damit beende ich das Kapitel über das archaisch-mythische Weltbild, die weltanschauliche Grundlage des Monotheismus.

Nach der weltanschaulichen gelangt nun – in den beiden nächsten Kapiteln – die *historische* Grundlage des Monotheismus zur Darstellung.

Dessen unmittelbarer Vorgänger war der Polytheismus, der Glaube an eine Vielzahl jenseitiger Wesen. Dieser wurzelte im Totemismus oder Animismus, der Urform menschlicher Religiosität.

Den Totemismus schildert nun das nächste Kapitel.

Totemismus

Einleitung

Animismus / Totemismus

Die beiden synonymen Begriffe «Animismus» und «Totemismus» bezeichnen die älteste Gestalt der menschlichen Religiosität.

Das Wort: «Animismus» kommt von lateinisch *Anima*: Hauch, Luftzug, Atem, Geist, Seele, Leben. In der früharchaischen Phase glaubte der Mensch, alles Auffällige – z. B. bestimmte Steine, Bäume, Quellen, Höhlen, Haine, Berge und Tiere – sei von einem mysteriösen Geist belebt. In Melanesien hieß dieser nicht Anima, sondern *Mana*. Häuptlinge und Schamanen waren *Mana-Persönlichkeiten*. Ihr Mana belebte auch ihre Kleider, sogar ihren Nachttopf (diesen zu berühren, war nicht ratsam).

Der Steinzeitmensch lebte Jahrzehntausende lang in einer von heiligen Mächten erfüllten Welt, die er sich als konkrete Wesen vorstellte.

Diese magische Epoche durcheilt ein Mensch des 21. Jahrhunderts in seiner frühen Kindheit. Im Verlauf seiner geistigen Entwicklung überwächst er in der rationalen Schicht seiner Psyche die animistisch-totemistischen Vorstellungen. Darunter geistert der Animismus jedoch weiter. In den tieferen seelischen Schichten herrscht nach wie vor ein Gefühl der *Participation mystique* (L. Lévy-Bruhl), einer geheimen Verwandtschaft aller Dinge.

Der Begriff «Totemismus» leitet sich vom Wort «Totem» her, das dem indianischen *Ojibwa* angehört, einer Algonkinsprache, die nördlich der Großen Seen gesprochen wird. «Ototeman» heißt dort: «Er gehört zum Totem.»

Wer zum selben Totem gehörte, war geistig verwandt. Bei uns gehörte man früher zur katholischen oder reformierten Kirche; bei den Moslems ist man sunnitisch oder schiitisch. Das sind Totemgemeinschaften. Das Totem selber (ein Tiere, eine Pflanze, ein Stein etc.) ist die Quintessenz der betreffenden Gemeinschaft und deshalb tabu. Wer ihm Schaden zufügt, schädigt den Geist der Gemeinschaft, den *mystischen Leib* des Totems.

Diese Vorstellung kennt auch das Christentum: Die Kirche ist der mystische Leib Christi. Paulus sagt: «Wenn *ein* Glied leidet, leiden alle, und wenn *einem* Herrliches zuteil wird, freuen sich alle, sind wir doch der Leib Christi» (1. Korinther 12_{26}). Im Christentum ist das Totem aber ein Gott in Menschengestalt.

Totemistische Geschichten

Weil im Totemismus alles mit allem verwandt ist, können sich Menschen in Tiere verwandeln, aber auch Tiere oder Pflanzen in Menschen. Als Kinder glaubten wir das auch.

Viele Geschichten erzählten davon:

So wird in einem sibirischen Märchen die Frau eines Eskimojägers bisweilen ein Wolf. In seiner Hilflosigkeit bittet ihr Mann seinen Vater um Rat. Dieser beruhigt ihn: «Mein Sohn, deine Mutter war genau so, als ich sie hierher brachte. Hab Geduld; es wird vergehen.»

Die fremde Frau hatte Mühe, sich im neuen Klan zurecht zu finden. Die neuen Sitten brachten sie aus dem Häuschen; von Zeit zu Zeit rastete sie deshalb aus. Steinzeitmenschen waren neophob: «Was der Bauer nicht kennt, das isst er nicht.»

Doch mit der Zeit schaffte die fremde Frau die Umstellung und benahm sich nicht mehr «wie eine Furie». Das hysterische Verhalten seiner Frau war für den Eskimojäger beängstigend, weil er glaubte, der Wolfsgeist sei *leibhaftig* in sie gefahren, und nun sei sie von ihm «besessen». Heute sagt man, ein «Spinner» rase *wie* ein Wolf; der Steinzeitmensch hingegen meinte, er *sei* ein Wolf: ein vom Wolfsgeist Besessener.

> Damit entstand das Problem des Exorzismus: Wie wurde man den bösen Geist wieder los? Wie konnte dieser aus dem Besessenen ausgetrieben und woanders «hinein gebannt» werden?
>
> Was heute Psychotherapeuten durch die Analyse der tieferen Schichten der Psyche versuchen, versuchten Schamanen mittels heiliger Riten. Die katholische Kirche kennt den Ritus des Exorzismus heute noch, den jeder Priester im Verlauf seiner Ausbildung vollmächtig zelebrieren lernt (bei Exorzismen setzt die katholische Kirche heute aber, vorsichtig geworden, meist Spezialisten ein).

Neben dem sibirischen Märchen gibt es noch unzählige Geschichten aus der Steinzeit, in denen sich Menschen in Tiere verwandeln und umgekehrt.

Weiter verbreitet als der Wolf war der Drache. Das Motiv der Verwandlung der Ehefrau in einen Drachen lebt heute noch im Ausdruck des «Hausdrachens». Ein solcher scheint *Xanthippe* gewesen zu sein, die Frau des Sokrates. Auch Shakespeares Drama: *Der Widerspenstigen Zähmung* behandelt dieses Thema. Solche «unheimlichen» Frauen wurden früher oft als Hexen betrachtet, verklagt und verbrannt.

Gerardus van der Leeuw schreibt in seiner der «Phänomenologie der Religion» (1933):

> «Wer die Erzählungen der Indianer Süd- und Nordamerikas auf sich wirken lässt, erhält den Eindruck, dass es in ihrem Denken keinen grundsätzlichen Unterschied zwischen Mensch und Tier gebe: Ehe und Geburt, Krieg und Vertrag verbinden Tier und Mensch. Es ist keine große Anstrengung nötig, aus Menschen Tiere zu machen oder umgekehrt.
>
> Besonders verbreitet ist die Vorstellung des «Umgehens» des Menschen in Wolfsgestalt, die so genannte *Lykanthropie* (griechisch *lykos*: Wolf, und *anthropos*: Mensch). In Indonesien hingegen sind die Werwölfe das Krokodil, der Hund, die Katze, vor allem aber der Tiger. In der altgermanischen Welt finden wir den Berserker, den Bärenhäuter, der in die Haut eines wütenden Bären schlüpft. Und die rasenden Frauen im Dionysoskult suchen im Tier das Göttliche, um von ihrem platten Alltag loszukommen.»

Überbleibsel aus dem Totemismus fanden sich in den Religionen der antiken Hochkulturen noch zuhauf: Bei Kultfeiern verwandelten sich Priester oft in Tiere und trugen Tier-Masken und -Felle (auch die feierliche, zeremonielle Bekleidung der katholischen Geistlichkeit wurzelt hier).

Zudem besaßen viele Götter der Antike Tier-Attribute. Der ägyptische Pharao, ein Halbgott, trug den Titel: «Stier seiner Mutter.» Als «Himmels-Stier» zeugte er den nächsten Pharao.

Totemistische Wurzeln hat auch der biblische Vers in 4. Mose 23_{22}: «Beim Auszug Israels aus Ägypten half Jahwe seinem Volk mit den Hörnern eines Wildstiers.»

Ein totemistischer Traum

Im Buch: Die Eulenfrau (Ursula Kaufmann 2004, Bild 25) träumte Uschi von einer Frau, die sich in eine Eule verwandelte und wieder zurück in eine Menschenfrau:

> «Ich befinde mich mitten in einer großen Wiese mit vielen bunten Blumen. Wenige Meter vor mir steht eine Frau, etwas größer als ich und breiter gebaut. Sie kehrt mir den Rücken zu. Ihre Haare faszinieren mich. Sie fallen ihr bis zu den Hüften hinunter und gleichen dem Gefieder einer Eule. Langsam dreht sie sich um. Ihr Gesicht ist eulenartig; ihre Augen, in Farbe und Schnitt die einer Eule, sind auf mich gerichtet. Etwas Animalisches geht von ihr aus und zieht mich in ihren Bann. Sie sagt: ‹Ich bin Mensch und Eule zugleich.›

Dann legt sie sich auf die Wiese nieder. Ihre Haare fließen wie ein Teppich über den Boden. Sie trägt ein ausgeschnittenes Sommerkleid; am Brustansatz gewahre ich kleine Eulen-Federn. Ich muss sie unverwandt anblicken. Nun trete ich näher und fahre ihr mit meinen Händen durchs Haar.

Dann erhebt sie sich wieder. Plötzlich wird sie zu einer richtigen Eule. Ich vertiefe mich in ihre Verwandlung. ‹Siehst du›, sagt sie, ‹so einfach ist es, zwischen Mensch und Tier hin und her zu wechseln.›

Ich frage sie, ob ich ihr Gefieder streicheln dürfe. ‹Ja natürlich›, sagt sie. Ich berühre auch ihr Gesicht, blicke in ihre schrägen, gelbbraunen Augen und betrachte die Krallen an ihren Füssen. Ich bewundere ihre Doppelnatur.»

Uschi deutete ihren Traum wie folgt (S. 130):

«Die Verwandlung der Menschen-Frau in die Eulen-Frau und wieder zurück – das Hin und Her zwischen Mensch und Tier – bildet den lebendigen Austausch zwischen dem rationalen und dem irrationalen Teil meiner Psyche ab.

Der Urmensch litt einst unter dem Mangel an rationalem Knowhow; der moderne Mensch hingegen leidet unter Instinktmangel. Die Eulen-Frau mit ihrem freien Hin und Her zwischen Mensch und Tier verkörpert die umfassende, ganzheitliche Einstellung, die Verbindung von Natur und Kultur.

Dass ich im Traum ‹handgreiflich› Kontakt aufnehme mit der Eulen-Frau, bedeutet, dass mein Ich (das Bewusstsein) und der animalische Bereich meiner Psyche (das Unbewusste) einen intensiven Austausch pflegen. Dadurch wird das Unbewusste bewusster, und das Ich wird lebendiger.

Dass ich die Doppelnatur der Eulen-Frau bewundere, zeigt, dass ich lernen möchte, so natürlich wie sie zwischen dem rationalen und irrationalen Bereich hin und her zu wechseln.

Die Eule sieht bei Tag und bei Nacht; sie erkennt die Welt im Sonnenlicht wie im Mondschein; sie symbolisiert beides, rationales und irrationales Wissen. Umfassendes Wissen ist Weisheit. Darin fließen intellektuelles und instinktives Wissen natürlich in einander, wie die Farben auf diesem Bild.»

Im Verlauf des Individuationsprozesses werden Ich und Selbst rückgekoppelt; dabei werden die rohen Naturkräfte zivilisiert, und der kultivierte Geist wird naturverbunden.

Totemismus im Alltag

Die Gegenwart des Totemismus im 21. Jahrhundert illustriert folgende Begebenheit in einer Zürcher S-Bahn:

> In einem Vierer-Coupé einer S-Bahn saß ein älterer Herr allein. Uschi fragte, ob noch ein Platz frei sei. Seinem Ja mit Akzent entnahm sie, er sei ein Engländer. Eine Weile lang saßen sie sich schweigend gegenüber. Uschi erhielt den Eindruck, sie werde von ihrem Gegenüber unverwandt angeblickt und fragte: «What's wrong with me?» Er: «Aus ihren Augen blickt ein Tiger!» – «Das bin ich auch!», antwortete sie lachend, fauchte und zeigte ihm die Krallen. Er: «Dieses Leben, unglaublich!» Sie: «Ist ihr Tiger denn eingesperrt?»
>
> Dann erzählte er, wie es kam, dass er heute ohne seinen Tiger lebt: brav, angepasst, oft lustlos, müde und abgelöscht. Sein Tiger darf nicht mehr mitspielen im Orchester des Lebens. Via Projektion begegnet er ihm in Uschi.

Als Kinder belebten wir unsere Totemtiere, z. B. einen Stofftiger, mit Projektionen. Dasselbe tat die Menschheit in der Steinzeit (es gibt heute noch Erwachsene, die mit ihren Gartenzwergen sprechen, wie einst die Menschen der Steinzeit mit ihrem Totem).

Die animistisch-totemistische Welt lebt noch in unseren Träumen.

Ich schließe meine Ausführungen zum Totemismus mit einem Zitat von *Aniela Jaffé* aus dem Buch: «Der Mensch und seine Symbole» (Jung 1968):

> «Die Instinkt- und Tierseele drängt sich der Fantasie in immer neuen Gestalten auf, so als wolle sie sich unter allen Umständen bemerkbar machen und dem Bewusstsein einprägen, und zwar als das, was sie in Wirklichkeit ist: als eine sorgfältig – religiös – zu beachtende Grundtatsache des Lebens» (S. 239).

Nach dieser Einleitung wenden wir uns der Geschichte des Totemismus zu.

Altsteinzeit

Das Leben im Paläolithikum

Die Ethnologie unterscheidet zwischen Alt- und Neusteinzeit, Paläolithikum und Neolithikum (griechisch *lithos*: Stein; *palaios*: alt; *neos*: neu).

Ina Mahlstedt beschreibt das Leben im Paläolithikum:

> «Während der Altsteinzeit lebten die Menschen, indem sie jagten und Früchte, Wurzeln und Kleingetier sammelten. Sie eigneten sich das an, was da war, und zogen weiter, nirgends zu Hause und doch geborgen unter dem weiten Himmel eines Landstriches, den schon ihre Ahnen durchschritten hatten. Sie waren in kleinen Stammesverbänden organisiert und versorgten sich von der Hand in den Mund. Ihre Wanderungen durch das Land folgten einem jahreszeitlichen Rhythmus. Generation um Generation zog man auf den gleichen Wegen dahin.
>
> Man kennt diese völlig anspruchslose Lebensweise aus ethnologischen Berichten von den Buschmännern Südafrikas oder den australischen Aborigines. In völliger Mobilität wanderte man den Jagdtieren nach, den großen Herden von Antilopen, Rehwild, Rindern oder Lachsen. Eiszeitliche Höhlenmalereien zeugen von der Fokussierung auf Jagdwild, dem man im Rhythmus der Jahreszeiten folgte. Für wandernde Menschen sind bestimmte Orte immer mit einem speziellen Nahrungsangebot verbunden, sodass sich ihnen die Vegetationsperioden mit Landschaften, Tieren, Pflanzen und Totems verwoben.
>
> Aus der Aufmerksamkeit für die Verhaltensmuster der Tiere wird sich allmählich die Domestizierung bestimmter Tiere ergeben haben. Jungtiere wurden gefangen und an die menschliche Gegenwart gewöhnt. ... Das einfache Leben dieser Menschen war immer gefährdet. Die Hauptsorge bestand in der Möglichkeit, dass bei Hungersnot, Krankheit oder Katastrophen der genealogische Faden zu den Ahnen abreissen könnte, dass keiner mehr übrig wäre, die Verbindung zur schöpferischen Urzeit aufrecht zu erhalten. Das Aussterben einer Sippe oder eines Stammes war, wie man von vielen Jägerethnien weiß, stets die größte Sorge. Die Alten gingen bei einer Hungersnot freiwillig fort, um die wenigen Nahrungsmittel den Jungen zu überlassen, damit diese das Leben des Stammes erhalten konnten.
>
> Die Verbindung mit den Ahnen hatte existentielle Bedeutung. Das Leben kam von ihnen, und der Bestand des Stammes, die Weitergabe von Mythen, Wissen und Fähigkeiten hingen an dieser Anbindung. Sie war das Kostbarste, das man besaß. Ein Einzelner ohne Stammeszugehörigkeit war nicht lebensfähig» (Mahlstedt, 36 f.).

Auf den Wanderungen unter der Sonne Afrikas verlor der Urmensch allmählich sein Fell. Da er nun schwitzen und damit seinen Körper kühlen konnte, verbesserte sich seine Ausdauer beim Laufen. Auf der Jagd konnte er Tiere nun über weite Strecken verfolgen. Eine kulturelle Folge dieses biologischen Wandels war die Bekleidungsindustrie.

Das bedeutendste kulturelle Vermächtnis der Altsteinzeit ist aber die Sprache, die sich über Jahrhunderttausende hinweg entwickelte.

Dieses «Genom des Geistes» speichert alle wichtigen Entdeckungen der Ahnen. Der Sprachschatz wächst immer weiter und wird komplexer, wie alles in der Evolution. Aus einer primitiven Hütte wurde ein Palast.

Entwicklung der Sprache

Protosprache

Die Entwicklung der Sprache, die wir in der Kindheit spielend erlernen und die uns im Alltag mühelos über die Lippen geht, war einst ein langwieriger Prozess, der nur mühsam voran kam und Jahrhunderttausende in Anspruch nahm.

Eine physiologische Begleiterscheinung war die Ausbildung des Sprachknochens, den auch der Neandertaler (400'000 – 30'000 a) besaß.

Die Entwicklung der Sprache verlief so langsam, dass sie vom Einzelnen unmöglich wahrgenommen werden konnte. Karl-Heinz Ohlig vergleicht die kulturelle mit der biologischen Entwicklung:

> «Nicht anders als die biologische Evolution von ersten Lebensformen bis zu komplexen Organismen verlief auch die kulturelle Entwicklung der Gattung «Mensch» über viele Jahrhunderttausende hinweg zunächst nur sehr langsam. In längsten Zeiten der Menschheitsgeschichte verlief auch die religiöse Entwicklung nur auf niedrigstem Niveau» (Ohlig 2002, 23).

Die *Protosprache* bestand aus instinktiven Urlauten und war mit der Körpersprache verbunden, mit Blick, Mimik und Gestik. In den tieferen Schichten der Psyche lebt sie heute noch; auch wir regredieren immer wieder ins Gestikulieren. In der Protosprache lässt sich auch mit anderssprachigen Menschen kommunizieren, nämlich «mit Händen und Füssen», mit Blicken, Gesten, der Mimik und Urlauten.

Da sich Schallwellen nicht konservieren, lässt sich nicht empirisch nachweisen, wie sich die instinktgebundene Protosprache zum hochkomplexen System der heutigen Wort- und Begriffssprache entwickelt hat. Doch die

Sprachentwicklung des Kleinkinds gibt uns Hinweise auf die allmähliche Entwicklung der Sprache, und zwar durch die *logogenetische Regel* (wir werden darauf zurückkommen).

Angeborene Grammatik?

Es ist erstaunlich, dass sämtliche Sprachen der Menschheit von derselben Grundgrammatik geprägt sind: Alle haben Verben und Substantive, mit denen Sätze gebaut werden, die überall denselben Aufbau besitzen (Subjekt, Verb, Objekt etc.). Es gibt auch in allen Sprachen Haupt- und Nebensätze, Aussage-, Frage- und Befehlssätze.

Die Substantive sind deklinierbar und die Verben in allen Zeitformen konjugierbar, in der Gegenwart, Vergangenheit und Zukunft. Ebenso gibt es in allen Sprachen ähnliche Modi: Imperativ, Indikativ, Konjunktiv, Optativ. Zudem existieren überall je drei Personalpronomina im Singular und Plural: Ich, du, er – wir ihr, sie.

Die Grundstruktur der Sprache ist *arttypisch;* sie ist angeboren. Dank dieser Tatsache können wir uns alle Fremdsprachen aneignen. Was sich die Menschheit in mühevoller Arbeit in Jahrhunderttausenden erwarb, ging in der Altsteinzeit in den Grundzügen ins Genom ein. Die Grundstruktur der Sprache hängt mit der Hirnstruktur zusammen.

Kinder wiederholen die Sprachentwicklung ihres Kollektivs im Eilzugtempo. Kein Kind muss Grammatik büffeln, damit es sprechen lernt, weil es die grammatischen Grundregeln schon intus hat.

Diese erstaunliche Tatsache hat mit dem eben erwähnten *logogenetischen Prinzip* zu tun, auf das ich nun näher eintrete.

Das logogenetische Prinzip

Die Phasen, die ein heutiges Kind in seiner geistigen Entwicklung durchläuft, durchlief einst die frühe Menschheit. Der Parallele zwischen dem Einzelnen und seinem Kollektiv liegt das *logogenetische Prinzip* zugrunde, wonach der Einzelne in seiner Sozialisation die kulturelle Evolution seines Kollektivs in geraffter Form nachvollzieht.

> Das Wort «logogenetisch» ist aus zwei griechischen Wörtern zusammengesetzt, aus *logos* und der Wortwurzel *gen- (logos* heißt: «Wort, Sprache, Geist, Kultur», und *gen-* bedeutet: «Erzeugen, hervorbringen»). Das logogenetische Prinzip vermittelt dem Einzelnen die Kultur seines Kollektivs.
>
> Sie ist ein Spezialfall des *biogenetischen Prinzips*, das Ernst Häckel (1834–1919) Ende des 19. Jh. entdeckte (er selber nannte es das «biogene-

tische Grundgesetz»). Danach wiederholt das einzelne Lebewesen in seiner biologischen Ontogenese in geraffter Form die Phylogenese, die Entstehung seiner Art.

Beispielsweise atmen Froschlarven (Kaulquappen) noch mit Kiemen, wie die Fische, ihre phylogenetischen Vorfahren. Ausgewachsene Frösche atmen hingegen durch die Lungen. Somit wiederholt jeder Frosch in seiner Ontogenese die Evolution seiner Art: den Schritt von den Fischen zu den Amphibien.

Auch der Mensch, der als Embryo im Wasser lebt und erst bei der Geburt durch die Lungen zu atmen beginnt, wiederholt in seiner biologischen Ontogenese die Phylogenese seines Stamms, der Primaten.

Nun entwickelt sich der Mensch aber biologisch *und* kulturell, leiblich *und* geistig. Die kulturelle Evolution setzt die biologische nahtlos fort. Darum folgt die geistige Entwicklung demselben Prinzip wie die biologische: Sie wiederholt die bisherige Entwicklung mit Sieben-Meilen-Stiefeln. Trotz den Sieben-Meilen-Stiefeln braucht die Entwicklung aber Zeit; der Weg von der Altsteinzeit bis ins 21. Jh. war weit. Das Kind kann sich darum die kulturellen Errungenschaften nicht im Nu aneignen, sondern braucht viele Jahre dazu. Darum muss es sich immer wieder den Satz anhören: «Das kannst du jetzt noch nicht; du bist noch zu klein dafür!»

Eine differenzierte Software braucht auch eine differenzierte Hardware; die geistige Weiterentwicklung benötigt neue neuronale Verbindungen im Gehirn. Auch deren Herstellung – nicht nur der geistige Akt des Lernens – nimmt viel Zeit in Anspruch.

Im Gegensatz zum biologischen Erbe wird dem Menschen das kulturelle Erbe nicht – bzw. nur ansatzweise – in die Wiege gelegt. Die Kultur ist nur schemenhaft im Genom gespeichert; sie wird in Kulturspeichern aufbewahrt und von der Gesellschaft vermittelt: vom Elternhaus, von der Schule, Berufslehre, Universität, Erwachsenenbildung, etc.

Das logogenetische Prinzip wird von zwei mächtigen Trieben unterhalten: vom Wissensdurst der Jungen sowie vom Brutpflege-Trieb der Alten. Es funktioniert, weil die einen Lust haben zu lernen und die andern Lust zu lehren, ihr Können zu zeigen. Beides fügt sich in einander. Auf diese Weise sichert sich die Spezies «Homo sapiens» ihr Überleben.

In Ansätzen funktioniert das logogenetische Prinzip schon bei unseren phylogenetischen Vorfahren, den höher entwickelten Säugetieren; auch da lernen die Jungen von den Alten, welche – *nota bene* – oft die besseren Pädagogen sind als wir Menschen.

Das logogenetische Prinzip ermöglicht dem Einzelnen, sich die Kultur seines Kollektivs im Eilzugtempo anzueignen. Es ist die Erweiterung des biogenetischen Prinzips, wonach der Einzelne die Evolution seiner Population gerafft nachvollzieht.

Geistige Weiterentwicklung

Mithilfe der Sprache schuf sich der Mensch eine geistige Heimat. Er schuf Geschichten, die er anhören und weiterspinnen konnte. Die Sprache gab ihm die Möglichkeit, Erkenntnisse *objektunabhängig* weiterzugeben, nur mit Worten, ohne leibliches Vormachen an Ort. Mithilfe der Sprache baute er sich ein geistiges Reich auf, dessen Umfang die kulturellen Leistungen der andern Primaten weit in den Schatten stellt.

Die Sprache verhalf Homo sapiens zu einem Erfolg, der in der Evolution einmalig ist: Er konnte sich dank ihr von Afrika aus über den ganzen Planeten ausbreiten und sich so an fast jede Umgebung anpassen.

Der Steinzeitmensch verwandte viel Zeit für seine geistige Weiterentwicklung. Diese hatte er dank seiner spärlichen materiellen Habe im Überfluss. Aber dieses Unternehmen war mühsam und anstrengend. Es galt vor allem herauszufinden, wie sich das Schicksal positiv beeinflussen ließ. Wie konnte man die jenseitigen Wesen, die das Leben gestalteten, für sich gewinnen? Mit was für Formeln ließ sich z. B. der Dämon einer Krankheit besänftigen? Wie ließen sich Geburt und Tod positiv beeinflussen?

Zwei Geschichten

1. Ein australisches Märchen vom Storch

Bis vor kurzem kannten australische Aborigines folgenden Brauch:

Vor der Geburt eines Kindes zog sich dessen Vater zurück und versetzte sich in Trance. In diesem Zustand holte er die Seele des kommenden Kindes vom Jenseits auf die Erde herab. Durch diesen magischen Akt wurde es lebensfähig (Mahlstedt, 28).

Hinter diesem Brauch steht dasselbe archetypische Wissen wie hinter unserem Märchen vom Storch: «Kinder sind ein Geschenk des Himmels.»

Mitzuerleben, wie aus dem Akt der Zeugung neues Leben entsteht, im Mutterleib heranwächst und schließlich auf die Welt kommt, ist auch heute noch eine erschütternde, oft numinose Erfahrung. Leider vermasselt sich der heutige Mensch diese oft mit der modernen Geburtshilfe-Technik; er ordnet z. B. an sich unnötige Kaiserschnitte an, nur damit der Terminkalender stimmt. Dadurch verschläft die Mutter das numinose Erlebnis der Geburt. Ich kenne Frauen, die aus Berufung Hebammen wurden und ihren Beruf enttäuscht aufgaben, weil sie das moderne, seelenlose Wegrationalisieren des Numinosen nicht mehr ertrugen.

Welche Ehre für das Kind, dessen Vater seine Seele aus dem Jenseits holt! Hatte das Leben in der Steinzeit mehr geistigen Tiefgang als heute?

Das zweite Beispiel handelt vom Ende des Lebens.

2. 'Kabbos Jenseits-Wissen

Der afrikanische Buschmann *'Kabbo*, ein mit der modernen Zivilisation noch kaum in Berührung gekommener Kung-Jäger aus der Kalahari, erzählte im 19. Jahrhundert einem Buren vom «Hinübergehen», dem Sterben und Weiterleben im Jenseits:

> «Der Wind macht's. Wenn wir sterben. Unser Wind. Wir haben den Wind. Wenn wir sterben, bilden wir mit dem Wind Wolken. Die Haare unseres Hauptes werden zu Wolken. Unwissende meinen, es seien Wolken; Wissende aber erkennen die Haare der Ahnen.
>
> Der Wind wirbelt den Staub auf und verweht unsere Fußspuren. Wenn er das nicht tun würde, blieben diese ewig sichtbar, und man würde glauben, wir lebten noch immer hienieden» (Mahlstedt, 22 f.).

«Die Schäfchenwolken sind in Wirklichkeit die Haupthaare unserer Ahnen.» 'Kabbo weiß, wohin die Ahnen nach ihrem Tod gehen: Sie fahren mit ihrem «Wind» (Atem) in den Himmel. Solange der Mensch atmet, hat er seinen Wind bei sich. Wenn er nicht mehr atmet, trägt ihn sein Wind in den Himmel und verwischt seine Fußspuren hienieden. Dann ist er drüben – *gone with the wind.* In den ewigen Jagdgründen tut er nicht viel Anderes als hienieden. Bisweilen sucht er aber böse Hinterbliebene heim …

Da das Jenseits damals noch nicht weit entfernt war, konnten die Verstorbenen hören, was man hienieden von ihnen sagte. Darum galt überall das Sprichwort: «Über Tote spricht man nicht – oder nur Gutes!» Darum mussten auch ihre Gräber sorgfältig gepflegt werden; vernachlässigte Gräber schmälerten ihre Ehre, und dafür rächten sie sich …

> Dass solche steinzeitliche Vorstellungen heute noch lebendig sind, zeigt das folgende Gespräch zwischen zwei älteren Schweizer Witwen, das meine Frau neulich in einem Zürcher Tram mithörte:

«Ich bin so erkältet! Und ich sollte meinem Hans auf Allerheiligen doch noch sein Grab herrichten. Aber ich schaff es nicht! Könntest du mir nicht ein Windlicht und Blumen auf sein Grab stellen? Du musst ja ohnehin auf den Friedhof. Ich will ihn nicht beleidigen!» Ihre Freundin fuhr sie an: «Jetzt hör doch endlich auf mit diesem Blödsinn!» Doch sie ließ nicht locker, bis sie wusste, dass ihr Hans sein Windlicht und seine Blumen bekommen würde.

Auch unsere Grabsteine sind ein Erbe der Steinzeit. Stein ist dauerhaft und scheint ewig zu leben. Darum gedachte man der Ahnen mit Steinen. Besonders verehrungswürdig waren jene, die ihr Leben geopfert hatten, um das Überleben des Klans zu sichern.

«Bedenke dein Ende!»

Neben der Wort- und Begriffssprache ist auch der Totenkult ein Charakteristikum des Menschen. Zwar ergreift auch Elefanten der Anblick eines toten Artgenossen; sie erkennen, dass der, dessen Knochen jetzt vor ihnen liegen, einst unter ihnen weilte. Die Erinnerung an ihn berührt sie sichtlich, und sie halten eine Weile schweigend inne. Die «Schweigeminute» höherer Säugetiere ist der Mutterboden des menschlichen Totenkults. Auch das *«Memento mori!»* des Psalms: «Bedenke dein Ende, damit du klug wirst» (Psalm 90_{12}) entstammt der Altsteinzeit. Der Mensch ist das einzige Lebewesen, das sich objektunabhängig mit seiner Endlichkeit befassen kann. In der Altsteinzeit wurzelt auch die *Ars moriendi,* die «Kunst des Sterbens».

Mit dem Totenkult verwandt ist auch der Opferkult.

Opferkult

Vorläufer im Tierreich

Das Leben verlangt allen Kreaturen viele Opfer ab.

Der evolutionäre Vorläufer des menschlichen Opferkults ist die tierische *Demutsgebärde*, mit der sich das Rudelwesen dem Alpha-Tier unterwirft, um es sich gnädig zu stimmen. Es geht vor seiner Hoheit in die Knie; es kriecht auf dem Bauch und macht den *Kotau* (das chinesische *ketou* heißt wörtlich: «Mit der Stirn am Boden aufschlagen»). Mit Gebärden der Unterwerfung demonstriert es, dass es die bestehende Rangordnung anerkennt und dass es ihm ferne liegt, die Position des Führers anzuzweifeln: «Immer werde ich dein getreuer Untertan sein; ich bin glücklich, wenn ich mich in deiner Gunst sonnen darf.»

Untergebene bezeugen ihre devote Gesinnung mit vielerlei Liebesdiensten und Schmeicheleien; diese verfehlen ihre Wirkung weder beim Tier noch beim Menschen. Welches «hohe Tier» lässt sich nicht gerne «den Bauch pinseln»! Jeder Chef freut sich, wenn er in der Position, um die er hart kämpfen musste, anerkannt wird. Das tut ihm wohl und gibt ihm das Gefühl, die Anstrengung habe sich gelohnt. Anerkennung macht generös, und unter einem solchen Führer lässt sich's gut leben!

Viele Untertanen versuchen, ihren Chef zu manipulieren, indem sie ihn mit Geschenken überhäufen, in der Hoffnung, sich damit ein Plätzchen an der Sonne zu ergattern. Besonders devote Untergebene verunglimpft man als Speichel- oder A-lecker.

Do ut des

Dem archaischen Opferkult liegt das Kalkül zugrunde: *«Do ut des»* (ich gebe, damit du mir gibst). Man opfert der Gottheit etwas, um damit ihre Gunst zu gewinnen.

Aber nur wertvolle Opfer nützen etwas: Wer dem Jenseits gegenüber geizt, muss sich nicht wundern, wenn auch dieses mit seiner Gunst ihm gegenüber geizt!

Was menschlichen Vorgesetzten gegenüber gilt, gilt auch bei jenseitigen Wesen: Wenn es gelingt, sie für sich zu gewinnen, hat man es gut. Wer klug ist, verneigt sich demütig und bringt pietätvoll Opfer dar. Damit gewinnt er das Wohlwollen der *Upper Class*; je größer das Opfer, um so größer die Chance, erhört zu werden.

Das größtmögliche Opfer war das Blutopfer. Blut galt als Lebensträger; es war das kostbarste Gut. Wer dem Jenseits ein missratenes, krankes Tier opferte, kränkte die Gottheit und musste mit einer entsprechenden Revanche rechnen. Das wertvollste Opfer war der Erstgeborene, der Stammhalter, die Zukunft des eigenen Geschlechts.

Vom Klan beim Fest der Wintersonnenwende als Opfer auserwählt zu werden, damit die Erde nicht in Kälte erstarre, sondern von den Strahlen der Sonne wieder erwärmt werde, war letztlich – so schlimm es für den Einzelnen im Moment sein mochte – eine große Ehre, half das Opfer doch, die größtmögliche Gefahr abzuwenden: das Aussterben des Klans. Als Belohnung winkten ein Gedenkstein im Diesseits und ein Ehrenplatz im Jenseits.

Dass Menschenopfer heute noch dargebracht werden, um sich das Schicksal gewogen zu machen, zeigt ein Bericht von David Signer aus Libreville (NZZ 19. Juli 2014, S. 9):

«Ein Kind opfern, um Minister zu werden …

In vielen Ländern des subsaharischen Afrika fürchten sich die Leute vor okkulten Verbrechen. In Gabon geht die Angst vor Ritualmorden um. Das Problem: Die Auftraggeber der okkulten Verbrechen sind oft in den höchsten Kreisen zu finden – und daher tabu.

Das Thema mag heute exzentrisch, exotisch und bizarr anmuten. Für die Gabonesen ist es Alltag. In Europa neigt man dazu, solche Meldungen als Gerüchte, Phantasien oder Aberglauben abzutun. Inzwischen gibt es jedoch starke Indizien dafür, dass Menschenopfer in vielen Ländern im subsaharischen Afrika tatsächlich erschreckend häufig sind. … Die dargebotenen Opfer müssen um so größer ausfallen, je gewichtiger das Anliegen ist. … Will jemand Minister werden, gibt es bestimmt Leute in seinem Umfeld, die zur Opferung eines Kindes raten. …

Lange galt es unter Ethnologen und Journalisten als heikel, über dieses Phänomen zu schreiben. Man wollte nicht in den Geruch kommen, die Afrikaner in kolonialer oder rassistischer Manier auf Wilde, Kannibalen und Hexer zu reduzieren. Nun haben sich jedoch in den letzten Jahren Berichte über Menschenopfer in Südafrika, Nigeria, Kongo-Kinshasa oder Tansania gehäuft. … Sicher gibt es auch viel Gerede, viele Gerüchte und Übertreibungen. Aber dass Menschenopfer weit verbreitet sind, daran zweifelt in Gabon kaum jemand.

Joseph Tonda, Professor für Anthropologie an der Universität Omar Bongo in Libreville, antwortet in einem Interview auf die Frage, ob es im Lande Machtträger gebe, die sich *nicht* solcher Mittel bedienten: ‹Das ist kaum vorstellbar. Denn auch wenn sie selber nicht mehr daran glauben, ihr Umfeld tut es noch immer! Abgeordnete, Minister, Senatoren greifen zu diesen Mitteln, um Macht zu erlangen oder zu behalten. Jeder in Libreville kann ihnen das bestätigen.›

Man könnte noch hinzufügen: Die verbreitete politische Intransparenz und Korruption, die ganze Unberechenbarkeit und Undurchschaubarkeit der Verhältnisse fördern das Gefühl, man könne sich nicht allein auf Fleiß, Leistung und Rationalität verlassen, sondern brauche noch die Hilfe höherer Mächte.»

Die Steinzeit ist noch nicht überall überwunden. Es geht heute darum, den Opferarchetyp zu zivilisieren und auf eine höhere kulturelle Stufe zu heben, wo das Menschenopfer – wie David Signer sagt – durch «Fleiß, Leistung und Rationalität» dargebracht wird.

Das nächste Kapitel beschreibt den Übergang vom Paläolithikum zum Neolithikum. Das war ein Entwicklungsschritt, der in seiner Bedeutung kaum überschätzt werden kann.

Von der Alt- zur Jungsteinzeit

Nomadisches und sesshaftes Leben

Der Schritt vom Paläolithikum zum Neolithikum war der Schritt vom nomadischen zum sesshaften Leben. Er dauerte viele Jahrtausende.

Während der Nomade weiterzieht, wenn die Vorräte zur Neige gehen, muss der sesshafte Mensch lernen, für die karge Jahreszeit vorzusorgen. Er kann nicht mehr von der Hand in den Mund leben, sondern muss lernen zu *planen*: Saat und Ernte zu berechnen, Vorräte (auch an Saatgut) anzulegen und darauf zu achten, dass diese nicht verfaulen, gefressen oder gestohlen werden. Er muss für die kalte Jahreszeit warme Kleider herstellen, muss stabile Häuser und Scheunen bauen, effiziente agrarische Werkzeuge fabrizieren, Zugtiere halten, den Sonnenstand beobachten, religiöse Riten zur Förderung der Fruchtbarkeit von Haus und Hof erfinden, etc. Seinem Geist wird einiges abverlangt. Ohne eine gut entwickelte Sprache wären diese erstaunlichen Leistungen nie möglich geworden.

Die neolithische Revolution

Zum Begriff

Trotz des langsamen Übergangs vom nomadischen zum sesshaften Leben wird diese Zeit oft als *neolithische Revolution* bezeichnet. Der Ausdruck «Revolution» ist irreführend, bezeichnet er doch einen gewaltsamen, bewusst gesteuerten und in kurzer Zeit erfolgenden Umbruch. Was sich in den Jahrtausenden zwischen der Alt- und Neusteinzeit, war aber eine allmähliche Evolution, nicht eine Revolution.

Dennoch hat der Ausdruck «Revolution» seine Berechtigung. Wenn man nämlich die Perspektive ändert und die vielen Fortschritte im Zeitraffer in einen einzigen zusammenfasst, erkennt man, dass in dieser Zeit etwas *qualitativ* Neues entstand, das die Bezeichnung «Revolution» rechtfertigt.

Neues Lebensgefühl

Das Neue war die schrittweise Verselbständigung des Ichs, das sich nun anschickte, das Leben selber in die Hand zu nehmen. Damit begann der Mensch, den uranfänglichen *Uroboros* zu sprengen und sich vom naturgegebenen Leben zu emanzipieren. Er fing an, dem Leben *gegenüberzutreten*. Damit zerfiel die früharchaische *participation mystique*.

Es stellte sich ein neues Lebensgefühl ein, das sich in den Mythen vom *Verlust des Paradieses* widerspiegelt, etwa im griechischen Mythos von Prometheus und im biblischen Mythos vom Sündenfall (1. Mose 3).

Verlust des Paradieses

1. Mose 3 erzählt, ursprünglich habe der Mensch im Garten Eden im Einklang mit Gott und der Welt gelebt; das war das Leben im Uroboros.

Dann aber – so fährt der Mythos fort – habe der Mensch vom *Baum der Erkenntnis* gegessen. Da seien ihm die Augen aufgegangen, und er habe *selber* gewusst, was gut sei für ihn und was nicht. Fortan habe er das Leben nicht mehr einfach hingenommen wie bisher, sondern habe zu *unterscheiden* begonnen. War vorher alles so, wie es eben war, ununterschieden, so trennte er jetzt: Nun gab es gut und böse, hell und dunkel, groß und klein, Tag und Nacht, Himmel und Erde. Der Mensch wusste nun selber, was das Leben förderte und was es minderte.

Dieses Unterscheiden nennt die Bibel: «Essen vom Baum der Erkenntnis.» Im Neolithikum begann der Mensch, sich aus der Ureinheit des Lebens herauszulösen; er verlor das Gefühl des Eins-Seins mit allem, was ist. Er war nun kein Naturkind mehr; das früharchaische Einheitsgefühl war weg. Er durchbrach die Schale des Eies, in dem er bisher gelebt hatte, und trat hinaus in die Welt.

Als Kompensation für den Verlust des Gefühls der Einheit erschuf er sich eine geistige Heimat: Kultur und Religion.

Davon handelt auch der Mythos von Prometheus. Dieser stahl den Göttern das Feuer und brachte es den Menschen. Der Raub wurde von den Göttern grausam bestraft; denn er war ein tiefer Eingriff in die Naturordnung, die der prometheische (vorausdenkende, planende) Mensch des Neolithikums zu verändern begann: Die Götter ketteten Prometheus dafür an einen Felsen im Kaukasus, wo ihm ein Adler in alle Ewigkeit an der Leber fraß …

Nun beherrschte der Mensch zwar das Feuer und viele andere Dinge mehr; doch Prometheus, der Planer, musste bitter dafür büßen …

Die Bibel kommt zum selben Schluss. Auch hier führt das «Essen vom Baum der Erkenntnis» zum unwiederbringlichen Verlust des Paradieses, des uroborischen Gefühls, mit allem Sein eins zu sein:

> «Weil du … vom Baum der Erkenntnis gegessen hast, deshalb sei dir der Erdboden verflucht! Mühselig sollst du dich von ihm nähren dein Leben lang; Dornen und Disteln soll er dir tragen! … Im Schweiße deines Angesichts sollst du dein Brot essen, bis du wieder zur Erde zurück kehrst, von der du genommen bist! … Und Jahwe sprach: Siehe, der Mensch ist geworden wie unsereiner; er weiß nun, was gut und böse ist. …
>
> So schickte ihn Jahwe fort aus dem Garten Eden, dass er den Erdboden bebaue, von dem er genommen war» (1. Mose $3_{17–23}$).

Die Bibel führt die Mühsal des Lebens auf das «Essen vom Baum der Erkenntnis» zurück. Hätten Adam und Eva darauf verzichtet, wäre man noch immer im Paradies!

Das archaische Denken führt Unglück auf menschliches Vergehen zurück. Eigenständigkeit gilt als Rebellion. Das erwachende Ich galt als Rebell, der sich wider die gottgegebene Ordnung versündigte und darum von den Göttern bestraft wurde. Deshalb waren die Alten neophob. Nur nicht aus der Reihe tanzen!

Die neolithische Revolution begann im Nahen Osten; bis sie das damals rückständige Europa erreichte, vergingen Jahrtausende.

Jungsteinzeit

Neolithische Kultstätten

Der Mensch der Altsteinzeit besuchte bei seinen periodischen Wanderungen heilige Naturstätten, «Orte der Kraft». Der Mensch der Jungsteinzeit hingegen baute seine Heiligtümer selber. Die ersten von Menschen errichteten Tempel waren gewaltigen Steinsetzungen: Dolmen, Cairns, Steinkreise aus Felsblöcken, ausgehöhlte Felsen, aus denen in den antiken Hochkulturen die Ziqqurats (Tempelberge) der Sumerer, die Pyramiden der Ägypter und präkolumbianischen Mayas wurden. Neolithische Bauten gehören zur *Megalith-Kultur* (*mega*: groß; *lithos*: Stein).

Verehrung der Sonne

Viele dieser Anlagen wurden zu Ehren der Sonne errichtet, die nun eine göttliche Macht von zentraler Bedeutung wurde. Man begann deshalb, ihren exakten Stand zu erforschen. Astronomische Kenntnisse wurden lebenswichtig; denn man musste *wissen*, wann es Frühling, Sommer, Herbst und Winter wurde, Zeit zur Saat und Zeit zur Ernte.

Wissen ist Licht; es war überlebenswichtig. Die Menschen verbanden ihr lichthungriges Ich mit dem großen Licht am Tageshimmel. Ihr Ich sollte so werden wie die Sonne, die sich morgens von ihrem Lager erhob und sich abends müde niederlegte. Der Lauf des allwissenden Sonnenhelden über das Firmament und seine erfolgreiche Nachtmeerfahrt wurden vorbildlich.

Um sich die Sonne gnädig zu stimmen, brachte man ihr Opfer dar, insbesondere am kürzesten Tag des Jahres, wenn alles in Nacht und Eis zu erstarren drohte. Die Opfer waren oft Menschenopfer.

Hinter den astronomischen Kenntnissen, die zu den ersten Kalendern führten, stand der Opferkult, der die Sonne dazu bringen sollte, wieder höher hinauf zu steigen. Die Astronomie stand im Dienst der Religion.

«Stirb und werde!»

Das Dunkel der Nacht galt als Vorbote des Todes; doch jeder Sonnenaufgang brachte wieder Leben, Licht, Wärme, Wachstum und Gedeihen. Tag und Nacht, Leben und Tod waren polare Gegensätze, die zusammen das Mysterium des Lebens bildeten, das ewige: «Stirb und Werde!» Ina Mahlstedt beschreibt das Lebensgefühl im Neolithikum:

> «So bilden sich mit Beginn der Sesshaftigkeit und der Fokussierung auf die Erde und ihren Lebensrhythmus religiöse Vorstellungen heraus, in denen der Tod eine außerordentlich große Bedeutung erhält. Man kann sicher davon ausgehen, dass die Zeit des Winters von umfangreichen Kulthandlungen begleitet ist. …
>
> Was kann man über das Selbstverständnis des damaligen Menschen in Bezug auf den Tod sagen? Er gab dem Tod eine völlig andere Bedeutung als wir heute. Seine religiöse Eingebundenheit in die Muster zyklischer Wiederkehr mit der Hingabe an die Erde und die Ordnung des Himmels gab seinem eigenen Tod eine grundsätzlich andere Einbettung. Wenn der Tod als ein Durchgang durch eine Phase des Nicht-Seins gesehen wird, die als Lebensursprung verstanden wird, dann ist er eine positive Kraft. Er ist Phase, Ort und Zeit der Wandlung, die zur Weitergabe und Fortsetzung des Lebens führt. Der Tod ist nicht nur für die Vegetation eine schöpferische Kraft, sondern auch dann, wenn es um das menschliche Sterben geht. Mit dem Weggang der alt und schwach gewordenen Menschen kann sich der Clan erneuern und verjüngen. … Der einzelne Mensch definiert sich von seiner Genealogie her, sodass die Taten der ihm vorausgegangenen Ahnen mit seinem Leben verschmelzen. …
>
> Stein, Ahn und Erde gehören zusammen im Weltbild des bäuerlichen Neolithikums. Ein Verstorbener verwandelt sich im Tode zu Stein, verschmilzt mit dem Schöpferahn, der die Kraft hat, den Tod in neue Lebensformen zu wandeln. Denn aus dem Tod wird das Leben mit neuer Energie versorgt. …
>
> Die Verstorbenen werden zu Steinen, die den Zustand ihres Nicht-Seins zum Ausdruck bringen. Sie bleiben in den Stelen mit den Lebenden verbunden. Diese sind auf ihren Rat und ihre Hilfe angewiesen. …
>
> In einem solchen Erfahrungshorizont hat der Tod für den Einzelnen keinen Schrecken. … Der Tod ist im Kontext zyklischer Kreisläufe ein dynamisches und positives Element. …

Eines der anschaulichsten Beispiele für den hier skizzierten Zusammenhang von kosmischer Ausrichtung und schöpferischer Kraft des Todes ist der große Cairn von *Newgrange*. In einem gewaltigen, aus Steinschotter und Lehm gebauten Hügel führt dort ein enger, 16 m langer Gang aus Orthostaten (großen, aufrecht stehenden Steinen) hinein ins Innere und endet in drei hochgekuppelten Nischen. Es ist stockfinster im Innern dieses Cairns. Doch zur Wintersonnenwende steht die Sonne bei ihrem Aufgang so weit im Südosten, dass sie ihre Strahlen durch die ganze Länge des Ganges bis in die hinterste Nische wirft und das sonst nachtdunkle Innere der Anlage in gleißendes Licht taucht. Newgrange markiert den Tod des Sonnenlichts als Geburt, als Anfang eines neuen Lebenskreislaufes. Nach drei Tagen beginnt die Sonne wieder zu steigen. Das Heiligtum von Newgrange ist keine Grabstätte, sondern deren Gegenteil: eine Geburtsstätte des Lebens» (Mahlstedt 2004, S. 79)!

Der Mond

Die Nacht wird vom Mond beherrscht, dessen Ab- und Zunehmen mit dem 4-Wochen-Zyklus der Frau überein stimmt. Diese heute noch nicht geklärte Parallele beflügelte die menschliche Phantasie schon in der Steinzeit. Damals verstand man sie als einen Ausdruck der Einheit des Herrschers der Nacht mit der Fruchtbarkeit der Mutter Erde, deren Abbild die Frau war.

Himmelsmächte

Weitere Mächte am Nachthimmel waren die Sterne, die man projektiv zu «Bildern» gruppierte: zum Stier, Krebs, Widder, Wassermann etc. Da man noch nicht wusste, dass unser Schicksal im Wesentlichen von unseren Genen und der kulturellen Umgebung bestimmt wird, erlebte man die Schicksalskräfte in der Projektion, z. B. außen am Himmelszelt.

Der Glaube, das Leben werde von den Sternen bestimmt, die Astrologie, war die erste Form von Wissenschaft. Sie ging der Astronomie um Jahrtausende voraus (Kaufmann 2006, Artikel: «Astrologie»).

Die Große Mutter

Die Sonne wärmte und der Mond befruchtete die Erde. Vater Himmel förderte das Leben, das Mutter Erde im Frühjahr aus ihrem Schoß gebar und im Spätherbst wieder zurück nahm. Mutter Erde entließ auch den Sonnenhelden nach seiner «Nachtmeerfahrt» von West nach Ost jeden Morgen wieder neu auf seine Bahn über das Himmelszelt. In diesen kosmischen Zusammenhang war auch das Leben des Menschen eingebettet.

Himmel und Erde, Tag und Nacht, Leben und Tod bildeten zusammen das große Mysterium des Lebens. Wenn Mutter Erde im Spätherbst ihren

Schoß verschloss, drohten Hunger und Tod über alles Lebewesen hereinzubrechen. Ina Mahlstedt erklärt:

> «Die landwirtschaftlich genutzte Erde war im Neolithikum noch geheimnisvoll und rätselhaft. Aus der Dunkelheit ihres Schoßes keimten Getreide und Früchte hervor. Je mehr man sich auf die Erde einließ, durch sie lebte, von ihr abhängig wurde, um so größer wurden die Geheimnisse, die sie umgaben und in Mythen manifestierten. Sie spiegeln einen tief ehrfürchtigen Umgang mit der Erde. Diese ist die wichtigste Leben gebende Kraft des Neolithikums. Geheimnisvoll reiften Nahrung und Leben aus den dunklen Furchen ihres schwarzen Schlammes, wenn das Flusswasser abgelaufen war.
>
> Im Mythos gebiert die Erde das Leben wie eine Frau: Sie wird schwanger, wenn man Samen in ihren Schoß legt, und sie bringt ihre Leibesfrucht zur Reife, wenn die Vegetation zu keimen und hervorzutreiben beginnt. Das Stadium aufkeimender Saat ist in vielen schriftlosen bäuerlichen Kulturen ein heiliger Moment, und die Erde wird dann behandelt wie eine schwangere Frau. Man verehrt sie als Mutter, die ihren Kindern Leben schenkt und ihren Hunger stillt. Die Menschen begegnen ihr mit tiefer Ehrfurcht.
>
> Die Erde ist heilig; denn sie bringt das Lebendige hervor, nimmt es wieder zu sich und wandelt es im Winter zu neuem Leben. In ihrem Leib wandelt sich der Tod des Korns zu neuer Frucht. Immer wieder taucht die Erde als Quellgrund des Lebens in den kosmogonischen Mythen auf. Sie bringt alles Leben hervor, erscheint als die große Gebärerin und Ernährerin, ist die Mutter des Lebens, Mutter Erde. Sie wird als eine wesenhafte Kraft im Acker, im Feld, in ihren Pflanzen erfahren und wird damit zur Quelle des Lebens.
>
> In einem angelsächsischen Zauberspruch heißt es: ‹Heil sei dir, Erde, der Menschen Mutter, dein Schoß wachse in des Himmels Umarmung!› …
>
> Eine tiefe Verehrung der Erde als Mutter des Lebens, die ihre Kinder nährt, ist aus fast allen frühen Kulturen belegt» (S. 55 f.).

Die matriarchalen Fruchtbarkeitsriten im Frühling umschlossen Mensch, Tier und Natur. In die gefurchten (weiblichen) Äcker wurde der (männliche) Same gelegt. Gleichzeitig begattete sich alles Männliche und Weibliche, um die Grünkraft der Mutter Erde und die Zeugungskraft des Vaters Himmel durch magisches «Vormachen» zu steigern. Die Frühjahrsriten, in denen die Umarmung von Himmel und Erde gefeiert wurde, verwandelten die alltägliche Zeit in eine festliche Hoch-Zeit. Davon zeugt noch das christliche Osterfest, ein vergeistigter Rest der kosmischen Hochzeitsfeier.

Aus dem Totemismus entwickelte sich allmählich der Polytheismus, so langsam, dass der Wandlungsprozess vom Einzelnen nicht wahrgenommen wurde.

Polytheismus

Einleitung

Wandel des Gottesbildes

Das Hauptmerkmal des Entwicklungsschritts vom Totemismus zum Polytheismus war der Gestaltwandel der jenseitigen Wesen; diese verloren allmählich ihre Tiernatur und wurden zunehmend menschenähnlich.

Die Bedeutung dieses Wandels ergibt sich aus der Symbolik der psychischen Bildsprache: In Träumen und Mythen sind «Mensch» und «Bewusstheit» Synonyme (Bewusstheit ist das Charakteristikum des Menschen), während «Tier» und «Instinkt» dasselbe bedeuten. Wenn ein Traum einem sagt, er werde von einem Tier beherrscht, heißt das, der Betreffende lasse sich mehr vom Instinkt als von der Vernunft leiten. Im Verlauf der Bewusstseinsevolution erhielten die Gottheiten daher anthropomorphe Züge.

Damit kündigten sich Intellekt und Ratio an; menschenähnliche Götter symbolisieren psychische Kräfte, die teilweise vom Ich gelenkt werden. Mythische Mischwesen wie die Kentauren, die einen menschlichen Oberkörper und den Leib eines Pferdes haben, symbolisieren Triebe, die vom menschlichen Ich beeinflusst werden.

Der Wandel des Gottesbildes wird augenfällig, wenn wir einen früh- mit einem spätarchaischen Schöpfungsmythos vergleichen.

Zwei Schöpfungsmythen

Der folgende Vergleich zwischen einem indianischen, früharchaischen und dem biblischen, spätarchaischen Schöpfungsmythos (1. Mose 1) illustriert den Prozess: «Vom Totem-Tier zum anthropomorphen Gott.»

Im früharchaischen, indianischen Schöpfungsmythos taucht der Urfrosch auf den Grund seines Teichs hinab, holt Schlamm herauf und formt daraus wortlos die Welt.

Im spätarchaischen Schöpfungsmythos der Bibel beginnt der Schöpfergott sein Sechstagewerk mit einem Wort: «Es werde Licht» (1. Mose 1_3)! Aus dem schöpferischen Instinkt, sprachlos zeugender Natur, wurde im Verlauf der Bewusstseinsevolution der Schöpfergeist, der die Kultur *im Licht* mithilfe der Sprache erschafft.

Der Frosch symbolisiert vormenschliche, instinkt- und erdgebundene Kreativität, die Leben zeugt. Das ist der Sexualtrieb. Der Gott der Bibel hingegen symbolisiert höheres, sublimiertes, Sprache gewordenes, kulturelles Schaffen. Der früharchaische, indianische Schöpfungsmythos zeigt den unbewussten Schöpfergeist der *Natur*, der spätarchaische, biblische Mythos den bewusst gewordenen schöpferischen Geist der *Kultur*, der die Welt nach dem Vorbild der jüdischen Woche in sechs Tagen erschafft. Und am siebten Tag – darauf läuft der Text hinaus – wird Sabbat gefeiert.

Der schöpferische Geist schafft in 1. Mose 1 auf einer höheren Bewusstseinsebene als im indianischen Mythos. Er ist menschenähnlich geworden.

Anthropomorphe Gottheiten der Griechen und Römer

Ein anderes Beispiel: Im griechisch-römischen Polytheismus erschien die Sexualität nicht mehr in der Gestalt eines Ziegenbocks oder Esels, sondern als anthropomorphe Gottheit, als Eros, Aphrodite oder Venus. Der Gestaltwandel zeigt, dass die Sexualität in der antiken Hochkultur nicht mehr nur instinktgesteuert war, sondern vom Bewusstsein beeinflusst wurde.

Dasselbe ist von der Aggression zu sagen. Der einst tiergestaltige Kriegsgott wurde in der griechisch-römischen Kultur zum menschengestaltigen Gott Ares oder Mars. Die Aggression war zwar ein Gott, stärker als der Mensch, war aber dem Ich nahe und ließ sich von diesem beeinflussen.

Der Gestaltwandel der jenseitigen Wesen weist auch auf die zunehmende Ich-Stärke hin.

> In diesen Zusammenhang gehört der Stierkampf, der in Spanien noch heute populär ist. Der Sieg des Torero über den Stier bedeutet symbolisch den Sieg des Ichs über den Trieb. Insofern war der Stierkampf einst wichtig für die Zivilisierung der Aggression. Heute gibt es aber zeitgemäßere Sportarten, die lehren, zivilisiert mit Aggressionen umzugehen.

Ein weiteres Beispiel für die Assimilation unbewusster Kräfte ans Bewusstsein ist die Verwandlung der Eule, des Totemtiers von Athen, in die Göttin Pallas Athene.

Vom Eulen-Totem zu Pallas Athene

Die Eule sieht Tag und Nacht; zudem kann sie ihren Kopf mit den grossen, leuchtenden Augen fast rundum drehen. Nichts entgeht ihrem Blick, und ihr Gehör, mit dem sie ihre Beute selbst durch eine Schneedecke hindurch ortet, ist unwahrscheinlich fein. Mit ihren weichen Schwingen nähert sie sich ihrem Opfer lautlos, um es zielsicher mit den scharfen Krallen zu packen und mit dem kurzen, kräftigen Schnabel zu erlegen. Die Eule, ein Wunderwerk der Evolution, symbolisiert unbewusstes Instinktwissen.

Als Vogel hatte sie nach damaligem Glauben Kontakt nach drüben und wusste daher, was das Jenseits mit den Sterblichen vorhatte. Ihr schauerliches nächtliches: «Uhu» sagte oft den Tod an, den der Himmel über einen Sünder beschlossen hatte. Es war von Vorteil, sich gut mit ihr zu stellen! So wurde die Eule zum Totem-Tier.

Im Verlauf der Bewusstseinsevolution wandelte sich das Eulen-Totem Athens in die menschengestaltige, aber immer noch «eulenäugige» (*glaukopis*) Athene. Einem späteren, patriarchalen Mythos zufolge entsprang Athene dem Haupt des Göttervaters Zeus. Nun wurde die Eule zu einer anthropomorphen Vatertochter, einer dem Denken und der Bildung holden Göttin. Schließlich wurde sie die «Alma Mater» (nährende Mutter) zahlloser Hochschulen in aller Welt.

Zurzeit Homers war Athene der Schutzengel des *listenreichen* Odysseus, den sie nach Trojas Fall auf seiner Odyssee zurück in seine Heimat Ithaka begleitete. Odysseus symbolisiert den Menschen auf der Fahrt und Irrfahrt der Bewusstwerdung. Ithaka, das Ziel der Reise, ist eine Metapher für Bewusstheit und Weisheit.

Später wurde Pallas Athene zur Schirmherrin von Athenäen in aller Welt, wo die Brust der «Alma Mater» den Wissensdurst der Studierenden stillte. Dieses Bild zeigt ihre Herkunft aus dem Matriarchat.

Heute passt das Bild der *nährenden Brüste* nicht mehr zum Hochschulstudium; denn dabei geht es nicht mehr um eine den ganzen Menschen nährende *Bildung*, sondern nur noch um kopflastige *Ausbildung:* um rationale Vermittlung von Sach- und Fachwissen.

Das Bild der «Alma mater» evoziert aber ganzheitliche Bildung: *Persönlichkeitsbildung*. Der Wissensstoff, der heute an Hochschulen vermittelt wird, ist rationales Kopfwissen für angehende Spezialisten. Die an sich nötige Spezialisierung des Wissens muss ergänzt werden durch existentielles Wissen, zeitgemäße spirituelle Schulung: die Rückkoppelung von Ich und Selbst.

Vielgötterglaube

Begriff

Der Begriff «Polytheismus» bedeutet: «Vielgötter-Glaube» (griechisch *poly*: viel; *theos*: Gott). Er ist eine Zwischenphase zwischen dem früharchaischen Totemismus und dem spätarchaischen Monotheismus.

Polytheistisch waren die sumerische, babylonische, assyrische, ägyptische, kanaanäische, ugaritische, griechische, römische, skandinavische, keltische, finnische und slawische Kultur, aber auch die der Maya und Azteken im vorkolumbianischen Amerika.

Ähnliche Gottheiten in verschiedenen Kulturen

Da die Archetypen der menschlichen Psyche auf der ganzen Welt dieselben sind, führte auch ihre Projektion überall zu ähnlichen jenseitigen Wesen. So war die Liebesgöttin in Theben, Babylon, Jerusalem, Athen oder Rom im Grunde immer dieselbe. Das galt auch für andere metaphysische Wesen. Doch der archaische Konkretismus verhinderte diese Erkenntnis.

Weit gereisten, geistig wachen Kaufleuten fielen die augenfälligen Parallelen zwischen verschiedenen Gottheiten verschiedener Länder auf. Zur Vereinfachung des Umgangs mit ihnen fertigten sie Listen der einander entsprechenden jenseitigen Mächte an. Der damals herrschende archaische Konkretismus hinderte sie aber, daraus zu folgern, die sich entsprechenden Gottheiten seien *in Wirklichkeit* dieselbe Macht. So blieben die Venus in Rom und die Ischtar in Babylon zwei verschiedene Göttinnen.

Einen Eindruck vom Polytheismus vermittelt z. B. Mesopotamien.

Der mesopotamische Polytheismus

Der Religionswissenschaftler Benedikt Hartmann schildert die Religion des Zweistromlands mit den Worten (Hartmann, 50f.):

> «Babylonien ist das klassische Land des Polytheismus.
>
> Schon im sumerischen Stadtstaatensystem waren die Götter der eroberten Stadt jeweils ins Pantheon der siegreichen Stadt aufgenommen worden. Später geschah dasselbe mit den Göttern von besiegten, fremden Völkern. So finden wir im babylonischen Pantheon Götter ganz verschiedener Herkunft friedlich bei einander; neben ursprünglich sumerischen Göttern wurden Götter semitischer, kassitischer, hetitischer, churritischer, chaldäischer und elamitischer Herkunft verehrt.
>
> Niemand nahm an dieser bunten Götterwelt Anstoß. Auf einem Relief von Tiglatpilesar III. (745–727a) werden unter der Beute, die er aus dem fremden, eroberten Land nach Assyrien transportieren ließ, auch Statuen von fremden Göttern abgebildet. Jede wird durch vier Träger in die Hauptstadt gebracht. Mit den Abbildern wurden auch die Götter importiert. Obschon die Macht und Kraft dieser Götter durch die Niederlage ihres Volkes nicht gerade in einem günstigen Licht erschienen, wurden sie nicht ihres göttlichen Ranges entkleidet. Nein, ihrer Verehrung in neuer Umgebung wurde durch die Translation ihrer

Bilder freie Bahn gegeben. Während der langen Zeit der babylonischen Überlieferung wurde nie einem Gott seine Göttlichkeit abgesprochen. Zwei Versuche, Götter zu entthronen, missrieten jämmerlich: Die assyrischen Könige Tukultininurta I. (1235–1198a) und Sanherib (704–681a) trachteten ... vergeblich danach, den Nationalgott der Babylonier, Marduk, zu Gunsten des assyrischen Nationalgottes Assur auszuschalten. Das ganze Manoeuvre endigte für beide Initianten katastrophal.

Es ist nicht verwunderlich, dass die Anzahl der babylonischen Götter durch diese offene Haltung ins Unermessliche anstieg. Nicht erst moderne Berechnungen, sondern schon alte babylonische Quellen beweisen, dass die Anzahl der Götter weit über das hinaus ging, was wir uns vorstellen können. Im ‹*Enuma elisch*›, dem babylonischen Schöpfungsmythos, ist in der sechsten Tafel die Rede von der Rangordnung der Götter, die Marduk erstellte. Da ist zu lesen:

Er (Marduk) setzte dreihundert (Götter) in den Himmel, um dort zu wachen.
Er machte nachher dasselbe hienieden.
Im Himmel und auf Erden (setzte er) sechshundert (Götter) ein.

Im Himmel und auf Erden wachten also je 300 Götter; in der großen Babylonischen Götterliste aus kassitischer Zeit werden gar 2500 Namen genannt.»

Um sicher zu sein, keine der unzähligen Gottheit zu übergehen und dadurch deren Gunst zu verlieren, betete man auch zu namentlich nicht bekannten Gottheiten:

Möge sich der Zorn meines Herrn mir legen,
möge sich der Gott, den ich nicht kenne, mir beruhigen,
möge sich die Göttin, die ich nicht kenne, mir beruhigen,
möge sich der Gott, den ich kenne oder nicht kenne, mir beruhigen,
möge sich die Göttin, die ich kenne oder nicht kenne, mir beruhigen (53).

Im Vergleich zum früharchaischen Totemismus ist die Sprache dieser Gebete ziemlich rational; das Denken dringt langsam in den Bereich der Religion ein. Das führte hie und da zu monotheistischen Ansätzen.

Monotheistische Ansätze

Da die Vielfalt jenseitiger Wesen äußerst verwirrend war, wählten sich viele Gläubige Gottheiten aus, die ihnen besonders vertraut waren und beschränkten sich auf diese (das tun gläubige Katholiken heute noch, wenn sie aus der unüberschaubaren Zahl der Heiligen ihren persönlichen Schutzpatron wählen). In Hymnen und Gebeten priesen die Gläubigen diese vertrauten Götter in allerhöchsten Tönen: «Du, dem unter den Himmlischen keiner gleich ist!» Mit dieser *captatio benevolentiae* versuchten sie, das Wohlwollen der angerufenen Gottheit zu gewinnen.

Den Gott *Nabu* lobt ein Gebet als «König der Götter, König ohne Rivalen», obwohl Nabu in Wirklichkeit nicht der einzige Gott des Beters war.

Dieselbe Auszeichnung wurde auch andern Gottheiten zuteil. Hartmann:

> «Alle diese Götter: Ninurta und Nergal, Marduk und Assur, Schamasch und Enlil, Ischtar und Nabu sind in den Augen der babylonischen Beter nur von Zeit zu Zeit allmächtige Könige des Alls und der Götter. Von Sin, Marduk und Anu wird sogar gesagt, dass sich vor ihnen selbst die großen Götter niederwerfen. …
>
> Auf einer Nabustele aus dem 8. Jahrhundert steht der Ausspruch: ‹Lasst uns auf Nabu vertrauen und nicht auf einen andern Gott!› Das tönt henotheistisch – ungewöhnlich für eine polytheistische Kultur.
>
> In einem babylonischen Busspsalm finden wir eine noch deutlichere, sogar monotheistisch anmutende Formulierung: ‹Es gibt keinen Gott, der uns auf dem rechten Weg führt, außer dir›» (57 ff.).

Derartige Aussagen, die bereits an die jüdische *Jahwe-allein-Bewegung* erinnern, wurden in Mesopotamien nicht auf die Goldwaage gelegt. Der Lobpreis in einem polytheistischen Hymnus ist nicht dasselbe wie Aussage jüdischer Jahwe-Verehrer in der späteren Königszeit. Die im Hymnus als «einzigartig» verehrte Gottheit blieb im Polytheismus eine unter vielen.

Vier religionsgeschichtliche Begriffe

Die Religionsgeschichte beschreibt die Entwicklung zum Monotheismus mit vier Begriffen (A. Bertholet: «Wörterbuch der Religionen»):
1. Henolatrie, 2. Monolatrie, 3. Henotheismus, 4. Monotheismus.

1. Henolatrie (griechisch *henos:* einer; *latreia:* Dienst, Kult).
   Henolatrie meint die kultische Bevorzugung einer Gottheit. Diese wird speziell verehrt, ohne dass ihre Anhänger glauben, sie sei das einzige jenseitige Wesen. Hin und wieder dient man auch andern Gottheiten.
2. *Monolatrie* (griechisch *monos:* der eine, einzige).
   Die Monolatrie ist eine Steigerung der Henolatrie, die *ausschließliche* Verehrung einer Gottheit. Daneben gibt es keine gelegentliche Verehrung anderer Gottheiten mehr.
3. *Henotheismus* meint den Glauben an eine bevorzugte Gottheit; andere Gottheiten wurden toleriert, auch wenn man nicht an sie glaubte.

4. *Monotheismus* nennt man den exklusiven Glauben an einen einzigen Gott, der keine anderen Gottheiten neben sich duldete; diese wurden (oft fanatisch) bekämpft.

Damit endet das große Kapitel über die *Grundlagen* des Monotheismus. Dessen weltanschauliches Fundament war das duale, archaisch-mythische Weltbild. Seine historischen Vorläufer waren der Totemismus und der Polytheismus.

Das kommende große Kapitel handelt von den *Vorboten* des Monotheismus: Echnaton, Zarathustra, Altisrael und der griechischen Philosophie.

Vorboten

Echnaton

Das altägyptische Neue Reich

Ahmose (Pharao 1550–1514a)

Der Monotheismus Echnatons ist eine Frucht der kulturellen Blüte in der 18. Dynastie, mit der im alten Ägypten das Neue Reich (1550–1070a) begann. Die 18. Dynastie herrschte von 1550–1292a. Sie begann mit der Thronbesteigung von *Ahmose* (nach Graefe im Jahr 1550a, nach Hornung 1552a, nach Schlögl 1540a).

Ahmose war außen- wie innenpolitisch erfolgreich. Ihm verdankte das Reich den Ausbau einer effizienten Verwaltung. Diese wurde möglich dank einer soliden Ausbildung der Beamten, und diese bildete die Voraussetzung für den Fortschritt der Bewusstseinsevolution. Nun traten erstmals differenzierte Persönlichkeiten aus dem Nebel der Geschichte hervor.

Auf dem Fundament von Ahmose baute sein Sohn Amunhotep I. weiter. Auf dessen theologischen Neuerungen basiert Echnatons Monotheismus.

Amunhotep I. (1514–1493a)

Der Name: *Amunhotep* wurde ausgesprochen als: *Amanchatpa.* Sein gräzisierter Name lautete: *Amenophis*. Amunhotep I. war ein Förderer der Kultur; er engagierte eine kreative Elite, die er ermutigte, Neuland zu betreten, was für das traditionsgebundene Ägypten ein Novum war.

In seinem Standardwerk zur Geschichte Ägyptens ([1]1965; [7]2010) beschreibt Erik Hornung die kulturelle Blütezeit unter Amunhotep I. mit den Worten:

> «Nur durch Zufall kennen wir von den Theologen, Dichtern, Baumeistern, Künstlern und Wissenschaftlern um den König einige mit Namen. …
>
> Von größter Bedeutung ist die *religiöse* Literatur dieser Zeit, die nicht nur alte Traditionen weiterführt, sondern vor allem mit einer *Fülle neuer Gedanken* und Ausdrucksformen in die Zukunft fortwirkt. …
>
> Die Theologen Amenophis' I. haben einer ganzen Reihe von Ritualen die für Jahrhunderte gültige Form gegeben. Einer dieser religiösen Denker, zugleich ein Dichter von hohem Rang, verfasst … das ‹*Amduat*›. … Am Leitfaden der Unterweltsfahrt des Sonnengottes durch die zwölf Nachtstunden beschreibt das Werk in Wort und Bild die Regionen der Totenwelt mit den Seligen und Verdammten; letztere werden mit einem reichen Katalog von Höllenstrafen gepeinigt. So macht das ‹Amduat› mit dem Gedanken einer ewigen Verdammnis

> ernst und gestaltet – fast drei Jahrtausende vor Dante – die bislang älteste Höllenschilderung.
>
> Aus der gleichen Blütezeit religiöser Dichtung um 1500 stammt die *Sonnenlitanei*, die den König mit dem Sonnengott und dessen täglichem Wandel durch alle Sphären der Welt gleichsetzt. Da die Theologen des Neuen Reichs im Totengott Osiris eine unterweltlich-nächtliche Erscheinung des Sonnengottes sehen, wendet sich nun auch der Tote in einem früher nicht gekannten Maß an den *allumfassenden Sonnengott*.
>
> In immer neuen Wendungen werden Lieder an die auf- und untergehende Sonne gedichtet und in die großen religiösen Werke eingefügt oder selbständig im Eingang der Privatgräber und auf Stelen aufgezeichnet. Neben den Schöpfungsvorstellungen wird nun auch der Jenseitsglaube zur Domäne des Sonnengottes, und man darf, mit einer gewissen Überspitzung, sagen, dass die Weichen für die religiöse Revolution Echnatons – für dessen solaren Monotheismus – bereits von den Theologen und religiösen Dichtern am Hofe Amenophis I. und seines Nachfolgers gestellt werden.
>
> Das reiche religiöse Spruchgut über Tod, Bestattung und Jenseitsschicksal … gibt man dem Verstorbenen jetzt auf Papyrus mit. In diesem ‹Totenbuch›, das im wesentlichen von einer langen, volkstümlichen Tradition geprägt ist, blüht die Magie mit ihren vielfältigen Praktiken weiter, während die neuen, vornehmlich für den König bestimmten Totentexte sich davon frei halten» (Hornung ^{6}2008, 75 f.).

Bereits damals begann, was Max Weber (1864–1920), einer der Begründer der modernen Soziologie, als «Entzauberung der Welt» oder «Überwindung der Magie» bezeichnete.

A. Anter führt dazu aus (in: NZZ 19.4.2014, S. 63):

> «Weber fand die Überwindung der Magie bereits im antiken Judentum und dem sich mit dem Hellenismus verbindenden Christentum, aus dem dann der reformierte Protestantismus hervorging, wo die Entzauberung der Welt ihren Höhepunkt erreichte.
>
> Weber: ‹Die Calvinisten und Puritaner waren die Vollender dieser Entwicklung. Sie bekämpften radikal alle magischen Formen als Aberglauben. Der echte Puritaner verwarf sogar am Grab jede Spur von religiösen Zeremonien; er begrub die ihm Nächststehenden sang- und klanglos, um nur ja keinerlei *Superstition* aufkommen zu lassen.›
>
> Es waren die reformierten Protestanten, die nach Webers Befund die Welt radikal entzauberten und die Magie vollständig zu eliminieren versuchten.»

Was nach Weber erst im hellenistischen Judentum der Achsenzeit begann, existierte nach Erik Hornung bei der gebildeten Elite Ägyptens, die sich um den Pharao Amunhotep I. scharte, bereits ein Jahrtausend zuvor. Diese Elite war eine Lokomotive, die mit Volldampf vorausfuhr und den Rest des Zuges abhängte.

Nach *Erhard Graefe* war Ägypten konservativ, wenn nicht gar neophob. Graefe schildert das ägyptische Denken wie folgt (WGB 2009, Bd. 1, 156ff.):

> «Überspitzt ausgedrückt, könnte man sagen, der Ägypter sei eigentlich ein ahistorischer Mensch gewesen. ... Charakteristisch für seine Vorstellung ist der Ausdruck *sp tpj*, den wir frei mit ‹Urschöpfung› übersetzen, der aber wörtlich ‹das erste Mal› bedeutet und das erstmalige Erscheinen des Sonnenlichts in der Urfinsternis bezeichnet. Seitdem wiederholt sich *das erste Mal* in den magischen Riten unaufhörlich.
>
> Weil in der Urzeit alles vortrefflich war, beruft man sich in Angelegenheiten des Alltags und der Religion auf Dinge, die die *Vorfahren* gemacht haben. ...
>
> Ein Bewusstsein über sich entwickelnde, fortschreitende, historische Leitlinien entsteht so nicht. ...
>
> Das Geschichtsbild ist statisch, nicht dynamisch.»

«Das erste Mal» bedeutet demnach: «Ein für alle Male; so haben es Götter und Ahnen in der goldenen Ursprungszeit festgelegt; daran wird nicht gerüttelt.» Die gottgegebene Schöpfungsordnung war unverrückbar.

Amunhotep III. (1390–1352a)

Im Jahrhundert zwischen dem Tod Amunhoteps I. und der Thronbesteigung Amunhoteps III. wurde Ägypten zur führenden Weltmacht.

Beim Antritt seiner vier Jahrzehnte dauernden Herrschaft war Amunhotep III. zwölf Jahre alt und stand unter dem Einfluss seiner tüchtigen Mutter *Mutemuja*, von der er sich später absetzte: Er heiratete (gegen den Willen seiner Mutter) *Teje*, die Tochter eines Beamten aus der Provinzstadt Achmîm, die er, entgegen dem Protokoll, zu seiner Hauptgemahlin erhob.

Bei der engen Verflechtung von Königtum und Weltordnung war dies ein riskanter Akt, der das von den Göttern einst gebannte Urchaos erneut heraufzubeschwören drohte.

Der Akt war nicht nur ein Verstoß gegen Sitte und Brauch; er zeigte auch die Macht, die die höhere Beamtenschaft inzwischen erlangt hatte. Sie war willens, «alte Zöpfe» abzuschneiden ...

Von Teje erzählt Hornung:

> «Das kluge, energische ehemalige ‹Bürgermädchen› Teje wuchs zu einer der bedeutendsten Frauengestalten des Neuen Reichs heran. Zu ihrer Hochzeit wurden Gedenk-Skarabäen ausgegeben. ... Für Teje wird bei ihrer Heimatstadt Achmîm ein künstlicher See angelegt. ...
>
> Der König spinnt sich mit der Zeit zusehends in den orientalischen Prunk seiner Hofhaltung ein. ...
>
> Nun nimmt Teje, die sich auf eine Reihe von fähigen Beamten stützen kann, die Zügel in die Hand. Anstelle einer auf Kriegserfolgen aufgebauten, männlich geprägten Außenpolitik tritt nun eine eher weibliche Heiratspolitik mit reichen Geschenken aus dem goldenen Überfluss Ägyptens» (90–92).

Auf Befehl Amunhoteps III. schufen kreative Hoftheologen weitere neue religiöse Vorstellungen, darunter die des *Mittlerwesens*, das zugleich Mensch und Gott war. Weil das Jenseits für Gebildete zu verblassen begann, wurde die Vorstellung eines Mittlers nötig, damit der ferngerückte Gott wieder erlebbar wurde.

Zum Mittlerwesen zwischen Himmel und Erde wurde der inzwischen vergöttlichte Amunhotep I. erhoben. Sodann wurde die Macht des Sonnengotts erweitert, und zuletzt wurde die Beziehung zwischen dem Sonnengott und dem herrschenden Pharao vertieft. Nun war der amtierende Pharao der Vermittler zwischen Himmel und Erde: «Wahrer Gott und wahrer Mensch zugleich» (wie Jesus Christus im Dogma von Chalcedon [451p]).

Um 1352a starb Amunhotep III. als der mächtigste König weit und breit. Unter ihm war der Sonnengott sukzessive ins Zentrum der Religion gerückt, und der amtierende Pharao galt als dessen Stellvertreter auf Erden.

Das war das Fundament für die monotheistische Revolution Echnatons.

Amunhotep IV., Echnaton (1351–1335a)

Erste Regierungsjahre

Der Freiburger Ägyptologe Hermann A. Schlögl beginnt seine Monographie über Echnaton mit den Sätzen:

> «Im Jahr 1351 bestieg in Ägypten ein junger Mann namens Amunhotep IV. den Pharaonenthron. Er sollte zu einer herausragenden Persönlichkeit werden und

die Kultur- und Religionsgeschichte bis in unsere Zeit hinein beeinflussen; denn er entwickelte die erste monotheistische Religion der Menschheit.

Seine Spuren waren lange Zeit nur in Umrissen erkennbar. ... Aber das Material über ihn konnte in den letzten Jahren durch archäologische Funde beachtlich erweitert werden» (Schlögl 2008, 7).

Der neue König ließ sich noch traditionell in sein Amt einsetzen, begann jedoch bald danach, neue Wege zu gehen. Hornung (93 ff.):

«Der neue König lässt sich, wie bisher üblich, beim Opfer vor dem Reichsgott Amun darstellen, bevorzugt daneben jedoch eine Gottheit Aton, die er zunächst als Erscheinungsform des alten Sonnengottes Re-Harachte verehrt. Diesen Aton hatten bereits Thutmosis IV. (1400–1390a) und Amenophis III. (1390–52a) in der Sonnenscheibe göttlich verehrt, doch macht sich im Wesen des neuen Königs bald eine hartnäckige, zur Übersteigerung neigende Konsequenz bemerkbar, die aus schon vorhandenen Gedanken und Vorstellungen Zündstoff für eine umfassende Revolution formt.

Der Verlauf dieser Revolution, die nach einander die Gebiete der Kunst, der Verwaltung und der Religion ergreift, lässt eine sorgfältige Planung erkennen und zeigt, dass Echnaton alles andere als ein ‹religiöser Schwärmer› war. Im 4. Jahr des Königs wird der Hohepriester des traditionellen Reichsgottes Amun, dessen politische Macht schon Thutmosis IV. eingeschränkt hatte, an der Spitze einer Steinbruchexpedition in die Ostwüste geschickt und damit vom Geschehen in der Hauptstadt für eine Weile ferngehalten. Vielleicht benutzt der König diese Frist, um in der Ausgestaltung des Tempels, den er Aton in Karnak errichtete, seine revolutionären Vorstellungen erstmals zu verwirklichen. ...

Mit der Folgerichtigkeit, die alle seine Handlungen auszeichnet, lässt sich der König als ‹Vater und Mutter› seiner Untertanen darstellen. Das war der Pharao als Vertreter des Schöpfergottes auf Erden zwar schon immer gewesen; aber kein Künstler hatte es bisher gewagt, den König deshalb als Fruchtbarkeitsgott mit männlichen *und* weiblichen Zügen darzustellen.

Zugleich ... ändert der König die Erscheinungsform und Bezeichnung des von ihm verehrten Sonnengottes. An die Stelle des *falkenköpfigen* Re-Harachte-Aton tritt nun das *abstrakte* Bild der Strahlensonne. ...

Von einer Verfolgung anderer Gottheiten ist zunächst nichts zu spüren. Aber die Strahlensonne tritt als *neuer Reichsgott* an die Stelle Amuns. ...

Der König umgibt sich auch mit einer neuen Beamtenschaft, die zum grossen Teil aus dem Volk und dem Ausland stammt, vom König aus einem ‹Nichts› zu einflussreicher Stellung ‹aufgebaut› wird und ihm devot ergeben ist. Niemals haben ägyptische Beamte den Rücken so tief vor ihrem Herrn gekrümmt wie in den Darstellungen der Amarnazeit. Mit diesem Schritt hat Amenophis IV. die politische Macht in Händen, um die sorgfältig geplante Umgestaltung des Staates und der Religion gegen jeden Widerstand zu verwirklichen. Dazu gehören vor allem die Gründung einer neuen Residenz auf unberührtem, ‹keinem Gott und keiner Göttin gehörendem Boden› sowie die Änderung des königlichen Geburtsnamens.

Beide Maßnahmen sind in der ägyptischen Geschichte ohne Beispiel und mussten jeden Frommen, der sich der ehrwürdigen Tradition verpflichtet fühlte, mit Bestürzung erfüllen.

In Mittelägypten, beinahe halbwegs zwischen Memphis und Theben, hatte der König einen neuen Ort für seine neue Hauptstadt ausgesucht.»

Achet-Aton

Die neue, beim heutigen El-Amarna gelegene Hauptstadt wurde vom König programmatisch *Achet-Aton* getauft: *Auge des Aton.* Schlögl kommentiert (S. 46): «Der Bau der Stadt aus dem Nichts heraus war ein wahrhaft titanisches Unternehmen.»

In einem leider nur lückenhaft erhaltenen Text steht:

> «Ich errichte Achet-Aton für Aton, meinen Vater, an diesem Platz. Ich will ihm Achet-Aton nicht im Süden, nicht im Norden, Westen oder Osten von hier errichten. … Ich baue Achet-Aton gegen Sonnenaufgang, an einer Stelle, die sich Aton selbst ausgesucht hat. Er will es so; hier werde ich ihm opfern.
>
> Seht Achet-Aton! … Man baue mir hier ein Grab im Berg, wo die Sonne aufgeht. Dort wird meine Bestattung erfolgen, nach unzähligen Regierungsjubiläen, die Aton mir gewähren wird» (Schlögl, 40 f.).

Echnaton wurde der neue Oberpriester Ägyptens, der die Riten für Aton zelebrierte. Die Einweihungsfeierlichkeiten für Achet-Aton fanden im 6. Regierungsjahr des Königs statt, kurz nachdem dieser seinen bisherigen Namen *Amunhotep* – «Amun ist gnädig» – in *Echnaton* – «dem Aton wohlgefällig»; oder: «Strahl des Aton» – geändert und seine königliche Titulatur neu formuliert hatte. Hornung:

> «Jahr 6, am 13. Tag im Wintermonat. An diesem Tag war der König in Achet-Aton. Seine Majestät bestieg einen großen Wagen aus Elektron, Silber und Gold; er erschien wie der aufgehende Aton. …
>
> Er gab ein Opfer für Aton: Brot, Bier, Rinder, Vögel, Wein und Weihrauch. Danach setzte er sich auf den Thron und befahl, ihm seine Gefolgsleute vorzuführen. Sie lagen auf ihrem Bauch vor Seiner Majestät und küssten die Erde.

So mächtig ist Seine Majestät! Er sprach zu ihnen: ‹Das ist Achet-Aton! Aton wollte, dass es gebaut werde für ihn, als Denkmal für alle Zeiten. Aton, mein Vater, zeigte mir Achet-Aton. Für ihn will ich hier einen Tempel bauen und für mich einen Palast, und auch einen für die Königliche Gemahlin›» (Hornung 96).

Umsetzung der Revolution

Bereits im folgenden Jahr bezog der Hof die neuen Paläste, Tempel und Wohnquartiere; die Verwaltung blieb jedoch mehrheitlich in den bisherigen Zentren Memphis und Theben.

Nun setzte Echnaton seinen Plan um:

«Sobald sich der Königshof in der neuen Residenz niedergelassen hat, beginnt Echnaton mit schon erprobter Konsequenz, die Spuren der Vergangenheit auszutilgen. Kolonnen von Bilderstürmern schwärmen nun über das Land aus. Wo immer ihnen der Name des Amun begegnet, wird der Meissel angesetzt, selbst auf der Spitze von Obelisken, unter der Vergoldung von Säulen und in Keilschriftbriefen der Archive. Weniger systematisch werden die Namen anderer Gottheiten getilgt; zuweilen fällt selbst das Zeichen für ‹Götter› der neuen Glaubenswut zum Opfer. …

Die Revolution kann mit dem 9. Regierungsjahr des Königs als abgeschlossen gelten. … Nun sollten Re und Aton die Namen des einzigen Gottes sein.

Damit hat Echnaton einen Monotheismus von der Konsequenz des Islams verwirklicht. Zugleich ist er vom ‹Hohenpriester des Re-Harachte›, wie er sich zu Beginn seiner Regierungszeit noch bezeichnete, zum Verkünder einer neuen Lehre und zum alleinigen Mittler zwischen Gott und den Menschen geworden.

Seine Anhänger beten nun vor Hausaltären, welche die Königsfamilie unter der Strahlensonne zeigen, und betonen in ihren Grabinschriften die persönliche Unterweisung durch den König, der als Einziger das Wesen Gottes kennt. So könnte man die Amarna-Religion mit der knappen Formel – in Analogie zum Islam – kennzeichnen: ‹Es ist kein Gott außer Aton, und Echnaton ist sein Prophet›» (Hornung 96).

«Niemand kommt zum Vater denn durch mich», wird später das Christentum von seinem Erlöser sagen (Johannes 14_{6}). In seinem Großen Aton-Hymnus rühmt sich Echnaton: «Keinen andern gibt es, der Aton kennt!»

Nofretete

Echnatons Hauptfrau war Nofretete; sie erhielt ein eigenes Heiligtum und den Titel: «Große Königliche Gemahlin.»

Dazu bemerkt Schlögl (32 f.):

«Ein Aton-Heiligtum mit Namen Hut-Benben, das zu den Tempeln gehörte, die der König in Karnak hatte errichten lassen, war ausschließlich Nofretete gewidmet; der König hatte darin keinen Platz. Die Königin war die Hohepriesterin, die alle Kulthandlungen und das Opfer für Aton vollzog, wobei sie oft von ihrer ältesten Tochter Merit-Aton begleitet wurde. …

Nofretete, die die Göttinnenkrone trug, vollzog auch die bisher dem Pharao vorbehaltenen Riten der symbolischen *Niederschlagung der Feinde* sowie der *Darbringung der Maat*.

Auch sie erhielt einen neuen Namen: *Neferneferu-Aton*, das heißt: ‹Aton ist der Vollkommenste.› So trug sie wie ein König einen zweifachen Kartuschennamen, war dem König nahezu ebenbürtig und immer an seiner Seite. Sie war das weiblich-göttliche Element der Aton-Religion und die weibliche Entsprechung zum König.»

Echnatons und Nofretetes einziger Sohn hieß *Tutanch-Aton*: «Atons lebendiges Abbild.» Er war ihr 7. Kind, geboren im 12. Regierungsjahr.

Der Sonnenhymnus

Der Sonnengesang ist ein eindrückliches Zeugnis für die tiefe Religiosität Echnatons. Entdeckt wurde er im Grab von «Gottesvater» Aja, Echnatons Erzieher, der Grauen Eminenz von Achet-Aton (Schlögl 63 ff.):

«Schön erstrahlst du am Horizont, du, lebendige Sonne, die seit jeher lebt.
Wenn du aufgehst im Osten, erfüllst du jedes Land mit deiner Schönheit.
Du bist Licht, groß und glänzend, hoch über jedem Land.
Deine Strahlen umfangen die Erde und alles, was du erschaffen hast.
Du machst die Völker willfährig für mich, deinen geliebten Sohn.
Du selber bist fern; doch deine Strahlen sind auf Erden
und erhellen unser Antlitz; unergründlich ist dein Weg.
Gehst du unter im Westen, ist die Erde dunkel, ohne Leben.
Alle schlafen in ihren Kammern; kein Auge sieht das andere.
Raubte man ihre Habe – sie würden es nicht bemerken.
Nun kommen Raubtiere, und die Schlange beißt; die Nacht ist ein Grab.
Still liegt die Erde da; ihr Schöpfer
ist zur Ruhe gegangen unter dem westlichen Horizont.
Hell aber wird die Erde, wenn du aufgehst am Morgen im Osten.
Beide Länder feiern dich jeden Morgen: Was stehen kann, steht auf.
Du richtest sie auf; ihre Körper sind rein und in Gewänder gehüllt,

ihre Arme in Anbetung erhoben.
Danach gehen sie im ganzen Land an ihre Arbeit.
Jedes Vieh ist zufrieden mit seinen Kräutern; die Bäume und Blumen wachsen.
Die Vögel fliegen aus ihren Nestern auf, ihre Flügel preisen deine Lebenskraft.
Das Wild springt umher; alles, was fliegt, lebt, seit du für sie aufgingst.
Die Schiffe fahren stromab und stromauf, weil du ihnen Licht gibst.
Die Fische im Strom springen vor deinem Angesicht;
deine Strahlen dringen in des Wassers Tiefe.
Du lässt den Samen in den Frauen reifen und formst ihn zu Menschen;
du rufst den Sohn im Leib seiner Mutter ins Leben
und stillst ihn, dass er nicht weint:
Du bist die Amme und gibst allen Geschöpfen ihr Leben.

Kommt das Kind am Tag seiner Geburt aus dem Mutterleib,
öffnest du seinen Mund zum Atmen und gibst ihm, wessen es bedarf.
Wenn das Küken im Ei in der Schale piepst, erhältst du es am Leben;
du hast die Frist gesetzt, wann es die Schale zerbricht und schlüpft.
Vielfältig sind deine Werke, du, unsichtbarer, einziger Gott!
Nach deinem Willen hast du die Erde geschaffen, du ganz allein,
mitsamt allen Menschen, Tieren und jeglicher Kreatur,
mit allem, was Beine hat, auf der Erde herumzulaufen
und Flügel, in der Luft herumzufliegen, überall, von Syrien bis Nubien.
Jeden Mann setzest du an seinen Platz und gibst ihm, was er braucht.
Jeder hat seine Nahrung, und seine Lebenszeit ist bestimmt.
Die Sprachen der Menschen sind verschieden, auch ihr Wesen;
doch du verstehst sie alle.
Du schufst den Nil, um alle Menschen,
die du geschaffen, am Leben zu erhalten.
Wie herrlich sind deine Ratschlüsse, du, Herr von ewiger Dauer!
Deine Strahlen nähren alle Felder. Wenn du aufgehst, leben sie und wachsen.
Du hast die Jahreszeiten geschaffen, damit deine Geschöpfe gedeihen,
den Winter, um sie zu kühlen, und die Sommerglut, damit sie dich spüren.
Den Himmel hast du hoch gemacht, um an ihm aufzugehen,
dass du dein Werk überblickst.
Einzig bist du, wenn du aufgehst, lebendiger Aton, erscheinst und erglänzest.
Alle Augen schauen dich, wenn du als Tagessonne über dem Land stehst.
Wenn wenn du fortgehst und dein Auge nicht mehr da ist,
dann bleibe du in meinem Herzen!
Keinen andern gibt es, der dich kennt, als deinen Sohn, Nefercheperure:
Echnaton! Ihn lässt du deine Absichten und deine Macht erkennen.

Die Welt entsteht aus dir: Gehst du auf, lebt sie, gehst du unter, stirbt sie.
Du selbst bist das Leben; alle leben durch dich.
Ihre Augen schauen deine Schönheit, bis du zur Ruhe gehst im Westen.
Dann steht die Arbeit still. Doch dein Erscheinen am Morgen
macht den Arm stark für den König, und Eile ist in jedem Bein.
Seit du die Erde gegründet, huldigt sie deinem Sohn,
der aus deinem Leibe hervorging,
der König von Ober- und Unterägypten: Echn-Aton!

Machtfülle

Echnaton, Atons Sohn, besaß eine riesige Machtfülle. Schlögl:

> «In der Residenzstadt Achet-Aton trafen ausländische Gesandte ein, um dem König Handelsprodukte ihrer Länder als Tribut zu überbringen. Von diesem Ereignis künden Reliefdarstellungen in zwei Felsengräbern von Amarna. ... Aufgrund der lebhaften Bilder können wir uns den farbenprächtigen Festakt gut vorstellen. Der Empfang der ausländischen Delegationen wurde in jenem Pavillon abgehalten, der in der nördlichen Umfassungsmauer des großen Aton-Tempels eingebaut war. Echnaton und Nofretete thronten unter einem Baldachin; hinter den königlichen Eltern nahmen die sechs Prinzessinnen Aufstellung. Hohe Beamte stellten dem Herrscher die einzelnen Abordnungen der Länder vor, die sich in ehrfürchtiger Haltung näherten. Zur Feier des Tages gab es auch Kampfspiele.
>
> Im Grab des Huja findet sich die Beschreibung des Festes:
>
> ‹Es erschienen der König von Ober- und Unterägypten, Nefercheperure, der einzige Sohn des Re (Echnaton), und die Große Königsgemahlin Neferneferure (Nofretete) – sie sollen leben immer und ewig! Sie erschienen auf dem großen Tragsessel aus Elektron, um die Gaben von Syrien (Norden) und Kusch (Süden), von West und Ost zu empfangen. Alle Fremdländer waren versammelt; auch die Inseln des Mittelmeeres brachten dem König auf dem großen Thron von Achet-Aton die Abgaben, damit ihnen – als Gegengabe für den Tribut – ihr Lebenshauch erneuert würde›» (Schlögl 81 f.).

Grenzen der Macht

Echnaton wusste sich von Aton, seinem Vater, berufen. Doch sein auf die goldene Ursprungszeit fixiertes Volk konnte seine Ideen nicht nachvollziehen. Im Untergrund formierte sich deshalb eine Opposition, welche die altehrwürdige Ordnung der Urzeit wieder herstellen wollte. An der Spitze der konterrevolutionären Bewegung stand der Oberpriester Amuns.

Echnatons Revolution stürzte Ägypten in eine tiefe Gewissensnot. Sie erschütterte das Fundament des Kosmos: Einerseits war er der Pharao, Gottes Sohn, dem jedermann Gehorsam schuldete; andererseits verstieß er gegen die heilige Tradition …

Tod

Aus den letzten Regierungsjahren Echnatons sind außer seinem frühen Tod zu Beginn seines 17. Regierungsjahres (1335a) keine gesicherten Daten überliefert; es ist auch nicht klar, woran Echnaton starb (Schlögl 90 f.).

Doch das Fazit ist eindeutig: Echnaton scheiterte.

Zwei Jahre nach seinem Tod wurde Achet-Aton aufgegeben und nach Memphis verlegt (nicht zurück nach Theben; Amuns Stadt sollte nie wieder zur Hauptstadt werden).

Restauration

Der Nachfolger auf Ägyptens Thron, Echnatons Sohn Tutanch-Aton, war beim Tod des Königs noch ein Knabe. ‹Gottesvater› Aja, einst Echnatons Erzieher, regierte an seiner Statt bis zu dessen Volljährigkeit.

Die erste bedeutende Amtshandlung Tutanch-Atons nach seiner Thronbesteigung war die Änderung seines Namens; das war der Ausdruck eines konterrevolutionären Programms: Der Name «Aton» verschwand. Der König hieß nun Tutanch-*Amun*. Er buchstabierte die Revolution zurück.

Wie die Restauration im Detail vor sich ging und wie Aja, einst eine treibende Kraft der Revolution, umgestimmt wurde, ist nicht mehr zu eruieren. Doch «Monotheismus» war für das nächste Jahrtausend in Ägypten kein Thema mehr! Seit Tutanch-Amun war der Pharao wieder, was er früher immer gewesen war: der Garant der heiligen Tradition.

Das Restaurationsedikt Tutanch-Amuns war ebenso radikal wie die Revolution seines Vaters: Echnaton wurde vollständig aus Ägyptens Erinnerung getilgt. Sein Name wurde mit derselben Gründlichkeit gelöscht, mit der Echnaton zuvor den Polytheismus hatte ausmerzen wollen. Der Ketzerkönig wurde drei Jahrtausende lang totgeschwiegen.

Erst die moderne Forschung verhalf ihm zu einem Comeback.

Wie unsere Zeit zu Echnaton steht, schildern die nächsten Abschnitte:
- Echnaton heute,
- Echnaton aus tiefenpsychologischer Sicht.

Echnaton heute

Zwei Zitate

Schlögl zitiert zwei zeitgenössische Urteile über Echnaton (115 f.):

> «1922 schrieb *Rainer Maria Rilke* (1875–1926) in einem Brief:
>
> ‹Was war das für ein Moment der Windstille in der großen ägyptischen Zeit? Welcher Gott hielt den Atem an, dass die Menschen um den vierten Amenophis so zu sich kamen? Wo plötzlich stammten sie her? Und wie schloss sich wieder, gleich hinter ihnen, die Zeit, die einem *Seienden* Raum gegeben hatte!›
>
> Auch *Egon Friedell* (1878–1938) würdigte Echnaton in seiner *Kulturgeschichte Ägyptens und des Alten Orients (1939)* in höchsten Tönen:
>
> ‹Echnaton ist die erste Persönlichkeit der Weltgeschichte, die greifbar vor uns steht. Alle früheren verschwimmen im Nebel des Mythos oder sind unter dem Prozess der historischen Verdichtung zu fleischlosen Gattungsbegriffen geworden. Echnaton aber ist unser Bruder, ja fast unser Zeitgenosse: Die Ballade seines Lebens, wie sie durch geheimnisvolle Fernwirkung bis zu uns gelangt ist, ist mit unserem Blut geschrieben. Bei all seinen Irrtümern und Schwächen war er etwas Ergreifendes, Einmaliges und Denkwürdiges: ein moderner Mensch auf einem uralten Thron.›»

Rilke und Friedell erkannten, dass Echnaton seiner Zeit voraus war, so weit voraus, dass er uns innerlich nicht mehr so ferne steht wie die Menschen, die vor ihm lebten. Rilke staunte, «dass die Menschen um den vierten Amenophis so *zu sich* kamen», und Friedell brachte es auf den Punkt: «Er war … ein moderner Mensch auf einem uralten Thron.»

Ein eingängiger Satz! Entspricht er aber auch den Tatsachen? Was lässt sich aus der Perspektive der Bewusstseinsevolution dazu sagen?

In Wirklichkeit begann mit Echnaton nicht die Moderne, sondern das spätarchaische Zeitalter. Echnatons Werk machte ihn noch nicht zu einem modernen Menschen; denn er blieb dem dualen Weltbild der Antike verhaftet. An der Wirklichkeit des Jenseits zu zweifeln wie die säkulare Moderne, kam ihm nicht im Traum in den Sinn.

Echnaton war kein «moderner Mensch auf einem uralten Thron»; er war kein *Roi Soleil* wie etwa Ludwig XIV. (1638–1715p; König 1643–1715p). Mit dem Sonnenkönig von Achet-Aton begann das spätarchaische Zeitalter, das sich mit dem Sonnenkönig von Versailles seinem Ende zuneigte. Die beiden lebten am Anfang und am Ende desselben Äons. Echnaton stand Mohammed, dem Propheten Allahs, weltanschaulich näher als dem *Roi Soleil* oder sonst einem absolutistischen Fürsten der Moderne.

An vielen europäischen Fürstenhöfen wurde Machiavelli (1469–1527) studiert, dessen Werk: «Il Principe» (1513) die moderne Staatsraison begründete, in welcher Gott und die Religion keine Rolle mehr spielten. In der Moderne löste sich das spätarchaische Zeitalter auf, das mit Echnaton begonnen hatte. Dieser hatte verkündet, es gebe nur *einen einzigen* Gott. Das war das Neue. Echnaton verneinte die *Vielzahl* von Gottheiten, nicht das Jenseits *an sich,* wie die Neuzeit es tat. Echnaton war progressiv; er bildete die Spitze der Bewusstseinsevolution und bekämpfte jene, die nicht zu ihm aufschließen wollten. Louis Quattorze hingegen war konservativ und bekämpfte den progressiven Flügel in seinem Reich, der nicht mehr am Althergebrachten festhalten wollte.

Echnaton war somit kein «moderner Mensch». Friedell täuschte sich. Aber auch Schlögl erlag einem Irrtum.

Schlögls Irrtum

So wertvoll Schlögls Monographie im Blick auf historische Details ist: Sie verfehlt den Kern von Echnatons Persönlichkeit. Schlögl glaubt nämlich, Echnaton habe den Monotheismus *erfunden* bzw. *erdacht*:

> «Die *Erschaffung* des Gottes Aton war das alleinige Werk des Königs und lässt uns zum ersten Mal in der Weltgeschichte die Geburt eines Gottes miterleben. Der neue Gott, den er sich *erdachte*, … trug einen langen, dogmatischen Namen, wie ihn kein ägyptischer Gott je zuvor getragen hatte: ‹Es lebt Re-Harachte, der im Horizont jubelt in seinem Namen als Licht: *Aton*›» (Schlögl 2008, 27).

«Der neue Gott, den er sich *erdachte* …» Diesen Satz hätte Echnaton entrüstet von sich gewiesen. Er selber hatte die Sache völlig anders erlebt: Nicht er hatte Aton erschaffen, sondern Aton, der lebendige, einzig wahre Gott, sein Vater, hatte ihn in einer Offenbarung zu seinem geliebten Sohn gemacht. Der Vater (Aton) war nicht das Produkt seines Sohnes (Echnaton) – genau umgekehrt war es! Schlögl stellt die Sache auf den Kopf.

Schlögls Ansichten entstammen dem Positivismus, dem ein ganz anderes Weltbild als das archaisch-mythische zugrunde liegt. Die beiden Weltbilder sind nicht mit einander kompatibel.

Echnaton ist nur im Kontext des archaisch-mythischen Weltbildes zu verstehen. Da Schlögl dieses nicht kennt, interpretiert er Echnaton von seinem eigenen Standpunkt her und betrachtet ihn durch die Brille eines modernen Wissenschaftlers, der dem positivistischen Weltbild verpflichtet ist. Da innere Erfahrungen in dieser Weltanschauung ausgeklammert werden, finden Echnatons numinose Erlebnisse bei Schlögl keine Erwähnung. Damit übergeht Schlögl aber die Hauptsache: Echnaton war ein *religiös* Engagierter. Dazu hat die positivistische Sicht keinen inneren Zugang.

Hier hilf die Tiefenpsychologie weiter.

Echnaton aus tiefenpsychologischer Sicht

Echnaton als Visionär

Echnaton verstand seine Visionen konkretistisch. Er glaubte, es sei Aton, der sich ihm vom Himmel her offenbart habe. «Aton» war für ihn nicht ein subjektiver «Gedanke», sondern eine objektive Realität. Visionen bilden eine innere, vom bewussten Ich unabhängige Wirklichkeit ab. In meinem Lexikon steht dazu (Kaufmann 2005, Artikel: Vision; Text überarbeitet):

> «Visionen werden von der Tiefenpsychologie seit einem Jahrhundert *life* und literarisch erforscht, durch Untersuchungen an heute lebenden wie an Visionären vergangener Zeiten. Dabei stellte sich heraus, dass Visionen *innere Wahrnehmungen* sind, die Einblick in ein *inneres Jenseits* gewähren.
>
> Visionen ereignen sich häufiger, als unser positivistisch geprägtes Zeitalter annimmt. Sie sind weder pathologische noch übernatürliche Phänomene. Sie werden vom Ich wahrgenommen wie Träume und gehören wie diese zur innerpsychischen Rückkoppelung zwischen Ich und Selbst.
>
> Visionen wirken wie eindrückliche Träume, ereignen sich aber im *Wachzustand* des Visionärs, der durch sie aufgewühlt und nachhaltig beeinflusst wird. Wegen der Unbewusstheit des Vorgangs meint der Visionär, was er vor sich sehe, spiele sich *außen* ab; er nimmt die Kräfte seiner unbewussten Psyche, die seinem Ich bildhaft erscheinen, in der Projektion wahr: Er sieht sie aussen. Selbst wenn der Visionär tiefenpsychologisch geschult ist, durchschaut er während der Vision nicht, dass er *innere* Bilder sieht.
>
> Während er wach ist, wird die äußere Wahrnehmung des Visionärs plötzlich durch eine innere Wahrnehmung überblendet. Infolgedessen nimmt der Visionär nur noch seine inneren Bilder wahr. Er träumt am helllichten Tag.
>
> Die Alten nannten das visionäre Schauen ein ‹Sehen mit den Augen des Geistes›; das normale Sehen hingegen bezeichneten sie als ein ‹Sehen mit den Augen des Leibes›. Das ist eine zutreffende Beschreibung der Vision: Die ‹Augen des Geistes› sind die *nach innen* gewandten Augen, welche Bilder sehen, die das Unbewusste dem Ich in einem Film vorführt.

Eine Visionen ist ein eindrücklicher, aber natürlicher Vorgang.

Das konkretistische Verständnis der Vision beruht auf einer Täuschung. Wer Visionäre während ihrer Visionen beobachtet, sieht nicht, was diese schauen, weil die Vision eine *innere* Wahrnehmung ist.

Eine Vision bricht übermächtig ins Bewusstsein ein, sodass der Visionär den Eindruck erhält, Gott rede mit ihm. Dieser Eindruck entsteht, weil die Archetypen und das Selbst, die ins Bewusstsein einfallen, energiegeladene Komplexe sind. Die Erfahrung einer Vision ist *numinos*: erschütternd, schrecklich und beglückend zugleich, *fascinosum et tremendum*. Für die Alten waren Visionen Gotteserfahrungen, denen sie sich hilflos ausgeliefert fühlten.

Heutige Visionäre befürchten nach dem Einfall einer Vision oft, «ver-rückt» zu werden. Sie behalten ihre Vision darum für sich, weil sie nicht in eine psychiatrische Klinik eingeliefert werden möchten. Einst hoch geschätzt, sind Visionen im positivistischen Zeitalter psychiatrieverdächtig geworden.

Die Erfahrung zeigt aber, dass Visionen grundsätzlich nichts Krankhaftes sind. Visionen Gesunder haben eine heil und ganz machende Wirkung; sie verbinden das Ich mit dem Selbst und erweitern so das Bewusstsein des betreffenden Menschen. Gewisse Visionen sind nicht nur für den Visionär selbst, sondern auch für seine Umgebung bedeutsam.

Für die Religion hat die Entdeckung, dass Visionen *innere* Wahrnehmungen sind, vernichtende Folgen:

Aus Einblicken ins Jenseits werden Einblicke in den Grund und Abgrund der Psyche, in das innere «Jenseits-des-Ichs». Einst war die Deutung von Visionen Aufgabe der Theologie; heute befasst sich die Tiefenpsychologie damit.

Bei Halluzinationen (lateinisch *alucinari*: außer sich sein, dummes Zeug reden) wird das Ich von destruktiven Inhalten eines kranken Unbewussten überschwemmt; dadurch wird das Ich «ver-rückt».

Der Übergang zwischen heilmachenden Visionen und destruktiven Halluzinationen ist fließend. Als Faustregel gilt: ‹Konstruktive innere Wahrnehmungen im Wachzustand sind Visionen, destruktive Halluzinationen.›

Antike Führerpersönlichkeiten waren oft Visionäre. Ihren Visionen verdankten sie ihr Charisma. Visionen förderten die Bewusstseinsevolution.»

Ein Visionär war auch Echnaton. Das zeigt – neben seiner Namensänderung – etwa Echnatons Ansprache bei der Einweihung von Achet-Aton:

«Seht Achet-Aton! Aton wollte, dass es für ihn gebaut werde, als Denkmal für alle Zeiten. Aton, *mein Vater, offenbarte* mir Achet-Aton.»

Diese Worte verstand damals jedermann. Es ist die säkulare Moderne, die sich schwer tut damit. Echnaton baute Achet-Aton aufgrund einer Vision, die ihm Aton, sein wahrer Vater, eingegeben hatte: «Aton wollte, dass es für ihn gebaut werde… Aton offenbarte mir Achet-Aton.» Da der Pharao von Amts wegen als Sohn Gottes galt, war es ganz natürlich, dass ihm sein Vater im Himmel Visionen schickte.

Vom Fanum gepackt

Die Berufungsvision: «Du bist mein geliebter Sohn!» verlieh Echnaton ein begeisterndes Charisma, mit dem er seine Entourage ansteckte.

Die Kehrseite seiner Inspiration war der Realitätsverlust. Da der König ein Halbgott war, wagte niemand, ihn zu kritisieren. Im Gegensatz zu den Politikern einer modernen Demokratie konnte er es sich leisten, die Ansicht der Opposition als *quantité négligeable* zu betrachten. Er war ein vom Heiligen Ergriffener. Auf Lateinisch heißt das Heilige: *Fanum*. Der davon Gepackte ist ein *Fanaticus*. Ein Fanatiker war Echnaton in der Tat; sein Fanatismus brachte das ägyptische Weltreich an den Rand des Abgrunds.

Wäre er nun ein Privatmann gewesen, hätte seine Offenbarung die Weiterentwicklung der Theologie und der Kunst gefördert. Da er aber *von Amts wegen* ein mit praktisch unbeschränkten Machtbefugnissen ausgestatteter Halbgott war, konnte er seine Offenbarungen jedermann aufzwingen.

Die Überschwemmung mit archetypischen Inhalten aus seinem Unbewussten blähte den König auf, und in seiner *Inflation* verfiel er der Illusion, Ägypten in wenigen Jahren *à jour* bringen zu können.

Etwas derart Weltfremdes konnte sich nur ein *Fanaticus* einbilden. Hatte er die Beziehung zur Realität verloren? Lebte er in einem Wahn?

Er selber betrachtete sein Vorgehen als Zeichen seines Gehorsams gegenüber seinem wahren Vater, dem er mit ganzem Herzen dienen wollte.

Wer nicht für Aton und Echanton war, war ein Staats- und Gottesfeind.

Die Übermacht, mit der der Licht-Archetyp in sein Bewusstsein einfiel, stärkte Echnatons Glauben, Aton sei *allmächtig* (was progressive Theologen schon vor ihm gesagt hatten). Mit der Allmacht im Rücken, schien Echnaton die Umsetzung der monotheistischen Revolution kein Problem zu sein. Sie war die «überwertige Idee» eines fanatischen Dieners des Lichts.

Diener des Lichts

Echnaton als Lichtbringer

Bei der Einweihungsfeier in Achet-Aton zeigte sich der König als Atons lichtstrahlendes Abbild. Der Kommentar des Schreibers lautete: «Seine Majestät bestieg einen großen Wagen aus Elektron, Silber und Gold; er erschien wie der aufgehende Aton.» Vater und Sohn waren eins; das himmlische Licht des Vaters erstrahlte hienieden in seinem Sohn.

Der Licht-Archetyp

«Licht» ist eine Metapher für Erkenntnis, Klarheit, Wissen und Bewusstheit. Numinose Licht-Erfahrungen sind aus dem Leben vieler Mystiker bekannt. Die Visionäre beschreiben das geschaute Licht stets als übermächtig und alles durchdringend. Zur Licht-Vision schrieb Benz 1969:

> «Die Schau des Lichts stellt die ursprünglichste Form der Erfahrung Gottes, der Erfahrung der transzendenten Welt dar. Das Licht ist mehr als ein bloßes Symbol Gottes: Es manifestiert das Wesen Gottes selbst.
>
> Vor meinen Augen steht das unvergessliche Bild, das ich bei einem Morgenspaziergang am Indischen Ozean bei Madras erblickte: Ein Inder trat ans Ufer, an dem sich die gewaltige Dünung des Meeres brach, und begrüßte mit hoch erhobenen Armen die aufgehende Sonne, warf sich dann auf die Knie und verbeugte sich tief vor ihr. Das war keine Sonnenanbetung, vielmehr die Anbetung des *himmlischen* Lichts, das die Gestalt des Betenden, der zwischen mir und der aufgehenden Sonne stand, in einer strahlenden Aura verklärte. … Er war von dem erfüllt, was ein echter Visionär des Lichts, ein christlicher Kabbalist, Christian Knorr von Rosenroth, 1684 in die Worte des Hymnus geprägt hat:
>
> ‹Morgenglanz der Ewigkeit, Licht vom unerschöpften Lichte,
> schick uns diese Morgenzeit deine Strahlen zu Gesichte
> und vertreib durch deine Macht unsre Nacht!›
>
> Jahrmillionen leuchtete das Licht der Sonne über die Erde, ohne dass es Geschöpfe mit Augen auf ihr gab, die imstande gewesen wären, dieses Licht in sich aufzunehmen. Äonenlang lebte die Schöpfung im Dunkel, ohne Wahrnehmung des Lichtes. Erst in einer unendlich langsamen, wunderbaren Entwicklung bildete sich das Organ, welches das Licht der Welt zu schauen vermochte. Das Licht schuf sich durch Jahrmillionen hindurch die immer vollkommeneren Werkzeuge seiner Wahrnehmung in facettenartigen oder linsenartigen leiblichen Organen, zunächst in Gestalt einzelner lichtempfindlicher Punkte, die sich zur Fläche einer Netzhaut zusammenfügten, bis in der Evolutionskette der sehenden Wesen des Tierreichs das Wunder des Auges vollendet war. …

Doch erst im Menschen wird das Licht *seiner selbst bewusst* – er schaut das Licht und erkennt dessen himmlischen Ursprung und einzigartige, wunderbare Kraft, die Welt zu durchleuchten und die Fülle ihrer Gestalten in Erscheinung treten zu lassen.

Dieses Wunder des Sehens wiederholt sich in der Geschichte der Vision in der Entwicklung des geistigen Auges, welches das *himmlische* Licht zu schauen vermag. Unter den Phänomenen der Vision ist die Schau des göttlichen Lichtes die beherrschende Form der visionären Erfahrung. ... Die Zeugnisse von Licht-Visionen sind von einer überraschenden Häufigkeit und Vielgestaltigkeit» (Benz 1969, 326 f.).

Der Licht-Archetyp, der Echnatons Bewusstsein überschwemmte und dabei die andern Archetypen in den Schatten stellte, erschien dem jungen König als der einzig wahre Gott, den er mit Aton identifzierte. So wurde er zum Künder des Lichts, wie später Jesus, von dem es im Johannesevangelium heißt: «Ich bin das Licht der Welt» ($8_{12\,ff.}$). Dieses Licht war Echnatons wahrer Vater, der ihn hieß, von ihm zu künden.

Echnaton im Licht von Jungs Typenlehre

Jungs Typenlehre

C. G. Jung unterschied zwischen einer introvertierten (nach innen gewandten) und einer extravertierten (nach außen gewandten) psychischen *Grundeinstellung* (GW Bd. 6). Diese ist weitgehend angeboren und funkioniert unbewusst; sie wird erst im Lauf der geistigen Entwicklung bewusst.

Zusätzlich zur Grundeinstellung fand Jung noch vier Funktionen der Psyche, die er in zwei Paare gliederte: Wahrnehmung und Intuition; Denken und Fühlen.

Der so genannte «psychologische Typ» resultiert aus der Kombination der Grundeinstellung mit der am besten entwickelten Funktion.

Beispielsweise orientiert sich der Typ des weltgewandten *Realisten* vorwiegend mithilfe seiner gut entwickelten extravertierten Wahrnehmung, der Typ des weltfernen *Propheten* hingegen hauptsächlich mithilfe seiner gut entwickelten introvertierten Intuition. Wenn beim extravertierten Realisten noch ein gut entwickeltes Denken hinzukommt, ist er ein nüchterner, distanzierter, gescheit urteilender Tatsachenmensch, der sich an *Facts* hält. Er ist das Gegenteil von Echnaton, der kein «Realpolitiker», sondern der Typ des introvertierten Intuitiven war, ein Prophet, dem die innere Welt mehr bedeutete als die äußere, und dem die innerlich geschaute Zukunft wichtiger war als die reale Gegenwart.

Mit seinem Charisma wusste Echnaton den Offizier Aja für sein Monotheismus-Projekt zu begeistern. Dass ihm dies gelang, war nicht selbstverständlich, sind Offiziere in der Regel doch, zumal in jüngeren Jahren, nüchterne Tatsachenmenschen ohne besondere religiöse Interessen. Ein Offizier braucht vor allem eine gute extravertierte Wahrnehmung. Fehlt ihm diese, taugt er nicht, weil er bei der Prüfung seiner Mannschaft sämtliche «kriegsentscheidenden» Details übersieht (ich war fast 30 Jahre lang Offizier bei der Schweizer Armee und kenne deshalb die in der Armee übliche psychologische Typologie).

Der junge Offizier Aja besaß neben seiner guten extravertierten Wahrnehmung auch noch eine introvertierte, dem Utopischen zugewandte Intuition. Als nüchterner Tatsachenmensch hätte er sich nicht für ein so weltfremdes Projekt wie die Durchsetzung des Monotheismus in einem religiös konservativen Staat engagieren lassen.

Auf Ägyptens Thron saß ein utopischer Fanatiker mit einem weltgewandten Offizier an der Seite, der, von des Königs Vision begeistert, die innere Schau des Genies in die Realität umzusetzen wusste.

Jungs Typenlehre bringt uns aber nicht nur Echnaton und Aja persönlich näher, sondern auch Echnatons Eltern. Was waren sie für psychologische Typen, und was hatte Echnaton vom Vater, was von der Mutter geerbt?

Echnatons Eltern

Wir erinnern uns an Hornungs anschauliche Beschreibung:

> «Das kluge und energische Bürgermädchen Teje wächst zu einer der bedeutendsten Frauengestalten des Neuen Reiches heran. ... Der König hingegen spinnt sich ... ein.
>
> ... Nun nimmt Teje ... die Zügel in die Hand. An die Stelle einer auf Kriegserfolgen aufgebauten, männlich geprägten Außenpolitik tritt nun eine eher weibliche Heiratspolitik Ägyptens» (Hornung 90–92).

Echnatons weltgewandte Mutter war ein extravertierter Fühltyp, während der sich «einspinnende» Vater, der das Regiment zusehends seiner tüchtigen Frau überließ, offensichtlich introvertiert war. Da er vitale theologische Interessen hatte, war er wohl ein introvertierter, intuitiver Denktyp. Wie heute noch üblich, ergänzte sich das Ehepaar: «Gegensätze ziehen sich an!»

Das typologische Erbe Echnatons ist gut auszumachen:

Seine introvertierte, intuitive Seite stammte vom Vater. Diesen hatte er in seiner Jugend und Adoleszenz als weltabgewandten, zunehmend kränkelnden Herrscher erlebt, den auch die heilkräftige Ishtar-Statue aus Mesopotamien – ein Geschenk des Schwiegervaters *Tuschratta* – nicht mehr zu Kräften gebracht hatte.

Als Echnaton – ein junger, progressiver Künstler – nach dem Tod seines älteren Bruders Ägyptens Thron besteigen musste, besaß er für dieses Amt weder die weltgewandte Veranlagung seiner Mutter noch das Vorbild eines dynamischen Vaters, der seinem Amt gewachsen war. Woran sollte er sich orientieren?

Die neue Situation war schwer zu bewältigen. Es bestand die Gefahr, dass er – wie schon sein Vater – von seiner tüchtigen Mutter dominiert und an die Wand gespielt wurde: Er würde weiterhin seiner Kunst frönen, und die Mutter würde die Fäden ziehen. Die Gefahr dieser Entwicklung war groß, neigte er als Künstler doch zum Typ des *Ewigen Jünglings* (lateinisch: *Puer aeternus;* siehe M.-L. von Franz [1987] und Lorenz Jung [1995]).

Ein «Puer» auf dem Thron?

Den Typ des «Ewigen Jünglings» schildert Lorenz Jung (1995, 19f.):

> «Ein junger Mann, bei dem dieser Archetypus konstelliert ist, zeigt als positive Qualität *Geistigkeit*. ... M.-L. von Franz beschreibt den *Puer aeternus* als charmanten Jugendlichen, mit dem zu reden sehr angenehm ist. Er weiß interessante Dinge zu berichten, ist inspirierend und steckt den Zuhörer mit seinem Enthusiasmus an (von Franz, 12: ‹Er besitzt den Charme der Jugend und die anregenden Eigenschaften eines Glases Champagner.›).
>
> Der *Puer* hasst alles Konventionelle. Er stellt tief schürfende Fragen und ist strikt auf die Ergründung der Wahrheit eingestellt; seine Suche gilt *echter Religiosität*. Er entfaltet den Charme ewiger Jugend und vermittelt zugleich eine Ahnung vom Heiligen.
>
> Andererseits hat er aber einen zwiespältigen Charakter, indem er auch die phantastische Realitätsferne eines Ikarus oder die ausschließliche Ich-Bezogenheit eines Narkissos oder jene jugendliche Unreife und Ungebundenheit verkörpern kann, wie sie von Goethe in der Gestalt des Euphorion (des Sohns von Faust) beschrieben wird, der seine Eltern bittet: ‹Nun lasst mich hüpfen, nun lasst mich springen! Zu allen Lüften hinauf zu dringen, ist mir Begierde. Sie fasst mich schon. ... Ich will nicht länger am Boden stocken! ... Was soll die Enge mir?, bin ich doch jung und frisch! ... Gönnt mir den Flug!›»

Zudem besitzt der «Ewige Jüngling» oft bisexuelle Neigungen. Vielleicht lassen sich die zweigeschlechtlichen Darstellungen des jungen Künstlers im Aton-Tempel von Karnak auch damit erklären. Hornung sagt zu Echnatons revolutionärer Kunst:

> «Die Statuen und Reliefs dieses Tempels sprechen … dem bisherigen ästhetischen Empfinden der Ägypter Hohn. Zwar war der Pharao, als Vertreter des Schöpfergottes auf Erden, schon immer «Vater und Mutter» seiner Untertanen gewesen. Aber niemals hatte es jemand zuvor gewagt, den König als *Fruchtbarkeitsgöttin mit weiblichen Zügen* darzustellen» (Hornung, 94).

Als der junge Künstler sein Königsamt antreten musste, wurden die *Puer*-Tendenzen jedoch *von innen* her korrigiert: Er wurde durch den Licht-Archetyp (den er als Aton verstand), berufen. Die Berufungsvision machte aus dem abgehobenen Jüngling einen tatkräftigen jungen Mann.

Wirkung der Vision

Die Vision bewirkte eine Verstärkung von Echnatons Tatkraft, was ihn befähigte, seine Aufgabe als Herrscher über Ägypten wahrzunehmen und den Einfluss der Mutter zu beschneiden. Sie weckte in ihm neue, bisher nicht gekannte Kräfte. Er wuchs mit der neuen Aufgabe – mit Ajas Hilfe.

Nach seiner Berufungsvision fühlte sich der junge König als Atons geliebten Sohn. Folgerichtig änderte er nun – gegen Sitte und Brauch – seinen Namen: Aus Amunhotep (Amun ist gnädig) wurde Echn-Aton (der Aton Wohlgefällige bzw. Atons Sonnenstrahl).

Um den Einfluss der Mutter zu schmälern und ihr zu zeigen, dass nun ein anderer Wind wehte, versah Echnaton seine Hauptgemahlin Nofretete mit neuen Ehrenämtern. Schlögl (32 f.):

> «Nofretete, die die Göttinnenkrone trug, vollzog die bisher dem Pharao vorbehaltenen Riten der symbolischen *Niederschlagung der Feinde* sowie der *Darbringung der Maat*. Auch sie erhielt einen neuen Namen: *Neferneferu-Aton*, das heißt: ‹Aton ist der Vollkommenste.› So trug sie *wie ein König* einen zweifachen Kartuschennamen. Sie war dem König nahezu ebenbürtig und immer an seiner Seite.»

Teje dürfte an dieser Aufwertung ihrer Schwiegertochter kaum Freude gehabt haben. Ein in seiner Machtposition beschnittener extravertierter Fühltyp reagiert auf Machtverlust heftig und emotional. Doch gegen das neue

Herrscherpaar saß Teje am kürzeren Hebelende. Die Mutter hatte ihren Sohn unterschätzt …

Ich beende die Darstellung von Echnatons Persönlichkeit mit der Skizze eines psychiatrischen Gutachtens.

Psychiatrisches Gutachten

Schizophren?

Es gibt Psychiater, die Echnaton für geisteskrank halten. Ihre Diagnose lautet: «Schizophrenie.» Dafür sprechen verschiedene pathologische Befunde bei Echnaton wie: *Realitätsverlust, überwertige Idee, Fanatismus, «splendid Isolation» (glänzende Einsamkeit, mangelnde Volksnähe).*

Das sind gewichtige Argumente, die nicht vom Tisch zu wischen sind.

Die pathologischen Schlagseiten wurden durch die Zeit, in der Echnaton lebte, noch verstärkt. Das betrifft sowohl die politische wie auch die religiöse Situation. Der damals herrschende Cäsaropapismus und der archaische Konkretismus hatten verheerende Folgen.

Cäsaropapismus und archaischer Konkretismus

Der Cäsaropapismus ist die Vereinigung von Kaiser und Papst in derselben Person. Er ist eine früharchaische Herrschaftsform, bei der noch nicht zwischen weltlicher und religiöser Herrschaft differenziert wird.

Echnaton verstärkte den ägyptischen Cäsaropapismus, als er den Oberpriester des Reichsgottes Amun sowie die andern Priester für arbeitslos erklärte und selber das Amt des Ersten Aton-Priesters übernahm. Er war nun nicht nur Kaiser und Papst in einer Person, sondern auch der einzige Sohn des einzig wahren Gottes.

Er verlangte von seinen traditionsverhafteten Untertanen *innert Kürze* einen Evolutionsschritt, der mehrere Generationen gebraucht hätte. Dass er Ägypten überforderte, realisierte er nicht. Ich erinnere an das Bild, das ich oben vom Hof im Neuen Reich erwähnte: Der Pharao und seine gebildete Entourage waren einer Lokomotive zu vergleichen, die mit Volldampf voraus fuhr und die Wagen abhängte. Die kollektive Situation war «schizophren»; der Hof lebte im Glashaus einer *splendid Isolation.*

In einer echten Demokratie von heute könnte Echnaton seinen Fanatismus nicht mehr derart ausagieren wie im alten Ägypten.

Heute wäre er ein genialer Künstler, Dichter und Philosoph mit schizoiden Zügen. Wenn ihm ein tiefenpsychologisch geschulter Psychagoge helfen würde, seine Vision symbolisch zu verstehen, müsste er sich nicht mehr als Sohn des Allmächtigen vorkommen und könnte die überwertige Idee abbauen, die ganze Welt müsse seinen Glauben übernehmen.

Zum Schluss folgt eine kurze Differenzialdiagnose.

Differenzialdiagnose

Eines kann Echnaton nicht abgesprochen werden: Trotz allen pathologischen Zügen seiner Persönlichkeit war er ein genialer Künstler, ein sehr begabter Dichter und ein echter Prophet.

Andererseits war er ein weltfremder, abgehobener Fanatiker – und ein «Tyrann des Lichts»: Er verkündete Atons universale Liebe, unterdrückte aber brutal jeden Widerstand gegen sein Evangelium.

Echnatons war nicht nur der, der er zu sein vorgab, sondern auch sein Gegenteil. Er war gespalten. Er sah nur sein Licht. War er schizophren oder nur schizoid?

Das Wort «schizophren» bezeichnet ein ganz von der Realität abgespaltenes, ver-rücktes Denken. «Schizoid» (schizophrenieähnlich) hingegen nennt man jemanden, der zwar eine Neigung zur Spaltung hat, daneben aber noch so viel Realitätssinn und Beziehung zur Umgebung besitzt, dass er sich im Alltag noch zurecht findet. Echnaton war ein Grenzfall.

Dass Echnaton nicht schizophren war, sondern nur schizoid, beweist der Umstand, dass er viele fortschrittlich eingestellte Menschen für seine Sache zu begeistern wusste. Das hätte ein Schizophrener nicht zustande gebracht; denn bei Schizophrenen spürt man sofort, dass sie «eingesponnen» sind, «nicht von dieser Welt». Schizophrenen fehlt der *affektive Rapport* zu ihren Mitmenschen; sie leben «hinter Glas», in einer «splendid Isolation», was bei Echnaton nur teilweise der Fall war. Der Cäsaropapismus und der archaische Konkretismus schufen im Verbund mit den schizoiden Zügen Echnatons eine katastrophale Situation, die nur noch durch die konterrevolutionäre Entmachtung des Königs zu retten war. Wie diese vonstatten ging, ist nicht mehr zu rekonstruieren.

Fazit

Die Spitze der religiösen Evolution hatte sich im alten Ägypten bereits Mitte des 14. Jh.a zur Vorstellung des Monotheismus vorgetastet. Doch die Zeit für eine *kollektive Institutionalisierung* des Ein-Gott-Glaubens war damals noch nicht reif.

Ein großer Schritt in diese Richtung erfolgte nicht nur im alten Ägypten, sondern auch im alten Persien.

Der Mann, mit dem dieser Schritt begann, war Zarathustra.

Zarathustra

Sein Bild im Wandel der Zeit

Altertum und Mittelalter

Zarathustras Einfluss auf die antike Hochkultur war bedeutend, wurde von der westlichen Gesichtsschreibung aber bis vor kurzem unterschätzt. Der sagen- und mythenumrankte Zoroaster – wie er damals genannt wurde – prägte insbesondere die Gnosis, das Judentum und Christentum.

Der Philosoph Platon (428–348a) sah in ihm einen Alten Weisen aus dem Osten. Andern galt er als Doppelgänger von Abraham und Moses, wieder anderen als der Erfinder der Magie, Astrologie und Alchemie, ja sogar der *septem artes liberales*, der «sieben freien Künste», die im Mittelalter an Europas Gymnasien unterrichtet wurden.

Neuzeit

In neuerer Zeit wurde Zarathustras Bedeutung vom Philosophen G. F. W. Hegel (1770–1831) betont, der ihn in seinen «Vorlesungen über die Philosophie der Weltgeschichte» (Berlin 1822 ff.) als «Lichtbringer» pries.

Zarathustra prägte die religiösen Vorstellungen unserer Kultur tiefer, als uns bewusst ist (wer weiß, dass z. B. Hitlers Vorstellung vom «Endsieg» auf Zarathustra zurück geht?).

Wer Zarathustra wirklich war, ist jedoch schwer zu sagen; seine Persönlichkeit verliert sich meist im Nebel von Sagen und Mythen.

Seit Mitte des 18. Jahrhunderts versucht die Iranistik, historisch Verlässliches über Zarathustra und die von ihm gegründete Religion auszumachen. Diese nennt man Zoroastrismus, Zarathustrismus, Parsismus oder Mazdaismus (nach *Ahura Mazda*, dem für Zarathustra einzig wahren Gott).

Im 20. Jahrhundert wurde Zarathustra vor allem durch das Buch des Philosophen Friedrich Nietzsche (1844–1900) bekannt: «Also sprach Zarathustra» (verfasst 1882–1885). Nietzsche kannte die Forschungsergebnisse der Iranistik und nannte den Propheten darum nach seinem ursprünglichen Namen. Sein Bild von Zarathustra ist erwähnenswert.

Nietzsches Bild von Zarathustra

Aus den Liedern des Prinzen Vogelfrei

> Hier saß ich …,
> Jenseits von Gut und Böse, bald des Lichts
> Genießend, bald des Schattens, ganz nur Spiel,
> Ganz See, ganz Mittag, ganz Zeit ohne Ziel.
> Da plötzlich, Freundin! *wurde Eins zu Zwei* –
> Und Zarathustra gieng an mir vorbei …

Diese Verse entstammen Nietzsches *Liedern des Prinzen Vogelfrei*, die er 1887 in der klaren Höhenluft von Sils-Maria im Engadin dichtete.

Nietzsches Buch: «Also sprach Zarathustra» sollte das christliche Evangelium durch ein neues ersetzen. 1884 hatte Nietzsche an Malwida von Meysenburg geschrieben: «Ich habe alle Religionen herausgefordert und *ein neues heiliges Buch* gemacht» (Nietzsche 1966, Bd. 3). Nach dem Philosophen Karl Löwith (1953) war Nietzsches Buch «eine antichristliche Bergpredigt». Seine «ekstatische Haltung» (Lindner 2012, 32) und sein prophetisches «Alles-oder-Nichts» beeindruckten im 20. Jh. viele suchende Menschen, denen das traditionelle Christentum nicht mehr genügte.

Ein «neues heiliges Buch» suchte auch der junge Carl Gustav Jung (1875–1962). Die Lektüre von Nietzsches Zarathustra-Buch war für ihn «ein stärkstes Erlebnis» (Jung 1971, 109).

«Da wurde Eins zu Zwei» …

Nietzsche sprach mit dem Vers: «Da wurde Eins zu Zwei» ein zentrales Problem der christlichen Kultur an: die *Zweiteilung* des Menschen, die psychische Spaltung, die Diskrepanz zwischen einer lichten Fassade und der Schattenseite.

Als Psychiater fragte sich Jung, warum Nietzsche im Wahnsinn geendet habe. 1934–1939, zurzeit des Nationalsozialismus, gab Jung in seinem *Psychologischen Club* in Zürich mehrere Zarathustra-Seminare. Dabei erklärte er, Nietzsche habe den Konflikt der christlichen Kultur erkannt, aber nicht gelöst. Weil er den Schatten nicht integrieren konnte, sei er von der Übermacht des kollektiv verdrängten, im 20. Jahrhundert unaufhaltsam zurückflutenden barbarischen Schattens übermannt worden. Die damit verbundene Inflation habe zu Nietzsches Größenwahn und geistiger Umnachtung geführt. Nach Jung scheiterte Nietzsche an der *Schattenintegration,* einer heute vordringlichen Aufgabe unserer Kultur.

C. G. Jung erlebte, wie der Nationalsozialismus Nietzsches Evangelium vom *Übermenschen* zum Ausleben des Schattens missbrauchte. Nun trat ein, was er bereits zwanzig Jahre zuvor, 1918, prophezeit hatte:

> «Das Christentum zerteilte den germanischen Barbaren in seine untere und obere Hälfte, und so gelang es ihm – durch Verdrängung der dunklen Seite –, die helle Seite zu domestizieren und für die Kultur geschickt zu machen. Die untere Hälfte aber harrt noch immer der Erlösung. …
>
> Je mehr sich die unbedingte Autorität der christlichen Weltanschauung verliert, desto vernehmlicher wird sich *die blonde Bestie* in ihrem unterirdischen Gefängnis umdrehen und uns mit einem Ausbruch mit verheerenden Folgen bedrohen» (GW 10, § 17). (Der Ausdruck: «Die blonde Bestie» stammt von Nietzsche [Lindner 2012, 31 f.]).

Für Nietzsche hatte die Entzweiung der Psyche nicht erst mit Mose und den Zehn Geboten begonnen, sondern schon früher, mit Zarathustra. «Das eigentliche Rad im Getriebe der Dinge ist für Zarathustra der Kampf des Guten und Bösen» (*Ecce homo, 1889*). Nietzsche war der Ansicht, Zarathustra habe mit seiner Lehre vom Kampf zwischen den Mächten des Lichts und der Finsternis die ursprüngliche Einheit des Menschen zerrissen und damit die psychische Spaltung des Menschen in Gang gesetzt.

Nietzsche fühlte sich berufen, die Spaltung in eine helle Persona und einen dunklen Schatten zu heilen. Sein Evangelium war die Rückkehr zum natürlichen Leben des Kindes:

> Jenseits von Gut und Böse, bald des Lichts
> Genießend, bald des Schattens, ganz nur Spiel,
> Ganz See, ganz Mittag, ganz Zeit ohne Ziel.

Nietzsche war ein *Anti-Zarathustra*, der den Menschen mit dem Evangelium vom geeinten Übermenschen erlöst. Nun würde die unselige, mit Zarathustra in die Welt gekommene Zwei verschwinden und dem Leben in der paradiesischen *Eins* weichen.

Die Eins und die Zwei

Aus der Sicht der Bewusstseinsevolution ist Nietzsches Deutung der Eins und der Zwei nicht ganz falsch, bedarf aber einer wesentlichen Korrektur:

Die Zwei an sich ist nämlich kein Übel, wenn sie nicht übertrieben wird. Sie ist eine Begleiterscheinung der Bewusstwerdung. Jedes Kind muss im Lauf seiner Entwicklung lernen, zwischen Gut und Böse zu entscheiden, aus dem uranfänglichen Einheitsbrei eine differenzierte Zwei zu machen und das, was «Pfui!» ist, zu unterdrücken. Um diesen Schritt kommt nicht herum, wer zivilisiert und kultiviert werden will.

Diesen Entwicklungsschritt wollte Nietzsche weglassen, um die Spaltung der Psyche zu überwinden; doch damit öffnete er die Schleusen, hinter denen der Kulturschatten aufgestaut war, und das war verheerend! Man muss die Zwei so leben, dass die *Einheit der Persönlichkeit* gewahrt bleibt. Das ist nur möglich durch *Bewusstwerdung*. Nietzsches Regression in die kindliche Ur-Einheit führt zur Barbarei. Der Schatten darf nicht ausgelebt werden, sondern muss *progressiv*, auf dem Weg seelischer Entwicklung, erkannt, anerkannt, angenommen und ins Leben integriert werden, und zwar so, dass der Schaden minimiert wird. Das ist allerdings schneller gesagt als getan. Doch es gibt keinen Weg *zurück* in die uroborische Einheit des Paradieses, sondern nur den Schritt *vorwärts* in ein bewusstes, verantwortlich gelebtes Leben.

Fazit

Nietzsches feine Intuition witterte, dass Zarathustras Vorstellung vom Endsieg der guten über die bösen Mächte hinter der Spaltung der abendländischen Psyche stand. Das war sein Verdienst. Es gelang ihm aber nicht, seine Diagnose therapeutisch umzusetzen. Sein Evangelium vom geeinten Übermenschen führte persönlich und politisch in die Katastrophe.

Nach Nietzsches Zarathustra-Bild soll nun die Iranistik zu Worte kommen, die versucht, den historischen Zarathustra aus dem Wust mythischer Überlieferungen zu befreien.

Der historische Zarathustra

Quellen

Die alten Texte des Mazdaismus sind nicht nur inhaltlich, sondern auch sprachlich schwer verständlich. Vieles ist noch nicht geklärt. Die Forschung konnte sich nicht einmal darüber einigen, wann Zarathustra gelebt habe. Sie datiert sein Leben zwischen dem 17. und dem 6. Jh.a (Boyce: 17. Jh.a; Eilers, Humbach und Stausberg: um 1000a; Wiesehöfer: um 600a).

Die moderne Erforschung von Zarathustras Leben und Werk begann mit dem Franzosen *Abraham Hyacinthe Anquetille-Duperron*, der 1754 als junger Mann auf einer abenteuerlichen Reise, ausgerüstet mit einigen Büchern, zwei Hemden und einem Paar Socken, die größte noch lebende Glaubensgemeinschaft des *Parsismus* in Bombay besuchte (Parsen nennt man die *persischen* Zoroastrier). Anquetille gewann deren Vertrauen und kehrte mit dem *Avesta* zurück, der Sammlung ihrer ältesten heiligen Schriften, verfasst in der Sprache des Altiranisch-Avestischen.

Damit begann die wissenschaftliche Suche nach dem historischen Zarathustra und der ursprünglichen Gestalt der von ihm gegründeten Religion.

Urgestein

Im komplexen Gebirge des Avesta konnte die Forschung mit der Zeit Urgestein von späteren Sedimenten unterscheiden. Urgestein sind die *Gathas*. Diese sind die zuverlässigste Quelle für die Erforschung der Persönlichkeit Zarathustras; ihre wissenschaftliche Auswertung ist noch lange nicht abgeschlossen. Neulich legte Humbach – mit 88! – seine dritte Übersetzung der Gathas vor ([1]1959, [2]1991, [3]2010).

«Gatha» bedeutet im Avestischen: «Hymne, Gesang» (vom Stamm *gâ*-: «Dichten, singen»). Die 17 Gathas des Avesta bilden fünf Gruppen:

1. Ahunavaiti Gatha,
2. Uštavaiti Gatha,
3. Spentâ Mainyu Gatha,
4. Vohu Xšathra Gatha,
5. Vahišto Išti Gatha.

Die Gathas enthalten Zarathustras Glauben an den einzig wahren Gott, *Ahura Mazda*. Ob Zarathustras Glaube konsequent monotheistisch oder nur henotheistisch war, ist umstritten.

In den Gathas finden sich Hinweise auf Zarathustras Leben. Daraus versucht die Iranistik, Zarathustras Leben zu rekonstruieren.

Das Avesta ist für Historiker von großer Bedeutung; denn es ist eine der ältesten Quellen für die Erforschung der Religion in Zentralasien an der

Wende vom 2. zum 1.Jt.a. Das Avesta ist verwandt mit dem indischen *Rigveda*, das besser erforscht ist und darum zur Deutung des Avesta herangezogen werden kann.

Die Mehrheit der Iranisten nimmt heute an, die Gathas seien um die Wende vom 2. zum 1. Jt.a entstanden. Falls dies zutrifft, lebte Zarathustra einige Jahrhunderte nach Echnaton, etwa zurzeit der biblischen Könige David und Salomo, aber fernab der antiken Hochkulturen.

Zarathustra lebte in den Steppen Zentralasiens, vielleicht in der Nähe einer der Handelsstrassen, die den Fernen mit dem Nahen Osten verbanden; China exportierte zu dieser Zeit aber noch keine Seide, obwohl es bereits im 2. Jt.a solche produzierte.

Zarathustras Heimat

Der Name «Zarathustra» lässt Rückschlüsse auf seine Herkunft zu. Er bedeutet: «Besitzer goldfarbener Kamele.» Zarathustra hatte aber nicht nur mit Kamelen, sondern auch mit Pferden zu tun (altiranisch: *Aspa*). Sein Vater hieß *Aurat-Aspa*, und der Fürst, mit dem er sich verbündete, *Visht-Aspa*; seine jüngste Tochter wurde mit Jam-Aspa verheiratet, einem Verwandten desselben. Die Völker Zentralasiens waren Reitervölker. In einem Gatha verspricht *Ahura Mazda* seinem Propheten zehn Stuten, einen Hengst und ein Kamel.

Neben Kamelen und Pferden erwähnen die Gathas als Besitztum Zarathustras auch Rinder. Diese wurden den Göttern in *Hekatomben* geopfert (griechisch *hekaton:* hundert; *bous:* Rind; eine Hekatombe ist ein Opfer von hundert Rindern).

Diese Angaben zeigen, dass Zarathustras Gesellschaft aus Hirten und Viehzüchtern bestand, die mit Nomaden und Händlern zu tun hatten, welche mit ihren Kamelen durch die Steppen und Wüsten Zentralasiens zogen. Vielleicht lebte Zarathustra in der Ebene zwischen dem Oxos (heute: Amu Darya), der vom Hindukusch her in den südlichen Aral-See fließt, und dem Jaxartes (heute: Syr Darya), der in den nördlichen Aral-See mündet. Ausgrabungen südöstlich des Aralsees ergaben, dass dort, bis hinauf nach Baktrien am Oberlauf des Oxos, um die Wende vom 2. zum 1. Jt.a Viehzüchter unter dem Schutz von Gaufürsten lebten, und dass dort auch alte Handelswege hindurch durchführten.

In diese Gegend weist auch eine Notiz, wonach zu Zarathustras Anhängerschaft eine medische Priesterkaste gehört habe, die dort ansässig war. Doch vieles bleibt unsicher.

Dem zentralasiatischen Großraum entstammten auch die Perser, die Zarathustras Glauben während anderthalb Jahrtausenden pflegten.

Dieses Gebiet – der Nordosten des heutigen Iran, das nördliche Afghanistan, Turkmenistan, Usbekistan und Tadschikistan – wurde im 7./8. Jh.p islamisiert. Der Glaube an Ahura Mazda und seinen Propheten wurde ersetzt durch den Glauben an Allah und seinen Propheten. Aus der Perspektive der Bewusstseinsevolution war dies kein großer Schritt.

Zarathustras Berufung

Zarathustras Vater war Priester, im Gegensatz zu Zarathustra selbst, der seine religiöse Autorität nicht aus einem *Amt* bezog wie sein Vater, sondern aus einer *persönlichen Berufung*, wie vor ihm Echnaton und nach ihm Altisraels Propheten, Jesus und Mohammed. Zarathustra war nach Erich Neumann ein früher «Großer Einzelner» (1953, S. 65 ff.).

Nach der Überlieferung zog sich Zarathustra im Alter von Dreissig auf der Suche nach dem lebendigen Gott an einen einsamen Ort auf einem Berg zurück, wo ihm *Ahura Mazda*, der einzig wahre Gott, erschien und ihn zu seinem Propheten berief.

War Zarathustras Vater in eine bestehende *Institution* eingesetzt worden, so wurde sein Sohn *persönlich* berufen. Sein Glaube war nicht der eines Kollektivs; darum stieß er zunächst auf Ablehnung.

Ahura Mazda war eine altiranisch-indogermanische Gottheit, die durch Zarathustra – wie Aton durch Echnaton – zum einzig wahren Gott erhoben wurde. Aton und Ahura Mazda waren Gottheiten des Lichts. Echnaton wurde beim Anblick der aufgehenden Sonne vom Licht-Archetyp überflutet, Zarathustra beim Betrachten des Feuers. Darum auferlegte Zarathustra seinen Anhängern das tägliche Gebet vor dem Feuer als heilige Pflicht.

Das Feuer erwies sich auch bei der Berufung zweier Hebräer als numinose Macht: bei Mose und Abraham. Mose wurde am Sinai vor einem brennenden, aber nicht verbrennenden Dornbusch berufen (2. Mose 3), und von Abram heißt es: «Als die Sonne unter gegangen und es dunkel geworden war: Siehe da, ein rauchender Ofen und eine Feuerfackel, die hin und her fuhr! An diesem Tag schloss Jahwe mit Abram einen Bund» (1. Mose 15_{17}).

Der Einfall des Licht-Archetyps ins Bewusstsein war ein Anstoß zur Bewusstwerdung. War dies bei Echnaton auf dem Gebiet von Religion, Kunst und Dichtung der Fall, so bei Zarathustra auf dem von Religion und Ethik.

Zarathustras Wirken

Wie lange Zarathustra als Prophet Ahura Mazdas wirkte, weiß man nicht. Es heißt, sein Stamm habe ihn zunächst abgelehnt; die Unterstützung durch seinen Gaufürsten habe aber bewirkt, dass sein neuer Glaube mit der Zeit akzeptiert und übernommen worden sei.
Auch die näheren Umstände von Zarathustras Tod sind nicht bekannt. Eventuell wurde er bei einem Überfall durch Nomaden getötet.

Mehr als zu seinem persönlichen Leben ist zu seinen religiösen Vorstellungen zu sagen. Von zentraler Bedeutung war für ihn der Topos vom *Endsieg des Lichts* im kosmischen Kampf von Gut und Böse.

Zarathustras Glaube

Endsieg des Lichts

Der Kampf zwischen Gut und Böse war für Zarathustra ein kosmischer Kampf; Licht und Finsternis waren *kosmische Mächte*, die in den Menschen einfahren und ihn besetzen konnten. Zarathustra glaubte, das gigantische Ringen werde am Ende der Geschichte des Kosmos von den guten Mächten gewonnen, und die bösen würden für immer vernichtet.

Die Vorstellung von einem apokalyptischen Endsieg des Lichts über die Finsternis sollte die jüdische, christliche und muslimische Religion nachhaltig beeinflussen.

Der Kern dieses Mythos ist die persönliche Erfahrung der Übermacht des Licht-Archetyps. Zarathustra glaubte, die von ihm geschaute Macht des Lichts sei die einzig wahre Gottheit, welche alle andern überstrahle.

Die Projektion des Licht-Archetyps verlieh der Geschichte des Weltalls ethische Qualität; Zarathustra schuf die Idee einer *kosmischen Heilsgeschichte*. Seine Vorstellung von einem apokalyptischen Ende der Welt lebt bis heute.

> Von der Überwindung dieser Vorstellung scheinen wir noch weit entfernt zu sein, äußerte doch letzthin ein reformierter Kirchenführer, man solle das *Skandalon* der Apokalypse (das intellektuelle Ärgernis dieser archaisch-mythischen Vorstellung) doch einfach stehen lassen, annehmen und glauben, wie es die Kirche schon immer getan habe …

Die symbolische Deutung enthüllt den Kern der Apokalypse, die *innere*, heute noch gültige Wahrheit: «Es lohnt sich, wahrhaftig zu leben, auch wenn die Welt voller Lug und Trug ist.» Auf diese Wahrheit hingewiesen zu haben, ist das Verdienst Zarathustras, mit dessen Botschaft die Sprichwörter übereinstimmen:

> «Lügen haben kurze Beine.»
> «Ehrlich währt am längsten.»
> «Wer zuletzt lacht, lacht am besten.»

Auch der Mythos vom Jüngsten Gericht hat einen archetypischen Kern.

Das Jüngste Gericht

Vor schwierigen Entscheidungen fragten sich die Alten, mit welchem Verhalten sie im Jüngsten Gericht wohl bestehen könnten. Ihr Glaube zwang sie, in sich zu gehen und die Motivation ihres Tun oder Lassens zu ergründen; er half ihnen, bewusster zu leben.

Heute glaubt kaum mehr jemand ans Jüngste Gericht; dafür kennen immer mehr Menschen das Elfte Gebot: «Du sollst dich nicht erwischen lassen!» Mit dem Verlust des Glaubens ans Jüngste Gericht geht ein Sittenzerfall einher. Viele sagen sich: «Wenn es kein Jüngstes Gericht gibt, kann ich tun, was mir gerade in den Kopf steigt (wenn es niemand merkt)!»

Das ethische Manko ist nicht durch eine Regression in die «gute alte Zeit» mit ihrer Kollektiv-Moral zu beheben, sondern durch eine bewusste, persönlich gestaltete Ethik. Nicht die Restauration des Alten, sondern ein Schritt nach vorn ist heute geboten.

Dabei hilft das *symbolische* Verständnis des Bilds vom Jüngsten Gericht, das eine *innere Realität* widerspiegelt. Die mythischen Richter symbolisieren das Ge-Wissen: das umfassende Wissen davon, was Leben aufbaut und zerstört (lateinisch: *conscientia*). Die Richter sind eine Personifizierung des Instinktwissens. Das Ge-Wissen ist das arteigene Verhaltensmuster, das in seinen Grundzügen im Selbst gespeichert ist.

Beim Instinktmangel-Wesen «Mensch», wird das Ge-Wissen ergänzt durch das Gewissen, das die Kultur vermittelt. Aus diesem Grund ist das «Richten» des Menschen komplexer als das des Tiers. Es vollzieht sich nicht nur unbewusst, auf der Ebene des Instinkts, sondern auch bewusst, auf der Ebene der Kultur, die vorschreibt, was zu tun und zu lassen sei. Weil der

Mensch ein bewusst-unbewusstes Lebewesen ist, geschieht das «Richten» bei ihm auf zwei Ebenen; er wird von zweierlei Richtern beurteilt, einerseits von der Natur mit ihrem arteigenen *Pattern of behavior*, andererseits von der kulturellen Prägung seiner Umgebung.

Beim Sittenzerfall verblassen die kollektiven Normen, und das Ich, das sich nur vage auf seinen Instinkt verlassen kann, wird orientierungslos.

In diesem Fall muss sich das bewusste Ich im Dialog mit dem Selbst, den Kollektiv-Normen und der vorliegenden Situation *kreativ* eine neue, maßgeschneiderte Lösung suchen. Das Verhalten, einst von der Natur, von Göttern und göttlichen Ahnen vorgeschrieben, wird zusehend vom Ich mitbestimmt; der Mensch wird zum Mitschöpfer der herrschenden Gesetze, die ursprünglich von den Göttern stammten. Das geschieht bei der Bewusstwerdung. Dies ist die Aufgabe unserer Zeit.

Zarathustra stellte sich das Jüngste Gericht wie folgt vor:

Nach der Auferstehung der Toten, am Jüngsten Tag, wird die Seele auf die Brücke zum Jenseits geführt, auf der das Jüngste Gericht stattfindet. Wer wahrhaftig lebte, kommt leichtfüssig über die Brücke ins Paradies. Den Lügnern und Ahrimans Spießgesellen wird die Brücke jedoch so schmal wie eines Messers Schneide, sodass sie ihr Gleichgewicht verlieren und in die Höllenflut unter der Brücke abstürzen.

Die Wahrheit dieses Mythos ist augenfällig: Wer lügt und betrügt, wird innerlich unsicher und verliert die Balance. Der Wahrhaftige hingegen steht auf sicherem Grund: «Ein gutes Gewissen ist ein sanftes Ruhekissen.» Das ist der Kern von Zarathustras Botschaft.

Die «Mitte der Zeit»

Im Mazdaismus galt Zarathustra als die Mitte der Geschichte.

> Diese Vorstellung übertrug der Verfasser des lukanischen Doppelwerks (Evangelium und Apostelgeschichte) auf Jesus Christus. Für beide Religionen waren ihre Gründer nicht nur hinsichtlich der Weltgeschichte, sondern auch im Blick auf die Geschichte des Universums von entscheidender Bedeutung.

Die Heilsgeschichte verläuft in zwei Etappen:

1. Am Anfang schuf Ahura Mazda die schöne, gute Welt. Leider verdarb diese mit der Zeit. Nach dreitausend Jahren, am Ende der ersten Etappe – in der Mitte der Zeit – trat Zarathustra auf, um den Zerfall aufzuhalten und dem Prozess eine Wende zum Guten zu geben.

2. Drei Jahrtausende später werden die guten Geister die bösen in einem apokalyptischen Endkampf besiegen. Der Retter *Saošyant*, ein Spross aus dem Geschlecht Zarathustras, wird den guten Geistern beistehen, die Toten auferwecken und das Jüngste Gericht einberufen.

Zuletzt, sechs Jahrtausende nach der Erschaffung der Welt, wird Ahura Mazda eine zweite, vollkommene Welt erschaffen, in der kein Platz mehr ist für die Widersacher des Guten.

Das christliche Pendant ist die Offenbarung des Johannes (Kapitel 20f.).

Auch der Mythos von Zarathustra als der Mitte der Zeit symbolisiert eine innere Wirklichkeit. Die zwei Mal drei Jahrtausende – vom Anfang der Welt bis zu Zarathustra und von diesem bis zum Weltende – verweisen auf den Prozess der ehtischen Reifung. Die *Drei* symbolisiert einen abgeschlossenen Prozess: «Aller guten Dinge sind drei.» Wenn das Ganze verdoppelt wird, ist es endgültig; dann wird sich der Mensch ethisch richtig verhalten.

Die drei Jahrtausende vor Zarathustra symbolisieren die Periode des *kollektiv* bestimmten ethischen Handelns.

Der Auftritt Zarathustra in der Mitte der Geschichte symbolisiert die Wende zum *bewussten individuellen* Handeln. An diesem Punkt steht heute die Menschheit als ganze; sie kann es sich nicht mehr leisten, die alten, ausgetretenen Pfade weiterhin zu begehen. Darum ist Zarathustra heute noch aktuell.

Zarathustra ging auch auf das leidige Problem der *Theodizee* ein, auf die Frage nach der Gerechtigkeit Gottes angesichts der Ungerechtigkeit in der Welt: «Warum müssen viele gute Menschen derart leiden, wenn der Allmächtige doch gut und gerecht ist?»

Das Theodizee-Problem

Auf die Frage, warum es so viel Böses gebe auf der Welt, wenn diese doch von Ahura Mazda, dem einzig wahren, guten Gott erschaffen worden sei, antwortete Zarathustra mit einem Mythos:

«Ahura Mazda ist der weiseste, gute und allein wahre Gott. Er hat aber zwei ungleiche Söhne, die Zwillingsbrüder *Spenta Mainyu*, den guten Geist, und *Angra Mainyu (Ahriman),* den bösen Geist, die mit einander im Streit liegen. Das ist der Grund, warum es mit dieser Welt so schlecht bestellt ist. Ahura Mazda wird das Problem am Ende der Zeit mit der Erschaffung einer vollkommenen Welt lösen» (Yasna 30, Humbach 2010, 80ff.).

Diese Antwort befriedigt heute nicht mehr; denn sie löst das Problem der Herkunft des Bösen nicht, sondern verschiebt es nur auf eine andere Ebene. Zudem ist nicht einzusehen, warum der allmächtige, gute Gott einen missratenen Sohn gezeugt haben soll.

Generationen von Theologen haben sich am Problem der Theodizee schon die Zähne ausgebissen. Es ist auf der Basis des archaisch-mythischen Weltbildes unlösbar (Kaufmann 2006, Artikel: Theodizee).

Bei der symbolischen Deutung erscheinen die Zwillingsbrüder *Spenta Mainyu* und *Angra Mainyu (Ahriman)* als Personifikationen von Persona und Schatten. Dem Theodizee-Problem liegt die Tatsache zugrunde, dass jeder Mensch zwei Seiten hat: eine gute, mit der er sich identifiziert, um sein Selbstwertgefühl zu bewahren, und eine dunkle, die er gerne verdrängt, weil er weder vor anderen noch vor sich selber schlecht da stehen möchte.

Zarathustra hatte aber nicht nur mit dem Theodizee-Problem Mühe, sondern auch mit seiner Lehre, es gebe nur einen einzigen Gott. Sein Monotheismus war nicht ganz durchdacht. Da sich Ahura Mazda erst am Ende der Zeit als der einzig wahre Gott erweisen wird, kann er nicht wirklich allmächtig sein. Zarathustras Glaube war nicht konsequent monotheistisch; sein Monotheismus war bloß ein *eschatologischer (eschatos:* der letzte). Der Monotheismus drängte sich ihm auf, weil der Einfall des numinosen Licht-Archetyps überwältigend war.

Zum Schluss erwähne ich noch einen Traum von Zarathustras Mutter.

Zarathustras Lachen

Zarathustras Mutter soll während ihrer Schwangerschaft geträumt haben, ihr Sohn werde bei seiner Geburt lachen.

Da sie die Wichtigkeit dieses Traums ahnte, ging sie damit zum Priester. Dieser deutete das Lachen als ein göttliches Zeichen. Er sagte, wer auf der Seite des wahren Gottes stehe, habe gut lachen. Der Knabe werde dem Kampf des Lichts gegen die Finsternis die entscheidende Wende geben.

Zum Schluss werfen wir noch einen Blick auf Zarathustras Wirkungsgeschichte. Seine bedeutendsten Anhänger waren die persischen Großkönige.

Zarathustra im Perserreich

Die Felsinschrift von Behistun

Auf der Felsinschrift von Behistun, die zur Zeit der persischen Großkönige Kyros II. und Darius I. entstand, ist neun Mal die Rede von Zarathustra und Ahura Mazda. Der Mazdaismus war die Religion des Perserreichs.

Kyros der Große

Die Perser stammten ursprünglich aus Zentralasien, der Heimat Zarathustras. Später, von Anshan aus, gründete der Arier *Kyros der Große* (607–530a) im Nahen Orient ein Riesenreich. Dessen nordöstliche Grenze bildeten die sieben von ihm erbauten Städte am Jaxartes; die größte nannte er *Kurushkat* (Stadt des Kyros, hellenistisch: *Kyropolis*). Die nordwestliche Grenze seines Reichs war Lydien am Ägäischen Meer, die südwestliche die Levante am Mittelmeer.

Die Vorfahren des Kyros waren einst Nomaden gewesen, hatten sich aber seit der Mitte des 7. Jh.a niedergelassen und wohnten nun im zerfallenden Königreich *Anshan* im iranischen Hochland, zwischen den Ausläufern des Zagrosgebirges und der glühend heißen Ebene am Persischen Golf. Die Perser wurden von den kultivierten Völkern des Zweistromlands als halbwilde Horden aus den Steppen Zentralasiens betrachtet. Mit diesem Vorurteil wusste Kyros der Große souverän umzugehen. Tom Holland erzählt:

> «Seine Befehle für botmäßige Untertanen waren in einen gemäßigten, gütigen Ton gekleidet. In den Städten mit ihren vielen Tempeln und dem Duft von Weihrauch gab sich Kyros als Urbild von ‹Rechtschaffenheit und Gerechtigkeit›; seine ‹universelle Herrschaft› stellte er in Inschriften als ‹göttlichen Lohn› für seine Tugend hin. …
>
> In allen Völkern, die sich ihm unterworfen hatten, erinnerte man sich später mit fast grenzenloser Bewunderung an ihn als einen Mann von ungewöhnlichem Adel des Charakters, den Architekten des Weltfriedens. Selbst bei seinen schärfsten Gegnern strahlte sein Ruhm jahrhundertelang über dem persischen Weltreich.
>
> ‹Denn er unterschied sich von allen anderen Königen.› Das war das Urteil des Atheners Xenophon fast 200 Jahre nach dem Tod des Kyros: ‚Es gelang ihm, in allen Menschen den heftigen Wunsch zu wecken, ihm gefällig zu sein und sich seinen Entscheidungen zu beugen'» (Holland 2008, 35ff.). …
>
> «Für die Perser war es ausgemacht, dass sie das ehrlichste Volk waren. Drei Dinge wurden ihnen beigebracht: ‹Reiten, Bogenschießen und die Wahrheit

sprechen.› Im Gegensatz zu anderen, unwissenden Völkern wussten sie, dass sich die Welt ohne *Verpflichtung auf die Wahrheit* auflösen und in ewiger Nacht versinken würde; denn Wahrhaftigkeit war die eigentliche Substanz der Welt.

Deshalb hatte der größte aller Götter, Ahura Mazda, Zeit und Schöpfung ins Leben gerufen und *Arta*, die Wahrheit, gezeugt. Aber das Werk der Wahrheit war nie vollendet. So wie das Feuer, wenn es zum Himmel aufsteigt, von schwarzem Rauch begleitet wird, so wurde Arta vom Schatten *Draugas*, der Lüge, begleitet. ... Die Menschen mussten die Partei Artas gegen Drauga ergreifen, damit das Universum nicht strauchelte und fiel. ‹Wer Täuschung ersinnt, wird Unglück über sein Land bringen.› Das waren die Worte Zarathustras, jenes Visionärs und Propheten der Arier, um den sich die meisten Legenden rankten. ...

Von Ahura Mazda ging alle Güte aus wie ein Signalfeuer, das von einer Bergspitze zur andern weiterspringt. ‹Spitze nun deine Ohren, um die Frohe Botschaft zu hören; blicke mit klarsichtigen Gedanken in die helle Flamme!›, hatte der Prophet verkündet und die Menschheit damit auf die große Entscheidung hingewiesen: ‹Ihr habt die Wahl, welchem Glauben ihr folgen wollt, jeder einzelne; nutzt diese Freiheit, dann könnt ihr die Prüfung des Lebens bestehen!›

Das Reich des Kyros war keine Theokratie. ... Aber ... zwischen dem traditionellen Glauben der Perser und den Lehren Zarathustras scheint es ein enges Zusammenwirken, ja eine Verschmelzung gegeben zu haben. Als Kyros seine beispiellose Herrschaft aufbaute, ordnete er in *Pasargadai*, woher er stammte, den Bau von drei erstaunlichen neuen Monumenten an: von drei gewaltigen Feuerstellen aus Stein, deren Oberseiten tief ausgehöhlt waren, um breite Schalen zu bilden, in denen glühend heiße Asche, ein ewig brennendes Feuer, gehalten werden konnte. Das Feuer galt vielerorts als heilig; aber für niemanden war es heiliger als für Zarathustra; es verkörperte Ehrlichkeit und Wahrheit. Das tägliche Gebet vor dem Feuer hatte Zarathustra seinen Anhängern darum als heiligste Pflicht auferlegt. ...

Die Feuerstellen des Kyros, deren Flammen in den blauen persischen Himmel aufstiegen, sollten die neue Lehre klar leuchten lassen: Sie waren das perfekte Symbol für Kyros. Wie konnte seine Größe besser vermittelt werden als mit dem heiligen Feuer? Das verstand jedes Volk.

Schon nach kurzer Zeit tauchten überall im Reich ähnliche Heiligtümer auf. Ihre Flammen wurden von zoroastrischen Magiern gehütet, die sie nur beim Tod eines Monarchen erlöschen ließen. Sie vereinten Arta und die Herrschaft des Kyros. ...

Kyros war der Stellvertreter Ahura Mazdas. Die Identifizierung der eigenen Machtfülle mit der eines universellen Gottes war eine neue, zukunftsträchtige Entwicklung» (2008, 58 ff.).

Wer sich für Arta entschied, erfuhr des Kyros Großmut. Betrüger wurden zu den Schurken Ahrimans gezählt, mit denen der Großkönig verfuhr wie *Saošyant* mit Drauga am Jüngsten Tag: Sie erlebten die Hölle.

Zarathustra und die Bibel

Im babylonischen Exil erfuhren die Hebräer die Gnade des persischen Großkönigs: Er gewährte ihnen die Rückkehr in ihre Heimat Judäa.

In dieser Zeit des Umbruchs schrieben die religiösen Führer der Hebräer ihre alten Überlieferungen um, um ihrem Volk eine neue Identität zu schaffen. Dabei wurden sie auch vom Mazdaismus beeinflusst, insbesondere von dessen apokalyptischer Vorstellung, die Weltgeschichte sei ein kosmisches Heilsgeschehen.

Der hebräische Prophet *Deuterojesaja* sah im persischen Großkönig den Messias. Er war so sehr vom Monotheismus durchdrungen, dass es für ihn keine Rolle spielte, ob der Allmächtige *Jahwe* oder *Ahura Mazda* war.

Diese progressive Idee kostete ihn das Leben; denn die religiös-nationale Partei seiner Landsleute duldete nicht, dass der wahre Gott woanders als auf dem Zion wohnte und dass sein Gesalbter einem andern Haus entstammte als dem Davids.

Die Erwähnung der Hebräer leitet über in ein nächstes Kapitel. Dieses befasst sich mit der Religion Altisraels von der Zeit des Mose bis zum babylonischen Exil. In dieser langen Zeit entwickelte sich in Altisrael ein konsequenter Monotheismus, der schließlich institutionalisiert und für alle Juden bis zum heutigen Tag verbindlich wurde.

Mose und Alt-Israel

Mose

Der biblische und der wirkliche Mose

Wandel des Mose-Bildes

Die alttestamentliche Wissenschaft revidierte ihr Bild von Mose im letzten halben Jahrhundert beträchtlich. Im Bann der Tradition gefangen, hatten viele Alttestamentler den Kern der beiden Hauptthemen der biblischen *Vita Mosis* bis Mitte des 20. Jh. noch für historisch gehalten:

1. Mose befreite das Gottesvolk aus dem «Sklavenhaus Ägypten»;
2. Mose übergab Israel am Berg Sinai die Zehn Gebote.

Doch in den letzten Jahrzehnten entdeckte die Forschung, dass beide Themen keine historische Grundlage haben: Erstens war es nicht Mose, der den Auszug aus Ägypten anführte, sondern ein nicht mehr bekannter Chief eines hebräischen Beduinenklans, und zweitens hatten auch Mose und die Zehn Gebote ursprünglich nichts mit einander zu tun. Im ersten Gebot steht: «Du sollst keine andern Götter neben mir haben» (2. Mose 20_3)! Mose war aber noch kein Monotheist; sein Glaube war henolatrisch.

Das Fazit der historisch-kritischen Wissenschaft ist ernüchternd: Der in der Bibel vorliegende «Bericht» vom Leben des Mose, die *Vita Mosis*, erweist sich bei näherem Zusehen als eine literarische Fiktion aus dem 6. Jh.a, die dem orientierungslosen Gottesvolk einen neuen Stern am Himmel zeigen sollte. Der biblische Mose-Mythos entstand in der Zeit einer schweren Krise Israels; damals brauchte das Volk ein neues Leitbild.

Die religiösen Führer Israels verfassten dieses mithilfe alter Überlieferungen. Um den neuen Helden als glänzendes Vorbild hinstellen, ja ihn zum größten aller Söhne Israels erheben zu können, mussten sie mit der Tradition frei umgehen. Der biblische Mose-Mythos und die historische Realität haben wenig gemeinsam.

Die wissenschaftliche Forschung hatte zwar schon im 18. und 19. Jh. erkannt, dass die biblische Darstellung des Mose von vielen Legenden und Mythen umrankt war, die nicht historisch sein konnten. Doch die jahrtausendealte Tradition war so mächtig, dass auch kritische Wissenschaftler annahmen, zumindest der Kern der *Vita Mosis* sei echt. Einsehen zu müssen, dass die Bibel nicht immer die Wahrheit sagt, war nicht einfach.

Die historisch-kritische Forschung entwickelte sich in der protestantischen Kirche; von Rom wurde sie erst nach dem Zweiten Weltkrieg anerkannt.

Um das Kirchenvolk nicht zu schockieren, behielten viele Theologen, die im Studium gelernt hatten, die Bibel historisch-kritisch auszulegen, das an der Universität Gelernte für sich. So erfuhr die Basis der Kirche erst seit der zweiten Hälfte des letzten Jahrhunderts, mit dem Aufkommen der kirchlichen Erwachsenenbildung, was die Wissenschaft entdeckt hatte.

Doch die Aufklärung kam zu spät; die Kirchenbänke leerten sich trotz den Bemühungen um ein *Aggiornamento*.

Der historische Mose

Das Leben des Mose lässt sich nur noch in Umrissen rekonstruieren:

Mose war ein Beduinenführer aus Midian, der im 13./12. Jh.a mit seinem Klan in Richtung Palästina aufbrach, um für seine Familie im Norden ein besseres Auskommen zu finden. Aus Midian nahm er seinen Jahwe-Glauben mit, den er – wie viele Wirtschafts-Migranten noch heute – in der Fremde weiter pflegte. Sein Glaube war henolatrisch: Unter den jenseitigen Wesen bevorzugte er *«den vom Sinai»*. Dass dieser das *einzige* jenseitige Wesen sei, konnte sich Mose noch nicht vorstellen. Jahwe hatte sich ihm in einer Vision offenbart.

> Ein Vergleich der Religion des Mose mit der Echnatons ist erhellend:
>
> Obwohl Echnaton zeitlich lange vor Mose lebte, war er ihm entwicklungsmäßig weit voraus. Mit ihm begann der spätarchaische Äon; Mose hingegen lebte noch in einer früharchaischen Welt. Der Analphabet aus Midian konnte sich nicht vorstellen, dass es nur einen einzigen Gott gebe.

Das unbekannte Grab

Das Grab des größten der Söhne Israels war nicht bekannt. Das gibt zu denken. Wäre Mose der gewesen, als den ihn die Bibel darstellt, wäre sein Grab eine berühmte Pilgerstätte gewesen. Um diese Ungereimtheit zu beseitigen, ließ der Redaktor der Bibel Mose in der Fremde sterben, auf dem Berg Nebo in Moab (5. Mose 34_{1-12}):

> «Vor seinem Tod ... ließ der Herr Mose noch das gelobte Land schauen: Gilead bis gen Dan im Norden, ganz Naphthali und das Land Ephraims und Manasses und das ganze Land Judas im Süden, bis ans westliche Meer. ...

> Und Mose, der Knecht des Herrn, starb daselbst im Lande Moab, und *niemand kennt sein Grab* bis auf diesen Tag. Mose war 120 Jahre alt, als er starb; seine Augen waren nicht trüb geworden und seine Frische nicht gewichen. Und die Israeliten beweinten Mose in den Gefilden Moabs dreißig Tage lang; dann waren die Tage des Weinens und der Trauer um Mose zu Ende. ... Und es stand hinfort kein Prophet in Israel mehr auf wie Mose, mit dem der Herr von Angesicht zu Angesicht redete; keiner war ihm gleich in den Zeichen und Wundern, ... die er mit Jahwes Hilfe vor den Augen ganz Israels getan hatte.»

Dass das Grab des Mose nicht bekannt war, ist so zu erklären, dass er zu seinen Lebzeiten nicht der alle überragende Gottesmann Israels war, sondern nur der Chief eines midianitischen Beduinenklans. Zum größten aller Söhne Israels wurde er erst im 6. Jh.a durch die Verfasser der Bibel. Mose war ein «wachsender Toter». Wo er starb, ist nicht mehr auszumachen.

Mose als Schriftsteller

Die Bibel bezeichnet Mose als den Verfasser der fünf Bücher des Mose, des Pentateuchs *(penta:* fünf). In Wirklichkeit entstand das *Fünf-Rollen-Buch* erst viele Jahrhunderte nach dem Tod des Mose. Dessen Verfasser machten den größten der Söhne Israels zum Autor des Pentateuchs, um diesem höchste Autorität zu verleihen.

Wir betrachten nun fünf Themen der *Vita Mosis* historisch-kritisch:

1. Exodus und Passah;
2. das Gesetz;
3. Jahwe;
4. Midian;
5. die Beschneidung.

Der Mose-Mythos

1. Exodus und Passah

1.1. Auszug aus Ägypten

Den Kern des Mythos von Israels «Auszug aus dem Sklavenhaus» (2. Mose 1–15) bildet ein historisches Ereignis. 2. Mose 1 ff. enthält ägyptisches Zeitkolorit aus dem ausgehenden 2. Jt.a. Ausgrabungen zeigten zudem, dass die Pharaonen im Osten des Nildeltas im 12. Jh.a Vorratsstädte bauten, die mit den in 2. Mose 1_{11} genannten Städten Pithom und Ramses überein stimmen.

Die Flucht hebräischer Beduinen spielte sich im östlichen Nildelta ab. Dass – wie die Bibel berichtet – hungrige Stämme aus der Wüste nach Ägypten kamen und vorübergehend Aufnahme fanden, war oft der Fall:

Ein aus dem 12. Jh.a stammender Brief eines ägyptischen Grenzbeamten meldete dem König, Beduinenstämme aus Edom südlich des Toten Meeres hätten die Grenzfestung Sukkot passiert, «um sich und ihr Vieh dank dem guten Willen des Pharao, der guten Sonne eines jeden Landes, am Leben zu erhalten». Diese Notiz passt gut zu den hebräischen Beduinen der Bibel.

Als Gegenleistung forderte Ägypten von den Wirtschaftsmigranten Frondienst bei staatlichen Bauten. Diesen hatten auch Ägypter zu leisten. Der staatliche Bauboom benötigte alle verfügbaren Arbeitskräfte.

Ein anderer Brief eines ägyptischen Beamten aus dem 12. Jh.a berichtet, Arbeiter entzögen sich bisweilen der Fronarbeit durch Flucht in die Steppe und würden dann verfolgt. Vermutlich nahmen auch die internierten hebräischen Beduinen nach dem Ende der Dürre Reissaus, um ihr altgewohntes Leben wieder aufnehmen zu können. Da die Flucht ein Vertragsbruch war, wurde die Gruppe von der Grenzwacht verfolgt (2. Mose 11 ff.).

Der Alttestamentler Eckart Otto kommentiert:

> «Zahlreiche aufwändige Projekte der Ramessiden führten zu Finanz- und Arbeitskräftemangel zur Zeit Ramses' II., der in der biblischen Tradition als ‹Pharao der Bedrückung› gilt (Ex. 1_8). ... Es ist historisch nicht unwahrscheinlich, dass eine beduinische Bausklavenabteilung, die zur Zeit dieses Baubooms der Zwangsrekrutierung entfloh, mit ägyptischen Streitwagen verfolgt wurde» (Otto 2006, S. 29).

Wer der Anführer dieser Hebräer war, ist nicht mehr auszumachen. Jedenfalls war es nicht Mose, weil die beiden Themen «Mose» und «Auszug» spät mit einander verknüpft wurden.

Mose lebte eventuell zurzeit der Flucht des Beduinenstamms, aber nicht in Ägypten, sondern mehrere hundert Kilometer östlich davon, in Midian, einer Landschaft zwischen dem Toten Meer und dem Golf von Akaba.

Mit dem Exodus verflochten die biblischen Redaktoren im 6. Jh.a nicht nur Mose, sondern auch das *Passah*, das höchste und heiligste jüdische Fest, das dadurch, dass Mose sein Stifter war, höchste Dignität erhielt.

In Wirklichkeit war das Passah ein uralter, bei Beduinen weit verbreiteter Ritus zur Abwehr böser Dämonen, der von den Verfassern des Pentateuchs historisiert, d. h. sekundär mit Mose und dem Exodus verknüpft wurde.

1. 2. Das Passah

Das Passah ist beides, sowohl das heilige Fest wie auch das rituell geschlachtete, gemeinsam verspeiste Opferlamm. Das Fest wird in den meisten jüdischen Familien heute noch als Erinnerung an den «Auszug aus dem Sklavenhaus» gefeiert.

Wie gesagt, war das Passah ursprünglich ein Opferritus zur Abwehr böser Dämonen. Bei der rituellen Schlachtung des fehllosen Opferlamms tauchte man ein Büschel Ysopzweige in die Schüssel mit dem Blut und bestrich damit seinen Zelteingang, um die bösen Geister fern zu halten. Das Passah war ein uralter Abwehrzauber aus der Steinzeit. Es wird heute noch gefeiert, weil es durch seine Historisierung zum Symbol der Befreiung wurde, das immer wieder neu aktualisiert werden kann.

In vergeistigter Form überlebte dieser steinzeitliche Ritus auch in der katholischen Kirche, in zwei verschiedenen Varianten:
1. im Ritus der Haussegnung,
2. im Ritus der heiligen Messe.

1. Bei der jährlichen Segnung der Häuser der Gläubigen durch den Priester macht dieser ein magisches Zeichen an die Türpfosten. Er bestreicht diese nicht mehr mit Opferblut, sondern schreibt mit weißer Kreide die geheimnisvollen Buchstaben auf den Querbalken über der Türe: «CMB **+** 2015». Das ist die Abkürzung des lateinischen Segenswortes: «**C**hristus **M**ansionem **B**enedicat», deutsch: «Christus segne dieses Haus!» Die Zahl meint die jeweilige Jahreszahl, z. B. 2015. Der Name Christi und das Kreuz (**+**) weisen auf das heilschaffende Blut hin, das der Gottessohn am Kreuz auf Golgatha vergoss. Das Blut ist nicht mehr das irgend eines Opferlamms, sondern das des Opferlamms *par excellence:* des Gottessohnes. Dessen Blut wurde ein für alle Male vergossen zur Rettung all derer, die an ihn glauben.
2. Die zweite Vergeistigung des Passah durch die Kirche ist die Messe, in welcher der heilschaffende Tod des Opferlamms Jesus Christus zelebriert wird. Dabei wandelt der rite geweihte Priester Brot und Wein in den Leib und das Blut Christi und vergegenwärtigt so den heilschaffenden Opfertod am Kreuz.

Passah, Haussegnung und Messe wurzeln im Glauben der Steinzeit, das Schicksal könne mit Opferblut gnädig gestimmt werden.

2. Mose $12_{21\,ff.}$ schildert die Einsetzung des Passah durch Mose:

> «Da berief Mose alle Ältesten Israels und sprach zu ihnen: Nehmt eilends Schafe, für jede Familie eines, und schlachtet das Passah. Dann nehmt ein Büschel Ysop und tunkt es in das Blut im Becken und streicht von dem Blut im Becken an die Oberschwelle und die beiden Türposten eurer Häuser. …
>
> Dieses Gebot sollt ihr halten, du und deine Kinder, als ewige Ordnung! Und wenn ihr in das Land kommt, das Jahwe euch geben wird, wie er verheißen hat, dann sollt ihr diesen heiligen Brauch stets üben. Wenn eure Kinder euch dann fragen: ‹Was bedeutet der heilige Brauch, den ihr da übt?›, dann sollt ihr sagen: ‹Das ist das Passahopfer für den Herrn, weil er an den Häusern Israels vorüberschritt in Ägypten, als er die Ägypter schlug und unsere Häuser verschonte.› Da verneigte sich das Volk und warf sich nieder.»

Die Historisierung des Passah machte dieses zum Symbol der Befreiung: Die Dämonen der Steinzeit wurden zum «Sklavenhaus», aus dem Israel befreit wurde, sei dieses nun Ägypten, Babylon, Rom oder Pogrome aus jüngerer Zeit. Die Historisierung war ein Schritt zur Vergeistigung der Religion. Diesem Schritt vom 6. Jh.a folgte im Judentum kein weiterer mehr; seither stagnierte die religiöse Entwicklung. Heute ist das jüdische Passah veraltet; kein zeitgemäß denkender Mensch glaubt mehr, das Schicksal könne durch Opferblut gnädig gestimmt werden.

Fazit zu «Exodus und Passah» (Punkt 1):
Mose hatte weder mit dem einen noch mit dem andern zu tun.

2. Mose und das Gesetz

Das Bild vom Berg Sinai, auf dem Jahwe seinem Knecht Mose die zwei steinernen Tafeln mit den Zehn Geboten übergibt, ist weltweit bekannt. Juden und Christen glaubten Jahrtausende lang, dieses Bild gebe eine historische Tatsache wieder. In Wirklichkeit entsprang es der Phantasie der Redaktoren des Pentateuchs.

Die historisch-kritische Forschung wies nach, dass Mose und das Gesetz ursprünglich nichts mit einander zu tun hatten. Die eindrückliche Szene wurde von Schriftgelehrten erfunden, um ihrem Gesetz göttliche Würde zu verleihen. Wenn der größte der Söhne Israels die Zehn Gebote aus Jahwes Hand empfangen hatte, waren diese ewig gültig!

Die Wurzeln des Gesetzes für Israel sind aber nicht auf dem Berg Sinai, sondern auf einem andern Gottesberg zu finden: auf dem Berg Zion, der ursprünglich nicht Jahwes Berg, sondern der Herrschaftssitz *Schalems* war, des Sonnengotts von Jerusalem, der dieser Stadt seinen Namen gegeben hatte: *Uru-Schalim*, Schalems Stadt.

Bevor David Jerusalem eroberte, ging dort Schalems Weisung vom Zion aus. Dieser Gott sorgte dafür, dass Gerechtigkeit herrschte in seiner Stadt.

Unter Blitz und Donner nimmt Mose auf dem Berg Sinai das Gesetz aus Jahwes Hand entgegen (2. Mose 20; Bild: Elisabeth Fux)

Nach der Eroberung Jerusalems durch David wurde Schalem von Jahwe verdrängt, der nun auf dem Zion Wohnsitz nahm.

Jahwes Berg hingegen war der Sinai, ein Vulkan im Lande Midian (Richter 5_5 und Psalm 68_9). Jahwe, «der vom Sinai», war von Haus aus nicht ein Gott des Rechts, sondern ein Kriegs- und Wettergott.

Fazit zu «Mose und das Gesetz» (Punkt 2):

Auch mit der Tora hatte Mose ursprünglich nichts zu tun; sie stammte vom Berg Zion und war die Domäne Schalems, des kanaanäischen Stadtgotts von Jerusalem. Jahwe war ursprünglich ein midianitischer Sturm- und Wettergott vom Sinai, den 2. Mose 15_3 und Psalm 24_8 als «Mann des Krieges» *(isch milchamah)* bezeichnen.

Mehr darüber berichtet der nächste Abschnitt.

3. Jahwe

3.1. Herkunft

Nach Eckart Otto (2006, S. 33) stammte Jahwe aus Midian:

> «In Midian sind auch die Ursprünge der Verehrung Jahwes als eines Gewitter- und Kriegsgottes zu suchen. Ägyptische Inschriften des 14. und 13. Jahrhunderts sprechen von JHW-Beduinen südlich des Toten Meeres, also in midianitischem Gebiet. Das Deboralied (Richter 5), einer der ältesten Texte der Hebräischen Bibel, weiß davon, dass Jahwe den Israeliten in einer Theophanie in Nordpalästina erscheint, um sie im Kampf gegen die Kanaanäer zu unterstützen (Richter $5_{4f.}$: ‹Jahwe, du zogst aus von Seir, kamst einher geschritten aus Edoms Gefilden. Da erbebte die Erde, es troffen die Himmel, und es wankten die Berge›).»

«Israel» bedeutete in Richter $5_{4f.}$ ursprünglich nicht das Zwölf-Stämme-Volk, das zu dieser Zeit noch gar nicht existierte. Mit «Israel» sind einige midianitische Stämme gemeint, die in Nordpalästina den dort ansässigen Kanaanäern ihr Weideland strittig machten. Zu diesem «Israel» gehörte vielleicht auch der Klan des Mose.

Auch Othmar Keel sieht in Jahwe (JHWH) einen von midianitischen Beduinen verehrten Gott der Steppe. Das älteste Zeugnis für Jahwe findet sich nach Keel auf einer Liste von Ortsnamen in einem Tempel aus der Zeit Amunhoteps III. (1390–1352a), des Vaters von Echnaton. Darin ist die Rede von «Schasu JHWH»: von Beduinen, die im 14.–12. Jh.a im Südosten Palästinas lebten. Dazu könnte auch Mose mit seinem Klan gehört haben.

Der Name «Jahwe» bedeutet: «Es weht.» Nach Keel ist dies ein passender Name für einen Sturm-, Wetter- und Kriegsgott (I, 203). Keel führt aus:

> «JHWH war von Haus aus kein kanaanäisch-palästinischer Wettergott. Seine Verehrung kam aus dem edomitisch-midianitischen Süden nach Kanaan» (I, 202). … «JHWH tritt vor allem als Gott des Kampfes in Erscheinung. Dieser Aspekt gewinnt durch die Auseinandersetzung mit den Philistern an Gewicht. JHWH gilt als ‹Mann des Krieges› (2. Mose 15_{3}; Psalm 24_{8}); seine Mannen kämpfen die Kämpfe JHWHs (1. Samuel 18_{17}; 25_{28}). Sie sind das Volk JHWHs (2. Samuel 6_{21}), dessen Feinde auch die Feinde JHWHs sind (2. Samuel 6_{21}), über die JHWH bei Bedarf einen betäubenden Tiefschlaf fallen lässt (1. Samuel

> 26_{12}). … Land und Städte, wo das Volk JHWHs wohnt, sind unveräußerlicher Erbbesitz JHWHs (2. Samuel 20_{19}; 21_{3}). … Das Kriegswesen war ein wichtiger Aspekt JHWHs» (I, 211).

Jahwes Kult war henolatrisch. Die Verehrung desselben Gottes verband die aus Midian eingewanderten Stämme in Palästina; sie bildete eine wichtige Grundlage ihres späteren Zusammenschlusses zum Großverband «Volk Israel» (eine heutige Parallele zu den *Schasu JHWH* sind muslimische Einwanderer in Europa; Jahwes Stelle nimmt nun Allah ein).

3.2. Jahwe Zebaot

«Wenn Jahwe einher schreitet, erbebt die Erde, es trieft der Himmel, und es wanken die Berge» (Richter 5_{5}). Eckart Otto bezeichnet diese Schilderung als *Theophanie* Jahwes, als eine «Gotteserscheinung». Richter 5_{5} sagt, wenn Jahwe den Seinen erscheine, würden sie mit übermenschlichen Kräften erfüllt, sodass ihren Feinden Hören und Sehen vergingen.

Jahwe trug den Beinamen *Zebaot*. Das hebräische *Zaba* bedeutet eine Ansammlung von Kriegern. *Zebaot*, der Plural, ist ein ganzes Heer. Der Name «Jahwe Zebaot» wird übersetzt mit: «Herr der Heerscharen.» Jahwe war ein stürmischer Wirbelwind, der sein Heer mit unwiderstehlicher Kraft erfüllte, sodass der Gegner in panischer Angst erstarrte.

Im Mirjam-Lied (2. Mose 15) feuern hebräische Amazonen ihre Krieger mit Trommeln und Pauken zum Kampf an; sie tanzen mehr oder weniger nackt dazu, wie David bei der Überführung der Lade nach Jerusalem:

> «Singet Jahwe! Denn hoch erhaben ist er;
> Ross und Reiter wirft er ins Meer» (Vers 20)!

Im Mirjamlied wird *Jahwe Zebaot* als «Mann des Schlachtgetümmels» bezeichnet (Vers 3). Mirjam und ihre Frauen besingen Jahwe wie folgt:

> «Deine Rechte, oh Herr, herrlich in Kraft, zerschmettert den Feind» (V. 6).
> «Wer ist wie du, Jahwe, unter den Göttern» (V. 11)!
> «Du reckst aus deine Rechte, und die Erde verschlingt den Feind» (V. 12).
> «Die Völker erbeben vor dir. … Schrecken und Furcht überfällt die Feinde
> ob der Gewalt deines Arms; sie werden starr wie Stein» (V. 15f.).

Religionsgeschichtlich ist Jahwe Zebaot verwandt mit *Pan*, einem Kriegsgott aus Arkadien, den wilden Alpen im Norden Griechenlands. Tiefenpsychologisch symbolisieren Kriegsgottheiten psychische Mächte, welche die Krieger mit Bärenkräften erfüllen und den Feind in *Panik* versetzen (Kaufmann 2006, Artikel: «Pan»).

Die Anhänger Pans wurden im zivilisierten Athen abschätzend als «Eichelfresser» (Wildschweine) tituliert. Andererseits hatten die verweichlichten Städter einen Heidenrespekt vor der Kraft der Älpler! Angesichts des persischen Heeres begannen sie, selber zu Pan zu beten – und dieser erhörte sie. Er erfüllte sie mit seiner unwiderstehlichen Kriegswut, in der sie im Jahr 490a das bisher ungeschlagene persische Heer bei Marathon wie *ein* Mann überrannten und vernichtend schlugen.

Antike Historiker berichten, der Gott Pan habe mit seinem – von jedem Offizier heute noch gefürchteten – *phobos panikos* ganze Heere lahm gelegt (*phobos panikos* ist der panische Schreck: die Panik).

Mit Pan verwandt sind auch der indonesische Gott *Amok* (melanesisch *amuk*: blindwütend dreinschlagen) und der germanische Gott *Wotan* (Symbol für die teutonische Berserkerwut). Wegen ihrer ekstatischen Kriegswut waren auch die Alten Eidgenossen gefürchtet; so stürmte der Heerhaufe von Uri einher als *brüllender Stier*, wie Jahwe beim Auszug seines Volks aus Ägypten (4. Mose 23_{22}).

Die Theophanie des Deboralieds ist also alles andere als das, was sich ein gesitteter Bibelleser unter einer «Gotteserscheinung» vorstellt. Sie versetzte Jahwes Krieger in einen außergewöhnlichen Bewusstseinszustand. Was uns heute als grausige archaische Raserei erscheint, galt damals als heilig. *Jahwe Zebaot* war der Hauptgott des Mose.

Medizinisch gesehen, gehört das Phänomen der kriegerischen Raserei, des Amoklaufs, zu einem erhöhten *Testosteronspiegel*. Testosteron ist das stärkste männliche Sexualhormon (Androgen); es macht aggressiv, wütend, kriegslüstern und geil. Es bewirkt, dass der Krieger außer sich gerät (in Ekstase).

Testosteron wird vorwiegend in den männlichen Hoden, teilweise aber auch im weiblichen Ovar produziert. Männer werden daher häufiger von blinder Wut überflutet als Frauen und laufen häufiger Amok als diese. Doch auch Frauen wurden von Jahwes Kriegswut erfüllt bzw. von Pans Raserei besessen:

Ein Beispiel war Debora, ein anderes waren die *Amazonen* der alten Griechen, wilde Frauen, die sich wütend ins Schlachtgetümmel stürzten. Nur dem größten aller Helden, Achilles, gelang es, die Königin der Amazonen zu besiegen. Die Griechen nannten militante Frauen A-mazonen: «Frauen ohne Brust» (*mazos*: Brust). Die Brust symbolisiert den nährenden, hegenden Mutterinstinkt. Frauen, die vom Testosteron ihres Ovars erfüllt waren, galten als «brustlos»: unweiblich und unnatürlich. Wie alle patriarchalen Kulturen, so reduzierten auch die alten Griechen die Frau auf ihre Mutterrolle.

Die Frau begann erst in der Moderne, sich zu emanzipieren. Zuvor musste sie ihr natürliches Testosteron verdrängen. Nun darf sie es in ihr Leben integrieren. Neophobe Zeitgenossen titulieren sie dafür als Amazone, Emanze, Suffragette, Blaustrumpf oder Feministin. Das natürliche Testosteron der Frau wird in Zukunft auch mit dem muslimischen Patriarchat fertig werden.

Der Kult-Gegenstand von Jahwe Zebaot war die Gotteslade.

3.3. Die Gotteslade

Bevor Jahwe im Salomonischen Tempel einzog, wohnte er in einem mit magischer Kraft geladenen, transportablen Kriegspalladium. Eine solche «Gotteslade» besaß nicht nur Mose, sondern auch David. Dessen Priester namens Abjatar trug sie jeweils in die Schlacht (1. Könige 2_{26}). Abjatar ist nicht mit einem heutigen Feldprediger zu vergleichen, der für den Frieden betet und die Einhaltung der Genfer Konventionen überprüft. Abjatar war ein früharchaischer Schamane, der vor der Schlacht ekstatisch nach drüben ging und im Jenseits Bärenkräfte tankte, die er dann seiner Truppe vermittelte. Die «Feldprediger» von damals waren entscheidend für die Schlagkraft eines Heeres.

Die früharchaische, manageladene Gotteskiste enthielt zwei mit magischer Kraft versehene totemistische Steine, die Segen oder Fluch bewirkten.

Der früharchaische Mythos 1. Samuel 5–7 illustriert die Macht der Gotteslade: Nachdem diese von den Philistern in einer Schlacht erobert worden war, wurde sie im polytheistischen Tempel der Philister aufgestellt, in der Hoffnung, Jahwe werde sich ins philistäische Pantheon eingliedern und dieses mit seiner Kraft stärken. Doch nichts dergleichen geschah: Schon in der nächsten Nacht warf Jahwes Gotteslade die Götterbilder der Philister um und verbreitete schreckliche Krankheiten im ganzen Land.

Nach sieben Monaten gaben die Philister klein bei und brachten die Gotteslade, versehen mit kostbarsten Geschenken, nach Israel zurück.

Dieser früharchaische Mythos lässt verstehen, warum Mose und David vor der Lade feierten, räucherten, tanzten, sangen, musizierten, beteten und opferten. Das war ihr «Gottesdienst». Sie wollten sich mit ihren Mannen der ihr innewohnenden Gotteskraft versichern. Die beiden manageladenen Gottessteine waren ein animistisch-totemistisches Relikt.

Fazit zu «Mose und Jahwe» (Punkt 3):
Jahwe und Mose gehörten von Anfang an zu einander.

4. Midian

4.1. Die Heimat wird zum Erzfeind

Das Thema: «Mose und Midian» ist komplex; die Beziehungen zwischen den Nachkommen des Mose in Palästina und den Midianitern wandelten sich im Lauf der Jahrhunderte. Die einstige Heimat des Mose wurde schließlich zum Erzfeind Israels.

Mose hatte Midian auf der Suche nach neuen Weidegründen verlassen. Die Beziehung zu seiner Heimat war an sich nicht getrübt, hatte sie ihm doch seinen Gott, seine Hauptfrau und Familie sowie seine Herden gegeben. Die Beziehung zu Midian verschlechterte sich erst für seine Nachkommen, die sich nach einigen Generationen in Palästina heimisch fühlten. Als immer mehr ehemalige Landsleute zu den fetten Weiden Palästinas drängten und den dort sesshaft Gewordenen das Land streitig machten, gelangten diese zur Einstellung: «Das Boot ist voll.» Sie wollten nicht mehr teilen. So wurden die Midianiter zu Feinden Israels.

Die in Palästina Ansässigen schlossen sich zu größeren Verbänden zusammen, um sich gegen die andrängenden Midianiter besser schützen zu können. Als sich die Spannungen verschärften, wurden Midian und Israel Todfeinde (Richter 6–8). Dass sie allesamt Hebräer waren, die sich sprachlich, religiös, ethnisch und kulturell näher standen als den alteingesessenen Kanaanäern Palästinas, trat nun in den Hintergrund.

Für die Redaktoren der *Vita Mosis* war die Herkunft von Israels überragendem Gottesmann aus dem Land des Erzfeindes ein Problem. Ein Midianiter taugte nicht als Vorbild Israels.

Wie raffiniert die Verfasser des Pentateuchs dieses Problem lösten, wird unter Punkt 4.3. zur Sprache kommen.

Zuvor ist noch einiges zur Herkunft des Mose aus Midian zu sagen.

4.2. Der Midianiter

Dass Mose aus Midian stammte, beweist nicht nur seine innige Beziehung zu Jahwe, «dem vom Sinai», sondern auch seine Familiengeschichte. Sein Schwiegervater, der Priester der Midianiter, hieß *Jethro*. 2. Mose $18_{7.24}$ erzählt, Mose habe sich ehrfürchtig vor Jethro verneigt, habe ihn geküsst und sich von ihm belehren lassen:

«Da ging Mose seinem Schwiegervater entgegen, verneigte sich und küsste ihn» (V. 7). …

«Mose hörte auf seinen Schwiegervater und tat alles, was dieser sagte» (V. 24).

Diese Verse passen schlecht zu dem, was die Bibel in den vorausgehenden Kapiteln von Mose berichtet: Nach 2. Mose 2–15 war Mose ein Israelit bester Herkunft, unter dramatischen Umständen als kleines Kind von einer ägyptischen Prinzessin im Nil gefunden und adoptiert. Danach wurde er am Königshof als angehender ägyptischer Prinz erzogen. Später berief ihn Jahwe in Midian und hieß ihn, sein Volk aus dem Sklavenhaus Ägypten zu befreien. Dabei teilte Mose das Meer; seine Landsleute durchquerten dieses trockenen Fußes, während die sie verfolgende ägyptische Streitmacht mit Mann und Maus ertrank.

Dieser Mose mit reinrassiger Abstammung, der den Pharao in die Knie zwang, begegnet nun einem Priester in den Steppen Midians (2. Mose 18). Statt dass dieser sich vor dem größten der Söhne Israels verneigt, verneigt sich Mose vor dem Priester der Midianiter, hört auf diesen und tut alles, was dieser ihm sagt (V. 24).

Da reimt sich etliches nicht. Der Schilderung in 2. Mose 18 ist der Vorzug zu geben vor der mythischen *Vita Mosis* in 2. Mose 2–15.

Mose war ein Midianiter, verheiratet mit *Zippora*, Jethros Tochter.

Sein Schwiegervater war sein Lehrmeister, vor dem er sich ehrfürchtig verneigte, den er ehrerbietig küsste und dessen Anweisungen er gehorsam befolgte. Als Priester der Midianiter weihte Jethro seinen Schwiegersohn in die Geheimnisse des Jahweglaubens ein.

Dazu gehört auch die Berufung des Mose (2. Mose $3_{1\,ff.}$):

Als Mose beim Gottesberg Jethros Schafe hütete, sah er eines Tages in einer Vision einen brennenden, aber nicht verbrennenden Dornbusch vor sich. Das unvergessliche Erlebnis machte Mose zu einem Gottesmann. Jethro und Zippora dürften ihm bei der Verarbeitung seiner numinosen Erfahrung geholfen haben. Diese wurde weiter überliefert; sie könnte historisch sein.

Auch Mose wurde – wie Zarathustra - von der numinosen Macht des Feuers überwältigt. Nach heutiger Erkenntnis begegnete ihm der Licht-Archetyp, der dem Menschen tief eingefleischte Wille zur Bewusstwerdung. Das Feuer im Dornbusch symbolisiert das unauslöschliche Lebensfeuer, das in Mose brannte und ihm half, in der kargen Steppe zu überleben. Der Dornbusch war tabu: «Tritt nicht heran! Zieh die Schuhe aus; denn der Ort wo du stehst, ist heilig» (2. Mose 3_4)!

Die Erfahrung des *Fanums* machte Mose zum Charismatiker. Der Gottesschreck, den er erlebt hatte, strahlte fortan aus seinem Antlitz.

Mose stammte aus Midian. Diese Tatsache wurde im Pentateuch jedoch umgeschrieben. Davon handelt der nächste Abschnitt.

4.3. Spross aus dem Stamm Levi

Nun geht es darum, nachzuvollziehen, wie die Verfasser der *Vita Mosis* den Midianiter Mose in einen reinrassigen Israeliten verwandelten. Sie leisteten ganze Arbeit.

> Dieses «Umschreiben der Geschichte» ist heute als «Geschichtsfälschung» verpönt. Doch die heutige, *objektiven Tatsachen* verpflichtete Geschichtsschreibung ist eine Institution, die es erst seit der europäischen Aufklärung gibt. Die Redaktoren des Pentateuchs wussten noch nichts davon. Darum gingen sie frei um mit ihren Quellen.

In Anlehnung an die Sargonlegende aus Mesopotamien ersannen sie die folgende Story:

Mose erging es wie dem legendären akkadischen König *Sargon.* Dieser wurde als Säugling von seiner Mutter in einem mit Asphalt verdichteten Körbchen im Fluss ausgesetzt. Später wurde er zu einem der größten Könige Mesopotamiens.

Die biblischen Schriftsteller stellten Mose nun neben den legendären König aus Mesopotamien:

> «Da gebot der Pharao allen seinen Leuten: ‹Alle Knaben, die den Hebräern geboren werden, werft in den Nil!› – Und ein Mann vom Hause Levi ging hin und heiratete eine Levitin. Und das Weib ward schwanger und gebar einen Sohn. Als sie sah, dass er schön war, verbarg sie ihn drei Monate lang. Und als sie ihn vor dem Pharao nicht länger verbergen konnte, nahm sie ein Kästlein von Rohr, verklebte es mit Asphalt und Pech und legte das Kind darein; dann legte sie es ins Schilf am Ufer des Nil» (2. Mose 1_{22}–2_3).

Dort wurde der versteckte Säugling von einer badenden Tochter des Pharao entdeckt. Diese übergab ihn einer hebräischen Amme, die zufällig die Mutter des Mose war, sodass Mose von seiner eigenen Mutter gestillt und aufgezogen werden konnte. Auf diese Weise wurden die teuflischen Pläne des Pharao durch eine seiner Töchter vereitelt. Der Mythos fährt fort:

> «Und als der Knabe groß geworden war, brachte ihn seine Mutter der Tochter des Pharao. Diese nahm ihn als Sohn an und gab ihm den ägyptischen Namen ‹Mose›» (2. Mose 2_{10}).

Nun hatte Mose jüdische Eltern; er stammte aus dem untadeligen Geschlecht Levis. Da der Herr mit ihm war, konnte ihm der Pharao nichts anhaben. Im Gegenteil: Er wurde am Königshof zum ägyptischen Prinzen erzogen und erhielt damit jene Ausbildung, die ihn später zur Abfassung der fünf Bücher Mosis befähigen sollte …

Die Bibel sagt auch, wie Mose zu seinen ägyptischen Namen gekommen sei, der für einen Spross aus dem Stamme Levis undenkbar gewesen wäre: Der ägyptischen Name stammte von Pharaos Tochter.

In Wirklichkeit kam Mose in *Midian* zu seinem ägyptischen Namen, wo sich aufgeschlossene Eltern von Neugeborenen vor der Weltmacht Nummer Eins verneigten (dasselbe taten Schweizer Eltern zu Hitlers Zeiten, indem sie ihren Sohn mit dem Namen «Adolf» beglückten).

Das ägyptische: «Mose» bedeutet: «Gottesgabe.» Der Name entspricht dem griechischen «Theodor». Welcher Gottheit das Kind zu verdanken sei, blieb offen. Die Eltern durften die Gottheit wählen. Dank seiner Flexibilität war der Name «Mose» globalisierungstauglich.

Die wunderbare Kindheitsgeschichte des Mose – im Pentateuch weit vor der uralten Notiz über seine midianitische Herkunft platziert – prägte fortan das Bild von Mose. Der Mythos wurde über zwei Jahrtausende lang geglaubt. Erst die moderne Forschung erkannte, worum es ging: Israel brauchte einen neuen Stern am Himmel; diesen zum Leuchten zu bringen, scheuten die biblischen Schriftsteller keine literarische Mühe.

4.4. Vorbild im Hass

Das große Vorbild musste natürlich auch denselben Feind haben wie Israel: Midian! Wie die biblischen Redaktoren das Kunststück fertig brachten, Mose zu einem Erzfeind Midians zur machen, zeigt nun 4. Mose 31:

> «Jahwe redete mit Mose und sagte: ‹Nimm Rache an den Midianitern›» (Vers 1)!

Mose gehorchte dem Herrn, ließ sein Heer gegen Midian vorrücken und gewann die Schlacht. Leider wurde die Rache nicht perfekt geübt; denn das Heer vollstreckte den Bann am Erzfeind nur halbherzig: Es ließ die verheirateten Frauen und deren kleine Söhne am Leben. Diese laue Gesinnung versetzte Mose in rasende Wut, und er herrschte seine Offiziere an:

«Tötet alles, was männlich ist unter den Kindern! Auch die Frauen, denen schon ein Midianiter beigewohnt hat, sollt ihr töten» (4. Mose $31_{15ff.}$)!

Der Befehl zum Genozid wurde umgehend ausgeführt. Nun war die Rache vollkommen, und Jahwe war zufrieden. Der Erzfeind war derart dezimiert, dass er auf lange Zeit hinaus geschwächt war. Heute wird der Genozid geächtet; zurzeit des Mose war er noch üblich.

Die Beute der Mannen Jahwes war riesig: Unter anderem konnten sie 32'000 Mädchen, denen noch kein Mann beigewohnt hatte, als Sklavinnen heimführen (Vers 35). Das Elend, das über diese 32'000 jungen Frauen hereinbrach, erwähnt die Heilige Schrift mit keinem Wort.

4. Mose 31 half mit, die wahre Herkunft des Mose aus Midian verblassen zu lassen. Das einzig Gute an diesem Bibeltext ist, dass er nicht wahr ist, sondern erfunden wurde, um Mose zu einem in allen Punkten perfekten Vorbild zu machen (diesen barbarischen Text aus der hebräischen Bibel zu streichen, kommt weder gläubigen Juden noch Christen in den Sinn, weil die Bibel für sie in allen Teilen Gottes Wort ist).

Der *Bann* des Gegners nach gewonnener Schlacht entstammt dem Tierreich, wo im Kampf ums Dasein nur die Gene der Tüchtigsten überleben und die der Unterlegenen ausgerottet werden. Damit wird das Erbgut der Art ständig verbessert und die Arterhaltung gesichert. Diese im Tierreich sinnvolle Einrichtung führte *Homo sapiens* in der Altsteinzeit weiter – auf dem Schlachtfeld bis in unsere Gegenwart hinein.

Ich erinnere nur an den Völkermord von 1994 in Rwanda, wo mindestens eine halbe Million Menschen, vor allem Angehörige der Tutsi, getötet und über eine Viertelmillion Tutsi-Frauen von Soldaten vergewaltigt wurden. Der Uno-Sonderberichterstatter René Degni-Ségui schrieb: «Vergewaltigungen waren die Regel; Frauen wurden nur ausnahmsweise verschont.» Viele Frauen wurden schwanger und deshalb geächtet. Ihre Kinder leiden heute noch an den Folgen der Vergewaltigung ihrer Mütter durch den Feind, der den Bann an seinem Gegner vollzogen hatte.

Das Verbrechen, das vor 20 Jahren in Rwanda geschah, war in der Steinzeit die Regel und wurde bis vor kurzem überall verübt. Der Bann, den Jahwes Krieger an den Midianitern vollstreckten, war die Norm. Der Prozess der Zivilisierung erreicht die Armeen erst heute. Man denke etwa an das Vorgehen des IS (Islamischer Staat). Der Kalif hat gemäß der Scharia folgende Aufgabe: «Der Kalif führt gegen Juden, Christen und Zoroastrier Krieg, wenn sich diese dem Islam nicht freiwillig unterwerfen.» Diese Einstellung entspricht 4. Mose 31.

Solche Texte sollten vom Internationalen Gerichtshof geächtet werden.

Fazit zu «Mose und Midian» (Punkt 4): Mose war ein Midianiter.

Das fünfte und letzte Thema lautet: «Mose und die Beschneidung.»

5. Die Beschneidung

Vorbemerkung

Die Beschneidung war ein im Alten Orient weit verbreiteter Brauch. Im Klan des Mose wurde eine besondere Form derselben eingeführt, die später von ganz Israel übernommen wurde: die Säuglingsbeschneidung.

Die Überlieferung, die von dieser Neuerung erzählt, findet sich in 2. Mose 4_{24-26}. Leider ist dieser Text verstümmelt. Die vier Hauptpersonen sind Jahwe, Mose, Zippora und Gersom.

Um Klarheit in diesen Text zu bringen, muss ich weit ausholen.

Ich beginne mit der Beschreibung der Beschneidung im Alten Orient (5.1.); sodann werde ich die Einführung der Säuglingsbeschneidung im Klan des Mose darstellen (5.2.).

5.1. Die Beschneidung im Alten Orient

a) Ein Pubertäts-Ritus

Ursprünglich war die Beschneidung ein Mannbarkeits-Ritual der Pubertät. Wer das Prozedere überlebte, wurde heiratsfähig. Der neue soziale Status musste hart verdient werden; die Beschneidung war der letzte Test. Nach bestandener Prüfung durfte sich der junge Mann *Bräutigam* nennen und einen eigenen Rauch gründen, einen Haushalt mit Feuerstelle (hierzulande wurde der Jüngling bei seiner Konfirmation *ledig:* heiratsfähig).

Die Beschneidung war eine blutige, schmerzhafte und nicht ungefährliche Zeremonie. Der angehende Mann musste die *Circumcisio* aushalten, die operative Entfernung der Vorhaut um die Eichel seines Penis, vollzogen mit einem Steinmesser, ohne Narkotika und unter den unzureichenden hygienischen Bedingungen von damals. In der Regel trat eine Infektion ein.

Doch als Preis für die Strapazen winkte der Ehrentitel: «Bräutigam», der den jungen Mann als fortpflanzungsfähig auszeichnete. Die freiliegende Eichel des Penis zeigte, dass er kein Knabe mehr war, sondern fähig, den Klan durch Zeugung von Kindern vor dem Aussterben zu bewahren.

b) Ein Blutopfer

Bei der Beschneidung opferte der Jüngling die sehr empfindliche Vorhaut seines Penis. Das blutige Opfer beruhte auf der Zauberformel: *«Do ut des* – ich gebe (dir), damit du (mir) gibst!» Der junge Mann ging einen Tauschhandel mit seinem Gott ein: Er gab ihm seine Vorhaut, und dieser schenkte ihm seinen Segen. Die Vorhaut war *pars pro toto:* Teil fürs Ganze. Der Penis war der kostbarste Besitz: die Zukunft des Stamms. Der junge Mann legte seine Zukunft in Gottes Hand, damit dieser ihn segne.

Blutopfer waren nach damaligem Glauben nötig, um die Gottheit gnädig zu stimmen. Zwei Beispiele:

1. Als Jahwe die Erstgeborenen der Ägypter tötete, bestrichen die Israeliten die Türpfosten und Oberschwellen ihrer Häuser mit dem Blut eines männlichen, einjährigen Lamms. Das Blut des fehllosen Lamms schützte vor Jahwes Würgengel (2. Mose 12).
2. Von der die Einweihung des 1. Tempels in Jerusalem berichtet 2. Chronik $7_{4f.}$: «Hierauf brachte Salomo dem Herrn die Opfer dar: 22'000 Rinder und 120'000 Schafe schlachtete er. So weihte er den Tempel Gottes ein.»

c) Steinmesser

Josua $5_{2-3.8}$ beschreibt die Beschneidung des Volkes Israel:

«Da sprach der Herr zu Josua: ‹Fertige dir *steinerne* Messer an und bescheide damit Israel.› Da machte sich Josua steinerne Messer und beschnitt die Israeliten. … Danach blieben sie, bis sie genesen waren.»

Wegen der Scheu vor der Veränderung von Riten erfolgte die Beschneidung auch in der Eisenzeit (ab 12. Jh.a) noch mit Steinmessern.

Heilige Riten wurden nicht verändert, weil man befürchtete, dadurch könnte die kosmische Ordnung einstürzen. Es herrschte der Glaube, korrekt vollzogene Riten vermöchten das stets drohende Chaos einzudämmen. Jede Veränderung war ein gefährlicher Eingriff ins labile Gleichgewicht der Welt. Es war darum klug, alles beim Alten zu belassen und die von den Göttern und Ahnen gesetzten Ordnungen strikte zu befolgen.

Die archaischen Scheu vor der Veränderung religiöser Riten reicht bis in unsere Tage hinein. Beispielsweise begeht der katholische Priester, der versehentlich vom Text der Heiligen Messe abweicht, eine Sünde. Für sensible, pflichtbewusste Priester ist die Forderung makelloser Zelebration eine psychische Belastung, die zu psychosomatischen Leiden führen kann. Ich hatte schon solche

Priester in Therapie; aus Angst, Fehler zu machen, erlitten sie vor der Messe Schwindelanfälle und Herzbeschwerden. Sie zu therapieren, war einfach: Ich half den Priestern, die europäische Aufklärung nachzuvollziehen. Geistig *eigenständig* geworden, legten sie ihre Skrupel ab, und die lästigen Symptome verschwanden. Allerdings waren sie nach der Heilung nicht mehr so fromm wie zuvor! Doch das ärgerte nur den Bischof; ihre Gemeinden freuten sich, wenn ihre Seelsorger lebendiger und autonomer wurden ...

d) Verbreitung des Brauchs

Nach Jeremia 9_{25} war die Beschneidung nicht nur in Palästina, sondern auch in Ägypten und den Wüstenregionen östlich davon verbreitet.

Auch die Araber ließen sich beschneiden – sie tun es heute noch.

Keel ergänzt (2007, 1201): «Für Ägypten ist der Brauch im 3. Jt.a belegt. ... Die indogermanischen Philister hingegen waren unbeschnitten, und auch für Babylonien und Assyrien ist der Brauch nicht bezeugt.»

e) Beschneidung und Verschwägerung

1. Mose 34_{14} zeigt, dass die Beschneidung nicht nur ein sozialer Aufstieg in den Stand des heiratsfähigen «Ledigen» war, sondern auch ein Zeichen verwandtschaftlicher Verbindung: Bevor sich die Männer von Sichem mit den Söhnen Jakobs verschwägerten, ließen sie sich beschneiden. Beschnittene verschwägerten sich nur unter sich.

Dass Verschwägerung und Beschneidung seit alters zusammen gehörten, zeigt die Sprache: Das hebräische Verb *hatan* bedeutet: «Sich verschwägern»; das arabische *hatana:* «Sich beschneiden», aber auch: «Sich verschwägern».

So viel zum Brauch der Beschneidung im Alten Orient (5.1).

5.2. Die Beschneidung im Klan des Mose

a) Ein rätselhafter Text

«Unterwegs aber, wo Mose übernachtete, trat ihm Jahwe entgegen und wollte ihn töten. Da nahm Zippora einen scharfen Stein, schnitt ihrem Sohn die Vorhaut ab und berührte damit die Lenden des Moses und sprach: ‹Ein Blutbräutigam bist du mir.› Da ließ Jahwe von ihm ab» (2. Mose 4_{24-26}).

Der Text ist eine exegetische Knacknuss. Unterwegs wurde der Zorn Jahwes wider Mose entfacht; Mose geriet in Lebensgefahr. Da beschnitt Zippora ihren Erstgeborenen mit einem Steinmesser und segnete mit der blutigen Vorhaut die Lenden ihres Mannes. Nun legte sich Jahwes Zorn; der gesegnete «Blutbräutigam» wurde wieder gesund.

Wie ist dieses uralte Text-Fragment zu verstehen? Schildert es einen matriarchalen Fruchtbarkeitsritus? Wie gelangte es in den patriarchalen Pentateuch? Diese Fragen sind nicht leicht zu beantworten. Angesichts der zeitlichen Distanz zwischen dem Vorfall im 13./12. Jh.a und der Redaktion des Pentateuchs im 6. Jh.a liegt es nahe, auf den Versuch einer Rekonstruktion des Geschehens zu verzichten und den Text als rätselhaftes Bruchstück einer alten Überlieferung ad acta zu legen.

So verständlich diese Reaktion ist: Ich will trotzdem versuchen, den dahinter verborgenen historischen Tatsachen auf die Spur zu kommen. Zu diesem Zweck analysiere ich die drei Verse eingehend.

b) Jahwes Zorn wider Mose

> «Unterwegs aber, wo Mose übernachtete, trat ihm Jahwe entgegen und wollte ihn töten» (V. 24).

Das erste Wort lautet: «Unterwegs ...»

Es weist auf mögliche Veränderungen hin. Unterwegs zu sein, heißt, Abschied zu nehmen und auf Neues zuzugehen. Ein Ortswechsel führt oft zu einem Wechsel von Gewohnheiten, Sitten und Bräuchen. Als Mose nach Norden aufbrach, wurde einiges anders. Aber warum wurde er todkrank? Hatte er eine heilige Tradition vernachlässigt und damit Jahwes Zorn gereizt? Aber worin bestand die Unterlassungssünde?

Die Antwort gibt die Geschichte selbst: Das blutige Opfer von Gersoms Vorhaut besänftigte Jahwes Zorn und segnete die Lenden des Mose.

Mose hatte seinem Gott im Zusammenhang mit seinem Erstgeborenen ein blutiges Opfer vorenthalten. Was für ein Opfer?

Die Frage beantwortet 1. Mose 22, wo erzählt wird, in grauer Vorzeit sei es Brauch gewesen, Jahwe seinen *Erstgeborenen* zu opfern. Das also war die Unterlassungssünde, die Jahwes Zorn entfacht und Mose fast das Leben gekostet hatte: Mose hatte Jahwe seinen Erstgeborenen vorenthalten!

> Tiefenpsychologisch ist die Erkrankung des Mose als Folge seines schlechten Gewissens zu verstehen, das ihn wegen seiner Unterlassungssünde plagte.

Das raubte ihm den Schlaf und lähmte sein Immunsystem, bis sein Körper keine Kraft mehr hatte, Krankheiten abzuwehren.

Religionsgeschichtlich sind viele Fälle bekannt, wo früharchaisch denkende Menschen wegen der Versündigung gegen ein Gebot aus rein psychischen Gründen starben. Wir haben – nicht verwunderlich im Zeitalter eines allgemeinen Sittenzerfalls! – Mühe, eine solche Reaktion nachzuvollziehen.

Für das schwache Ich des Steinzeitmenschen besaß ein Tabu jedoch einen ganz anderen Stellenwert als für uns heute: Es garantierte die Weltordnung, die der Tabu-Bruch gefährdete. Die innere Ordnung wurde damals in der Projektion – als «Weltordnung» – erlebt. Deren Zusammenbruch war bei früharchaisch denkenden Menschen allgegenwärtig. Man war nie ganz sicher, ob man nicht irgend ein Tabu gebrochen hatte …

Um unser Fragment von 2. Mose 4_{24-26} verstehen zu können, müssen wir 1. Mose 22 heranziehen. Dort wird erzählt, wie Vater Abraham einen Altar errichtete, um Jahwe seinen Sohn Isaak, die einzige, über alles geliebte Spätfrucht seiner Lenden, zu opfern:

> «Als Abraham und Isaak an die Stätte kamen, die Jahwe genannt hatte, baute Abraham daselbst den Opferaltar und schichtete Holz auf; dann band er seinen Sohn Isaak und legte ihn auf den Altar, oben auf das Holz. Dann streckte Abraham seine Hand aus und ergriff das Messer, um seinen Sohn zu schlachten. Da rief ihm vom Himmel her der Engel des Herrn zu: ‹Abraham! Abraham!› Er antwortete: ‹Hier bin ich!› Er sprach: ‹Lege deine Hand nicht an den Knaben, tue ihm nichts!› …
> Wie nun Abraham seine Augen erhob, sah er einen Widder, der sich mit den Hörnern im Gebüsch verfangen hatte. Da ging Abraham hin, nahm den Widder und opferte ihn als Brandopfer *anstatt seines Sohnes*.
> Und Abraham nannte die Stätte ‹Gottessicht›; daher man noch heute sagt: auf dem Berge ‹Gottessicht›.
> Und der Engel des Herrn rief Abraham abermals vom Himmel her zu: ‹Weil du deinen Sohn, deinen einzigen, mir nicht vorenthalten hast, darum will ich dich segnen und dein Geschlecht so zahlreich machen wie die Sterne am Himmel und wie den Sand am Gestade des Meeres›» (1. Mose 2_{29-17}).

Abraham ersetzte das Erstgeburtsopfer durch ein Tieropfer.

c) Ersatz für das Erstgeburtsopfer

Das Opfer des Erstgeborenen wurde auf dem Berge «Gottessicht» abgeschafft, wo Abraham eine Vision hatte, die ihm die Umgestaltung des Ritus befahl. Die archaische Scheu vor der Veränderung heiliger Riten erlaubte selbst Vater Abraham nicht, den Ritus von sich aus abzuändern; seine Angst vor einer göttlichen Strafe war zu groß für eine derart eigenständige Tat (diese Scheu herrscht in der katholischen Kirche heute noch: Nicht einmal der Papst darf die heilige Liturgie abändern!).

Nach 1. Mose 22 erfolgte der Ersatz des Erstgeburtsopfers zur Zeit des Erzvaters Abraham. Damit wollte der Text sagen: «Israeliten, die heute noch das Erstgeburtsopfer darbringen, sind keine wahren Juden; sie huldigen einem Kult, der schon zu Abrahams Zeit abgeschafft wurde.»

> In Wirklichkeit opferten viele Hebräer ihre Erstgeborenen noch im 8. Jh.a, zwar nicht mehr Jahwe, sondern dem kanaanäischen Gott *Mäläk*, den die Bibel zu *Moloch* verballhornte. Sie ließen ihre Söhne im Wadi Hinnom «durchs Feuer gehen» *(Hinnom* wurde zu *Gehenna*: Hölle. Kaufmann 2006, Art. »Opfer»).
> Ursprünglich war das Opfer der Erstgeburt weltweit verbreitet. Beispielsweise opferten die Phönizier – ein Volk von Händlern aus dem Libanon, dem wir das Alphabet verdanken – ihre Erstgeborenen noch im 6. Jh.a.
>
> Der Brauch verschwand während der Achsenzeit mit der allgemeinen Zivilisierung. Damals sorgte auch Israel für die Abschaffung des Erstgeburtsopfers, unter anderem mit Hilfe von 1. Mose 22. Dieser Text wurde im 6. Jh.a redigiert; der Hinweis auf den Berg «Gottessicht» zeigt aber, dass alte Überlieferung dahinter stand.

Der Ersatz des Erstgeburtsopfers – ein Fortschritt bei der Zivilisierung der Religion – erfolgte in verschiedenen Sippen der Hebräer zu verschiedenen Zeiten und auf verschiedene Weise. Der im Kern wohl historische Text 2. Mose 4_{24-26} zeigt diesen Vorgang im Klan des Mose. Die zivilisatorische Großtat ist das Werk Zipporas. Sie ersetzte das Erstgeburtsopfer aber nicht durch ein Tieropfer, sondern durch die *Säuglingsbeschneidung.*

d) Zippora

Die Tochter des Priesters der Midianiter war von Haus aus mit religiösen Praktiken vertraut. 2. Mose 4_{25} steht: «Da nahm sie einen scharfen Stein und schnitt ihrem Sohn die Vorhaut ab.» Demnach wusste sie mit dem heiligen Steinmesser umzugehen, das seit alters zur Beschneidung verwendet wurde. Als Aschera-Priesterin beschnitt sie aber nicht junge Männer, sondern die Klitoris kleiner Mädchen, um deren Fruchtbarkeit zu fördern (der Brauch ist in Ägypten und Afrika heute noch weit verbreitet und wird im Islam in der Regel geduldet). Nun erweiterte die Aschera-Priesterin – unterwegs, als ohnehin manches im Fluss war – ihre Domäne um den Bereich der Beschneidung neugeborener Knaben.

Die religiösen Kompetenzen im Klan des Mose waren gleichmäßig auf Mann und Frau verteilt: Er war das Haupt der Krieger im Feld; sie gab in Haus und Hof den Ton an. Neben Jahwe wurde auch Aschera verehrt, wie es noch im Tempel Salomos der Fall war, wo Aschera neben Jahwe saß.

Der Ersatz des Erstgeburtsopfers durch die Säuglingsbeschneidung war sehr gewagt. Aber der evolutionäre Gewinn der Neuerung war offensichtlich: Zum einen war der neue Ritus weniger brutal als das Opfer des Erstgeborenen; Gersom durfte am Leben bleiben. Zum andern förderte er die Fruchtbarkeit der Lenden des Mose, und *last but not least* besänftigte er Jahwes Zorn: Drei Fliegen auf einen Streich.

Mose war nun ein «Blutbräutigam», ein mit Opferblut Gesegneter, der noch viele Söhne zeugen würde – ein Geschenk Ascheras …

Die Einführung der Säuglingsbeschneidung erfolgte mit Sicherheit aufgrund einer Vision. Diese wurde vom patriarchalen Redaktor des Pentateuchs jedoch verschwiegen, um Zippora nicht zu viel Gewicht geben zu müssen. Im 6. Jh.a wurden Frauen keine großen Visionen mehr zugemutet. Die Säuglingsbeschneidung war inzwischen Männersache geworden.

e) Die Beschneidung wird Männersache

Zurzeit der Redaktion des Pentateuchs war das Priesteramt in Männerhänden, die nun auch die Säuglingsbeschneidung übernahmen:

1. Mose $17_{10ff.}$ übertrug die Einführung der Säuglingsbeschneidung von Zippora auf Vater Abraham. So wurde Zippora von den Redaktoren des Pentateuchs ausgebootet. Von ihr war nun erst in 2. Mose 4 die Rede, in einem verstümmelten Text, der weit hiner 1. Mose 17 steht. Bevor der Leser von Zippora erfährt, weiß er längst, dass die Säuglingsbeschneidung in der goldenen Ursprungszeit von Vater *Abraham* eingeführt wurde:

> «Gott sprach zu Abraham: Das ist der Bund zwischen mir und deinen Nachkommen, den ihr halten sollt: Alles, was männlich ist unter euch, soll beschnitten werden. An der Vorhaut sollt ihr beschnitten werden. Das soll ein Zeichen des Bundes zwischen mir und euch sein. Im Alter von acht Tagen soll alles, was männlich ist unter euch, beschnitten werden, von Generation zu Generation. … Das soll mein Bund an eurem Leibe sein, ein ewiger Bund. Unter euch soll kein Unbeschnittener leben» (1. Mose $17_{10ff.}$)!

Jetzt war die Beschneidung kein matriarchaler Fruchtbarkeitsritus mehr, der auf Zippora zurück ging, sondern ein Zeichen der Zugehörigkeit zum Gottesvolk: das *Bundeszeichen* zwischen Jahwe und Israel. Zippora und Aschera hatten ausgedient. Aschera musste aus Salomos Tempel weichen; Jahwe duldete nun keine andern Götter mehr neben sich.

Fazit zu «Mose und die Beschneidung» (Punkt 5):

Mose war in seiner Pubertät beschnitten worden, wie es damals üblich war. Zippora ersetzte *unterwegs* das Erstgeburtsopfer durch den Ritus der Säuglingsbeschneidung, wobei gleichzeitig auch die Lenden des Mose gesegnet wurden. Zipporas zivilisatorische Großtat machte Schule wegen ihres evolutionären Gewinns.

Leider kam sie später unter die Räder des Patriarchats.

Die historisch-kritische Forschung deckt die Geschichtsfälschung auf und setzt Zippora wieder an jenen Platz, der ihr gebührt.

Bevor ich mit der Religionsgeschichte Altisraels weiterfahre, mache ich einen kleinen Exkurs zum Problem der Beschneidung heute.

Exkurs zur Beschneidung heute

So groß Zipporas Verdienst für die Zivilisierung der Religion einst war: Heute ist ihre Tat veraltet. Die Säuglingsbeschneidung ist ein Ritus, von dem hierzulande kein vernünftiger Mensch mehr glaubt, er könne das Leben des betreffenden Kindes via Himmel positiv beeinflussen.

Der Psychoanalytiker Wolfgang Schmidbauer beschreibt die heute übliche Beschneidung wie folgt: «Da Vorhaut und Eichel bei fast allen Neugeborenen noch fest verwachsen sind, ähnlich wie Fingernägel mit dem Nagelbett, müssen diese beiden Strukturen bei der Operation zunächst einmal auseinander gerissen werden. Danach wird – je nach Methode – die Vorhaut längs abgeklemmt und eingeschnitten, mit einem Beschneidungsinstrument rundum für mehrere Minuten gequetscht und schließlich mit einem Skalpell amputiert» (NZZ vom 13. Juli 2012).

Auch wenn die Beschneidung unter modernen Bedingungen erfolgt, treten in etwa 10% der Fälle körperliche und seelische Komplikationen auf, die das spätere Sexualleben beeinträchtigen.

Aus diesen Gründen fällte das Landgericht Köln im Juni 2012 ein Verdikt gegen die Beschneidung, nachdem es sich mit folgendem Fall befasst hatte:

Nach der Beschneidung eines vierjährigen muslimischen Knaben traten Komplikationen auf, ohne dass ein ärztlicher Kunstfehler begangen worden war. Wer war schuld? Das Gericht kam zum Schluss, schuldig sei – *der Ritus an sich.* Die Beschneidung ist nach dem Urteil des Gerichts eine unwiderrufliche, nicht ungefährliche und darum strafbare Verletzung eines wehrlosen Kindes. Das Gericht entschied: «Wenn sich ein Erwachsener freiwillig beschneiden lassen will, sei ihm das unbenommen. Doch kleine Kinder, die sich nicht wehren können, dürfen nicht der Gefahr ausgesetzt werden, womöglich irreversibel verletzt und seelisch geschädigt zu werden. Daher ist die Beschneidung im Namen der Menschenrechte zu verbieten.»

Ein mutiges Urteil: Schuld ist die Religion - Islam und Judentum -, die diesen atavistischen Brauch heute noch vorschreibt. Den beiden Religionen zu befehlen, die Beschneidung abzuschaffen, wäre die Konsequenz.

Das Landgericht Köln urteilte gemäß den Menschenrechten. Meines Erachtens war sein Entscheid korrekt; Verstöße gegen die Menschenrechte können von zivilisierten Staaten nicht geduldet werden. Ausserdem ist auch nicht einzusehen, warum die Beschneidung von Mädchen hierzulande strafrechtlich verfolgt wird, jene von Knaben aber nicht. In beiden Fällen geschieht dasselbe Unrecht: Unmündige werden der Gefahr ausgesetzt, womöglich irreversibel verletzt und seelisch geschädigt zu werden.

Erwartungsgemäß protestierten Juden und Muslime gegen den Gerichtsentscheid. Unverständlich ist, dass das Urteil auch von den beiden christlichen Großkirchen scharf kritisiert wurde; denn sie ersetzten den steinzeitlichen Blutritus ja schon vor zwei Jahrtausenden durch den zivilisierteren Ritus der Taufe. Beide Kirchen nannten das Urteil «einen unerhörten Angriff auf die religiöse Identität». Das tönte wie der Auftakt zu einem neuen Kulturkampf. Warum greift die Kirche dem Islam und dem Judentum unter die Arme? Wohl deshalb, weil sie ihre eigene «religiöse Identität» in Gefahr sieht. Sie fühlt sich den beiden andern abrahamitischen Religionen offenbar näher als den Menschenrechten – ein Grund mehr, aus ihr auszutreten.

Im Moment herrscht in der Öffentlichkeit wieder Ruhe in Sachen «Beschneidung». Diese ist aber trügerisch; denn das Problem ist nicht gelöst, sondern nur verdrängt. «Alles Verdrängte kehrt wieder», sagt Freud zurecht. Es ist Zeit, der Sache auf den Grund zu gehen und Remedur zu schaffen.

Nach diesem Exkurs in die Moderne kehren wir wieder in biblische Zeiten zurück, nämlich zu David, dem ersten bedeutenden König Altisraels.

David und die Könige Israels

Von Mose bis David

Die Anfänge Israels

Hebräische Nomaden aus dem Süden pflegten bei ihrem Schritt zur Sesshaftigkeit in Palästina kleine Weiler zu gründen, wobei sie ihre bisherigen Klan-Strukturen beibehielten. Archäologische Grabungen zeigen, dass die soziologische Differenzierung ihrer Siedlungen gering war.

> «Da es weder Zentralbauten noch große Differenzierungen bei der Größe und Güte der Hausbauten gab, ist anzunehmen, dass die Dorfbewohner eine *Gemeinschaft von weitgehend Gleichen* bildeten. Wenn es ein gemeinschaftliches politisches Handeln gab, wird dieses durch Dorfälteste, Sippenoberhäupter, lokale Häuptlingstümer oder charismatische Führer (‹Richter›) bestimmt gewesen sein» (Frevel, in: Zenger 616).

In außerbiblischen Quellen werden die hebräischen Siedler als *Hapiru* bezeichnet (das hebräische *ᶜibrim* hat denselben Stamm; 1. Mose 39_{14} u. a.). Benachbarte Weiler verschwägerten sich; so entstanden größere Gemeinschaften. Diese schlossen sich mit der Zeit zu regionalen Verbänden zusammen, die etwa den «Stämmen» der biblischen Genealogie Israels entsprechen. Diese wurden oft nach der Landschaft benannt, die sie bewohnten. So war Juda z. B. nicht ein Sohn Jakob-Israels, wie die Bibel sagt, sondern ein regionaler Verband von Hebräern in Juda. Frevel erläutert:

> «Während die biblische Darstellung den Stämmen mit der Landnahme (im Buch Josua) idealtypisch ein Siedlungsgebiet zuweist, das diese dann erstmalig besiedeln, dürften die Stämme aus endogamen Verwandtschaftsgruppen *regional* entstanden sein (so sind Efraim, Benjamin, Juda und Naftali zugleich und wahrscheinlich ursprünglich *Landschaftsnamen)»* (Frevel 618).

Eine ägyptische Stele zeigt, dass ein alter hebräischer Sippenverband in Zentralpalästina «Israel» hieß (die Stele wird in der Forschung deshalb «Israel-Stele» genannt). Die betreffende Zeile lautet: «Israel liegt öde und hat keinen Samen.» Frevel bestimmt dieses «Israel» als eine «nicht-urbane Gruppe von *Hapiru*» (S. 600).

> Die Israel-Stele ist eine 3,2 m hohe Granitplatte. Sie wurde ursprünglich zurzeit von Echnatons Vater (Amenophis III., 1390–1352a) hergestellt. Gut andert-

halb Jahrhunderte später, um 1208a (zurzeit von Pharao Merenptah, Pharao 1213–1203a), wurde diese Stele auf der Rückseite neu beschriftet, wo «Israel» in den Zeilen 26–28 erscheint.

Die Israel-Stele beweist, dass Ende des 13. Jh.a in Zentralpalästina eine ärmliche Gruppe von Hebräern namens «Israel» existierte. Dieses «Israel» hat mit dem nachmaligen Großverband hebräischer Stämme in Palästina, der sich dann ebenfalls «Israel» nannte, nur indirekt zu tun. Der Großverband, der erst im 10./9. Jh.a entstand, wählte seinen Namen wohl im Blick auf die in der Israel-Stele erwähnte Gruppe, so wie sich auch die *Schweiz* bei der Vereinigung ihrer Kantone zu einem Staat nach dem kleinen, alten Urkanton *Schwyz* benannte.

Sonst gibt die ägyptische Stele über «Israel» nicht viel her. Aber sie zeigt, dass es Ende des 13. Jh.a in Mittelpalästina Hapiru bzw. Hebräer gab. Diese mieden die Städte, anders als die Phönizier, Einwanderer aus dem Norden. Die Hebräer siedelten in Weilern, pflegten ihre Traditionen weiter und vermischten sich kaum mit der kanaanäischen Bevölkerung.

Von anderen Hapiru-Gruppierungen aus dieser Zeit ist nichts bekannt. Die Vorgeschichte des Staates Israel liegt weitgehend im Dunkeln. Wir wissen auch nicht, wer sich hinter der biblischen Genealogie der «Erzväter» Abraham, Isaak und Jakob verbirgt. Dass aus den 12 Söhnen Jakob-Israels die 12 Stämme Israels hervor gingen, ist ein spätes Konstrukt.

Entstehung des Volkes Israel

Wie der Zusammenschluss der Hebräer zum «Volk Israel» im Detail erfolgte, ist nicht bekannt. Der biblische Stammbaum Israels ist eine literarische Konstruktion, welche das Wir-Gefühl stärken sollte. Das Gemeinschaftsgefühl bestand aber weniger in einer Blutsverwandtschaft als in einem gemeinsamen kulturellen Erbe. Was verband, war eine ethnische, sprachliche, religiöse und ökonomische Kultur, die sie von der der kanaanäischen Bevölkerung Palästinas unterschied.

Frevel fasst die Entstehung des Großverbands «Israel» zusammen:

> «Unter der Bezeichnung ‹Israel› entstand im 11./10. Jh.a eine Einheit, die als *ethnische Größe* gefasst werden kann, die sich durch eine gemeinsame Sprache, Kultur, Genealogie, Wirtschaftsweise und Religion auszeichnete. Dabei darf man sich das frühe Israel in den genannten Faktoren nicht zu einheitlich vorstellen. Es blieb eher ein polymorpher und zweckorientierter als ein soziologisch homogener, einheitlicher Verbund. …

Man muss immer wieder betonen, dass die biblischen Erzählungen der ‹Richterzeit› keine verlässliche Auskunft über diese Entwicklung geben. Die Richterzeit ist … zu großen Teilen ein theologisches Konstrukt» (616f.). …

«Das Zwölfstämmesystem hat es historisch so nie gegeben. … Der historische Prozess, der hinter dem ‹System der zwölf Stämme Israels› steht, ist nicht mehr aufzuhellen. …

Eine voll entwickelte Staatlichkeit Israels lässt sich erst ab dem 9. Jh.a, zuerst im Norden, nachweisen. …

Die Epochenübergänge sind – anders als die biblische Darstellung es suggeriert – nicht durch punktuelle scharfe Einschnitte, sondern durch *eine allmähliche Transformation* gekennzeichnet» (620).

Im Süden Palästinas begann die Entwicklung vom losen Verband von Hebräern zum organisierten Staat mit Davids Königtum. Mit David begegnet uns in der Geschichte Israels erstmals eine im Detail greifbare Gestalt. Die Darstellung von Davids Leben in 1. Samuel 16 – 1. Könige 2 ist aber nicht wörtlich zu nehmen; sie ist weitgehend vom mythischen Motiv der «goldenen Ursprungszeit» bestimmt. Der erste König Israels wurde verklärt; alte Überlieferungen wurden so zurecht gebogen, dass sie ins Konzept vom König der goldenen Anfänge passten.

Davids Aufstieg

Herkunft

David wurde im letzten Viertel des 11. Jh.a (um 1020a) in der Nähe der Stadt Jerusalem geboren, vielleicht in Bethlehem. Er wuchs in Südpalästina auf. Die meisten Geschichten aus seiner Jugend sind nicht historisch. Doch sein Gott war *Jahwe Zebaot.*

Einige Historiker vermuten, hinter seinen Kontakten zu den Philistern stünden verwandtschaftliche Beziehungen. Jedenfalls hatte David keine Berührungsängste gegenüber den Städten.

Vasall der Philister

Über die Philister sagt Frevel:

«Die Kultur der Philister war eine stark vom Handel geprägte internationalisierte Mischkultur der Küstenebene. Als Hintergrund der Präsenz der Philister in der Küstenebene ist das Eindringen der Seevölker im 12. Jh.a aus der Ägäis, aus Zypern und Südanatolien zu sehen. …

> Die Philister waren keine ethnisch geschlossene Gruppe. Sie akkulturierten sich in kleineren Gruppen relativ schnell und integrierten sich in die lokale Bevölkerung, bildeten aber in den Städten die Elite. Besser spricht man daher im Gebiet Palästinas von *Philisto-Kanaanäern*. Sie nutzten das mit dem Ende der ägyptischen Provinz Kanaan entstandene Machtvakuum, indem sie die kanaanäische Stadtkultur (vor allem in Ekron, Ashdod und Gat) fortführten und in der Eisenzeit (ab 12. Jh.a) zu neuer Prosperität brachten» (621).

Die im Süden Palästinas lebenden hebräischen Stämme belieferten die Philisterstädte am Mittelmeer im 11. Jh.a mit Asphalt und Salz vom Toten Meer. Infolge dieser Handelsbeziehungen kamen sie mit der Stadtbevölkerung am Mittelmeer in Berührung, anders als Hebräer in Mittelpalästina, die für sich lebten und die philistäischen Expansionsgelüste oft schmerzlich zu spüren bekamen (beispielsweise verlor der Benjaminit Saul, der Warlord eines mittelpalästinischen hebräischen Stämmebundes, zurzeit Davids sein Leben in einer Schlacht gegen die Philister).

David schaffte es, von den Philistern in ihre Dienste genommen zu werden: Sie übertrugen ihm die Sicherung ihrer Südgrenze und gaben ihm die im Negev gelegene Stadt Ziklag zu Lehen. Die ihm verliehene Macht wusste er geschickt zu nutzen. Frevel: «Durch den Philisterfürsten von Gat protegiert, entfaltete David seine auf Loyalität und Raubzüge seiner privaten Söldnertruppe gegründete Macht von Ziklag aus» (626).

Schließlich gelang es ihm, sich von den Hebräern Südpalästinas in Hebron (30 km südlich von Jerusalem) zum ihrem Haupt krönen zu lassen.

> «Die Forschung benutzt zur Darstellung Davids Begriffe wie Warlord, Milizenführer, Häuptling, Freischärler, Bandit, Mafioso, Desperado. …
> Den Anfang davidischer Herrschaft über Südpalästina bildet das Dorf Hebron, wo David ein *Stammeskönigtum* etabliert, in Konkurrenz zum ‹Haus Sauls› in Mittelpalästina tritt und dessen Herrschaft destabilisiert. Wie diplomatisch oder militärisch David seine Herrschaft unter Duldung, mit Hilfe oder gar im Dienst der philistäischen Oberherrschaft betrieb, bleibt offen» (Frevel 626).

Warlord

Einen Teil der Beute aus dem Krieg gegen die Amalekiter, den David im Auftrag des Philisterfürsten von Gat geführt hatte, verschenkte er vertragswidrig den Stammesältesten. Damit sicherte er sich deren Gefolgschaft. Sie wählten ihn zu ihrem König (Keel 168).

Nun setzte er sich von den Philistern ab und strebte die Herrschaft über die hebräischen Stämme in Süd- und Mittelpalästina an.

In der Stadt Ziklag hatte er erkannt, dass ein größeres Herrschaftsgebiet nur mit Hilfe einer gut ausgebildeten Beamtenschaft zu verwalten war. Eine effiziente Verwaltung war aber nur in Städten zu finden.

Jerusalem war ihm von klein an bekannt.

Davids Stadt

Jerusalem

Die alte, seit Mitte des fünften Jt.a besiedelte jebusitisch-kanaanäische Stadt Jerusalem war seit dem 17. Jh.a von einer dicken Mauer umgeben, und mit der monumental befestigten Gihonquelle besaß sie eine gut gesicherte Wasserversorgung (Frevel 627).

Sie lag abseits der Küstenstraße, die die beiden ältesten Schriftkulturen der Menschheit – die ägyptisch-hieroglyphische und die mesopotamisch-keilschriftliche – mit einander verband. Jerusalems Lage hatte einen doppelten Vorteil: Einerseits war die Stadt nicht unmittelbar in die Fehden der Großmächte verwickelt; andererseits profitierte sie vom kulturellen Austausch zwischen Ägypten und dem Zweistromland.

Jerusalem war gut befestigt, so gut, dass ein Sprichwort sagte, die Stadt könne von Blinden und Lahmen verteidigt werden (2. Samuel 5_6). Der Ruf, uneinnehmbar zu sein, schreckte David nicht ab, einen Versuch zu ihrer Eroberung zu unternehmen – mit Erfolg:

Jerusalem wurde seine Stadt, die Stadt Davids und Jahwes. Wie der inzwischen Vierzig Gewordene diese militärische Glanzleistung vollbrachte, ist nicht klar. Der biblische Bericht über die Eroberung der Stadt ist historisch nicht zu verifizieren.

Frevel referiert den Stand der Forschung:

> «Wie es David um 980 gelang, Jerusalem unter seine Herrschaft zu stellen, ist derzeit eine noch offene Frage. ... Aber wie auch immer der Streit in der Archäologie um das 10. Jh.a ausgehen wird:
> David ist aus Jerusalem nicht wegzudiskutieren (627 f.).»

Die militärische Eroberung der Stadt war das Eine; das Andere war die Frage, ob sich ein Hebräer auf dem Thron einer alten Kulturstadt behaupten könne.

Eine wichtige Rolle spielte dabei Davids Beziehung zu Bathseba, einer schönen Frau aus der Oberschicht der Stadt. Sie war die Ehefrau des Hethiters Uria. Nach der Eroberung Jerusalems arrangierte sie sich mit der neuen Situation. Sie ließ sich von David als dessen Hauptfrau gewinnen. Zuletzt vollbrachte sie das Kunststück, ihrem Sohn Schalomo – entgegen dem hebräischen Erbrecht und mithilfe tödlicher Intrigen – auf den Thron der alten Kulturstadt zu verhelfen.

Bathseba

Als sich David einmal in der Abendkühle auf dem Dach seines Palastes erging, sah er – laut dem biblischen Bericht – einer Frau auf einem der benachbarten Dächer bei der Abendtoilette zu:

> «Das Weib war von sehr schöner Gestalt. Und David sandte hin und ließ nach ihr fragen. Und man sagte ihm: ‹Das ist Bathseba, die Tochter Eliams, das Weib des Hethiters Uria!› Da schickte David Boten hin, ließ sie holen und schlief mit ihr» (2. Samuel 11$_{2-4}$).

Nach damaligem Recht konnte David über die Frauen der eroberten Stadt verfügen; als Sieger durfte er seine Gene unbeschränkt weitergeben. Dieses uralte «Recht» stammt aus dem Tierreich, wo sich die Tüchtigsten vermehren. Bathseba fügte sich. Ähnlich hatte sich schon vor ihr die schöne Abigail, die Frau des reichen Nabal, von David erobern lassen (1. Samuel 25). Auch sie hatte erkannt, dass an Davids Seite Karriere zu machen war.

Der neue König suchte in Bathseba mehr als ein sexuelles Abenteuer. Er brauchte sie, um Zutritt zu Jerusalems gebildeter Oberschicht zu gewinnen. Ohne verwandtschaftliche Verbindung zur High Society der Stadt wäre er als Hebräer chancenlos gewesen.

Dass David es wagte, Jerusalem anzugreifen und sich dort auf den Thron zu setzen, zeugt von einem ungewöhnlichen Selbstbewusstsein. Er war eine charismatische Persönlichkeit.

Dass Bathseba verheiratet war, war kein Hindernis für ihn, sie in seinen Harem aufzunehmen. Ihren Gemahl, den Hethiter Uria, ließ er raffiniert beiseite schaffen, sodass dessen Tod offiziell nicht als brutaler Mord erschien: Uria fiel als Held im Kampf für den neuen König. David schickte ihn an die Front und befahl seinem Kommandanten:

> «Stelle Uria zuvorderst auf, wo der Kampf am heftigsten tobt; dann lass ihn im Stich, damit er fällt in der Schlacht» (2. Samuel 11$_{15}$)!

So erhielt Uria ein ehrenvolles Begräbnis. Das dürfte es Bathseba leichter gemacht haben, sich von ihrem Gemahl zu lösen, als wenn sie ihn durch einen brutalen Mord verloren hätte. Die Bibel erzählt:

> «Als das Weib Urias hörte, dass ihr Mann tot sei, hielt sie die Totenklage um ihren Gatten. Sobald aber die Trauerzeit vorüber war, sandte David hin und ließ sie in sein Haus holen» (2. Samuel $11_{26f.}$).

Nach dem Einzug in den Palast wurde Bathseba schwanger und gebar David einen Sohn. Dieser wurde *Schalomo* genannt, nach *Schalem*, dem Hauptgott Jerusalems, dessen Recht auf dem Berg Zion gepflegt wurde. Als oberster Richter hatte David jetzt auch mit Schalem zu tun; da war es von Vorteil, wenn er einen Sohn hatte, dessen Name diesen Gott ehrte.

Falls Schalomo König würde, wäre er ein mit der einheimischen Kultur vertrauter und mit Jerusalems Aristokratie verwandter Herrscher; er könnte den Graben zwischen den Hebräern mit ihrem kriegerischen, kruden Gott vom Sinai und der kultivierten Oberschicht Jerusalems überbrücken.

Davids Königreich

Wie groß Davids Königreich war, ist unter Historikern noch umstritten. Die übertriebene Schilderung der Bibel ist mythisch motiviert: Da David der erste König Israels war und Jahwes Verheißung auf ihm ruhte (2. Samuel 7_{13}), musste sein Reich Ausmaße gehabt haben, die der goldenen Ursprungszeit würdig waren: Die Bibel behauptet darum, Davids Reich habe sich im Norden bis Dan erstreckt, im Süden bis Beerscheba, im Westen bis ans Mittelmeer und im Osten bis nach Ammon. Frevel korrigiert:

> »Weder die archäologischen noch die soziologischen Voraussetzungen für ein derart ausgreifendes und von Jerusalem als Territorialstaat aus regiertes Imperium sind erkennbar» (Frevel 628).

Ebenso wenig historisch ist die «Nathan-Weissagung» in 2. Samuel 7_{13}, die Davids Thron «ewigen Bestand» verheißt. Sie lautet: «Davids Königsthron soll für ewig feststehen!» Diese Verheißung entstammt dem ägyptischen Ritual der Thronbesteigung des Pharao, das vielleicht bei Schalomos Thronbesteigung rezitiert, aber nicht David verkündet wurde.

> Viele Jahrhunderte später, als Jerusalem, der Tempel und Davids Haus zerstört waren, wurde 2. Samuel 7_{13} zur Grundlage des Mythos vom *Messias*, der Israel in Zukunft erlösen und zu neuem, ewigem Glanz verhelfen werde.

Historisch war hingegen der Einzug der Lade in Jerusalem im Jahr 980a.

Einzug der Lade

Wie Mose, ließ sich auch David von der Gotteslade in die Schlacht begleiten. Nun wollte er seinen Gott, dem er die Stadt verdankte, in seiner Nähe haben. Allerdings war ihm nicht klar, wie die Beziehung Jahwes zum Jerusalemer Pantheon zu ordnen sei. Unentschlossen stellte er darum das Zelt mit der Lade neben seinen Palast.

Damit erhielt der Polytheismus Jerusalems Zuwachs durch «den vom Sinai». Für die henolatrischen Hebräer herrschte nun ein verwirrendes Nebeneinander von Gottheiten. Die Beziehung der verschiedenen Gottheiten zu einander zu ordnen, überstieg die Fähigkeiten Davids und Abjatars. So ließ man die Sache auf sich beruhen. Die Hebräer feierten ihre religiösen Zeremonien im Wüstenzelt, die Jerusalemer im Tempel.

Für *Keel* begann mit dem Einzug der Lade ein epochaler Prozess:

> «Das mit großem Abstand Wichtigste, was Jerusalem David verdankt, ist der Kult des Gottes JHWH, den David durch seinen Kultgegenstand, die Lade, nach Jerusalem brachte» (Keel Bd. I, 199).

Der Einzug der Lade war ein Volksfest. Dabei tanzte David vor der Lade. Sein Tanzen hatte nach Keel «deutlich erotische Konnotationen» (I, 218). Die Bibel berichtet:

> «David aber und das ganze Haus Israel tanzten *mit aller Macht* vor dem Herrn, unter Gesängen und mit Lauten, Harfen und Handpauken, mit Schellen und Zimbeln. David war nur mit einem leinenen Ephod umgürtet. So führte David die Lade des Herrn unter Jubel und Posaunenschall nach Jerusalem hinauf. …
>
> Michal aber, die Tochter Sauls, hatte zum Fenster hinaus geschaut, als die Lade in die Stadt Davids einzog. Als sie sah, wie David vor dem Herrn hüpfte und tanzte, da verachtete sie ihn in ihrem Herzen. …
>
> Als David nach dem Fest heimging, die Seinen zu begrüßen, kam ihm Michal entgegen und rügte ihn: ‹Wie würdig hat sich heute der König benommen, da er sich vor den Mägden entblößte, wie sich nur *kulturlose Hohlköpfe* entblößen›» (2. Samuel $6_{5.14\text{ff.}}$)!

Dieses intime Zwiegespräch zwischen Michal und David ist zwar nicht historisch, referiert aber durchaus zutreffend die Tatsache, dass David bei der gebildeten Jerusalemer Aristokratie als Kulturbanause galt, als «kulturloser

Hohlkopf». Michal repräsentiert hier die kultivierte Hofdame, die Anstoß nimmt an Davids krudem Jahwe-Kult. Für die *Crème de la Crème* der Stadt führte sich der halb nackt tanzende König primitiv auf und verlor mit seinem Benehmen die Würde eines Königs.

Die Szene ist darum nicht historisch, weil Michal nicht zur Jerusalemer Aristokratie gehörte, sondern eine im Jahwe-Kult aufgewachsene Bauerntochter war. Ihr Vater war Saul, der Anführer eines Verbands von Hebräern aus Mittelpalästina. 1. Samuel 11 berichtet:

> «Siehe, da kam Saul gerade vom Felde heim, wo er mit den Rindern gepflügt hatte, und fragte: ‹Was hat das Volk, dass es weint?› Und man erzählte ihm das Anliegen der Männer von Jabes, dass sie Israel um Hilfe gegen die Ammoniter anflehten. Als Saul das hörte, kam der Geist Jahwes über ihn, und sein Zorn entbrannte heftig: Er nahm ein Paar Rinder, hieb sie in Stücke und sandte diese durch Boten in alle Gaue Israels und ließ ausrichten: ‹Wer nicht hinter Saul ins Feld zieht, dessen Rindern wird es so ergehen wie diesen hier!› Da fiel der Schreck Jahwes über das Volk, und es zog hinter Saul ins Feld wie ein Mann» (1. Samuel 11_{5-7}).

Michal war aufgewachsen mit «dem vom Sinai», dem wilden «Mann des Krieges», der seinen Feinden den gefürchteten *panischen Schrecken* einjagte. Im Gespräch von 2. Samuel 6 spielt sie die Rolle einer aristokratischen Hofdame aus Davids Harem, die (natürlich hinter vorgehaltener Hand!) den König als «kulturlosen Hohlkopf» verachtet (Davids Harem: ein fantastischer Stoff für einen historischen Spielfilm *à la Henry VIII.*).

Davids Harem

In Ziklag besaß David als Hauptfrauen Ahinoam aus Jesreel und Abigail, das frühere Weib Nabals (1. Samuel 27_3). Als König in Hebron vergrößerte er seinen Harem. Seine erbberechtigten Söhne waren damals Amnon, Kileab, Abschalom, Adonia, Sephatja und Jithream. Amnon war der Erstgeborene, der designierte Thronfolger. Die Bibel berichtet:

> «Die Erstgeborenen von Davids Ehefrauen in Hebron: Der älteste von allen war Amnon, Sohn der Ahinoam aus Jesreel, der zweitälteste Kileab, Sohn der Abigail, der drittälteste Abschalom, Sohn der Königstochter Maacha, der vierte Adonia, Sohn der Haggith, der fünfte Sephatja, Sohn der Abital, und der sechste war Jithream, Sohn der Egla» (2. Samuel 3_{2-4}).

Nach der Eroberung Jerusalems vergrößerte David seinen Harem um vornehme Haupt- und Nebenfrauen aus der Stadt:

> «In Jerusalem heiratete David noch andere Frauen, und es wurden ihm folgende elf Söhne geboren: Sammua, Sobab, Nathan, Schalomo, Jibhar, Elisua, Nepheg, Japhia, Elisama, Beeljada und Eliphelet» (2. Samuel 5_{13-16}).

Keel kommentiert:

> «Schalomo war der einzige von den elf in Jerusalem geborenen Söhnen Davids, von dem wir mehr als den Namen wissen. Die große politische Bedeutung, die dem Harem zukam, tritt in den Überlieferungen dieser Zeit oft zutage» (Keel 178).

Davids Heiratspolitik war ein Relikt aus dem Tierreich, wo das Alpha-Männchen seine Gene zur Verbesserung des Erbguts an möglichst viele Weibchen weitergibt. Zum biologischen Aspekt des Harems kam die politische Notwendigkeit, sich mit Jerusalems Aristokratie zu verschwägern.

Über die Bedeutung von Davids Sexualität gibt die Notiz Aufschluss:

> «Als David alt geworden war und hochbetagt, konnte er nicht mehr erwarmen, ob man ihn gleich in Decken hüllte. Da sprachen seine Diener: Man muss für unseren Herrn und König ein Mädchen suchen, eine Jungfrau, die den König bedient und ihn pflegt. Wenn sie an seinem Busen ruht, wird unser König wieder erwarmen. So suchten sie in allen Gauen Israels nach einem schönen Mädchen, und sie fanden *Abisag von Sunem* und brachten sie zum König. Das Mädchen war sehr schön, und sie pflegte den König und bediente ihn; aber der König wohnte ihr nicht bei.
> Da sagte Adonia, der Viertgeborene, der Sohn der Haggith: Nun werde *ich* König» (1. Könige 1_{1-5})!

Die Thronfolge

Davids sexuelle Impotenz galt als Zeichen dafür, dass er bald das Zeitliche segnen und sich zu den Vätern legen werde. Solange sich der König noch vermehren konnte, war er tabu. Als er aber nicht mehr «erwarmte», begann der Kampf um die Thronfolge. Davids Feldherr Joab und der Jahwe-Priester Abjathar unterstützten den Viertgeborenen, Adonia. Doch dieser wurde – samt Joab und Abjathar – von Schalomo und Bathseba ermordet (1. Könige 2).

Nun standen sich zwei verfeindete Lager gegenüber: Auf der einen Seite waren die Hebräer mit ihrem Jahwe-Kult im Wüstenzelt, auf der andern Seite die Städter, die nicht mehr von einem Kulturbanausen beherrscht werden wollten und Schalomo unterstützten, der König wurde.

Damit wurde das von David verdrängte Thema der Beziehung zwischen *Jahwe Zebaot* und dem Jerusalemer Pantheon akut.

Jahwe und das kanaanäische Pantheon

Den polytheistischen Tempel von Jerusalem dominierte *Schalem* (Keel 49 ff.). Neben dem Königspalast stand aber noch das Wüstenzelt, wo die Hebräer *Jahwe* verehrten. Dieser Zustand war auf die Dauer unhaltbar. Sobald Schalomo auf dem Thron saß, legte er eine «salomonische» Lösung vor: Er ließ den Sonnentempel abreißen und baute ein neues Pantheon, wo auch Jahwe Platz fand. Keel:

> «Ihren endgültigen Platz fand die Lade im salomonischen Tempel (1. Könige 8_{1-8}). Die unscheinbare Kiste wurde dort zuerst nur in eine ‹Seitenkapelle› des Sonnentempels und später der Länge nach unter die Flügel der parallel stehenden Keruben gestellt. Diese Mischwesen aus Löwenleib und Menschenkopf schützten mit ihren Geierflügeln den Kultgegenstand» (Keel I, 215).

Nun konnte die gesamte Bevölkerung ihrem Gott im selben Tempel dienen. Für die Hebräer blieb Jahwe der Hauptgott, während die Jerusalemer weiterhin zu Schalem beteten. Nationalgott war Jahwe Zebaot.

Das Schema von Wolfgang Zwickel illustriert die religiöse Situation:

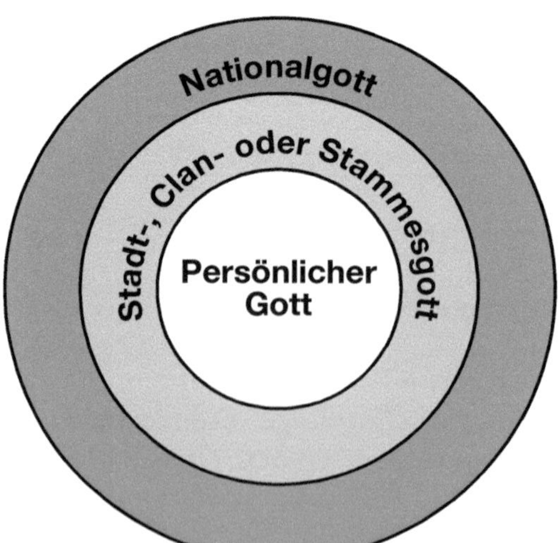

Zwickel erläutert:

> «Die Religion Jerusalems war polytheistisch. Im wesentlichen wurden die wichtigsten spätbronzezeitlichen Gottheiten noch immer verehrt. ... Die Menschen jener Zeit konnten auf unterschiedlichen Ebenen jeweils unterschiedliche Götter verehren. Diese standen nicht in Konkurrenz zu einander, sondern ergänzten sich mit ihrem verschiedenen Aufgabenbereich.
>
> Jahwe wurde zur Zeit Davids offiziell zum Nationalgott. ... Eine Bewohnerin Jerusalems konnte aber für ihre persönlichen Belange (z.B. Unfruchtbarkeit, Liebeskummer, Krankheit) nach wie vor Aschera anrufen.
>
> Der Zuständigkeitsbereich der Gottheiten war klar bestimmt: Der Nationalgott war für das Königshaus und die außenpolitischen Belange zuständig. Er hatte im Kriegsfall zu helfen.
>
> Der Stadt-, Clan- oder Stammesgott war für das Wohlergehen des jeweiligen Sozialverbandes zuständig. Die persönlichen Gottheiten hingegen wurden bei ganz privaten Angelegenheiten verehrt. Sie konnten von jedem Einzelnen selbständig ausgewählt werden» (Zwickel 2011, 78).

Mit der salomonischen Lösung ließ sich leben. Offen war hingegen, wie sich Jahwe in seinem neuen Umfeld bewährte. Würden die Hebräer an der Henolatrie für Jahwe festhalten?

Von der henolatrischen zur monotheistischen Verehrung Jahwes

Zusammenfassung

Jahwe assimilierte das Jerusalemer Pantheon. Nun wandelte sich die frütharchaische Henolatrie für Jahwe in die spätarchaische Verehrung Jahwes als des einzig wahren Gottes. Trägerin dieses Prozesses waren die «Jahweallein-Bewegung» und die biblischen Propheten Altisraels.

Zwei Beispiele

Die Assimilierung der kanaanäischen Religion und Kultur durch den Jahweglauben illustrieren zwei Beispiele:

1. Assimilation des kanaanäischen Rechts

Die Wandlung des Steppengotts vom Sinai in den Jahwe, der Mose auf dem Gottesberg das Gesetz überreichte und in Israel für Recht und Gerechtigkeit sorgte, war nicht selbstverständlich; aber Jahwe Zebaot war offen für die religiöse Evolution und ließ sich zivilisieren.

Wir verfolgen diesen Prozess anhand der Umgestaltung eines kanaanäischen Sonnenhymnus in einen biblischen Psalm.

Die Jerusalemer priesen ihren Sonnengott mit dem folgenden Hymnus:

> «Im Himmel hat Schalem sein Zelt. Wie ein Bräutigam tritt er am Morgen aus seiner Kammer und läuft freudig seine Bahn über den Himmel, er, Schalem, der große Held am Tageshimmel. Er geht auf am einen Ende des Himmels und läuft tagsüber bis ans andere Ende desselben. Nichts bleibt verborgen vor ihm und seinen Strahlen. Alles sieht er; er *richtet gerecht.*»

Später lobten die Jahwegläubigen ihren Gott im 19. Psalm mit den Worten:

> «Am Himmel hat Jahwe der Sonne ein Zelt gebaut. Sie tritt am Morgen daraus hervor wie ein Bräutigam aus seiner Kammer und läuft freudig ihre Bahn, wie ein Held. Sie geht auf am einen Ende des Himmels und läuft bis ans andere Ende. Nichts bleibt verborgen vor ihrer Glut» (Psalm 19_{5-7}).

Mit geringfügigen, aber entscheidenden Veränderungen wurde der kanaanäische Sonnengott schrittweise *entmythologisiert*. Im biblischen Psalm ist Schalem nicht mehr die alle andern Gottheiten überstrahlende Macht am Tageshimmel, sondern nur noch ein Held, der morgens aus dem Zelt tritt, das Jahwe, der Schöpfer von Himmel und Erde, für ihn gebaut hat. Schalem ist zwar noch nicht der moderne Feuerball am Himmel, sondern immer noch ein mythischer Held; doch neben Jahwe verblasste er.

Schalems Domäne war das *Recht:*

> «Nichts bleibt verborgen vor ihm. Alles sieht er; er *richtet gerecht.*»

Nun aber hat *Jahwe* diesen Bereich übernommen. Deshalb muss der Schlussvers des kanaanäischen Hymnus gestrichen oder umformuliert werden. Der Dichter von Psalm 19 entschied sich für die Umformulierung. Dabei entstand der nicht sehr geistreiche Vers 7c von Psalm 19:

> «Nichts bleibt verborgen vor der Sonne Glut.»

Wenn die Sonne kein Gott mehr ist, macht der Vers keinen Sinn mehr. Vielleicht blieb er wegen der Melodie stehen, die noch weiter ging.

Schalems Entmachtung ebnete den Weg zur Entstehung des Mythos vom andern Gottesberg, dem Sinai, auf dem Jahwe seinem Knecht Mose das Gesetz überreichte. Von da an kamen Recht und Gerechtigkeit nicht mehr vom Zion, sondern vom Sinai.

Das Beispiel von Psalm 19 zeigt, wie die Rechtsprechung der alten Kulturstadt von der Siegermacht übernommen wurde.

Ein anderes Beispiel für die Assimilation kanaanäischen Kulturguts durch die Hebräer war die Umdeutung des *N^{e}chuschthan.*

2. Assimilation der kanaanäischen Medizin

2. Könige 18_{14} erwähnt eine «eherne Schlange» in Salomos Tempel, den *N^{e}chuschthan* (hebräisch *nachasch*: Schlange). Das uralte kanaanäische Kultsymbol, das sich großer Beliebtheit erfreute, stammte aus totemistischer Zeit. Es wurde in Salomos Tempel bis Ende des 8. Jh.a verehrt; vor ihm wurde gebetet und geopfert. Nach 2. Könige 18_{14} zerschlug König Hiskija (725–697) bei seiner Tempelreinigung das «Götzenbild».

4. Mose 21 heißt es aber, der *N^{e}chuschthan* sei von Mose in der Wüste geschmiedet worden:

> «Gott sprach zu Mose: Fertige eine Schlange aus Eisen an und stecke sie auf eine Stange. Dann wird jeder Kranke, der sie anschaut, gesund werden. Da machte Mose eine eherne Schlange und steckte sie auf die Stange. Und wer die Schlange ansah, wurde geheilt» (4. Mose $21_{8f.}$).

Mit diesen Versen ersetzten die Jahwepriester den uralten kanaanäischen Mythos von *N^{e}chuschthan.* Sie historisierten das Schlangentotem aus grauer Vorzeit, indem sie es mit der Gestalt des Mose verknüpften. Nun war der *N^{e}chuschthan* keine heilkräftige kanaanäische Gottheit mehr, sondern ein von Mose in der goldenen Ursprungszeit Israels geschmiedetes Werk, das auf *Jahwes* Heilkraft hinwies. Die Historisierung war eine Entmythologisierung der kanaanäischen Gottheit.

Eine religionsgeschichtliche Parallele zum *N^{e}chuschthan* war der griechische Gott *Asklepios* mit dem Wahrzeichen von Heilstab und Schlange, das noch heute in jeder Apotheke zu sehen ist.

Zur tiefenpsychologischen Symbolik der Schlange:

Im früharchaischen Weltbild besaß die Schlange eine bedrohliche und eine heilende Seite. Weil sie tödliches Gift produzieren konnte, war sie auch in der Lage, Medizin – heilendes Gegengift – herzustellen. Sie herrschte somit über Leben und Tod. Das demonstrierte sie mit ihrer Häutung: Indem sie aus ihrer alten Haut fuhr, verjüngte sie sich, wie die Natur im Frühling. Da sie der Erde verhaftet war, auf dem Boden kroch und in Höhlen und Felsspalten lebte, zeigte sich in ihr die Große Mutter Erde mit ihrem: «Stirb und werde!» Die Schlange war numinos und besaß den Schlüssel zum ewigen Leben. Es lohnte sich, mit ihr eine gedeihliche Beziehung zu pflegen.

In totemistischer Zeit suchte man die Verbindung zu den heilenden Kräften auch im Schlangenkult. Der *N^{e}chuschthan*-Kult war die damalige Medizin.

In der Achsenzeit machte die Medizin Fortschritte: Aus rein intuitivem, instinktgebundenem Wissen wurde allmählich rational begründetes, teilweise dem Ich verfügbares, *bewusstes* Wissen. Bei den alten Griechen erschien die Heilkraft deswegen allmählich in menschlicher Gestalt. Schutzpatron der Medizin war nun nicht mehr die Schlange, sondern der *menschengestaltige Asklepios* mit dem Wahrzeichen von Heilstab und Schlange (parallel dazu hatte sich die totemistische Eule zur eulenäugigen Athene entwickelt).

Die Jahwepriester, die aus der Schlange ein Werk des Mose machten, taten dasselbe wie die Griechen: Der entmythologisierte *N^{e}chuschthan* zeigt an, dass das auf die Schlange projizierte Heilwissen nun bewusst wurde. Der Jahwe-Glaube half, die früharchaische Welt zu entzaubern.

Weiterentwicklung des Jahweglaubens

Die Assimilation des kanaanäischen Rechts, der kanaanäischen Medizin und anderer Bereiche des Lebens war ein Ausdruck der Weiterentwicklung der hebräischen Kultur und Religion.

Durch die Neuerungen entstand ein Identifikationsproblem: Wie war die kulturelle und religiöse Evolution mit der hebräischen Identität zu vereinen? Wie konnte man sich den Lebensstil der Stadt aneignen, ohne dabei die Beziehung zu Jahwe und den Ahnen preiszugeben? Konservative Kreise kritisierten, der alte Glaube und die alte Kultur gingen verloren, und das werde Jahwe nicht dulden. Sie schürten die Angst vor der göttlichen Strafe.

Aus dieser Angst entstand eine «rechtsradikale», nationalreligiöse, militante Gruppe: die *Jahwe-allein-Bewegung*. Ihre Propheten verspotteten kanaanäische Gottheiten als «kraftlose Götzenbilder» und «Nichtse»:

> «Die Götzen der Heiden sind nur Silber und Gold, ein Machwerk von Menschenhand! Sie haben einen Mund und können nicht reden, haben Augen und können nicht sehen. Sie haben Ohren und hören nicht; auch ist kein Odem in ihrem Munde» (Psalm $135_{16f.}$).

Gegen Ende des 8. Jh.a gelang es dieser konservativen Bewegung, das Königshaus für sich zu gewinnen und König Hiskija von der Notwendigkeit einer «Tempelreinigung» zu überzeugen. 2. Könige 18_4 berichtet von der darauf folgenden «Säuberung» des Gotteshauses:

> «Hiskija schaffte die Höhenheiligtümer ab, zertrümmerte die Malsteine, hieb die Bilder für Aschera um und zerschlug ‹die eherne Schlange›, den *N*^{e}*chuschthan*, vor dem Israel immer geopfert hatte» (2. Könige 18_4).

Zunehmende Intoleranz

War der henolatrische Jahweglaube von Mose, David und den ersten Königen Israels noch tolerant und inklusiv gewesen, so wurde Israels Glaube nun zusehends intolerant und exklusiv. Fanatische Propheten begannen, alle Gottheiten außer Jahwe zu diffamieren. Mithilfe des Königs vermochten sie ihren Einfluss auszudehnen. Ihr Ziel war es, die Monolatrie *kollektiv* durchzusetzen und für ganz Israel verbindlich zu machen.

In der turbulenten Zeit ab der zweiten Hälfte des 8. Jh.a wurde die einst tolerante Henolatrie für Jahwe unter dem Einfluss der Jahwe-allein-Bewegung allmählich zur Monolatrie. In den «Zehn Geboten» des *Deuteronomiums* war Jahwe schließlich «der eifersüchtige Gott, der keine andern Götter neben sich duldet» (2. Mose 20_3).

Was anfänglich die Regel war, nämlich dass Gläubige außer dem Nationalgott auch andere Gottheiten konsultierten, wurde mehr und mehr als «Götzendienst» gebrandmarkt und schließlich mit dem Tode bestraft.

Das Phänomen religiöser Intoleranz wird uns in der Geschichte des Judentums weiterhin beschäftigen.

Bevor wir uns den Propheten zuwenden, möchte ich noch kurz erwähnen, wie die Tiefenpsychologie die Entstehung des Monotheismus erklärt.

Monotheismus und Bewusstseinsevolution

Die Entstehung des Monotheismus und die Entwicklung des Kohärenzgefühls für die eigene Persönlichkeit sind aus tiefenpsychologischer Sicht zwei Seiten derselben Medaille. Monotheismus und Kohärenzgefühl entstanden in der Achsenzeit. Diesen Begriff prägte der Psychiater und Kulturphilosoph Karl Jaspers (1883–1969). Seines Erachtens dauerte die Achsenzeit vom 8. bis zum 3. Jh.a. «Damals wurde sich der Mensch erstmals des Seins im Ganzen, seiner selbst und seiner Grenzen bewusst» (Jaspers 1949, 20). Die Achsenzeit war ein entscheidender Schritt der Bewusstseinsevolution.

In früharchaischer Zeit war das Leben des Menschen in mehrere getrennte Bereiche aufgeteilt, die verschiedenen Mächten unterstellt waren. Das Leben war für den Einzelnen wie eine Inselgruppe im Meer, die durch den Meeresboden – das Unbewusste – zusammengehalten wurde. Man stand den verschiedenen Archetypen, die das Leben prägten, machtlos gegenüber.

Doch im Verlauf der Bewusstseinsevolution erstarkte das Ich. Im Bild gesagt: Die Inseln begannen zusammenzuwachsen. Das Leben wurde zusammenhängend. An der Spitze der Bewusstseinsevolution entstand allmählich ein Gefühl der *Kohärenz* des eigenen Lebens. Dieses Gefühl dämmerte aber erst, und weil es noch nicht klar bewusst war, wurde der Prozess in der *Projektion* erlebt:

Man glaubte, die jenseitigen Wesen wüchsen zu einer einzigen Gottheit zusammen. Heute wissen wir, dass es nicht Mächte des Jenseits, sondern unbewusste Kräfte der eigenen Psyche waren, die allmählich als ein Einziges erfahren wurden.

Mit dem Nachvollzug der tiefenpsychologischen Entdeckung, dass Jenseits-Vorstellungen auf der Projektion innerpsychischer Vorgänge beruhen, wird das Jenseits in die unbewusste Psyche zurückkehren, wo es schon immer war. Das wird das Ende des archaisch-mythischen Äons sein.

Nun wenden wir uns den großen Propheten Altisraels zu; diese standen zuerst der Jahwe-allein-Bewegung nahe, wuchsen dann aber über sie hinaus.

Propheten Alt-Israels

Priester und Prophet

Archetypische Gegensätze

Es gibt zwei archetypische Gegensätze religiöser Führergestalten, die so verschieden sind von einander wie Tag und Nacht, sich aber auch ergänzen wie diese: den Typ des Priesters und den Typ des Propheten.

Der Typ des Priesters

Der Priester als Typ dient einer Kollektiv-Religion, die in einer mythischen Ursprungszeit wurzelt. Kraft seines Amtes hat er die Aufgabe, die heilige Tradition zu bewahren und das von den Ahnen gestiftete Heil immer wieder neu zu vergegenwärtigen.

Er findet den Zugang zum Numinosen in uralten Riten, die er in traditionellen Gewändern, mit Weihrauch, Gesang, Gebet, ehrwürdiger Musik und rituellen Gesten zelebriert. Die Liturgie ergreift ihn zutiefst.

Damit er den Dienst vollmächtig ausüben kann, muss er geweiht sein. Die Weihe der katholischen Kirche verleiht dem Priester *sacra potestas*, heilige Macht. Dank ihr wird der zelebrierte Ritus wirkkräftig und spendet Segen. Ohne Vollzug durch einen geweihten Priester bleibt die Zeremonie ein Leerlauf. Die Weihe erhebt den angehenden Priester in den Stand des Klerikers; sie verändert ihn *ontologisch*: Er wird durch die Weihe ein anderer, ein vom Heiligen Geist durchdrungener Mensch (Kaufmann 2006, Artikel: «Kleriker»).

Der neue Katechismus der katholischen Kirche erläutert:

> «Ein gültig geweihter Priester kann nicht wieder Laie werden; denn das durch die Weihe eingeprägte Mal ist unauslöschlich. Die Berufung und Sendung, die er am Tag seiner Weihe erhalten hat, prägen ihn für immer. Letztlich handelt *Christus selbst* durch den geweihten Diener und wirkt durch ihn das Heil» (Katechismus 1993, § 1583).

Die *sacra potestas*, die der Priester empfängt, fließt beim Akt der Weihe durch Handauflegung in ihn ein. Ihr Ursprung ist Christus selbst, der Sohn Gottes, der seine Heilige Macht durch Handauflegung auf Simon Petrus, seinen ersten Apostel übertrug. Durch diesen Ritus wurde Petrus zu Christi Stellvertreter auf Erden.

Und von Petrus, dem Fels, erhielten dann – ebenfalls durch Handauflegung – auch die andern Apostel die «Heilige Macht». Diese gaben sie in der apostolischen Sukzession an ihre Nachfolger weiter bis zum heutigen Tag. Deshalb fließt sie bei der Priesterweihe *unverdünnt* in die künftigen Diener der Kirche ein und wirkt auf Lebenszeit.

Der Typ des Priesters lebt vom Kontakt mit der heiligen Vergangenheit. Daher ist er in seinem Wesen konservativ.

Der entgegengesetzte Typ ist der Prophet.

Der Typ des Propheten

Die Religiosität des Propheten ist im Gegensatz zu der des Priesters nicht im Kollektiv verankert und nicht rückwärts gewandt, sondern individuell und zukunftsbezogen. Der Prophet tritt im Namen eines Gottes auf, der ihn *persönlich* zu seinem Diener berufen hat, um die Welt zu verändern.

Der Prophet war das Vorbild vieler liberaler Pfarrer, die der Tradition gegenüber kritisch eingestellt waren, weil sie den Anschluss an die Moderne suchten. Sie predigten z. B., die am Sonntag gefeierten Zeremonien seien weniger wichtig als die Taten, die dem Gottesdienst im Alltag folgten. Das am Sonntag Gehörte ins Leben umzusetzen, sei wichtiger, als dem heiligen Ritus bezuwohnen. Diesen beim Volk beliebten Pfarrern warfen die Traditionalisten vor, die Kirche leer zu predigen.

Während der Priester mit seiner archaischen Scheu vor der Veränderung heiliger Riten peinlich darauf achtet, dass er die Liturgie fehlerlos zelebriert, hat der Prophet einen lockereren Umgang mit alten Formeln; er enttäuscht die Frommen, die im Gottesdienst das Altvertraute suchen.

Der Priester wird mit altehrwürdigen, kollektiven Zeremonien in sein Amt eingesetzt. Der Prophet dagegen wird durch eine unvorhersehbare, numinose Erfahrung aus dem Kollektiv heraus gerufen.

Prophet und Priester stoßen einander ab wie Feuer und Wasser. In der Regel sind sie verschiedene psychologische Typen. Ist der Priester oft ein Wahrnehmungstyp, dem die Vergangenheit wichtiger ist als die Gegenwart, so ist der Prophet oft ein Intuitiver, dem die Zukunft wichtiger ist als die Gegenwart. Aber sie ergänzen einander: Ohne Prophet versteinert die Religion, und ohne Priester löst sie sich auf.

Prophetie und Achsenzeit

Die großen Propheten Israels lebten zu Beginn der Achsenzeit. Für Erich Neumann war das achsenzeitliche Erwachen des Menschen zu sich selbst «die unablässige Anstrengung, sich aus der Umklammerung der mythischen Welt zu befreien. Diese Befreiung des Ichs aus dem Unbewussten war der unaufhörliche Versuch der menschlichen Persönlichkeit, zur Eigengeburt und zur bewussten Selbstwerdung zu gelangen» (1953, 67f.). In diesem Kontext sind die großen Propheten der Bibel einzuordnen.

In der Achsenzeit emergierte im Nahen Orient bei Großen Einzelnen die *individuelle* Bewusstwerdung, die zusehends an Bedeutung gewann.

Altisraels Propheten

Altisraels Propheten gaben der religiösen Entwicklung neue Impulse. Sie kritisierten den kollektiven Ritenglauben ihrer Zeit. Ihre Kultkritik war allerdings nicht radikal. Sie richtete sich noch nicht gegen heilige Zeremonien an sich, attackierte aber den Glauben an deren *automatische Wirkung*. Nach ihrer Ansicht wurde die göttliche Gnade nicht durch korrektes Zelebrieren heiliger Riten gewonnen, sondern – wie bei Zarathustra – durch die *persönliche* ethische Bemühung jedes Einzelnen. Die Propheten verknüpften die göttliche Gnade mit dem individuellen Lebenswandel. Ihre Bedeutung für die religiöse Evolution bestand in der Sensibilisierung des *Einzelnen* für das Thema: «Recht und Gerechtigkeit.»

Mit ihnen begann die Entzauberung der heiligen Zeremonien.

Prophetische Kultkritik

Die prophetische Kultkritik illustrieren zwei Zitate:

Hosea geisselte den Riten-Glauben seiner Zeit mit den Worten:

> «Schlachtopfer bringt ihr dar; doch Jahwe hat keinen Gefallen daran! Wegen eurer Ungerechtigkeit wird Jahwe euch heimsuchen, und ihr müsst wieder zurück nach Ägypten» (8_{13})!

Daselbe tat Jeremia. Im Tor des Tempels stehend, schleuderte er den zum Gottesdienst Kommenden die Worte entgegen:

> «Hört Jahwes Wort, ihr alle aus Juda, die ihr kommt, Jahwe anzubeten! So spricht Jahwe Zebaoth, der Gott Israels: Bessert euren Wandel und eure Taten, so will ich euch hierzulande wohnen lassen! Verlasst euch nicht auf täuschende Worte wie diese: ‹Der Tempel Jahwes, der Tempel Jahwes, der Tempel Jahwes!›, sondern bessert euren Wandel, bessert eure Taten! Wenn ihr wirklich Recht schafft zwischen den Menschen, wenn ihr Fremdlinge, Witwen und Waisen nicht bedrückt und nicht unschuldiges Blut vergießt, dann will ich euch hier wohnen lassen. … Aber da stiehlt man und mordet, bricht die Ehe und schwört Meineide!»

Darum ruft Jahwe euch zu: «Ihr seid Heuchler! Denn ihr tretet vor mein Angesicht im Haus, das mir geweiht ist, und sagt: ‹Wir sind gesegnet!› Kaum seid ihr aber draußen, treibt ihr wieder eure Schandtaten. Ihr macht das Gotteshaus zu einer Räuberhöhle» (Jeremia 7_{2-11})!

Kultkritik übte auch der Prophet Amos, der in Amazja, dem Oberpriester des Nordreichs, einen mächtigen Gegner fand. Im Streitgespräch berief sich Amos auf Jahwe, in dessen Namen er dem Nordreich den Untergang prophezeie. Aber auch Amazja berief sich auf Jahwe, der ihn in sein heiliges Amt eingesetzt habe …

Es war der Gegensatz zwischen Priester und Prophet.

Amos

Zarathustra und Amos

Wie Altisraels Propheten, war auch Zarathustra kultkritisch eingestellt; er forderte anstelle der Hekatomben von Tieropfern die *persönliche* Entscheidung für das Gute.

Angesichts auffälliger Parallele fragen sich die Historiker, wer wen beeinflusst habe. Eine äußere Beeinflussung ist in unserem Fall unwahrscheinlich. Es liegt näher anzunehmen, die Parallele sei der Ausdruck desselben Evolutionsschritts. Offenbar war es an beiden Orten Zeit, das Bewusstsein der individuellen Verantwortung zu fördern.

Herkunft des Amos

Amos war ein Kleinbauer aus Tekoa (17 km südlich von Jerusalem), der gut zwei Jahrhunderte nach David lebte. Obwohl er zum Südreich gehörte, trat er – um 760a – im Nordreich auf, im Staatsheiligtum in Bethel und in der Hauptstadt Samaria.

Den Hintergrund seines Auftritts bildete ein umfassender gesellschaftlicher Umbruch ökonomischer, kultureller und religiöser Art, der damals das Nordreich erfasste. Die Entwicklung war für Amos fatal, weil sie auch auf das Südreich überzugreifen und damit seine Existenz als unabhängiger Kleinbauer zu vernichten drohte.

Von einem solchen Unterschied zwischen dem Nord- und dem Südreich erfährt der Bibelleser nichts. Der Grund dafür ist ein theologischer: David war für die biblischen Redaktoren im 6. Jh.a der von Jahwe geliebte König der goldenen Ursprungszeit, dessen Thron nimmer wanken werde (2. Samuel 7$_{13}$). Deshalb musste Davids Reich und das seiner Nachfolger viel bedeutender gewesen sein als das Nordreich, das im 6. Jh.a schon längst untergegangen war.

Die Redaktoren der Bibel stellten das Nordreich darum in den Schatten des Südreichs. Sie verfälschten die realen Verhältnisse. In Wirklichkeit war es umgekehrt: Das Südreich stand damals im Schatten des Nordreichs.

Im Schatten des Nordreichs

Warum der Kleinbauer aus Juda nicht in Jerusalem auftrat, sondern im Nordreich, in Samaria und Bethel, hing mit der gesellschaftlichen Entwicklung des Nordens zusammen. Dieser prosperierte infolge seiner internationalen Handelsbeziehungen, während der abseits gelegene Süden wirtschaftlich stagnierte.

Frevel schildert die unterschiedliche Entwicklung:

> «Juda ist in dieser Zeit insgesamt ein kleiner, wirtschaftlich nicht sehr leistungsfähiger Staat, der in der Entwicklung um etwa 100 Jahre hinter Israel zurückbleibt. Die Städte des Südens sind kleiner, ärmer und nicht dem urbanen Standart des nördlichen Nachbarn Israel entsprechend. Deutlich länger ist Juda ein um die Stadt Jerusalem gruppierter Kleinstaat, umgeben von Dörfern, in denen Bergbauern und Kleinviehzüchter begrenzten Handel mit Agrarprodukten treiben» (in: Zenger 2008, 644).

Im 9. Jh. waren die philistäischen Kleinstädte an der Mittelmeerküste drei Mal so groß wie Jerusalem. Die Sch^{e}fela – die Landschaft, die Jerusalem mit den Meerhäfen verband – entwickelte sich nur langsam zu einem Handels- und Wirtschaftsraum zwischen den Hafenstädten und Jerusalem.

Anders entwickelte sich das Nordreich. Dessen wirtschaftliche Blüte zeigte sich in der großen Anzahl phönizischer Luxus-Importe, die archäologische Ausgrabungen zutage förderten. Zudem baute König Omri (880–871a) das strategisch günstig gelegene Samaria zur neuen Residenz aus und versah es mit einem prächtigen Palast. Unter Omris Sohn Ahab (871–852a) trat das Nordreich in die antiassyrische Koalition ein, und Ahab stellte das größte Streitwagenkontingent der Verbündeten: Er steuerte 2'000 Streitwagen und 10'000 schwer bewaffnete Fußsoldaten zum Kampf der Kleinstaaten gegen Assur bei.

Zudem heiratete er die phönizische Prinzessin Isebel aus Sidon, die ihre angestammte Dienerschaft und ihren religiösen Kult mitbrachte. Gegen den aufkommenden religiösen Synkretismus protestierte die Jahwe-allein-Bewegung, besonders unter den charismatischen Führern Elija und Elischa

(1. Könige 17–19; 21; 2. Könige 1–2). Der Name des Elija ist programmatisch; er bedeutet: «Mein Gott ist *Jahwe*» (und niemand sonst)! Elischa hingegen setzte sich nicht nur für den angestammten Jahweglauben ein, sondern war darüber hinaus auch sozial tätig (2. Könige 4 ff.).

Der Aufschwung des Nordreichs kam den Cleveren zugute, die «die Nase vorn» hatten. Diese «Neureichen» bauten ihre Macht rücksichtslos aus und scheuten nicht davor zurück, eigene Landsleute, mit denen sie eine Generation zuvor noch auf derselben sozialen Stufe gestanden hatten, skrupellos auszubeuten. Dadurch wurden die Armen noch ärmer; sie mussten ihr Land und ihren Besitz oft verkaufen und gerieten mitsamt ihren Familien in die Knechtschaft neuer Großgrundbesitzer.

Die Gründe für die Veränderungen im Nordreich schildert Zenger wie folgt:

> «Die Gründe für die gesellschaftlichen Veränderungen im Nordreich Israel sind vielschichtig. Ein wichtiger Faktor war der Ausbau Israels zu einem monumentalen Staat, der sich auch in der Baugeschichte der Städte, insbesondere im Wandel der Stadtpläne, ablesen lässt. Zu diesem Ausbau war einerseits ein aufwändiger und teurer Verwaltungsapparat notwendig, der sukzessive Lebensbedürfnisse des internationalen Standards entwickelte, wodurch ein starkes soziales Gefälle von der Hauptstadt und den städtischen Verwaltungszentren hin zu den Landstädten und Dörfern entstand.
>
> Andererseits war dieser Ausbau nur mit einem hohen Maß an Abgaben und an staatlichem Arbeitsdienst der Bauern zu bewältigen, was diese stark belastete und im Falle von Dürrekatastrophen, Zerstörung der Ernte durch Unwetter, Viehseuchen oder familiären Unglücksfällen in so große Nöte stürzte, dass sie oft nur mit Kredit oder Schuldknechtschaft überleben konnten. Ein Großteil der freien Bauern wurde zu Pächtern und arbeitete in totaler Abhängigkeit von den in Städten lebenden Großgrundbesitzern und Aristokraten.
>
> … Diese gesellschaftliche Entwicklung von einer egalitären zu einer sozial zerklüfteten Gesellschaft gab es nicht nur in Israel, sondern im gesamten antiken Vorderen Orient» (Zenger 2008, 541 f.).

Zur sozialen Zerklüftung kam noch der religiöse Synkretismus hinzu. Die Jahwe-Religion wurde von Arrivierten als rückständig empfunden. Die Idee einer «Multi-Kulti-Gesellschaft» war für den traditionellen Jahweglauben eine Bedrohung. Die konservative Kräfte versuchten daher, die Entwicklung aufzuhalten und den Glauben vor dem Untergang im Synkretismus zu bewahren – ähnlich wie heute der Islamismus.

In dieser Zeit des Umbruchs wurde Amos zum Propheten Jahwes berufen.

Berufung des Amos

Für den selbständigen Kleinbauern war die Entwicklung im Nordreich beängstigend und empörend. Vielleicht hatte er Verwandte, Bekannte oder Freunde im Nordreich, die alles verloren hatten, und nun befürchtete er, selber unter die Räder zu kommen. Wenn er die gesellschaftliche und religiöse Entwicklung mit dem ursprünglichen, egalitär ausgerichteten Jahweglauben verglich, sah er darin einen Abfall vom wahren Glauben. Das Motto des Jahweglaubens hatte einst gelautet: «Einer für alle, alle für einen!» Davon war nichts mehr zu spüren.

Je mehr er sich in die Entwicklung des Nordreichs vertiefte, desto weniger fand er sich damit ab, dass der Stand der Kleinbauern ein Opfer der neureichen Haie werden sollte. Die Jahwe-allein-Bewegung, die im Nordreich schon im 9. Jh.a durch die Propheten Elija, Elischa und Jehu (1.Könige 16_{1-4}) populär geworden war, fand seine Sympathie. Doch die Berufung machte ihn zu einem eigenständigen Propheten.

Tiefenpsychologisch lässt sich die Berufung wie folgt verstehen: Sein angeborener Instinkt für soziale Fairness verband sich mit dem im alten Jahweglauben verankerten Solidaritätsgefühl. Beim Nachdenken über die Vorgänge im Nordreich wurde sein Gerechtigkeitssinn so stark konstelliert, dass er in einer Vision in sein Bewusstsein einfiel. Das numinose Erlebnis machte ihn zum Propheten. Nun zog er ins Nordreich, um diesem das Gericht anzusagen.

Wie bei Zarathustra, tauchte auch bei Amos das archetypische Mythologem des *Gerichts* auf. Dieses werde, sagte Amos, *der Tag des Herrn* sein, aber ein ganz anderer als der traditionelle: nämlich nicht mehr ein Tag des Jubels auf dem Schlachtfeld, sondern ein Tag des Wehklagens, der Tränen und Trauer («Tag des Herrn» war ein traditioneller *terminus technicus* für den Tag des Sieges in der Schlacht). Amos formte die Redewendung «Tag des Herrn» um ins Mythologem des Gerichts. Das irdische Schlachtfeld wurde zur himmlischen Richtstätte, wo Jahwe Recht sprechen werde.

Bei Amos verbreitete Jahwe nicht mehr den panischen Schrecken auf dem Schlachtfeld, sondern Recht und Gerechtigkeit am Tag des Gerichts. Amos kombinierte das Recht Schalems mit der Jahwe-Tradition und schuf so den neuen theologischen Topos des göttlichen Gerichts.

Wie Amos seine Berufung erlebte, schilderte er mit den Worten:

> «Als Löwe brüllt Jahwe vom Zion her: Donner des Gerichts!
> Wenn sein Gebrüll erschallt, welken die Auen der Hirten,
> und der Gipfel des Karmel verdorrt» (Amos 1_2)!

Der Text erinnert an den früharchaischen Wetter- und Kriegsgott vom Sinai: «Als Löwe brüllt Jahwe ...» Doch nun thront Jahwe auf dem Zion und sorgt für wahre Gerechtigkeit. Es geht nicht mehr um den Sieg auf dem Schlachtfeld, sondern um den Sieg des Rechts. Die Waffe, mit der Amos kämpft, ist das Schwert des Geistes. Amos hob den «Krieg Jahwes» auf ein höheres geistigen Niveau empor.

Die Berufung zeigte Amos die Übermacht Jahwes. Ihm entrinnt am Tag des Gerichts kein Frevler (Amos 9_{2-3}). Jahwe spricht:

> «Steigen sie hinab in die Unterwelt: Meine Hand fasst sie auch dort.
> Steigen sie hinauf in den Himmel: Ich packe sie auch dort.
> Verstecken sie sich auf dem Gipfel des Karmel:
> Auch dort werde ich sie vernichten. Fliehen sie auf den Grund des Meeres,
> gebiete ich dem Drachen, sie zu fressen!»

Das Gottesbild dieser Verse mutet monotheistisch an: Es gibt keinen Ort mehr im Himmel und auf Erden, da Jahwe nicht herrscht.

In Jahwes Namen zog Amos ins Nordreich, um diesem das Gericht anzusagen. Im Reichsheiligtum von Bethel rief er eine Totenklage aus:

«Gefallen ist sie, die Jungfrau Israel!»

Amos kündigte in Bethel eine Bestattung an. Doch das Begräbnis galt nicht einem einzelnen Menschen, sondern dem Nordreich:

> «Hört die Totenklage, die ich über euch anhebe, Haus Israel: Gefallen ist sie und steht nimmermehr auf, die Jungfrau Israel; hingestreckt liegt sie da auf ihrem Land, und keiner wird sie wieder aufrichten! ...
>
> Auf allen Plätzen wird die Totenklage erschallen. ... Wehe euch, die ihr den Tag Jahwes herbei sehnt! Was wird er euch bringen? Nicht Licht, wie ihr wähnt, sondern Finsternis! ...
>
> Eurer Freveltaten sind zu viele; unzählig sind eure Sünden: Ihr bedrängt Unschuldige, lasst euch bestechen und unterdrückt die Armen im Gericht. ...

So spricht Jahwe: Ich hasse, ich verschmähe eure Tempelfeste; ich kann eure Gottesdienste nicht mehr riechen!

Ihr könnt mir Brandopfer darbringen, so viel ihr wollt: Sie gefallen mir nicht.

Mit keinem Blick würdige ich eure geopferten Mastkälber!

Fort mit dem Geplärr eurer Lieder; ich mag den Klang eurer Harfen nicht mehr hören!

Dafür ströme wie ein Bach das Recht, und die Gerechtigkeit versiege niemals unter euch! Suchet das Gute! Dann werdet ihr leben» (Amos 5_{21-24}).

Der Angriff wurde pariert. Der Oberpriester erstattete Anzeige:

«Da sandte Amazja, der Priester des Heiligtums in Bethel, zu Jerobeam, dem König von Israel, und ließ ihm sagen: ‹Amos stiftet Aufruhr wider dich inmitten des Hauses Israel. Das Land erträgt seine Worte nicht!› …

Und zu Amos sprach Amazja: ‹Seher, geh zurück nach Juda; dort iss dein Brot, dort prophezeie!› … Amos entgegnete: ‹Ich bin unabhängig, kein religiöser Beamter wie du; ich züchte Rinder und Maulbeerfeigen. Mich hat nicht ein Mensch geheißen, hierher zu kommen, sondern Jahwe›» (Amos 7_{10-14})!

Es war ein Gefecht zwischen Priester und Prophet. Amazja, der Priester Jerobeams II. (784–744a), saß am längeren Hebelende. Amos ging.

Doch er fand Anhänger, die seine Worte aufschrieben. Als das Nordreich 722a von den Assyrern erobert und ausgelöscht wurde, sahen die Schüler des Amos darin das Strafgericht, das Amos dem Nordreich angedroht hatte. Das war für sie der Beweis, dass *Jahwe* durch Amos geredet hatte.

So entstand das erste Buch der Schriftpropheten Altisraels.

Das Buch des Amos

Flüchtlinge aus Israel brachten nach 722a ihre Aufzeichnungen über Amos nach Jerusalem. Kurz zuvor, um die Mitte des 8. Jh.a, hatte die Oberschicht Jerusalems lesen und schreiben gelernt. So wurde Amos, der älteste Schriftprophet der Bibel, auch in Jerusalem gelesen. Das Buch wurde laufend um- und fortgeschrieben. Es ist darum nicht einfach, die historisch echten Worte des Amos zu eruieren.

Die Entstehungsgeschichte der Prophetenbücher ist sehr komplex; für die kritische Forschung bestehen noch ungelöste Probleme.

Eine Generation nach Amos trat ein neuer Prophet Jahwes auf, diesmal in Jerusalem, das inzwischen ebenfalls von der oben geschilderten gesellschaftlichen Entwicklung überrollt wurde. Der Prophet war ein gebildeter Aristokrat aus der Stadt. Er hieß Jesaja (Jahwe ist meine Hilfe).

Jesaja

Gerichtspredigt

Da der wirtschaftliche Aufschwung im Südreich dieselben Folgen zeitigte wie im Nordreich, übernahm Jesaja – wie die folgenden Worte zeigen – die Gerichtspredigt des Amos und übertrug diese auf Jerusalem:

> «Wehe denen, die Haus an Haus reihen und Acker an Acker rücken, bis kein freies Land mehr ist, weil alles ihnen gehört» (Jesaja 5_{8})!
>
> «Wehe denen, die Weingelage abhalten bis tief in die Nacht, mit Laute und Harfe, mit Handpauke und Flöte! ... Darum wandert mein Volk demnächst in die Verbannung; die Adligen werden kraftlos sein vor Hunger, und das Volk wird brennen vor Durst. Dann öffnet die Unterwelt ihren gierigen Schlund und sperrt weit auf ihren Rachen, und es fährt hinab Jerusalems Pracht, sein Lärm, Getümmel und Frohlocken» ($5_{11\,ff.}$)!
>
> «Wehe denen, die Schuld mit Stricken und Sünden mit Wagenseilen heran ziehen, die sich bestechen lassen im Gericht, die dem Schuldigen Recht geben und den Unschuldigen verurteilen» ($5_{18.23}$)!
>
> «Weil die Töchter Zions hoffärtig sind und den Kopf hoch tragen, weil sie umher stolzieren und mit den Augen nach der Seite blinzeln, weil sie trippeln und mit ihren Fußspangen klirren, darum wird Jahwe den Scheitel der Töchter Zions kahl scheren. An diesem Tag wird Jahwe ihnen ihre ganze Pracht wegnehmen: die Fußspangen, die Stirnreifen und Möndchen, die Ohrgehänge, Armketten und Schleier, die Kopfbunde und Fußkettchen, die Gürtel, Riechfläschchen und Amulette, die Fingerringe und Nasenringe, die Feierkleider und Mäntel, die Umschlagtücher und Taschen. ... Und statt des Balsamdufts wird Moder sein und statt des Gürtels ein Strick, statt des gelockten Haars eine Glatze und statt des Prunkgewands ein Sack» ($3_{16\,ff.}$)!

Jesaja formulierte seine Gerichtsansage etwas anders als Amos; doch ihr Kern blieb derselbe. Jesajas Sprache war nicht so urtümlich, erdig und wuchtig wie die des Kleinbauern, sondern feiner; es war die differenzierte Sprache eines gebildeten Städters.

Im Jahr 738a hatte Jesaja eine wichtige Vision. Diese öffnete ihm einen neuen geistigen Horizont und führte ihn über Amos hinaus.

Vision

> «Im Jahr, da der König Usia starb, sah ich Jahwe auf einem hohen, erhabenen Thron sitzen; seine Säume füllten den Tempel. Darüber standen zwei Seraphe; ein jeder hatte sechs Flügel: mit zweien bedeckte er sein Angesicht, mit zweien bedeckte er seine Füße, und mit zweien flog er. Einer rief dem andern zu: ‚Heilig, heilig, heilig ist Jahwe Zebaot; die Erde ist seiner Herrlichkeit voll!'
>
> Da bebten die Tore und Schwellen des Tempels, und er füllte sich mit Rauch. Ich sprach: ‹Weh mir, ich bin verloren; ich bin ein Mensch und habe Jahwe Zebaoth mit meinen Augen gesehen›» (Jesaja 6_{1-3})!

So erhaben ist Jahwe über die Erde, dass der riesige Tempel nur gerade den Saum seines Mantels fasst. Jahwe ist nicht mehr «der vom Sinai», sondern ein weltüberlegener Gott, der dem Treiben dieser Welt entrückt ist.

Jesajas Gottesbild steht dem des Echnaton zweifellos näher als dem des Mose. Der Prozess der Zivilisierung und Kultivierung hatte das Gottesbild der gebildeten Hebräer verändert. Jahwe war eine vergeistigte Macht geworden. Jesaja erlebte den Geist nicht mehr als eine instinktgebundene Kraft wie Mose, sondern als eine Kraft, die das «Fleisch» beherrscht. Er trennte «Fleisch» und «Geist» in Diesseits und Jenseits.

Seine Vision bewahrte ihn davor, sich vom politischen Tagesgeschehen vereinnahmen zu lassen. Zu seiner Zeit führten die beiden Großmächte Assur und Ägypten Krieg gegen einander, und Juda schwankte hilflos zwischen ihnen hin und her.

Dank seiner Vision fand Jesaja eine Position jenseits der Gegensätze. Er war bezogen auf einen weltüberlegenen Gott, was ihm in den Wirren seiner Zeit die nötige Distanz zur Tagespolitik gab. Jahwe war der ganz Andere, der die Erde nur noch mit dem Saum seines Mantels berührte und hoch über dem Tempel thronte.

«*Qadosch, qadosch, qadosch – heilig, heilig, heilig!*» Das *Trishagion* der Seraphe wurde in den nächsten zweieinhalb Jahrtausenden zu einer unerschöpflichen Quelle religiöser Dichtung und Musik; es inspirierte nicht nur das *Sanctus* der Messe, sondern auch unzählige moderne Kompositionen.

Zu den Seraphen:

Religionsgeschichtlich gehörten die Seraphe und die mit ihnen verwandten Cheruben nicht zum Jahweglauben, sondern entstammten andern orientalischen Religionen. Sie waren mythische Mischwesen, die oft die Gestalt einer aufrecht gehenden Kobra besaßen. Wie die Schlange im Paradies (1. Mose 3_{14}), besaßen auch sie Flügel oder Hände, bisweilen sogar Füße. Die Kobra Ägyptens, welche die Krone des Pharao zierte und sein Königshaus beschützte, war die Uräusschlange.

Zurzeit Jesajas existierte in Jerusalem das Abbild einer Kobra mit vier Flügeln (Keel 389), während die beiden Seraphe Jesajas deren sechs besaßen. Im Salomonischen Tempel standen auch zwei fünf Meter hohe und ebenso breite Cheruben um den leeren, einst dem Sonnengott Schalem geweihten Thron. Vielleicht nahm der unbewusste Geist Jesajas, der die Vision komponierte, die vierflügeligen Seraphe oder die Cheruben im Tempel als Vorlagen für die Seraphe seiner Vision.

Jedenfalls assimilierte die Jahwe-Religion mit den Seraphen in Jesajas Vision ein weiteres nicht-hebräisches Symbol.

Die Vision half Jesaja, die Frage: «Assur oder Ägypten?» mit innerer Distanz anzugehen. Da die Mächte dieser Welt vor Jahwes Allmacht verblassten, konnte sich Jesaja auf etwas beziehen, das sie überragte. So gewann er Unabhängigkeit.

Er bekleidete das Amt eines königlichen Beraters. Die Vision half ihm, die Weltpolitik als *Comédie Humaine* zu betrachten. Im ängstlichen Taktieren seines Königs, der sich einmal mit Assur, dann mit Ägypten zusammentat, erkannte er mangelnde Distanz zu «dieser Welt». Er ermahnte den König, nicht auf «Ross und Reiter», sondern auf Jahwe zu vertrauen:

> «Im Umkehren und stille Werden liegt dein Heil, im Gottvertrauen deine Stärke» (Jesaja 30_{15}).

Jesajas «Umkehren und stille Werden» heißt zeitgemäß, auf innere Distanz zu gehen, sich mit seinem Seelengrund zu verbinden und aus dieser Beziehung heraus zu agieren. Zu dieser Haltung führt die Wende nach innen, z. B. regelmäßiges Meditieren.

Dank seiner Vision gelangte Jesaja zu einem geistigen Gottesbild. Mit ihm machte der Monotheismus Schule in Altisrael: Alle großen Propheten nach ihm – Jeremia, Ezechiel und Deuterojesaja – vertraten einen konsequenten Ein-Gott-Glauben.

Fazit

Die religiöse Evolution erreichte in Altisrael ab Mitte des 8. Jh.a jenes Niveau, auf dem die drei abrahamitischen Religionen (Judentum, Christentum und Islam) heute noch stehen.

Das nächste Kapitel beschreibt den Beitrag der griechischen Philosophie zur Entwicklung des Monotheismus.

Dies ist der Abschluss der Vorboten des Monotheismus.

Griechische Philosophen

Vom mythischen zum empirisch fundierten Denken

Moderne Wissenschaft

Nach der Entdeckung der Erreger von Infektionskrankheiten durch den Bakteriologen Robert Koch (1843–1910) und andere wurde die Menschheit endlich von Plagen wie Milzbrand, Wundinfektion (Kindbettfieber), Tuberkulose, Malaria, Cholera etc. befreit. Um geheilt zu werden, benötigte man nun keine archaischen Theorien und Praktiken mehr. Uralte Zaubersprüche, Gebete, Riten, Dämonenaustreibungen und blutige Opferzeremonien verschwanden und wichen empirisch fundiertem Knowhow samt den daraus entwickelten effizienten Techniken. Nun wurde die Welt in wenigen Jahrhunderten nachhaltiger verändert als in den traditionsverhafteten Jahrtausenden zuvor.

Der evolutionäre Gewinn der modernen Wissenschaft ist so offensichtlich, dass ihre Erkenntnisse sich in Zukunft überall und gegen alle neophoben Widerstände durchsetzen werden.

Überwindung des mythischen Denkens

Letztlich ist der Erfolg der modernen Wissenschaft zurückzuführen auf die objektivierende Einstellung des Bewusstseins, die in einem langen, erbitterten Ringen das in Vorurteilen und mythischen Theorien gefangene Denken zu überwinden vermochte. Gegen riesige Widerstände lernte Europa in der Neuzeit, die Dinge distanziert, nüchtern, sachlich und objektiv zu beobachten und daraus die richtigen Schlüsse zu ziehen. Nun wurde immer klarer, wie die Welt wirklich funktioniert.

Der modernen Wissenschaft zum Durchbruch zu verhelfen, war alles andere als einfach. Eine in Traditionen gefangene Kultur umzugestalten, ist äußerst mühsam und langwierig. Da Religionen wichtige Träger der Tradition sind, wehrten insbesondere sie sich erbittert gegen die Neuerungen im Namen der Wissenschaft. Das Problem: «Glauben oder Wissen?» machte Europa schwer zu schaffen.

War es in der westlichen Welt das Christentum, das sich gegen den Fortschritt vom mythischen zum empirisch fundierten Denken wehrte, so ist es heute vorwiegend der Islam, insbesondere der militante *Islamismus*, der neophob am Alten festhält und vor nichts zurückschreckt, um die alten Zustände bewahren zu können.

Doch die Erfolgsgeschichte der Wissenschaft zeigt, dass der Kampf der Religion gegen die «gottlose Moderne» umsonst ist; der evolutionäre Gewinn empirisch fundierter Entdeckungen ist offensichtlich.

Griechische Philosophie und moderne Wissenschaft

Da der Mensch ein Instinktmangel-Wesen ist, braucht er sein Bewusstsein zum Überleben. Er kann es sich nicht leisten, vor sich hin zu träumen. Zurecht steht daher am Stadttor von Schaffhausen: «Lappi, tue d'Augen uuf» (Narr, öffne deine Augen)!

Besonders intensiv pflegte die vorsokratische Philosophie der alten Griechen die objektivierende Einstellung des Bewusstseins und das empirisch fundierte Forschen. Zudem lieferte sie auch einen wesentlichen Beitrag an die Entwicklung des Monotheismus. Ihre Spitze überwand sogar das archaisch-mythische Weltbild. Diese Glanzleistung verdankte sie Demokrit von Abdera (460–380a). Dieser war seiner Zeit allerdings so weit voraus, dass seine Entdeckung erst nach mehr als zwei Jahrtausenden – im modernen Europa – kollektive Geltung erlangte.

Wie die griechische Philosophie ihren Teil zum Fundament der modernen Wissenschaft sowie zur Entstehung des Monotheismus beisteuerte, soll nun am Beispiel vorsokratischer Philosophen zur Darstellung gelangen.

Der erste von ihnen war Thales von Milet.

Thales von Milet (um 625–547a)

Empirisches Vorgehen

Der weit gereiste Naturphilosoph stammte aus der Handelsstadt Milet, einer ionischen Kolonie südlich von Ephesos am ägäischen Meer.

Was neu war an seinem Denken, war das *empirische* Vorgehen. Er ersetzte die mythische Welterklärung durch eigene Beobachtungen, aus denen er seine Schlüsse zog.

Mit dieser neuen Methode gelangte er zu einem qualitativ neuen Resultat: «Der Ursprung von allem ist – Wasser.» Vor ihm hatte man geglaubt, das Leben beruhe auf dem Schöpfungsakt jenseitiger Wesen. Thales hatte die Kraft zu denken, es sei *natürlich* entstanden, nicht *übernatürlich.*

Aristoteles (384–322a) betont, Thales sei auf *empirischem Weg* zu seiner These gelangt, indem er beobachtet habe, dass überall dort, wo Wasser war, auch Leben war. Da in der Wüste beides fehlte, musste Wasser der Ursprung des Lebens sein. Damit begann das säkulare Denken.

Noch kein Programm

Thales erhob seine Methode allerdings nicht zu einem expliziten Grundsatz; er machte aus seinem empirischen Ansatz kein *Programm.* Was für eine Sprengkraft seine Methode enthielt, wurde ihm nicht klar. Hätte er die Konsequenzen seiner Methode erkannt, hätte er sich mit der Tradition und der Religion überworfen. Das war nicht ratsam.

Doch die neue Methode, die Natur *natürlich* zu erklären, war ein Quantensprung in der Entwicklung des Denkens. Dieses begann nun, sich von der Mythologie abzukoppeln.

Ähnlich wie Thales dachte der Vorsokratiker Xenophanes, der z. B. das Phänomen des Regenbogens «aufklärte» (siehe unten, Fragment 32).

Xenophanes von Kolophon (570-475a)

Biographie

Xenophanes wurde unter Kyros II. (607–529a) im äußersten Nordwesten des Perserreichs geboren. Auch seine Heimatstadt war – wie die des Thales – eine ionische Kolonie, eine Hafenstadt bei Ephesos an der Westküste Kleinasiens, namens Kolophon. Kolophon wurde bekannt durch sein Balsamharz, dem es den Namen gab. Kolophonium, aufgetragen auf die Haare des Bogens, intensiviert den Klang der Streichinstrumente.

Von Beruf war Xenophanes Bänkelsänger, Lyriker (griechisch *Lyra*: Leier). Sein Repertoire umfasste neben geläufigen Moritaten die klassischen Epen und Mythen der Griechen aus dem 8. und 7. Jh.a, Homers *Ilias* und *Odyssee* sowie Hesiods *Theogonie.* Daneben trug er auch eigene Kompositionen vor.

Da er als freiheitsliebender Grieche nicht unter einem orientalischen Großkönig leben mochte, wanderte er aus seiner Vaterstadt aus und verdiente sich sein Leben als Sänger und Philosoph bei reichen Landsleuten in ionischen Kolonien am Mittelmeer, wo der Arm des Kyros nicht hin reichte.

Er starb in Süditalien, berühmt und hochbetagt, im Alter von 95 Jahren.

Der Regenbogen

> «Und was man für die Göttin Iris hält, ist in Wirklichkeit eine Wolke» (Xenophanes, Fragment 32).

Der Text zeigt, wie «aufgeklärt» Xenophanes bereits dachte. Zur Verdeutlichung der Sprengkraft dieses Denkens ziehe ich zwei mythische Erklärungen des Regenbogens heran, die seinerzeit im Umlauf waren.

Der erste Mythos findet sich am Ende der biblischen Sintflutgeschichte, die zur Zeit des Xenophanes in den Pentateuch eingearbeitet wurde.

1. Mose 8 erklärt, wie der Regenbogen entstanden sei:

> «Noah aber baute dem Herrn einen Altar; dann nahm er von allen reinen Tieren und von allen reinen Vögeln und brachte sie dem Herrn als Brandopfer dar. Und der Herr roch den lieblichen Duft und sprach bei sich selbst: Ich will hinfort die Erde nicht mehr um der Menschen willen verfluchen … Solange die Erde steht, soll nicht aufhören Saat und Ernte, Frost und Hitze, Sommer und Winter, Tag und Nacht. …
>
> Dann sprach Gott zu Noah und zu seinen Söhnen, die bei ihm waren: Siehe, ich richte einen Bund auf mit euch und euren Nachkommen, … dass niemals wieder … eine Sintflut kommen soll, die Erde zu verderben. Und Gott sprach: Dies ist das Zeichen des Bundes, den ich stifte zwischen mir und euch und allen Lebewesen in alle Ewigkeit: *Meinen Bogen* stelle ich in die Wolken. Dieser soll ein Bundeszeichen sein zwischen mir und der Erde. … Und wenn er in den Wolken steht, will ich ihn ansehen, um des ewigen Bundes zu gedenken zwischen mir und allen lebenden Wesen auf Erden» (1. Mose 8_{20}–9_{17}).

Eine Parallele dazu erzählt die griechische Mythologie (ich fasse den Mythos zusammen):

> Nachdem die Menschen den Göttervater Zeus wütend gemacht hatten, schleuderte dieser im Zorn Blitze auf die Erde nieder und ließ den Donner krachen. Es tobten furchtbare Gewitter; die Erde drohte in den Fluten zu ertrinken. Doch der göttliche Zorn verrauchte nach einiger Zeit, und Zeus ließ die wunderschöne Göttin Iris als Regenbogen am Himmel erscheinen. Nun wussten die Sterblichen, dass wieder ‹gut Wetter› war.

Die beiden mythischen Erklärungen des Regenbogens gleichen sich. Der Hauptunterschied besteht darin, dass der biblische Mythos monotheistisch ist. Deshalb ist der Regenbogen keine Göttin mehr, sondern nur noch «Jahwes Bogen». Die Bibel entmythologisiert den Regenbogen und macht ihn zu einem Werkzeug Jahwes (dadurch haftet diesem aber immer noch etwas Übernatürliches an).

Xenophanes geht bei der Entmythologisierung des Regenbogens einen entscheidenden Schritt weiter:

«Und was man für die Göttin Iris hält, ist in Wirklichkeit eine Wolke.»

Nun ist der Regenbogen etwas ganz Natürliches.

In der Neuzeit ging der Physiker Isaac Newton (1643–1727) noch einen Schritt weiter. Ihm gelang die Entdeckung der Spektralfarben des Lichts. Er wies nach, dass sich das Licht aus den Farben des Regenbogens zusammensetzt: Feine Wassertröpfchen zerlegen das in sie eindringende Licht in dessen Spektralfarben. Nun war erwiesen, dass das auffällige Phänomen des Regenbogens etwas Natürliches ist.

Postuliert hatte dies zwar bereits Xenophanes; aber beweisen konnte es erst Newton, – der übrigens keine Probleme hatte mit der Religion. Er war bibelgläubig und berechnete unter anderem auch das Datum des Jüngsten Gerichts. Die aufgeklärte und die religiöse Sicht fanden bei ihm – in zwei verschiedenen Schubladen - problemlos neben einander Platz. Diese «Schubladen-Psychologie» zahlte sich aus: Newton wurde (als Sohn eines Farmers) 1703 in den Adelsstand erhoben, 1705 Präsident der *Royal Society* und 1727 im Westminster Abbey beigesetzt (Kaufmann 2006, S. 45). Er konnte es allen recht machen …

Fragment 1 von Xenophanes zeigt nun dessen Einstellung zur Religion.

Die Religion bei Xenophanes

Die ionische Oberschicht lud ihresgleichen von Zeit zu Zeit privat zu Symposien ein. Zu den alteingesessenen Aristokraten gesellten sich mit der Zeit auch Neureiche, die durch den Handel zu Ansehen gelangt waren.

Bei den Symposien wurde nicht nur gegessen und getrunken und übers Geschäft geredet; es ging nicht nur um Intrigen und Smalltalk, sondern auch um religiöse und philosophische Fragen. Die Symposien waren die Erwachsenenbildung der Oberschicht. Dafür wurden renommierte Sänger und Philosophen eingeladen. Die Künstler lebten von Mäzenen (das Wort «Mäzen» geht zurück auf einen Vertrauten von Kaiser Augustus [63a–14p], *Maecenas*, der die Dichter Horaz und Vergil sponserte).

Das 1. Fragment schildert die Stimmung bei einem Symposion:

«Der Fußboden ist rein, ebenso unsere Hände und Becher. Gewundene Kränze legt uns ein Sklave ums Haupt, und ein anderer reicht uns duftende Salbe in einer Schale dar. Auch der Mischkrug steht da, angefüllt mit Frohsinn. Anderer Wein, unerschöpflich, steht in Krügen bereit, mild, blumenduftend. In unserer

> Mitte steigt heiliger Weihrauch empor. Auch frisches, kühles Wasser ist da, süß und klar, und goldgelb gebackene Brote; der altehrwürdige Tisch beugt sich unter der Last von Käse und fettem Honig.
>
> In der Mitte des Raums steht der mit Blumen reich geschmückte Altar. Gesang und Festfreude erfüllen das gastliche Haus. ... Nach dem heiligen Ritual – dem Opfer und Gebet um Kraft, das Rechte zu tun – ist's kein Frevel, den köstlichen Wein zu trinken, freilich nur so viel, dass man allein nach Hause findet. Heimgeleitet wird nur, wer unter Altersbeschwerden leidet.
>
> Von den Männern erntet Lob, wer nach dem Trunk Edles hervor bringt, das von seiner Tugend zeugt, nicht Dichtungen aus alter Zeit, wie etwa die Kämpfe der Titanen, Giganten oder Kentauren – das sind alles aus den Fingern gesogene Fantasien ... Nicht viel besser ist's, von tobendem Bürgerzwist zu berichten. Edel ist's vielmehr, pietätvoll der Götter zu gedenken. ... Es geziemt sich, den Göttern Lob zu singen mit alten und neuen Geschichten».

Die alten Lobgesänge auf die Götter nennt Xenophanes *Mythoi*, die neuen *Logoi*. Beide finden neben einander Platz; der Fortschritt ist kein revolutionärer Umbruch, sondern ein natürliches Weiterschreiten. Ob mit alten Mythen oder mit neuen Gedanken: Hauptsache ist, sie preisen die Tugend und gedenken pietätvoll der Götter. Man ist religiös. Für Xenophanes sind Religion und Fortschritt noch keine Gegensätze.

Den Raum dominiert ein mit Blumen geschmückter Hausaltar, von dem Weihrauch zu den Göttern empor steigt. Nach altem Brauch wird vor dem Essen gesungen und dem Himmel gedankt, um Kraft für das rechte Tun gebetet und den Göttern geopfert. Danach erfreut man sich des köstlichen Weins, doch mit Maß. Man ist in guter Gesellschaft.

Mythos und Logos

Mythoi und Logoi stehen bei Xenophanes für altes und neues Gedankengut. Mythen – etwa Homers Heldengeschichten – sind für ihn veraltete, unglaubwürdige gewordene, «aus den Fingern gesogene» Fantasien; von ihren Kraftmeiern hält er nichts.

Wertvoll sind für ihn Geschichten mit Esprit:

> «Besser als Männer- und Pferdestärke ist *Wissen*. Es schickt sich nicht, die Körperkraft dem Geist vorzuziehen. Wenn ein erfolgreicher Faustkämpfer unter den Bürgern wäre oder einer, der im Fünfkampf oder Ringkampf Hervorragendes leistete oder im Schnelllauf – der am wenigsten primitiven Disziplin –, käme die Stadt seinetwegen doch kein bisschen voran. Sie hätte nur geringen Nut-

zen davon, wenn einer ihrer Bürger an Pisas Ufern in Olympia siegen würde; ihre Speicher würden dadurch nicht voll» (Fragment 2).

Die sportverrückte Welt vergötterte Herkules und seinesgleichen. Für Xenophanes zeugt der Heroen-Kult von einem primitiven Geist, der niemanden weiter bringt. Was hilft, sind nicht Mythen, sondern *Logoi:* Köpfchen.

Für Xenophanes war das *Gottesbild* der Mythen veraltet.

Kritik am alten Gottesbild

Fragmente 14–16 kritisieren den mythischen Anthropomorphismus:

> «Die Sterblichen wähnen, die Götter würden geboren und hätten Kleider, Gestalt und Stimme wie sie selber» (Fragment 14).
>
> «Wenn die Ochsen, Pferde und Löwen Hände hätten und damit malen oder modellieren könnten wie wir Menschen, würden Pferde pferdeähnliche und Ochsen ochsenähnliche Götter zeichnen oder gestalten, so, wie sie selber sind» (Fragment 15).
>
> «Die Äthiopier glauben, ihre Götter seien stumpfnasig und schwarz; die Thraker meinen, sie seinen blauäugig und rothaarig» (Fragment 16).

Diese Mythen-Kritik ist zwar massiv, aber nicht radikal; sie stellt den Jenseitsglauben als solchen nicht in Frage. Xenophanes bemühte sich – vergleichbar der liberalen Theologie der Moderne – um ein religiöses Aggiornamento. Ihm ging es um die *Vergeistigung* veralteter Gottesbilder.

In diesem Sinn ist auch auch seine Feststellung zu verstehen, in den Mythen würden die Götter anthropomorph (menschenähnlich) dargestellt: «Die Sterblichen wähnen, die Götter seien … *wie sie selber»* (Fragment 14). Daraus folgerte er noch nicht (wie etwa der moderne Aufklärer Ludwig Feuerbach), die Götter seien bloß Projektionen der Menschen. Xenophanes lebte noch ganz im dualen Weltbild.

Monotheismus?

Fragment 23 zeigt, dass Xenophanes dem Monotheismus nahe stand. Was die Propheten Altisraels in Palästina bereits zwei Jahrhunderte vor ihm getan hatten, tat er nun in den ionischen Kolonien am Mittelmeer:

> «Ein einziger Gott ist, unter Göttern und Menschen der größte, weder an Gestalt den Sterblichen ähnlich noch an Gedanken» (Fragment 23).

Damit brachte Xenophanes das Gottesbild vieler Gebildeter seiner Zeit zur Sprache. Offiziell war die griechische Welt damals noch polytheistisch und blieb es noch viele Jahrhunderte lang; doch viele Gebildete hatten ein Gottesbild, das dem biblischen Monotheismus nahe stand.

Ist Fragment 23 aber wirklich monotheistisch?

«Ein einziger Gott ist, … weder an Gestalt den Sterblichen ähnlich noch an Gedanken.» Dieser Satz tönt monotheistisch; doch die Fortsetzung zeigt, dass der Monotheismus nicht konsequent durchdacht ist: Gott ist «unter Göttern und Menschen der größte». Das tönt henotheistisch: Neben Gott existieren noch andere Götter und göttliche Ahnen.

Dank der Inkonsequenz kam es nicht zur Konfrontation mit der polytheistischen Religion. Xenophanes suchte nicht den Kampf wie die militante Jahwe-allein-Bewegung in Altisrael. Dennoch setzte er sich für die Vergeistung des Gottesbildes ein. So förderte er die Bewusstseinsevolution.

Vergeistung des Gottesbildes

> «Mühelos bewegt der Gott alles kraft seines Geistes» (Fragment 25).

Diese Gottesvorstellung steht der Jesajas nahe; sie liegt auch dem biblischen Schöpfungsmythos zugrunde:

> «Gott sprach, und es ward so» (1. Mose 1$_{3.6.9.14.20.24.26.29}$).

Die innere Verwandtschaft zeigt auch ein Vergleich zwischen dem Geist-Begriff des Xenophanes und dem Jesajas:

Xenophanes nennt den Geist «νοῦς» (nuus). Dieses Wort veränderte seine Bedeutung während der Achsenzeit. Hatte es ursprünglich einen intuitiven, von Emotionen begleiteten Erkenntnisprozess bezeichnet (Ideen schlugen ein «wie ein Blitz»), so löste das intellektuelle Training das Denken von der instinktgebundenen Intuition.

Gebildete bekamen beim Denken keinen roten Kopf mehr, weil dieses zusehends mühelos vonstatten ging. Das Ich musste nicht mehr warten, bis ihm die Lösung endlich – mit körperlichen Begleitsymptomen – zufiel. Zugleich stieg das Denken, das die alten Griechen im Zwerchfell lokalisiert hatten, in den Kopf hinauf und kühlte sich dabei ab. Rational Trainierte dachten «objektiv»: emotionslos, sachlich, logisch.

Das Vorbild dieses Denkens wurde wegen seiner Unbewusstheit in der Projektion erlebt: Im Himmel schien jener Geist zu sitzen, der alles mühelos bewegt. Der jenseitige Gott – das reine Denken, der reine Geist – war das Ziel der geistigen Entwicklung. Der Mensch sollte so werden wie Gott, der kraft seines Geistes alles mühelos bewegt.

«νοῦς» wurde in der Achsenzeit vergeistigt. Diese Entwicklung bewirkte, dass der rationale Himmels-Pol der Psyche höher bewertet wurde als der irrationale, instinktgebundene Erd-Pol. Ratio und Intellekt standen der göttlichen Sphäre nun näher als die «fleischlichen» Emotionen des vergänglichen Leibes. Diese psychische Konstellation führte zur Trennung von Intellekt und Instinkt.

Diese Trennung kannte auch der biblische Monotheismus. In der Bibel hießen die Gegensätze «Fleisch» und «Geist». Der Mensch musste versuchen, sein «fleischliches» Trachten, das am Vergänglichen hing, zu überwinden und «geistlich» zu werden: in den Himmel zu kommen, die Gegenwart Jahwes zu erfahren, des «ganz Anderen», über allem «Fleisch» Erhabenen.

Nach diesem sprachgeschichtlichen Exkurs wenden wir uns dem letzten Vorsokratiker zu, der hier zur Darstellung gelangt, Demokrit von Abdera.

Demokrit von Abdera (460–380a)

«Der beste aller Philosophen»

Leider sind von Demokrits Schriften nur noch kümmerliche Fragmente erhalten. Auch Demokrit lebte in einer ionische Kolonie, im thrakischen Abdera in Nordgriechenland. Er stammte aus einem gebildeten Elternhaus und stellte sein ganzes Vermögen in den Dienst der Wissenschaft.

Diogenes Laërtios, ein Philosopiehistoriker der Spätantike, nannte ihn in seinem zehnbändigen Werk den «besten aller Philosophen».

Demokrit lebte anderthalb Jahrhunderte nach Thales, ein Jahrhundert nach Xenophanes und war ein Zeitgenosse des Sokrates.

Im Altertum wurde er von vielen Gebildeten ebenso hoch geschätzt wie die beiden philosophischen Koryphäen, Platon und Aristoteles.

Die christliche Kirche, die den Untergang des Römischen Reiches überlebte und das geistige Erbe der Antike der Nachwelt überlieferte, hatte für Demokrits Ideen kein Verständnis; so geriet er in Vergessenheit. Sein Comeback feierte er in der Aufklärung mit Baron d'Holbach (1723–1789).

Demokrits Atomtheorie

Bei der Erforschung des Seins ging Demokrit den von Thales eingeschlagenen Weg der Entmythologisierung der Natur konsequent weiter; er zerlegte die *prima materia* des Thales, das Wasser, in weitere Bestandteile. In der Sprache der heutigen Chemie analysierte er das Wassermolekül H_2O in seine Atome Wasserstoff und Sauerstoff.

Unter einem «Atom» verstand er aber nicht dasselbe wie wir. Sein Atom war ein theoretisches Produkt: «A-tomos» bedeutet «unteilbar». Woraus ein Atom konkret bestehe, konnte er nicht sagen; es war für ihn die allerkleinste, nicht mehr weiter zerlegbare Grundeinheit des Seins.

Im Unterschied zum heutigen Atom, das aus noch kleineren Einheiten – Energiequanten – aufgebaut ist, waren Demokrits Atome nicht mehr weiter teilbar. Sie waren die elementaren Bausteine des Universum.

Jenseits desselben gab es für Demokrit nichts. Er war der erste, der ohne die Vorstellung eines Jenseits auskam. Damit begann der Zerfall des dualen Weltbilds und der damit verhängten archaisch-mythischen Religion.

These → Antithese

Da sich Demokrit die Atome als *feinstoffliche* Körperchen vorstellte, bestand für ihn alles, was ist, aus Materie – auch das Denken.

Sein Weltbild war die *Antithese* zum dualen Weltbild. Es war unistisch: Das Seinsganze war ein Einziges und enthielt nichts als Materie.

Es ist ein Gesetz der geistigen Entwicklung, dass diese *dialektisch* voran schreitet: von der These zur Antithese, wobei beim Schritt in die Antithese die bisherige Position total abgelehnt wird. Demokrit entzog damit der Religion den Boden unter den Füssen.

Demokrits Schritt in die Antithese ist aus heutiger Sicht ein Schwachpunkt seines Weltbilds. Er schoss übers Ziel hinaus. Doch sein Schritt in die Antithese war nötig, um den Geist aus der uralten Umarmung durch das duale Weltbild befreien zu können. Dasselbe Gesetz ist auch in der Pubertät wirksam, wo die Jungen ihre Eltern allzu sehr ablehnen, um sich von ihrer Übermacht befreien zu können.

Demokrit war ein Großer Einzelner. Er vertraute auf sein logisches Denken, mit dem er seine Erkenntnisse zu einem fundamental neuen Weltbild verarbeitete. Das war eine Leistung von epochaler Bedeutung: ein Evolutionsschritt mit 7-Meilen-Stiefeln.

Neue Auffassung vom Tod

Mit dem Jenseits fiel auch die Vorstellung vom persönlichen Weiterleben nach dem Tod dahin. Damit traf Demokrit das archaisch-mythische Weltbild in seinem Kern. Fragment 297:

> «Wer von der Auflösung des Menschen durch den Tod noch nichts weiß und noch an die erlogenen Mythen von einem Leben nach dem Tod glaubt, ... fürchtet sich vor Strafen im Jenseits – das gar nicht existiert.»

Für Demokrit war der Jenseitsglaube «erlogen». Da er im Geist der Antithese befangen war, bewertete er die Jenseitsvorstellung negativ. Diese war aber nicht erlogen, sondern war – infolge des archaischen Konkretismus – einfach schon immer da gewesen. Demokrit vermengte einfach die inneren Wahrnehmungen nicht mehr mit der äußeren Realität.

Seine Ansicht über den Tod war, dass die Atome, die während des Lebens vom Lebensfeuer zusammengehalten werden, beim Erkalten des Leibes im Tod aus einander stieben. Dadurch zerfällt der Mensch. Die Atome, die einst zu ihm gehörten, fliegen nun woanders herum.

Demokrit dachte, der Irrglaube an ein Weiterleben nach dem Tod werde bald überwunden sein. In Fragment 297 unterstreicht er diese Überzeugung durch die zweimalige Verwendung des Wortes «noch»:

> «Wer noch nichts weiß ... und noch glaubt ...»

Für ihn war es nur eine Frage der Zeit, dass die Vorstellung vom persönlichen Weiterleben infolge des Fortschritts der Wissenschaft verschwinden werde. Er dachte, die wissenschaftliche Erkenntnis, dass alles Sein aus Atomen besteht und dass es darüber hinaus nichts gibt, werde unweigerlich zur Erkenntnis führen, dass mit dem Tod alles aus sei. Dass die Mühlen der Bewusstseinsevolution derart langsam mahlen, wie sie es tatsächlich tun, konnte er sich nicht vorstellen.

Wenn aber mit dem Tod alles aus ist, dann muss die Ethik neu fundiert werden. Der Hinweis auf das Jüngste Gericht, das einen belohnen oder bestrafen werde, verfängt nicht mehr.

Wie aber lässt sich eine Ethik ohne die Vorstellung von einem Jenseits begründen? Gibt es eine Ethik ohne Gott?

Neue Ethik

Demokrits Begründung der neuen Ethik ist heute noch gültig.

Im Blick auf die traditionelle Begründung der Ethik argumentierte er, einer, der noch ans Jüngste Gericht glaube, handle letztlich aus Angst vor Bestrafung oder aus dem Wunsch nach Belohnung; beides seien keine vernünftigen Gründe für ein ethisches Verhalten. Eine bessere Motivation sei die *Euthymia.* Damit bezeichnete er einen Zustand innerer Ausgeglichenheit, in den man gelange, wenn man sich eine Sache so lange überlege, bis man ganz sicher sei. Der Ethik der Religion hielt er ein in der Vernunft begründetes Handeln entgegen:

> «Nicht aus Furcht, sondern *aus Vernunft* soll man böse Taten vermeiden» (Fragment 41)!

Zusammenfassung

Mit Demokrit, der die Welt konsequent nichtmythisch erklärte und auch eine nichtreligiöse Begründung der Ethik schuf, erreichte die vorsokratische Philosophie ihren Höhepunkt: «Die Welt besteht nur aus Atomen, und die wahre Ethik basiert auf der Vernunft.»

Weiterentwicklung der griechischen Philosophie

Nach Demokrit nahm die Philosophie eine Wende, die durch Platon eingeleitet wurde. Dessen *nichtmythische Heilslehre* lässt sich als Gegenentwurf zu Demokrit verstehen. Platon schuf einen Ersatz für die Religion: Er behielt die Jenseits-Vorstellung bei, ersetzte aber die Mythen durch ein System philosophischer Begriffe.

In diesem Kompromiss fanden jene, denen Demokrits Antithese zu radikal war, einen zeitgemäßen Ersatz für die Religion.

Platon (427–347a)

Platons Werk: «Phaidon»

Sokrates und Platon

Platon, Spross einer alten Aristokratenfamilie Athens, war ein Schüler des Philosophen Sokrates, der in derselben Stadt gewirkt hatte und dort zum Tode verurteilt worden war. Sokrates war damals einundsiebzig; Platon zählte jedoch noch keine dreißig Lenze.

Sokrates hatte die Gewohnheit, Leute mit verantwortlichen Posten auf dem Markt anzusprechen und in längere Gespräche zu verwickeln. Sein philosophisches Programm lautete: «Vom Scheinwissen zum wahren Wissen.» Dabei dozierte er nie, sondern verstand sich als *Hebamme*, die den Mitbürgern helfe, begründetes Wissen zu finden. Seine Methode war die *maieutische* (von *maieuein:* entbinden; *Maieuma* war das von der Hebamme zur Welt gebrachte Kind: fundiertes Wissen).

Von sich selber sagte Sokrates: «Ich weiß, dass ich nichts weiß.»

Die innere Macht, die ihn antrieb, unablässig nach der Wahrheit zu fragen, nannte er sein *Daimonion*. Im Verständnis der Tiefenpsychologie diente er dem Licht-Archetyp, dem Trieb nach klaren, bewusstem Wissen. Das war seine Berufung. Er stand im Dienst der Bewusstseinsevolution.

Doch so sehr es für ihn selber Sinn machte, der Wahrheit zu dienen und wahrhaftig zu leben, so sehr ärgerte er damit gewisse Mitbürger. Diese empfanden ihn als eine lästigen Fliege, die einem ständig um die Nase herum schwirre, und starteten eine Verleumdungskampagne gegen ihn. Diese führte zu einem Gerichtsprozess und zu seiner Verurteilung. Das Urteil lautete, er verführe die Jugend und stelle die herrschenden Sitten in Frage – beides todeswürdige Verbrechen. Im Gefängnis erhielt er aber ein Angebot zur Flucht … Eigentlich wollte man nur loshaben. Doch der alte Weise lehnte ab und trank den Schierlingsbecher.

Der Schierling ist ein Doldengewächs mit weißen Blüten. Die unreifen Früchte der Dolden enthalten giftiges Coniin, das man durch Auspressen der Dolden gewann und in den Becher goss, den der zum Tode Verurteilte trinken musste. Daher der Name: «Schierlings-Becher.»

Für den jungen Platon war der Tod seines Lehrers ein Schock. Wie konnte es sein, dass Athen, die «Stadt der Philosophen», jenen Mann zum Tod verurteilte, der «von allen Philosophen der trefflichste war, der vernünftigste und gerechteste» (Phaidon 118a)!?

Sokrates und Phaidon

Ein anderer Schüler des Sokrates war Phaidon. Dieser hatte den Tod seines Lehrers aus nächster Nähe miterlebt, war dann in seine Heimatstadt Elis zurückgekehrt und hatte dort eine Philosophenschule gegründet. Er verfasste Schriften über Sokrates. Leider gingen diese verloren; erhaltene Bruchstücke zeigen, dass er Sokrates richtig verstanden hatte.

Diesen Phaidon macht Platon in seinem Buch gleichen Namens zum Erzähler der Hinrichtung des Sokrates: Phaidon schildert dem Echekrates, einem Pythagoräer aus Phleios in der Peloponnes, die letzten Stunden des Sokrates (mit einem Pythagoräer konnte man sich als Leser leicht identifizieren; denn sie waren bekannt).

Der Dialog «Phaidon» vermittelt durch diese Inszenierung den Eindruck, man werde aus erster Hand informiert. Platon verstand sein Handwerk.

Anfang und Schluss des «Phaidon»

Das Buch beginnt mit der Frage des Echekrates an Phaidon, ob er den Tod des Sokrates selber miterlebt habe oder ob er den Vorgang nur vom Hörensagen kenne:

> *Echekrates:* «Warst du, Phaidon, persönlich dabei an jenem Tage, als Sokrates das Gift trank im Gefängnis; oder hast du die Geschichte nur von andern gehört?»
> *Phaidon:* «Ich war persönlich dabei, Echekrates.»
> *Echekrates:* «Was hat der Mann alles gesagt vor seinem Tod, und wie ist er gestorben? Das würde ich gerne von dir hören» (Übersetzung: F. Schleiermacher, hie und da leicht abgeändert).

Am Schluss des Buches schildert Phaidon den Tod des Sokrates:

> «Als nun Sokrates den Sklaven, der ihm den Giftbecher brachte, sah, sprach er ihn an: ‹Wohl, bester, da du sachverständig bist, kann ich dich fragen: Was muss ich jetzt tun?› – ‹Nichts weiter›, sagte der, ‹als das: Wenn du getrunken hast, gehst du herum, bis dir die Schenkel schwer werden, und dann legst du dich nieder; so wirkt es am besten.›
>
> Damit reichte er Sokrates den Becher, und dieser nahm ihn. Und ganz getrost, Echekrates, ohne im mindesten zu zittern oder Farbe und Gesichtszüge zu verändern, sondern, wie sonst, ganz direkt den Menschen ansehend, fragte er ihn: ‹Was meinst du wegen des Opfers? Darf man einen Schluck des Bechers den Göttern spenden oder nicht?› – ‹Wir bereiten nur so viel zu, Sokrates, wie wir denken, dass es zum Sterben ausreiche.› – ‹Ich verstehe›, sagte Sokrates, ‹doch zu den Göttern *beten* darf man, damit die Wanderung von hier nach drüben glückt. Darum bete ich jetzt.›
>
> Danach setzte er den Becher an und trank ihn unverdrossen aus. Die meisten von uns hatten sich bisher einigermaßen beherrschen können; doch als wir sahen, dass er das Gift bis zum letzten Tropfen ausgetrunken hatte, konnten wir uns nicht mehr zurückhalten. Auch mir flossen die Tränen mit Gewalt, nicht

nur tropfenweise. Ich musste mich verhüllen, nicht seinetwegen, sondern meinetwegen: Was für eines Freundes würde ich nun beraubt! ...

Alle weinten, nur Sokrates nicht, der sagte: ‹Was soll das, ihr tapferen Männer! Ich habe die Weiber extra heim geschickt, damit nicht geheult werde. Ich war schon immer der Ansicht, es solle Stille herrschen, wenn jemand stirbt. Seid also tapfer!› Als wir das hörten, schämten wir uns und nahmen uns zusammen.

Dann ging Sokrates umher, bis er spürte, dass ihm die Schenkel schwer wurden. Dann legte er sich auf den Rücken, ganz nach dem Geheiß des Sklaven. Dieser berührte ihn von Zeit zu Zeit und tastete seine Füße und Schenkel ab. Schließlich drückte er seinen Fuß fest und fragte, ob er das noch spüre. Sokrates verneinte. Darauf drückte er seine Knie, und so ging er immer höher hinauf und zeigte uns, wie Sokrates erkaltete und erstarrte. Darauf drückte er ihn noch ein letztes Mal und sagte, wenn die Unempfindlichkeit bis zum Herzen gelangt sei, dann sei es aus.

Als ihm der Unterleib schon fast ganz kalt war, sagte Sokrates, und das waren seine letzten Worte: ‹Kriton, wir sind dem Asklepios noch einen Hahn schuldig; bringt ihm das Opfer dar, versäumt es nicht!› – ‹Es soll geschehen›, sagte Kriton, ‹möchtest du sonst noch etwas?›

Als Kriton das fragte, antwortete er bereits nicht mehr. Bald darauf zuckte er, und seine Augen brachen. Danach schloss ihm Kriton Mund und Augen.

Das, Echekrates, war das Ende unseres Freundes, des Mannes, der nach unserem Urteil von den damaligen Lehrern, mit denen wir es versuchten, der trefflichste war, der vernünftigste und der gerechteste» (Phaidon 117a–118a).

Zweifellos geht diese Schilderung auf Augenzeugenberichte zurück; andererseits ist unwahrscheinlich, dass Sokrates in seiner letzten Stunde plötzlich so traditionell war. Wir werden darauf zurückkommen.

Zuerst wenden wir uns aber dem mittleren Teil von Platons «Phaidon» zu.

Der mittlere Teil des «Phaidon»

Nun trägt Sokrates die *Ideenlehre* vor, den Kern von Platons Philosophie.

Die Frage ist, ob hier Sokrates oder Platon spreche. Die Untersuchung zeigt, dass Platon seinem Lehrer seine eigenen Ansichten in den Mund legt; er stellt seine Ideenlehre als das geistige Vermächtnis des sterbenden Sokrates hin und umgibt diese mit einem unantastbaren Nimbus.

In der heutigen Zeit könnte sich das ein Schriftsteller nicht mehr leisten. Er hätte einen Prozess am Hals; seine Karriere wäre im Eimer. Zu Platons Zeiten war das anders. Damals musste der Schriftsteller sein eigenes Licht unter den Scheffel stellen, um nicht als Wichtigtuer zu erscheinen. Darum ließ Platon seine eigene Philosophie von seinem berühmten Lehrer vortragen. Dass er nicht die Wahrheit sagte, fiel kaum ins Gewicht, weil das historisch-kritische Bewusstsein noch zu wenig entwickelt war.

Es ist nicht schwer nachzuweisen, dass die Ideenlehre, die Sokrates im mittleren Teil des «Phaidon» vorträgt, von Platon stammt; denn Sokrates war ein nüchterner Realist. Beispielsweise war der Glaube an ein Leben nach dem Tod für ihn eine Meinung, die er – mangels Beweisen – weder bestritt noch befürwortete. Anders denkt jedoch Platons Sokrates im mittleren Teil des «Phaidon»: Dort glaubt er an eine «Wanderung nach drüben». Zudem will er – am Schluss des «Phaidon» – einen Teil seines Todestranks den Göttern opfern, und als das nicht geht, bittet er die Götter im Gebet um ihre Hilfe auf der Jenseitsreise, und dann ordnet er noch an, dem Gott Asklepios einen Hahn zu opfern. Dass Sokrates derart traditionsbewusst gehandelt hat, ist unwahrscheinlich. Ganz sicher sagte er aber nicht – wie Platon im «Phaidon» behauptet –, die *Todessehnsucht* sei das Merkmal echter Philosophie. Dieser Gedanke war Sokrates fremd.

In der «Apologie» sagt er nämlich:

> «Eins von beiden ist der Tod: Entweder ist er ein Nichtsein; dann hat der Verstorbene keinerlei Empfindung von irgend etwas mehr. Oder dann geht, wie die Alten sagten, die Seele von diesem Leben in ein anderes.
>
> Ist der Tod nun wie ein Schlaf, in dem der Schlafende nicht einmal mehr einen Traum sieht, dann ist er wunderbar. Denn eine Nacht, in der einer so tief schläft, dass er nicht einmal einen Traum hat, ist köstlicher als alle andern Nächte und Tage unseres Lebens! …
>
> Wenn der Tod nun ein traumloser Schlaf wäre, wäre er überaus kostbar, nicht nur für gewöhnliche Bürger, sondern sogar für den Persischen Großkönig. …
>
> Wenn er aber ein Auswandern aus diesem in ein anderes, unsterbliches Leben wäre, und wenn wahr ist, was man sagt, dass alle, die gestorben sind, gerecht gerichtet und unsterblich werden: Welches Glück könnte größer sein als dieses – falls zutrifft, was die Alten sagten» (Apologie 40e–41c)!

Im «Phaidon» sehnt sich Sokrates jedoch danach, seinen Leib verlassen zu dürfen, um in die wahre, rein geistige Welt eingehen zu können:

> «Wer sich auf die Philosophie einlässt, ist auf nichts anderes aus als darauf, zu sterben. … Mein Leben lang habe ich nach nichts anderem gestrebt als danach, und jetzt wäre es unsinnig, wenn ich, da ich am Ziel bin, plötzlich das

ablehnen würde, was ich stets begehrte, nämlich zu sterben» (Phaidon 64a). «Die ganze Arbeit des Philosophen ist nichts anderes als die Loslösung und Trennung der unsterblichen Seele vom sterblichen Leib» (Phaidon 76d).

«*σωμα – σημα (sôma – sêma):* Der Leib – ein Gefängnis.» So lässt sich Platons Ideenlehre im «Phaidon» zusammenfassen. Die unsterbliche Seele, gefangen im Leib, sehnt sich danach, aus dem Gefängnis der vergänglichen Materie befreit zu werden, um drüben in den Genuss des ewigen Geistes gelangen zu können.

Das ist *Platons* Ideenlehre, nicht die Ansicht seines Lehrers Sokrates.

Platons Ideenlehre

«Vom Scheinwissen zum wahren Wissen»: So hatte das philosophische Programm des Sokrates gelautet, dem sich auch sein Schüler Platon verpflichtet fühlte. Doch dieser verstand den Lehrer auf seine seine eigene Weise: Während Sokrates als extravertierter Praktiker im Hier und Jetzt lebte, machte der introvertierte, intuitive Theoretiker aus dem Programm seines Lehrers eine *Heilslehre*, wonach der echte Philosoph nichts mehr begehrte, als sich von der vergänglichen Welt des Fleisches zu lösen und in die unvergänglichen Welt des Geistes einzugehen:

> «Der Philosoph bemüht sich, seine Seele so weit wie möglich aus der Gemeinschaft mit dem Leib herauszulösen» (Phaidon 64e). ... ‹Die Reinigung der Seele besteht darin, diese so weit wie möglich vom Leibe zu trennen und sie daran zu gewöhnen, sich immer mehr aus dem Leib zurückzuziehen und in sich selbst zu sammeln, indem sie sich aus dem Leib wie aus Fesseln löst› (Phaidon 67c).
>
> «Beim Betrachten des reinen Denkens scheint uns gewissermaßen die Todesgöttin mit sich davon zu führen; denn solange wir an unseren Leib gekettet sind und unsere Seele mit diesem Übel verwachsen ist, werden wir niemals in vollem Maße erreichen, wonach wir streben: nach Wahrheit» (Phaidon 66b).

Für den jungen Platon war die Gelassenheit, mit der Sokrates den Tod annahm, der Gipfel des philosophischen Strebens. Mit dem Tod hatte Sokrates sein Ziel erreicht: Nun konnte er endlich in die ewige Welt des reinen Geistes eingehen.

Die Ideenlehre im Kontext der Bewusstseinsevolution

Im Kontext der Bewusstseinsevolution betrachtet, bildet Platons Ideenlehre den Abschluss des Prozesses der Höherbewertung des Geistigen. Platon verlieh dem Geist metaphysische Bedeutung; das Höhere, rein Geistige war göttlich. Er ersetzte die Mythologie der Volksreligion durch seine Ideenlehre, die den Volksglauben vom Anthropomorphismus reinigte und das Jenseits vergeistigte.

Damit traf sich Platons Gottesvorstellung mit der Jesajas. Auf dem Grund eines rein geistigen, über das vergängliche Fleisch erhabenen Gottesbegriffs verschmolzen später platonische Philosophie und christlicher Monotheismus zu einer umfassenden Heilslehre; Platon wurde zum Lieblingsphilosophen der christlichen Theologie. Er erhob abstrakte Begriffe – etwa die Idee des Schönen – zu *göttlichen Hypostasen*, die im Jenseits beheimatet seien. Konkrete irdische Schönheit war nun nur noch das *Abbild* des wahren Seins, und da sie vergänglich war, galt sie als weniger *wirklich* als die abstrakte Idee derselben, das ewige Urbild des Schönen.

Mit dieser Vorstellung von Urbild und Abbild begann der *Universalienstreit*, der die Gelehrten bis zum Beginn der Neuzeit beschäftigen sollte. Strittig war, inwiefern Allgemeinbegriffe – lateinisch: *universalia* – an der wahren, ewigen Welt des Geistes Anteil hätten.

Im Rückblick zeigt sich, dass die Höherbewertung des Geistes eine idealistische Phase der Bewusstseinsevolution war, in welcher der obere Pol bevorzugt und dem Göttlichen zugewiesen wurde.

Nach diesem philosophiegeschichtlichen Abstecher wenden wir uns der Frage zu, wie sich Platons Philosophie in der Praxis bewährt habe.

Platon in Syrakus

Das sizilianische Syrakus war eine griechische Kolonie. Es erlebte unter Dionysos I. und II. eine Blütezeit und war eine der bedeutendsten Städte des Mittelmeers. Durch seine Zugehörigkeit zu Athens Aristokratie hatte Platon verwandtschaftliche Verbindungen zum Königshof in Syrakus, und dadurch fand er Gelegenheit, seine Philosophie in die Politik umzusetzen. Am Hof in Syrakus lebte Platons Freund *Dion*, ein Onkel des Königs Dionysos II.; diesen gewann Dion für Platons Philosophie. Dionysos II. war so sehr vom Philosophen aus Athen angetan, dass er ihm die Chance gab, seine Philosophie in Syrakus umzusetzen.

Platon wurde mit Vorschusslorbeeren empfangen. Der König und seine Minister waren willens, ihr Reich nach Platons Buch *Politeia* (Lehre vom wahren Staat) zu regieren.

Was hieß das? Der wahre Staat ist nach Platon hierarchisch aufgebaut: Die Bevölkerung besteht aus drei Schichten: Zuoberst thront der Philosoph mit seiner Entourage; sie verkörpern die reine Idee, den ewigen Geist. Zuunterst lebt das Volk (Bauern, Handwerker und Kaufleute); sie sind nur ein Abbild des Ewigen und verkörpern die vergängliche Materie. Die Mittelschicht bilden das Heer und die Wächter. Das Heer hat den Auftrag, den Staat gegen Angriffe von außen zu schützen, und die Wächter müssen dafür sorgen, dass die Gesetze, die die Regierung erlässt, befolgt werden.

Warum es gerade *drei* Kasten braucht, erklärt Platon mythologisch:

> «Der Gott, der euch erschuf, hat denen unter euch, die zum Herrschen berufen sind, bei ihrer Geburt Gold beigemischt; daher sind sie die gediegensten. Deren Gehilfen, den Soldaten und Wächtern, gab er Silber. Den Bauern und Handwerkern gab er Eisen und Erz» (Politeia 415a).
> «Wenn Eisen und Erz die Stadt regieren – sagt das Orakel –, wird die Stadt untergehen» (Politeia 415c).

Die hierarchische Struktur des Staates war für den Aristokraten Platon *gottgewollt*. In einer Demokratie würden lediglich «Eisen und Erz die Stadt regieren». Die einzig wahren Herrscher waren die Philosophen; denn nur sie erachteten die irdischen Güter für gering und trachteten mit all ihrer Kraft nach der Schau des Schönen, Guten und Wahren (521b):

> «Nur die Philosophen regieren wach und nicht wie im Traum. Zurzeit werden die meisten Staaten von Menschen regiert, die Schattengefechte mit einander führen und sich im Kampf um das höchste Amt entzweien – wie wenn dieses das allerhöchste Gut wäre! In Wahrheit wird jener Staat am besten regiert, in dem die zur Regierung Berufenen überhaupt keine Lust haben, Macht auszuüben» (520c–d).

So berechtigt Platons Klage über primitive Machtkämpfe und Schattengefechte in der Politik ist, so naiv ist seine Alternative: Jene Philosophen, welche «die irdischen Güter für gering erachten und mit all ihrer Kraft nach der Schau des Schönen, Guten und Wahren streben» (521b), sind nämlich wegen ihrer allzu idealistischen Einstellung unfähig zu regieren. Platons *Politeia* ist eine weltfremde Theorie, die sich nicht umsetzen lässt.

So kam es auch. Das Experiment der Umsetzung von Platons Philosophie musste bald abgebrochen werden, weil der auf dem politischen Parkett unerfahrene Philosoph sich in Hofintrigen verstrickte, denen er als Introvertierter nicht gewachsen war. Enttäuscht über die Verdorbenheit dieser

Welt, segelte der Philosoph unverrichteter Dinge wieder in seine Studierstube in Athen zurück.

Zum Schluss gehe ich noch auf Platons weltberühmtes Höhlengleichnis ein, das seine Philosophie in einem Bild darstellt (Politeia 514a–518b).

Das Höhlengleichnis

Die Gefangenen

Das Höhlengleichnis handelt von Gefangenen und dem misslungenen Versuch, diese zu befreien. Im Gegensatz zu den meisten Mythen und Märchen hat es kein *happy end.*

Die Gefangenen leben in einer Höhle ohne Tageslicht. Ihr Licht stammt von einem Feuer hinter ihrem Rücken. Weil sie gefesselt sind, können sie dieses aber nicht sehen. Was sie sehen, ist eine Wand vor ihnen.

Hinter ihnen, zwischen ihnen und dem Feuer, führt ein Weg vorbei. Darauf tragen unbekannte Menschen Gegenstände vorüber. Auf der Wand vor ihnen sehen die Gefangenen Schattenbilder: Es sind die Schatten der Gegenstände, die hinter ihnen auf dem Weg vorbei getragen werden. Die Schatten der Menschen, welche die Gegenstände tragen, sehen sie aber nicht; denn der Weg ist von einer mannshohen Mauer eingefasst.

Nun diskutieren die Gefangenen mit einander über die Schattenbilder. Da sie noch nie etwas anderes sahen, halten sie diese für die Wirklichkeit. Wer am besten von den Schatten redet, wird gelobt. Woher sie stammen, wer sie bewegt und wie die wahre Welt draußen vor der Höhle aussieht, davon haben sie keine Ahnung (516c).

Ein Befreiter

Wenn jetzt einer von ihnen befreit und den Weg hinauf ans Sonnenlicht geführt würde, wäre er zunächst von der Helligkeit geblendet; seine Augen würden ihn schmerzen. Mit der Zeit würde er aber erkennen, wie die Welt vor der Höhle wirklich ist, und

> «… zuletzt würde er auch die Sonne selbst zu betrachten imstande sein, und dann würde er erkennen, … dass sie es ist, die alle Zeiten und Jahre schafft und alles ordnet. … Und wenn er nun seines früheren Lebens in der Höhle und seiner ehemaligen Mitgefangenen gedenken würde, würde er sich in seiner Freiheit preisen, die Gefangenen in der Höhle aber beklagen» (516c–d).

Er würde lieber arm aber in Freiheit leben als reich und in Fesseln. Nach einer Weile würde der Befreite an seine gefangenen Brüder denken, die im Dunkeln sitzen und das wahre Licht nicht kennen. Er würde sich ihrer erbarmen und sich auf den Weg machen, um sie über alles aufzuklären.

Reaktion der Gefangenen

Wenn der Befreite nun an seinen alten Platz in der Höhle zurückkehren und seinen Mitbrüdern sagen würde, er habe das wahre Licht gesehen, würden sie ihm nicht glauben:

> «Man würde ihn auslachen und ihm sagen, er sei mit blöden Augen zurück gekommen; es lohne sich nicht, hinauf zu steigen. Ja man würde *jeden umbringen*, der sie befreien und zum Licht bringen möchte» (517a).

Mit dem letzten Satz spielt Platon auf den Justizmord an Sokrates an, der seine Mitbürger zur Wahrheit führen wollte und dafür umgebracht wurde. Darum hat das Höhlengleichnis kein *happy end.*

Platons Deutung

Platon deutet seine Parabel mit den Worten:

> «Das Hinaufsteigen aus der Höhle und die Beschauung der oberen Dinge bedeutet den Aufschwung der Seele an den Ort der wahren Erkenntnis» (517b).

Platons Philosophie wollte die im Scheinwissen Gefangenen befreien.

Deutung des Höhlengleichnisses

Ein archetypisches Thema

Platons Gleichnis wurde weltberühmt. Es behandelt das archetypische Thema der Bewusstwerdung des Menschen; es schildert die Entwicklung vom halbbewussten Dämmerzustand des Ichs bis zu dessen Erwachen im Tageslicht (individuell: den Prozess vom Säuglingsalter bis zum frühen Erwachsenenalter, menschheitsgeschichtlich: die Entwicklung von der Altsteinzeit bis zu Sokrates).

Der Mensch beginnt sein Leben onto- und phylogenetisch als ein von seinen Instinkten und Kollektiv-Normen beherrschtes Wesen; der Urzustand der Entwicklung des Ichs erscheint im Gleichnis als dunkles Halb- und Scheinwissen von Höhlenbewohnern.

Der Entwicklungsschritt zum bewussten, rationalen Wissen erscheint im Bild des Aufstiegs nach oben, des Austritts aus der Höhle ins klare Licht der Sonne, «die alle Zeiten und Jahre schafft und alles ordnet». Das Ziel der geistig-seelischen Entwicklung ist *solare Erkenntnis:* klares, rationales Wissen. Dieses wird als höher und wertvoller eingestuft als das schummrige, instinktive Ahnen im Mondlicht. Das Gleichnis schildert das Erwachen des Ichs aus dem Dämmerzustand.

Das ist das Thema von Platons Philosophie. Der Motor, der diesen Prozess antreibt, ist der Wunsch des Menschen, zum wahren Licht der Sonne zu gelangen. Hinter diesem Wunsch steht der Licht-Archetyp, der die Bewusstseinsevolution antreibt. Ihm steht die Neophobie gegenüber: Man will weiterhin im Dunkeln bleiben und lehnt den ab, der einen befreien und ans Licht bringen will; anstatt Lob und Bewunderung erntet dieser Spott und Hohn und wird sogar mit dem Tod bedroht.

Mit dem Höhlengleichnis gelang Platon die Darstellung einer archetypischen, heute noch gültigen Wahrheit: Geistige Fortschritte werden zuerst stets bekämpft. Die Neophobie versucht, die Bewusstseinsevolution zu unterdrücken; die Finsternis will das Licht nicht aufkommen lassen, die Nacht den Aufgang der Sonne verhindern. Das ist heute noch genauso wie zurzeit Platons. Doch ist das die ganze Wahrheit? Muss die Geschichte negativ ausgehen, wie es im Höhlengleichnis der Fall ist? Wird der Wunsch des Menschen, zum Licht zu gelangen, nie erfüllt werden?

Die bisherige Geschichte der Bewusstseinsevolution beweist, dass dem nicht so ist. Kulturpessimismus ist nicht angebracht. Das gilt aber nur fürs große Ganze. Im Kleinen gibt es immer wieder Rückschläge, in denen die Neophobie triumphiert. Insofern hat der negative Schluss von Platons Höhlengleichnis seine Berechtigung.

The bad End

In der Regel enden Mythen und Märchen mit einem *happy end.* Im Höhlengleichnis obsiegt jedoch die Neophobie. Der Grund dafür war, dass Platon den Verlust des Sokrates nie ganz verwinden konnte. Sein Tod war niederschmetternd, ein Schock, über den Platon zeitlebens nie hinweg kam. Meines Erachtens wurzelt Platons Philosophie in diesem Verlust-Trauma. Platon verstand die Überlegenheit des Alten Weisen, mit der Sokrates den Schierlingsbecher trank, auf seine Weise: Sokrates wurde für den jungen Platon zum vollendeten Weisen, der «diese Welt» hinter sich lässt. «Die Welt hinter sich lassen» – das war für Platon die Offenbarung.

Aus dem Programm des Sokrates: «Von Scheinwissen zum wahren Wissen» machte Platon die Heilslehre: «Vom fleischlichen zum rein geistigen

Leben.» In diesem Programm suchte Platon sein Seelenheil. Er beachtete nicht, dass Sokrates bei seinem Tod am Ende eines erfüllten Lebens gestanden hatte, während er selber, Platon, noch keine Dreißig war. Seiner Philosophie lag die riesige Enttäuschung über den Verlust seines Meisters zugrunde, mit dem er nicht fertig wurde. Darum zog er sich vorzeitig aus dem Leben zurück. Das Leben hatte ihn derart enttäuscht, dass er ihm fortan den Rücken zukehrte.

Die Konstellation des «Alten Weisen» erfolgte bei Platon zu früh. Die Identifikation mit dem alten Lehrer machte aus ihm einen «Früh-Vollendeten». Seine Philosophie ist die Einstellung des Alten Weisen, der auf sein Leben zurückblickt und sich zurück zieht. Diese Haltung ist für einen jungen Menschen unnatürlich. Das Leben will zunächst einmal gelebt werden, bevor man sich davon verabschiedet. Der natürliche Reifungsprozess kann nicht übersprungen werden. Was dem Alter gemäß ist, ist in der Jugend noch falsch. Nicht nur der Leib des Menschen, sondern auch seine geistige Einstellung ist einem unablässigen, evolutionären Wandel unterworfen.

Die weltfremde Philosophie des Platon spiegelt den gescheiterten Versuch, sein Verlust-Trauma durch Verzicht auf das Leben aufzuarbeiten. Darum war sie nicht welttüchtig, sondern weltflüchtig. Für junge Menschen, die lernen müssen, sich einen Platz in der Welt zu erobern und diesen zu gestalten, ist Platon nicht hilfreich. Die folgenden, für Platons Philosophie zentralen Sätze sind Gift für junge Menschen:

> «Die ganze Arbeit des Philosophen ist nichts anderes als die Loslösung und Trennung der unsterblichen Seele vom sterblichen Leib» (Phaidon 76d).
> «Wer sich auf die Philosophie einlässt, ist auf nichts anderes aus als darauf, zu sterben» (Phaidon 64a).

Ich schließe mit der Frage nach Platons Platz in der Bewusstseinsevolution.

Platons Platz in der Bewusstseinsevolution

Philosophiegeschichtlich vertrat Platon einen *metaphysischen Realismus*, weil er die Allgemeinbegriffe für metaphysische Realitäten hielt. Im «Parmenides» erklärte er:

> «Die Ideen stehen *drüben in voller Wirklichkeit* da; die Einzeldinge hienieden sind ihnen nur ähnlich, weil sie ihre Abbilder sind. Die Teilhabe der Einzeldinge an den Ideen besteht in nichts anderem als darin, dass sie vergängliche Abbilder der ewigen Urbilder sind» (Platon, in: «Parmenides», 132d).

Ideen waren für Platon nicht Produkte unseres Intellekts, sondern gehörten zur ewigen Welt, die außerhalb und unabhängig vom Menschen existierte. Allgemeinbegriffe waren für ihn *metaphysisch real;* darum gilt Platon als Vertreter eines *metaphysischen Realismus:* «Die Ideen stehen drüben in voller Wirklichkeit da.» Platon lebte im dualen Weltbild.

Mit seiner Ideenlehre leistete er einen namhaften Beitrag an die Bewusstseinsevolution im spätarchaischen Zeitalter. Er förderte den Prozess der Vergeistigung des Jenseits. Da dieses heute aber verblasst, verblasst auch sein Stern am Philosophenhimmel; zusammen mit dem Christentum wird auch Platon untergehen.

So fortschrittlich sein Aggiornamento und so groß seine Bedeutung einst waren: Seine Zeit war der spätarchaische Äon.

Damit beende ich das lange Kapitel über die *Vorboten* des Monotheismus: «Echnaton; Zarathustra; Moses und Altisrael; griechische Philosophen.»

Das nächste große Kapitel ist der *Institutionalisierung* des Monotheismus in den drei abrahamitischen Religionen gewidmet; es schildert die Entstehung des Judentums, des Christentums und des Islams.

Institutionalisierung

Die jüdische Religion

Reform des Jahwekults

Kollektiv verbindlicher Monotheismus

Wie in Griechenland, so benötigte die Vergeistigung der Jenseitsvorstellungen auch in Alt-Israel Jahrhunderte. Während sich die religiöse Evolution in Athen aber auf Gebildete beschränkte, wurde der Fortschritt in Jerusalem – nachdem es der militanten Jahwe-allein-Bewegung gelungen war, das Königshaus für sich zu gewinnen – von oben als für alle verbindlich angeordnet: *Ein* Gott, *ein* Glaube, *ein* Volk und *ein* Königreich, das in alle Ewigkeit Bestand haben wird (2. Samuel 7_{13-16}).

In der zweiten Hälfte des 7. Jh.a wurde die Monolatrie für Jahwe offiziell durchgesetzt. Damit begann in Altisrael die Institutionalisierung des konsequenten, kollektiv verbindlichen Monotheismus.

2. Könige $18_{3\text{ff.}}$ datiert diese Kult-Reform bereits auf Ende des 8. Jh.a und schreibt sie dem frommen König *Hiskija* (725–697a) zu:

> «Er tat, was Jahwe wohlgefiel, ganz wie sein Ahnherr David getan hatte. Er war es, der die Höhenheiligtümer abgeschafft, die Malsteine zertrümmert, die Aschera umgehauen und die eherne Schlange zerschlagen hat, welcher Israel bisher geopfert hatte. Er vertraute *allein auf Jahwe*, den Gott Israels; unter allen Königen Judas war keiner seinesgleichen, weder nach ihm noch vor ihm. Er hing Jahwe an und ließ nicht von ihm ab. Er hielt die Gebote, und Jahwe war mit ihm. Er hatte Glück in allem, was er unternahm» (2. Könige $18_{3\text{ff.}}$).

Dieser Text ist kein Tatsachenbericht, sondern ein vom Vergeltungsdogma der deuteronomistischen Geschichtsschreibung geprägtes Konstrukt: «Wer Jahwe treu dient, dem wird es gut ergehen; wer von ihm abfällt und und mit andern Göttern buhlt, dem wird es übel ergehen.»

> Das deuteronomistische Vergeltungsdogma wurzelt in der vorexilischen Gerichtspredigt der ersten Schriftpropheten (Amos, Hosea, Jeremia, Jesaja). Als das Nordreich 722 von Assur ausgelöscht wurde, glaubten die Anhänger der Propheten, der Untergang des Nordreichs sei die Strafe für den Abfall von Jahwe. Die deuteronomistische Theologie formulierte später: «Ein frommer König bringt seinem Land Glück, ein Götzendiener aber Unglück.»

2. Könige 18 illustriert das Vergeltungsdogma an König Hiskija; der Text biegt die Vergangenheit so zurecht, dass sie ins Schema passt (wie weit König Hiskija den Tempel «säuberte», ist ungewiss).

Erwiesen ist hingegen, dass Jerusalem zur Zeit Hiskijas – im Jahr 701a – vor der Eroberung durch Assur verschont blieb, während Samaria zwei Jahrzehnte zuvor dem Erdboden gleich gemacht worden war. Beide Königreiche waren von Assur abgefallen, aber nur eines war bestraft worden. Warum entging Jerusalem der Strafe, das Nordreich aber nicht?

Die Antwort der deuteronomistischen Geschichtsschreibung lautete, in Jerusalem habe eben Hiskija, ein frommer Davidide, regiert, und Jahwe habe diesen für seine Frömmigkeit belohnt: Jahwe ließ seinen Würgengel unter den Assyrern wüten, was diese zum Abzug zwang (2. Könige $19_{32\,ff.}$).

Diese Antwort gibt nicht die Tatsachen wieder; in Wirklichkeit hatte der assyrische König Sanherib die Belagerung Jerusalems abgebrochen, weil ihm Hiskija eine immense Buße für seinen Abfall bezahlt und ihm ewige Treue gelobt hatte.

Eine konsequent monotheistische Neugestaltung des Jahwekults ist erst für das Jahr 622a bezeugt. Sie wurde unter König Joschija (639–609a) durchgesetzt. Sie scheint aber nicht so radikal gewesen zu sein, wie 2. Könige 18 schildert; Frevel bezeichnet sie als «maßvoll»:

> «Die *maßvolle* Kultreform Joschijas ... führt nicht zu einem grundsätzlichen Paradigmenwechsel, wohl aber de facto zur Alleinverehrung JHWHs im Jerusalemer Tempel und im Staatskult. Die Monolatrie ist innenpolitisch die Grundlage für eine auf die Jahwe-Verehrung gegründete *nationale Identität* und theologiegeschichtlich eine wichtige Voraussetzung für den explizit formulierten Monotheismus der Exilszeit» (Frevel 665).

Die älteste explizit monotheistische Formulierung

Ich wiederhole: Im Jahr 701a verwüstete Sanherib das Südreich Juda und belagerte Jerusalem, um die Stadt für ihre notorische Unbotmäßigkeit zu bestrafen. Angesichts der Übermacht des Feindes unterwarf sich Hiskija. Als Buße musste er eine riesige Summe aus dem Tempelschatz bezahlen und den Assyrern ewige Treue schwören. Danach zog Sanherib ab und kehrte nach Ninive zurück, wo er Hiskijas Kapitulation in einem Relief an seinem Palast darstellte.

Eine völlig andere Schilderung von Sanherib Abzug steht in 2. Könige 19. Diese Geschichte, die um 650a entstand, verwandelte die Niederlage Hiskijas gegen Sanherib in einen Sieg Davids über Goliat. Nun waren nicht mehr die Entrichtung der Buße und der Treue-Schwur Hiskijas der Grund für Sanheribs Abzug, sondern Jahwes Racheengel:

> «Jahwe gelobte: ‹Sanherib wird nicht in diese Stadt hineinkommen und keinen einzigen Pfeil hinein schießen, mit keinem Schild gegen sie anrücken und auch keinen Damm wider sie aufschütten. Vielmehr wird er auf dem Weg, auf dem er gekommen, wieder zurückkehren. In meine Stadt wird er nicht hinein kommen; denn ich werde sie beschützen um meinetwillen und um meines Knechtes David willen.›
>
> In derselben Nacht ging der Engel des Herrn aus und erschlug im Lager der Assyrer 185'000 Mann. In der Frühe des andern Morgens, siehe, da waren sie alle tot, lauter Leichen. Da brach Sanherib, der König von Assyrien, auf und zog hinweg, kehrte heim und blieb in Ninive. Und als er im Tempel seines Gottes betete, wurde er erschlagen» (2. Könige $19_{32\,\text{ff.}}$).

Diese krasse Wundergeschichte war nach Keel der Anlass für die Entstehung der «ältesten explizit monotheistischen Formulierung» in Altisrael:

> «Das ‹Wunder› des Engels veranlasste die ältesten explizit monotheistischen Formulierungen. Keiner der Götter der Völker – nicht einmal der mächtige höchste ägyptische Gott Amun – hatte vermocht, seine Stadt, das hunderttorige Theben, vor den Assyrern zu retten. Nur Jahwe hatte das geschafft! Das war für die ‹Nationalreligiösen› der handfeste Beweis, dass Jahwe nicht mit den Göttern der anderen Völker zu vergleichen war. Er war der einzige Gott, der diesen Titel wirklich verdiente. …
>
> Die Stunde der religiösen ‹Nationalisten› kam beim Zusammenbruch des Assyrerreiches. Unter ihrer Führung begann der als Knabe auf den Thron gekommene *Joschija* (639–609a), den Kult von allen Spuren aramäisch-assyrischen Einflusses zu reinigen und alle Konkurrenzheiligtümer zu Jerusalem, vor allem das altehrwürdige Beth-El, zu zerstören. Alles, was dem neuen monotheistischen Purismus widersprach, wurde als ‹kanaanäisch› diffamiert, so auch die seit Jahrhunderten im Jerusalemer Tempel verehrte Aschera, deren Kultbild unter Joschija aus dem Tempel entfernt und zerstört wurde.
>
> Die neu gewonnene Identität wurde durch die so genannte *deuteronomistische Bewegung* schriftstellerisch fixiert. Sie unterschied zum ersten Mal zwischen ‹Brüdern im Glauben› und ‹Fremden›. Ein zentraler Text dieser Bewegung ist das 5. Buch Mose, das sog. Deuteronomium. Es ahmt in vielen seiner

Elemente ein literarisches Genus nach, welches das neuassyrische Reich im 8./7. Jahrhundert entwickelt hatte, die sog. *Vasallitätsverpflichtung*. Mit diesem Formular wurden Kleinkönige darauf verpflichtet, einzig den assyrischen Großkönig zu ‹lieben›, ausschließlich ihm zu dienen und jeden Versuch, ihn zur Bindung an einen andern Herrn (etwa den Pharao) zu verführen, erbarmungslos zu denunzieren und zu bestrafen. Übertretungen dieser Verpflichtungen wurden mit den schlimmsten Flüchen bedroht.

Jüdische Theologen haben mit dem Deuteronomium dieses assyrische Formular von der politischen in die theologische Sphäre übertragen, um damit Israel und Jahwe stärker an einander zu binden. Die brutal-intoleranten Kapitel 13 und 28 im Deuteronomium sind nachweislich weitgehend wörtliche Zitate aus den assyrischen Vasallitätsverpflichtungen. Auch die Forderung, Jahwe ausschließlich und aus ganzem Herzen zu lieben, stammt aus dieser Quelle» (Keel 2007, 1276).

David und Goliath

Die Nationalreligiösen bejubelten den angeblichen Sieg von Jahwes Würgengel über die Assyrer noch nach Jahrhunderten. Mit dem Hinweis auf 2. Könige 19 zettelten sie stets neue Befreiungskriege an. In der zionistischen Bewegung des 19. und 20. Jahrhunderts suchten die militanten unter ihnen ein neues *Revival* von «David und Goliath».

Übrigens ist die Geschichte von David und Goliath gar nicht historisch; das beweist die alte Heldenliste in 2. Samuel 21$_{19.22}$:

> «Und es kam nochmals zum Kampf mit den Philistern. Da erschlug *Elhanan aus Bethlehem*, der Sohn Jairs, den Goliath von Gath, dessen Speerschaft war wie ein Weberbaum. ... Auch Goliath stammte von den Riesen in Gath, die durch David und seine Leute fielen.»

In Wirklichkeit war es nicht David, der mythisch verklärte erste König Israels, sondern Elhanan, der Goliath erschlug.

Dem Versuch einer Wiederholung des Wunders von 701a schildert Keel:

> «Nach dem Untergang der assyrischen Großmacht im letzten Drittel des 7. Jh.a übernahm nach einem ägyptischen Zwischenspiel Babylon unter König Nebukadnezzar die Herrschaft über Juda und Jerusalem. Das ‹Wunder› von 701 ermutigte nationalreligiöse Kreise, sich auch gegen Babylon zu erheben.
>
> Die beiden großen monotheistischen Propheten dieser Zeit, Jeremia und Ezechiel, ... stellten sich der nationalreligiösen Bewegung entgegen und for-

derten die politische Unterwerfung unter Nebukadnezzar, den nach ihrer Überzeugung niemand anders als Jahwe zum ‹Herrn der Welt› gemacht hatte.

Doch der judäische König Jojakim ließ sich von den Vertretern des partikulären Monotheismus 597a dazu verführen, eine neue Runde ‹David gegen Goliat› zu wagen und gegen Babylon zu revoltieren. Er starb während der Belagerung durch die Babylonier. Sein Sohn und Nachfolger, Jojachin, kapitulierte – zum Ärger der Nationalreligiösen. In ihren Augen nahm er Jahwe damit die Möglichkeit, erneut seine Überlegenheit über die aktuelle Weltmacht zu demonstrieren.

Der junge König Jojachin und ein großer Teil der judäischen Elite (auch der Prophet Ezechiel) wurden nun nach Babylonien deportiert. Mit sich trugen sie als ‹portables Vaterland› (H. Heine) eine Anzahl ‹heiliger› Schriften. Diese bildeten den Kern der jüdischen Diaspora-Gemeinde. …

Wenige Jahre nach der Katastrophe von 597a gelang es den judäischen Nationalisten – gegen den verzweifelten Widerstand des Propheten Jeremia – den von Nebukadnezzar eingesetzten König Zidkija erneut zum Abfall zu bewegen. Jahwe sollte die Möglichkeit erhalten, seine Macht auch über das mächtige Babylon zu demonstrieren! …

Nachdem die babylonischen Truppen Jerusalem 587a eingenommen hatten, hielt Nebukadnezzar Kriegsgericht. … Erneut wurde eine große Anzahl von Judäern und Judäerinnen nach Babylon deportiert. … Einen Monat nach der Eroberung der Stadt beschloss Nebukadnezzar, den Jahwe-Tempel in Flammen aufgehen und zerstören zu lassen. Seine eigenen und die Untersuchungen seiner Beamten hatten nämlich ergeben, dass der Aufstand im Glauben begründet war, Jahwe werde seine Stadt *niemals preisgeben!*

… Als nun auch noch der von den Babyloniern eingesetzte Verwalter Gedalja ermordet wurde, flohen eine große Anzahl von Judäern und Judäerinnen … nach Ägypten. Dort entstand eine zweite wichtige Diaspora. Dank ihr wurden im 3. Jh.a. zuerst die fünf Bücher Moses und dann auch die andern biblischen Schriften ins Griechische übersetzt und damit der griechisch-römischen Welt des Mittelmeerraumes zugänglich gemacht – eine der Vorbedingungen für die spätere Ausbreitung des Judentums und in seinem Gefolge des Christentums in diesem Raum» (Keel 1277).

Das babylonische Exil (587–539a)

Babel in der Bibel

Den schlechten Ruf, den Babylon im Judentum und Christentum hatte, überwand erst die moderne Geschichtsforschung. Diese erarbeitete sich seit dem 19. Jh., insbesondere mithilfe der Archäologie, ein neues Bild von der uralten Kulturstadt. Die im Abendland bis dahin übliche Vorstellung von Babel als einer «hoffärtigen Hure» (Offenbarung $17_{1\,ff.}$) wurde revidiert.

In Wirklichkeit war Babylon eine der ältesten Städte der Antike und besaß eines der ältesten Schriftsysteme der Welt. Sternkunde, Medizin und Mathematik wurden dort schon vor vier Jahrtausenden gepflegt. Berühmt ist auch das Gesetzeswerk des Königs Hammurapi (1728–1686a), durch den Babylon zur Großmacht wurde.

Im 6. Jh.a, zurzeit des Exils der Juden, war Babylon eine Vielvölkerstadt, die größte, reichste und mächtigste Metropole weit und breit.

Wenn Bibelkundige vom babylonischen Exil hören, denken sie auch an Psalm 137, ein Heimwehlied der Nationalreligiösen:

> «An den Strömen von Babylon, da saßen wir und weinten, wenn wir Zions gedachten. ... Tochter Babel, Verwüsterin Jerusalems: *Heil* dem, der dir vergilt, was du Zion angetan! Heil dem, der deine Kindlein packt und am Felsen zerschmettert» (Psalm $137_{1.8.9}$)!

Die beiden letzten Verse zeigen, dass dieser Psalm nicht nur ein Heimwehlied, sondern auch ein primitiver Rachepsalm war: «Heil dem, der dir, Tochter Babel, vergilt und deine Säuglinge am Felsen zerschmettert!» Vers 9 zeigt, wie es damals zu und her ging (der katholischen Kirche ist zugute zu halten, dass sie diesen barbarischen Vers aus dem Brevier – dem Gebetsbuch der Kleriker – entfernte; noch besser wäre freilich gewesen, sie hätten ihn auch aus der Heiligen Schrift gestrichen).

Im Exil

Trotz Psalm 137 fand sich mancher Verbannte in Babylon zurecht, versöhnte sich mit der Siegermacht und assimilierte sich am neuen Ort.

Als schließlich ein neuer König – der Perser Kyros der Große (König 559–530a) – den Juden die Rückkehr in ihre Heimat ermöglichte, verblieben viele in der Weltstadt, neben der sich Jerusalem als ein Provinznest ausnahm. Urkunden zeigen, dass Angehörige der judäischen Oberschicht ab 597a am Hof Nebukadnezzars und im Militär Karriere machten oder eine erfolgreiche Bankiersdynastie gründeten. Andere arbeiteten sich im Handel, in der Landwirtschaft oder Baubranche empor. Aristokraten konnten ihre Sklaven behalten. Die Verbannten durften ihre Religion pflegen (den Sabbat halten, die Söhne beschneiden, die angestammten Feste feiern).

Jüdische Propheten erweiterten in Babylon ihren Horizont. Ein namentlich nicht bekannter Progressiver aus der Schule Jesajas (die Forschung nennt ihn «Deuterojesaja») bezeichnete Kyros als «Jahwes Gesalbten».

Deuterojesaja

Dieser Prophet war konsequent Monotheist. Er dachte, ähnlich wie vor ihm Jeremia, wenn Jahwe der Herr der ganzen Welt sei, dann müsse sein Gesalbter nicht unbedingt aus dem Hause Davids stammen. Der *Maschiach Jahwe* war für ihn *Kyros*.

Für seine nationalreligiösen Glaubensbrüder war dieses Aggiornamento eine Lästerrede wider den Zion, das Haus Davids und das Volk Gottes. Für sie thronte Jahwe auf dem Zion; sein Gesalbter war ein Nachkomme Davids (2. Samuel 7_{13}), und sein Volk bestand nicht aus den Gojim, sondern aus den 12 Stämmen Israels.

Deuterojesaja dürfte – wie es das Deuteronomium vorschrieb – von orthodoxen Landsleuten gesteinigt worden sein. Doch seine Ansichten wurden von seinen Anhängern aufgeschrieben und so vor dem Vergessen bewahrt. Bruchstücke davon bilden die *Lieder des Gottesknechts*, der sein Blut unschuldig als Sühnopfer für die Seinen vergoss (Jesaja 42 ff.).

Mazdaismus und Jahweglaube

In Babylon lernten die Juden den Mazdaismus kennen. Wie nachhaltig dieser die jüdische (und damit die christliche und muslimische) Religion beeinflusste, ist schwer zu sagen. Jüdische und christliche Forscher minimieren, Iranisten maximieren Zarathustras Einfluss auf die Exilierten.

Das Wort

Da der Tempelkult im Exil entfiel, konzentrierte sich der Jahweglaube auf das geschriebene *Wort*, das in «Heiligen Schriften» gesammelt wurde. Das förderte die Vergeistigung der Religion; nun entstand die rabbinische Schriftauslegung. Anstatt blutige Opferriten zu zelebrieren, lernten die Schriftgelehrten, das *Wort* widerspruchsfrei auszulegen. Durch diese anspruchsvolle theologische Arbeit entstand der babylonische *Talmud*. Dabei erlangte die *Schriftgelehrsamkeit* der Rabbinen eine zentrale Bedeutung für das Judentum der Diaspora.

Nach der Rückkehr aus dem Exil und dem Wiederaufbau des Tempels zelebrierten die Priester in Jerusalem die alten Opferriten wieder wie ehedem. Die Folge war, dass die jüdische Religion in Jerusalem konservativer blieb als jene in der Diaspora. Deshalb bildeten sich im nachexilischen Judentum

– grob gesagt – zwei Flügel: ein fortschrittlicher in der Diaspora und ein konservativer, auf den Tempel ausgerichteter in Jerusalem.

Die beiden Richtungen spiegeln die Bücher der hebräischen Bibel wider, die nicht *ein* Buch, sondern eine Bibliothek mit verschiedenen Büchern ist.

Es ist das Verdienst der historisch-kritischen Forschung, die Unterschiede zwischen den biblischen Schriften heraus gearbeitet zu haben. Die moderne Wissenschaft lieferte den Beweis dafür, dass das «Gotteswort» voller Widersprüche ist.

Verschiedene Strömungen in der Bibel

Schriften nationalreligiöser Gesinnung

Die Mitte des nationalreligiösen Glaubens bilden das auserwählte Volk, Israel, und der Zion, Jahwes Wohnsitz, von dem die Weisung ausgeht und zu dem am Ende der Tage alle Völker der Erde pilgern werden, um Jahwe als den einzig wahren Gott anzubeten (Micha 2, Jesaja 4). Der Schwerpunkt dieses Glaubens war der Tempel, wo Jahwe täglich Tiere geopfert und die Knaben am achten Tag beschnitten wurden.

Der Glaube der Nationalreligiösen fand seinen Niederschlag z. B. in den Psalmen 44, 47 und 89, im Deuteronomium (5. Buch Mose), in der deuteronomistischen Geschichtsschreibung (Redaktion der Geschichtsbücher) oder im Buch Nehemia. Er verbot die Mischehe und trennte die Auserwählten von den Gojim, die Glaubensbrüder von den Fremden, die Beschnittenen von den Unbeschnittenen und die Reinen von den Unreinen. Sein Erbe lebt bis heute in der jüdischen Orthodoxie.

Progressive Schriften

Einen weltoffenen Geist vertreten andere Schriften, z. B. das Buch *Jona*. Darin sagt ein engstirniger jüdischer Prophet der heidnischen Weltstadt Ninive das Gericht an, worauf sich die Stadt – ganz unerwartet – zu Jahwe bekehrt. Dieser vergibt ihr ihre Sünden und verschont sie. Statt sich darüber zu freuen, setzt sich der Prophet Jona grollend ins Abseits. Ihm wäre lieber gewesen, die Stadt wäre untergegangen; denn dann hätte sich seine Prophezeiung erfüllt! Im Buch Jona kommen die *Gojim* besser weg als der nationalreligiös gesinnte Jahwe-Prophet.

Auch das Büchlein *Ruth* zeugt von einem weltoffenen Geist. Es erzählt, die Ahnmutter Davids (und damit auch des Messias) sei eine Goi gewesen, die ihre jüdische Schwiegermutter sehr menschlich behandelt habe.

Von großem Tiefgang ist das Buch *Hiob*. Es behandelt das bewegende Thema der *Theodizee* (der Ausdruck «Theodizee» stammt vom Philosophen G. W. Freiherr von Leibniz [1646–1716]; korrekter wäre «Theodi**k**ee», von der griechischen Wortwurzel «di**k**-»: Recht, Gerechtigkeit).

Das Buch Hiob greift das deuteronomistische Vergeltungsdogma an: «Wer gerecht lebt, dem wird es gut ergehen; wem es schlecht ergeht, der muss für eine Sünde büßen.» Dagegen bäumt sich Hiob auf, der davon überzeugt ist, dass er sein Unglück nicht selber verschuldet hat und dass das Vergeltungsdogma unmenschlich ist:

> «Wenn ich nur wüsste, wo ich Gott finden könnte! Ich würde vor seinen Thron gelangen und ihm meine Sache vorlegen. … Da würde ein Redlicher mit ihm rechten, und wie Gold würde ich aus dem Gericht hervorgehen» (Hiob $23_{3ff.}$). «Gott hat mein Recht gebeugt. Ich schreie: ‹Gewalt!›, bekomme aber keine Antwort; ich rufe um Hilfe und finde keinen, der mir Recht gibt» ($19_{6ff.}$).

Gewaltige Verse! Einen weiten Horizont besitzen auch die beiden Bücher *Jesus Sirach* und *Kohelet*, welche die jüdische und die hellenistische Kultur mit einander zu verbinden suchen.

Auch die großen Schriftpropheten *Jesaja*, *Jeremia* und *Deuterojesaja* vertreten mit ihrem universalen Monotheismus einen weltoffenen Glauben.

Gemäßigte Bücher

Zwischen den gegensätzlichen theologischen Standpunkten ist die *Priesterschrift* einzuordnen (P; in: 1.–4. Mose). Deren Redaktor dachte konsequent monotheistisch (er entfernte sogar die Engel aus seinen Vorlagen). Das Hauptanliegen von P ist die Wiederherstellung des Kults im nachexilischen Tempel. Anders als das auf die Tora fokussierte *Deuteronomium* und das *deuteronomistische Geschichtswerk* versucht die Priesterschrift, Jahwe durch den täglichen Opferkult gnädig zu stimmen.

Ähnlich wie P dachte auch der Prophet *Ezechiel*, den die Idee eines *neuen Bundes* zwischen Jahwe und seinem Volk erfüllte. Er und Jeremia glaubten, Gott werde den Seinen in Zukunft ein neues Herz und einen neuen Geist in ihr Inneres legen (Jeremia 31_{33}; Ezechiel 11_{19}). Diese Verinnerlichung des Glaubens wurde zu einer Quelle der jüdischen Mystik.

Viele Meinungen – ein Volk

Die theologische Vielfalt der hebräischen Bibel macht das Sprichwort verständlich: «Zwei Rabbinen, drei Meinungen…» («Rabbi» bedeutet: «Mein Lehrer»). Selbst das orthodoxe Judentum ist kein in sich geschlossener Block, wie Außenstehende oft annehmen. Anders als im Christentum und Islam gibt es im Judentum keine Dogmen; oberste Richtschnur ist die hebräische Bibel mit ihren Widersprüchen.

Beispielsweise lehrt ein liberaler Rabbi heute, man müsse die neugeborenen Söhne nicht unbedingt beschneiden lassen, weil ein guter Jude nicht am Penis, sondern in seinem Herzen beschnitten sei. Seinen liberalen Standpunkt belegt er mit Jeremia 31 und Ezechiel 11.

Ein orthodoxer Rabbi pocht jedoch auf die Beschneidung und zitiert das Deuteronomium und die Priesterschrift, wonach jeder Knabe am achten Tag zu beschneiden ist: «Ein Unbeschnittener soll aus seinen Volksgenossen ausgerottet werden» (1. Mose 17_{14})!

Wer die Juden pauschal der Orthodoxie bezichtigt, wird vom liberalen Flügel eines Besseren belehrt; wer sie als aufgeklärte Gesprächspartner ernst nimmt, wird an der Orthodoxie irre. Obwohl die Juden unter sich verschiedener Ansicht sind, ertragen sie einander, weil sie alle zum auserwählten Volk gehören. Die Erwählung symbolisch zu deuten, fällt keinem Juden ein.

Das nächste Kapitel skizziert die nachexilische Geschichte des Judentums bis zur Zerstörung Jerusalems durch die Römer im Jahre 70p.

Die nachexilische Zeit

Juda als persische Provinz

Juda wurde ins Perserreich integriert und zur Provinz *Jehûd* umbenannt, deren territoriale Ausdehnung bescheiden war. Frevel:

«Es handelte sich um ein Gebiet von höchstens 50 mal 50 km um Jerusalem als Zentrum herum. ... Nach Herodot gehörte die Provinz Juda/Jehûd zur fünften Satrapie namens *Transeuphratene*, die von Damaskus aus verwaltet wurde» (Frevel 677).

Das persische Achämenidenreich existierte ... bis zur politischen Vorherrschaft der Griechen ab 332. Es umfasste in der Zeit seiner größten Ausdehnung den ganzen östlichen Mittelmeerraum, von der Ägäis bis Kleinasien, Syrien und Palästina, Ägypten und Libyen, das ganze Zweistromland sowie das Gebiet des iranischen Hochlands bis zum Indus» (Frevel 673).

Im Jahr 532a erlaubte Kyros der Große allen exilierten Volksgruppen, unter ihnen auch den Verbannten aus Judäa, in ihre angestammte Heimat zurückzukehren.

Die Heimkehrer bauten in Jerusalem den zerstörten Tempel wieder auf. Der Opferbetrieb wurde im März 515a wieder aufgenommen.

Der Jahwe-Kult war fortan streng monotheistisch; im Neuen Tempel erinnerte nichts mehr an die «Götzenbilder» aus der Zeit Salomos.

Nun entstand der Kanon der später als «heilig» geltenden Schriften der hebräischen Bibel.

Beim Umschreiben der Geschichte Alt-Israels wurden Figuren der Vergangenheit neu gestaltet. Aus dem midianitischen Klanführer Mose wurde der größte der Söhne Israels mit reinrassiger Abstammung, und die Bücher der *Chronik* schilderten David und Salomo als Monotheisten, deren größte Lust es war, ihrem Gott Psalmen zu singen. Die Ursprungszeit Israels wurde verklärt: Es war die goldene Zeit, in der Jahwe selbst sein Volk aus Ägypten durch die Wüste ins gelobte Land Kanaan geführt hatte. Dieser Mythos sollte das Volk an Palästina anbinden; er wird bis heute geglaubt.

Nach der Eingliederung Ägyptens ins Persische Reich 525a vergrößerte sich die strategische Bedeutung Syriens und Palästinas; dieser Landstrich wurde zur Brücke zwischen dem Zweistromland und dem Land am Nil. «Damit verbunden war ein bescheidener wirtschaftlicher Aufschwung, der sich als Folge der Einbindung in den Welthandel auch für das abseits gelegene Jehûd im 5. Jh.a einzustellen begann» (Frevel 678).

In der Perserzeit (532–333) formierte sich das Judentum endgültig:

> «Wie auch immer die Ereignisse in der Perserzeit im Einzelnen einzuordnen sind: Sie machen sichtbar, welche Bedeutung das ausgehende 6. und 5. Jh.a für die Entstehung und Ausdifferenzierung des Frühjudentums in Kernland und Diaspora gehabt haben» (Frevel 690).

Für die Juden war es eine gute Zeit. Die Perser anerkannten die jüdische Religion. Ihre Toleranz hatte aber dort ihre Grenze, «wo die Loyalität gegenüber dem Großkönig in Frage gestellt wurde» (Frevel 676).

Dieses Thema berührt das Buch Esra, ein Werk nationalreligiös Gesinnter.

Das Buch Esra

Das Buch Esra schildert die Rückkehr aus dem Exil im Jahr 532a:

> «Im ersten Jahr des Königs Kyros von Persien erweckte Jahwe dessen Geist, um sein Wort, das er durch seinen Propheten Jeremia gesprochen hatte, in Erfüllung gehen zu lassen. Und Kyros ließ überall in seinem Königreich verkünden: ‹So spricht Kyros: Alle Königreiche der Erde hat mir Jahwe, der Gott des Himmels, gegeben. Er selber hat mir aufgetragen, ihm in Jerusalem ein Haus bauen zu lassen›» (Esra $1_{1\,ff.}$).

Esra 1 ist eine Geschichtsfälschung. Der Text kann nicht aus der Perserzeit stammen; die persischen Könige, die Ahura Mazda verehrten, hätten diese fromme Lüge niemals geduldet.

In Wirklichkeit stammt das Buch Esra aus hellenistischer Zeit (ab 332a). Das zeigt Esra 2_{69}, wo die gängige Währung die griechische Drachme ist.

Esra 1 ist ein von Priestern erfundener Mythos, der die Bedeutung des Tempels steigern wollte: Sein Bau soll von Kyros auf Jahwes Geheiß angeordnet worden sein … «Der Zweck heiligt die Mittel»: Um den Tempel aufzuwerten, war alles erlaubt! Man sieht daraus, wie ungebildet das Volk war, das sich solchen Humbug auftischen ließ.

Juda im Zeitalter des Hellenismus

333a besiegte *Alexander der Große* die Perser und übernahm deren Weltreich. Damit globalisierte die griechische Kultur; nun begann das hellenistische Zeitalter. Alexanders Nachfolger im Nahen Osten waren die Seleukiden, in Ägypten die Ptolemäer.

Die Seleukiden wurden 190a von den Römern besiegt, die ihnen schwere Tributzahlungen auferlegten. Das zwang sie, hohe Steuern zu erheben, was sie bei ihren Untertanen verhasst machte. Auf diese Weise destabilisierten die Römer das Seleukidenreich.

Wie erwähnt, gab es in der jüdischen Religion zwei Lager: ein hellenistisch-kosmopolitisch orientiertes und ein religiös-national ausgerichtetes, dessen Ziel es war, das Erbe der Hebräer rein zu bewahren.

Zur weltoffenen Partei gehörten in Jerusalem auch die beiden Hohenpriester Jason und Menelaos. Sie ließen ein hellenistisches Gymnasium für junge Männer errichteten, das neben der Schulung des Intellekts auch die Ertüchtigung des Leibes förderte. Von den orthodoxen wurde diese Elite-Schule als «heidnisch» bekämpft. Während die fortschrittlichen «Hellenisten» die Steuern des Seleukiden-Königs Antiochus IV. akzeptierten, zettelten die Nationalreligiösen während dessen Abwesenheit einen Aufstand an. Damit begann eine neue Runde: «David gegen Goliath.»

Nach seiner Rückkehr warf Antiochus IV. den Aufstand nieder und bestrafte Israel mit einer Zwangs-Hellenisierung. 2. Makkabäer 6 berichtet darüber aus der Sicht der Nationalreligiösen. Keel (1280) kommentiert:

> «Antiochus soll im Jerusalemer Tempel die Darbringung von Schweineopfern angeordnet und die Praxis der Speisetabus, des Sabbats und der Beschneidung unter Todesstrafe gestellt haben.»

Antiochus IV. war aber dem weltoffenen Flügel des Judentums gegenüber wohlwollend gesinnt. Als Kosmopolit schätzte er dessen vergeistigten Gottesbegriff und klare Ethik. Demgegenüber betrachtete er den täglichen Opferkult im Tempel, das umständliche Zeremonialgesetz, das übertriebene Sabbatgesetz, die Beschneidung, das Verbot der Mischehe, die Speisetabus und die Verherrlichung der Tradition der Väter als atavistisch.

Auf die gewaltsame Hellenisierung Israels reagierten die Nationalreligiösen wie islamistische Jihadisten von heute: Sie suchten den Kampf und verherrlichten den Märtyrertod (2. Makkabäer 6). Wie militante Mullas der Gegenwart versüßten sie den Gotteskämpfern den Tod auf dem Schlachtfeld mit dem Versprechen, die Märtyrer kämen nach dem Tod sogleich ins Paradies. «Damals begann der intensive Glaube an ein Leben nach dem Tod, der zuvor im Judentum eher nebensächlich war, in der Folge aber – für Judentum, Christentum und Islam – zentral wurde» (Keel 1280).

Die makkäbäischen Brüder kämpften für die Eigenständigkeit und Unabhängigkeit Israels. Antiochus IV. war für sie der inkarnierte Teufel. Der Kampf gegen ihn wurde

> «von den Makkabäern unter Berufung auf das *Deuteronomium* mit aller Härte geführt. Kompromissbereitschaft wurde als Verführung zum Abfall gewertet und mit dem Tode bestraft. Nichtjuden wurden als ‹Kanaanäer› aus jüdischen Territorien vertrieben oder zur Beschneidung gezwungen. So entstand ein weitgehend ethnisch gesäuberter jüdischer Staat» (Keel 1280f.).

Anfänglich hatten die Makkabäer im Kampf gegen die Seleukiden Erfolg. Den Sieg führten sie auf Jahwes Hilfe zurück: So wie Jahwe David gegen Goliath und Hiskija gegen Sanherib geholfen hatte, so half er ihnen jetzt gegen Antiochus IV. …

Hellenistisch eingestellte Juden hatten bei den militanten, fanatischen Makkabäern keine Daseinsberechtigung. Zum Volk Gottes zählten nur die Rechtgläubigen, die das Erbe der Väter verherrlichten.

Die Kluft zwischen «Hellenisten» und «Hebräern» vertiefte sich.

Juda zurzeit der Römer

Als die Römer Judäa im Jahr 63a zu einer Provinz ihres Reiches machten, führten die Nationalreligiösen ihren Unabhängigkeitskampf weiter. Da sie dem Gegner auf dem Schlachtfeld unterlegen waren, tauchten sie in den Untergrund ab. Man nannte sie *Zeloten* (Eiferer). Der Partisanenkrieg war für beide Seiten zermürbend.

Nach einem Jahrhundert ständiger Sticheleien hatten die Römer die Nase voll. Kaiser Vespasian beauftragte seinen Sohn Titus, in der Provinz Judäa endgültig für Ruhe und Ordnung zu sorgen und Jerusalem dem Erdboden gleich zu machen. Im Juni 70p fielen die Burg Antonia und der Tempelbezirk. Die römischen Legionäre plünderten den von Herodes prächtig renovierten zweiten Tempel und steckten ihn in Brand. Aus dem Erlös des Tempelschatzes finanzierte Vespasian den Bau des Kolosseums in Rom, das Kaiser Titus im Jahre 80p glanzvoll mit Gladiatorenkämpfen von noch nie da gewesenem Ausmaß eröffnete.

> Titus brauchte diesen Triumph aus politischen Gründen.
>
> Zu Beginn der Spiele wurden Sklaven in der Arena hungrigen Tigern und Löwen vorgesetzt, die zuvor mit Menschenfleisch gefüttert worden waren, um sie auf Menschen scharf zu machen. Doch die Tiere wurden vom Lärm der 50‘000 Zuschauer im Kolosseum irritiert und fielen die Sklaven nicht an... Um ein Haar missriet dem Kaiser die Show. Da kam ihm der glorreiche Einfall, den Aufseher der Löwen in die Arena führen und dort vor aller Augen mit dem Schwert exekutieren zu lassen. Die Masse quittierte die Hinrichtung mit frenetischem Beifall. Nun war doch noch Blut geflossen; der Kaiser war gerettet.
>
> Die Millionenstadt Rom war damals alles andere als zivilisiert. Tödliche Gladiatorenkämpfe fanden auch zur Unterhaltung *vornehmer* Römer statt, in den Villen von Senatoren – zur Bereicherung des Abendessens.

Zurück zum Partisanenkrieg. Die Zeloten besaßen zuletzt noch eine als uneinnehmbar geltende Festung am Toten Meer: *Masada*. Doch auch ihr letztes Bollwerk fiel. Dennoch gaben die Eiferer nicht auf. Unter *Simon Bar Kochba*, der sich für den Messias aus dem Hause Davids hielt und Jahwe einen neuen Tempel zu bauen versprach, entbrannte im Jahr 135p ein allerletzter Aufstand.

Nach der blutigen Niederschlagung desselben räumten die Römer Jerusalem von Juden, denen das Betreten der Stadt unter Androhung des Todes verboten wurde.

Jerusalem wurde umbenannt in: «Aelia Capitolina.» Die Römer versahen die Stadt mit einem prächtigen Jupitertempel, dessen Vorplatz von einer Reiterstatue des Kaisers dominiert wurde. Zudem wurde die römische Provinz Judäa umbenannt in *Syria Palästina.* Nichts sollte mehr daran erinnern, dass hier einmal ein jüdischer Staat existiert hatte.

Das war für fast zwei Jahrtausende das Ende des nationalreligiösen Traums von einem eigenen, theokratisch regierten Staat. Doch unter Orthodoxen schwelte der Traum von Jesaja 2 und Micha 4 weiter: «Am Jüngsten Tage werden alle Völker der Erde zum Zion pilgern und sich ins Gottesreich eingliedern, das von den zwölf Stämmen Israels verwaltet werden wird.»

Mitte des 20. Jh., nach dem Zweiten Weltkrieg und den Gräueln der Shoah, ging ein Teil dieser Träume in Erfüllung: Die Juden erhielten von der UNO in Palästina einen eigenen, politisch unabhängigen Staat.

Dieses Geschenk erwies sich als ein Trojanisches Pferd, dem, kaum aufgestellt in Palästina, militante Zionisten entsprangen. Solange die Bibel wörtlich geglaubt wird, wird nie Frieden einkehren im Nahen Osten.

Zum Schluss folgen noch eine Übersicht über die Hauptthemen rabbinischer Theologie sowie das *Sch^{e}ma Jisrael,* das für alle Juden verbindliche Glaubensbekenntnis.

Jüdische Theologie

Vorbemerkung

Der Mainstream der jüdischen Theologie ist traditionalistisch; selbst die liberale Theologie denkt nicht rein symbolisch. Auch sie hält am Erwählungsglauben fest. Im symbolischen Sinn ist jedoch jeder Mensch «erwählt»: Wir alle sind ein Gegenüber unseres innersten Du; unser Ich ist mit dem Selbst rückgekoppelt. Das meint der Mythos, Jahwe habe sein Volk erwählt. Die jüdische Theologie versteht diesen Mythos aber noch archaisch-konkretistisch. Darum halten sich die Juden für etwas Besonderes. Das meist elitäre Gehabe der Orthodoxen beruht auf einem Irrtum: dem archaischen Konkretismus, den die Tiefenpsychologie überwunden hat.

1. Thema: Gott und der Teufel

Die rabbinische Lehre von Gott ist konsequent monotheistisch. Den Schriftbeweis dafür finden die Rabbinen z. B. bei Deuterojesaja:

> «... Jahwe, der das Licht bildete *und* das Dunkel erschuf,
> der Frieden macht *und* Zwietracht schafft» (Jesaja 45_7).

Alles kommt vom Erhabenen, dem Allmächtigen, gepriesen sei sein Name: Licht und Schatten, Frieden und Zwietracht, Liebe und Hass, Hitze und Frost, Freud und Leid, Glaube und Unglaube.

Das Judentum benötigt kein zweites jenseitiges Wesen, das dem Allmächtigen widerstreitet. Die Rabbinen grenzen sich mit Jesaja 45_7 gegen den metaphysischen Dualismus des persischen Mazdaismus, des Manichäismus und der spätantiken Gnosis ab. Aus diesem Grund spielt der Teufel im jüdischen Glauben eine untergeordnete Rolle. Der Fromme sagt angesichts seines Unheils mit Hiob:

> «Der Herr hat's gegeben, der Herr hat's genommen; der Name des Herrn sei gepriesen» (Hiob 1_{21})!

Die Überbetonung der Allmacht Gottes führt dazu, dass Jahwes Liebe und Güte in den Hintergrund treten. Der weltüberlegene Gott ist hoch erhaben über alles Fleisch (das christliche Dogma von seiner Menschwerdung ist für Juden Ketzerei).

Damit entstand jedoch das Problem der *Theodizee*, die Frage: «Gibt es einen gerechten Gott? Wo war er in Auschwitz?»

Fazit: Die jüdische Gotteslehre bewegt sich noch vollständig im Rahmen des dualen Weltbilds. Der liberale Flügel der jüdischen Theologie versucht zwar, den Anschluss an die Moderne herzustellen, scheitert aber an der Aufgabe einer *konsequent* symbolischen Deutung des Glaubens.

2. Thema: Leib und Seele

Wie Gott, so ist auch sein Ebenbild, der Mensch, nach rabbinischer Lehre *einer;* Leib und Seele bilden ein Ganzes. Dieser Lehre widerspricht das duale Weltbild der jüdischen Theologie: Beim Tod trennt sich die Seele vom Leib und wartet im Jenseits auf den Jüngsten Tag, an dem sie wieder mit dem Leib vereint werden soll. Wären Leib und Seele wirklich ein Ganzes, könnten sie sich im Tod gar nicht von einander trennen.

Fazit: Die Behauptung der Einheit von Leib und Seele steht auf tönernen Füssen. Mit dieser Lehre wenden sich die Rabbinen gegen die platonisch-gnostische Lehre von der im Körper gefangenen Seele: «*σωμα – σημα* (sôma – sêma); der Leib – ein Gefängnis.»

So verständlich der Kampf gegen die Trennung von Leib und Seele ist: Solange die Rabbinen ihrem Weltbild verhaftet sind, kann es keine Einheit von Leib und Seele geben. Diese entsteht im Rahmen des unistischen Weltbilds, wo Leib und Seele zwei Aspekte einer Einheitswirklichkeit sind.

3. Thema: Der freie Wille

Nach rabbinischer Lehre hat der Mensch zwei Triebe, einen guten und einen bösen. Zudem besitzt er einen freien Willen, dank dem er zwischen beiden Trieben wählen kann. Die Willensfreiheit wird mit der Bibel und dem Talmud begründet: Adams Sünde führte nämlich bloß zum Verlust des ewigen Lebens, nicht aber zu dem des freien Willens. Darum kann der, der das Gute *will*, dieses auch tun.

Wer die Tora befolgt, gewinnt die ursprüngliche Gemeinschaft mit Gott wieder, für die er erschaffen wurde, die er aber wegen Adams Fehltritt verlor. Das Gesetz, das Jahwe in seiner unermesslichen Güte seinem Knecht Mose auf dem Sinai übergab, ermöglicht die Wiederherstellung dieses ursprünglichen Zustandes. Wer seinen freien Willen nutzt, um das Gesetz zu befolgen, wird das ewige Leben wieder zurück erhalten.

> Entwicklungspsychologisch entspricht diese Ansicht jener Phase, die in der Adoleszenz beginnt und bis zur Lebensmitte dauert. Die psychologische Basis der rabbinischen Lehre von der Freiheit des Willens ist ein erstarktes Ich, das sich frei fühlt. Dass die Sache in Wirklichkeit viel komplexer ist, wird in dieser Phase noch gar nicht erkannt.
>
> Die rabbinische Lehre vom freien Willen übersieht die Macht der unbewussten Psyche; sie nimmt keine Notiz von der Tatsache, dass viele Entscheide nicht von unserem Bewusstsein, dem Ich, sondern von uns nicht bewussten Kräften gefällt wird.

Fazit: Auch die Lehre vom freien Willen ist nicht mehr zeitgemäß.

4. Thema: Tora und Talmud

Die 613 Gebote der Tora überdauern vermeintlich die Zeitläufte dieser Welt, weil sie dem ewig dauernden Jenseits entstammen und darum nicht der Evolution unterworfen sind. Sie setzen sich aus 248 Geboten des Tuns und 365 Geboten des Lassens zusammen.

Vor der Erfüllung eines Gebots wird jeweils der Segensspruch rezitiert:

> «Gesegnet seist du, Herr unser Gott, König der Welt, der du uns geheiligt hast mit deinen Geboten!»

Die Tora wird aus den fünf Büchern Mose abgeleitet. Zur Tora gesellten sich im Lauf der Jahrhunderte ihre schriftliche und mündliche Auslegung und Aktualisierung, der *Talmud* (Lehre, Studium). Im 4. Jh.p entstand der palästinensische oder Jerusalemer Talmud, an der Wende vom 5. zum 6. Jh.p der babylonische Talmud.

Eine zentrale Stelle des Deuteronomiums lautet:

> «Wenn ihr auf meine Gebote hört, die ich euch gebiete, den Ewigen, euren Gott, zu lieben und ihm zu dienen mit eurem ganzen Herzen und eurer ganzen Seele, dann werde ich den Regen für euer Land zur rechten Zeit senden, Frühregen und Spätregen. Dann wirst du dein Getreide einsammeln und deinen Most und dein Öl. Auf deinem Felde werde ich Gras wachsen lassen für dein Vieh, und du wirst essen und satt werden. Hütet euch, dass euer Herz nicht verführt werde und ihr abweicht vom rechten Weg und fremden Göttern dient und euch vor ihnen verneigt. Dann würde der Zorn des Ewigen wider euch entbrennen; er würde die Schleusen des Himmels verschließen, dass kein Regen fällt und die Erde ihren Ertrag nicht geben kann, und ihr würdet zugrunde gehen im schönen Lande, das der Ewige euch geben will» (5. Mose 11_{13-17}).

Fazit: Auch die Lehre vom Gesetz ist überholt. Es gibt kein Gesetz, das nicht der Evolution unterworfen ist; denn Leben ist Evolution. Dass die Bibel, die dem jüdischen Glauben zugrunde liegt, Gottes «ewig gültiges» Wort sei, glaubt heute nur noch, wer nicht informiert ist. Der jüdische Glaube wird die Mutation des Bewusstseins nicht überleben.

Sch^{e}ma Jisrael

Zum Abschluss sei noch das Schema Jisrael zitiert, das für alle Juden verbindliche Gebet und Glaubensbekenntnis (5. Mose 6_4):

> «Höre, Israel *(Sch^{e}ma Jisrael)* … JHWH ist unser Gott, er allein!»

Der Name «Jahwe» wird heute aus Scheu vor dem Heiligen von Juden nicht mehr ausgesprochen. In der hebräischen Bibel stehen für «Jahwe» darum die Konsonanten JHWH. Anstatt «Jahwe» sagt man «Adonai» (mein Herr). Die Vokale von **Adonai** (a-o-a) werden im Bibeltext den Konsonanten JHWH unterlegt, damit man nicht «Jahwe» lese, sondern: «Adonai.»

Nichteingeweihte lesen als: «**J**^{a}**HoWaH**» bzw. «Jehova» – ein völlig sinnloses Wort. Für «Zeugen **Jehovas**» haben Eingeweihte bestenfalls ein Lächeln übrig.

Das *Sch*^{e}*ma*, der Kern des jüdischen Glaubens, wurde zurzeit des Zweiten Tempels (515a–70p) zweimal täglich rezitiert. Der Priester eröffnete mit ihm den Morgengottesdienst von der obersten Stufe der Tempeltreppe herab, und das ganze Volk stimmte ein. So ertönte das heilige Gebet morgens und abends in ganz Jerusalem:

> «Höre, Israel: der Ewige, unser Gott, ist einzig. Gelobt sei der Name der Herrlichkeit seines Reiches immer und ewig! Du sollst den Ewigen, deinen Gott, lieben mit deinem ganzen Herzen und deiner ganzen Seele und deinem ganzen Vermögen. Diese Worte, die ich dir jetzt befehle, seien in deinem Herzen! Schärfe sie deinen Kindern ein und sprich von ihnen, wenn du in deinem Hause sitzest und wenn du unterwegs bist, wenn du dich niederlegst und wenn du aufstehst. Binde sie zum Zeichen auf deinen Arm, und sie seien zum Denkband auf deiner Stirn! Schreibe sie auf die Pfosten deines Hauses und deiner Tore» (5. Mose 6_{4-9})!

Jeder Jude ist angehalten, das Schema täglich zweimal zu beten. Im kommenden Gericht wird er dafür zur Rechenschaft gezogen werden … Die jüdische Religion ist nicht mehr zeitgemäß. Ihre Jahrhunderte sind gezählt.

Das nächste Kapitel schildert die christliche Religion, die aus dem Judentum hervor ging.

Die christliche Religion

Vorbemerkung

Interdisziplinärer Ansatz

Im Folgenden versuche ich, das Leben Jesu *interdisziplinär* zu rekonstruieren, wobei ich meine historisch-kritischen Kenntnisse mit solchen aus der Tiefenpsychologie kombiniere. Aus Platzgründen kann ich oft nicht auf Details eingehen.

Ich behaupte nicht, es habe sich alles genau so zugetragen, wie ich es darstelle. In der Wissenschaft ist jede Hypothese nur die Voraussetzung für eine nächste, die den Sachverhalt noch präziser erfasst.

Ich halte die folgende Darstellung für einen neuen Beitrag zum Thema des historischen Jesus (G. Lüdemann, 2000; R. Augstein, 2000).

Der Name des Galiläers

Mit seinen aramäisch sprechenden Landsleuten nenne ich den Propheten aus Nazareth *Jeschua* (Abkürzung des Namens *Jehoschua*: «Jahwe ist unsere Hilfe, Gotthelf»).

«Jesus» ist der griechisch-lateinische Name Jeschuas.

> In diesem Zusammenhang ist ein sprachliches Missverständnis zu klären: «Jesus Christus» ist nicht Jeschuas Vor- und Nachname, sondern das Glaubensbekenntnis: «Jesus ist der Christos, der Gesalbte, der Messias» (griechisch *chri-* heißt: *salben*). Die hellenistischen Anhänger Jeschuas nannten sich «Christianer», d. h. Anhänger des kommenden Messias.

Der Name *Jeschua* soll helfen, das traditionelle Bild vom christlichen Erlöser zu überwinden und zu jener Persönlichkeit zu gelangen, die der Mann aus Nazareth in Wirklichkeit war.

Jeschuas Ende

Am Tage vor dem Passah, wohl am 6. oder 7. April des Jahres 30p, wurde die Tempelwache auf einen galiläischen Wanderprediger namens *Jeschua* aufmerksam, der Aufruhr stiftete wider das Heiligtum, dabei den Propheten Jeremia zitierte und behauptete, der Tempel sei zu einer Räuberhöhle verkommen (Jeremia 7_{11}; Markus 11_{17}).

Als die Tempelpolizei ausrückte, um den Lästerer zu verhaften, hatte sich dieser aus dem Staube gemacht. Doch an seiner Stelle konnte einer seiner Anhänger gefasst werden, Judas Ischkarioth, der den Aufenthaltsort seines Meisters preisgab.

Bald wurde der Aufwiegler dingfest gemacht und an die Besatzungsmacht überstellt. Angesichts des bevorstehenden Fests, an dem die Staatsgeschäfte ruhten, verurteilte der Landvogt der Römer, Pontius Pilatus, den Rebellen noch am Vorabend des Passah in einem Schnellverfahren zum Tode am Kreuz. Das Urteil wurde unverzüglich vollstreckt.

Nun herrschte wieder Ordnung im Tempelbezirk; das Fest konnte seinen gewohnten Gang nehmen. Die galiläische Sekte zerstreute sich.

Jeschuas Jugend

Ein Bastard

Der Tod am Kreuz galt für Toragläubige als eine Schande: «Verflucht, wer am Pfahl hängt!», sagt die Tora (5. Mose 21_{23}). Das schreckliche Ende Jeschuas galt als Folge einer Verfehlung. Was für ein Vergehen hatte die Strafe bewirkt?

Ein Fehler war die illegale Abstammung Jeschuas. Am Kreuz erfüllte sich die Prophezeiung der Schrift: «Die Frucht aus einer gesetzeswidrigen Verbindung wird schmählich zugrunde gehen» (Weisheit Salomos $3_{16f.}$). Jeschua war nämlich illegitim gezeugt worden. Die «unrechte» Herkunft überschattete sein Leben; sie wurde ihm auch unter die Nase gerieben. Als er in Nazareth einmal das Wort ergriff, wurde er verhöhnt:

> «Was, ausgerechnet du willst uns belehren, du, Sohn der Mirjam» (Markus 6_3)!

Als «Sohn der Mirjam» (Maria) abqualifiziert zu werden, war bitter; jeder Orientale nannte sich – nennt sich noch heute – nach seinem Vater. «Ben Mirjam» hieß im Klartext: «Du hast ja nicht einmal einen Vater und darum keinen rechten Namen – du bist ein Bastard! Und so einer will uns lehren? Wo gibt's denn so etwas!»

Markus 6_3 zeigt, dass Jeschua wegen seiner gesetzeswidrigen Herkunft gehänselt wurde. Es hing ein Fluch über seinem Leben; illegitim Gezeugten sagte die Schrift ein schmähliches Ende voraus.

Jeschuas Stammbaum

Später wurde von Jeschuas Anhängern alles Erdenkliche getan, um die schmachvolle Herkunft zu kompensieren. Die einen sagten, er sei vom Heiligen Geist gezeugt worden (Matthäus 1_{20}; Lukas 1_{35}); andere konstruierten Stammbäume, die seine rechtmäßige Abstammung «beweisen» sollten (Matthäus 1_{1-17}; Lukas 3_{23-38}), und wieder andere – die Verfasser der beiden Großevangelien, Matthäus und Lukas – kombinierten beides.

Die beiden Stammbäume in den Evangelien hangen in der Luft: Ihr Ziel ist nämlich *Joseph*. Dieser war aber nicht Jeschuas Vater, sondern dessen Ziehvater. Die Stammbäume haben mit Jeschua selbst, dessen tadellose Herkunft sie «beweisen» wollen, nichts zu tun. Sie sind ein kümmerlicher Versuch, Jeschuas unrühmliche Abstammung zu vertuschen.

Abgesehen davon weichen sie bereits bei den Großvätern von einander ab: Bei Matthäus heißt der Großvater Jakob, bei Lukas Eli. Zudem entpuppen sie sich bei näherem Zusehen als theologische Konstrukte: Beim judaisierenden Matthäus sind es 6x7 Generationen von Abraham bis Jeschua, dem Messias. Lukas stellt dieser Genealogie gemäß seiner hellenistischen Bildung noch 3x7 Generationen voran und geht bis auf Adam zurück, der nach damaligem Wissensstand 21 Generationen vor Abraham lebte.

Nach Matthäus verflossen von Abraham bis zum Messias 6 Generationen-«Wochen», d.h. 42 Generationen (das sind etwas mehr als tausend Jahre). Mit der 7. Generationen-«Woche» begann für Matthäus und seine Gemeinden die Zeit des Gesalbten, der ewige Sabbath, das Gottesreich.

Nach Lukas hingegen lebten von Adam bis zum Messias 3x3 = 9 Generationen-«Wochen», also insgesamt 63 Generationen. Für ihn und die hellenistische Tradition begann das Gottesreich mit der 10. Generationen-«Woche». Die Zeit von Adam bis zum jüngsten Tag dauerte somit – wegen des methusalemischen Alters der ersten Menschen nach Adam – rund viertausend Jahre.

Ähnliche Vorstellungen vom geringen Alter der Welt hatten alle alten Völker. «Diese Welt» galt im archaisch-mythischen Äon als vergänglich. Von den zeitlichen und räumlichen Dimensionen des Universums, die uns die moderne Wissenschaft eröffnet hat, hatte man keine Ahnung. Man projizierte das vergängliche Ich in «diese Welt», und das Unbewusste mit den Archetypen war die «andere Welt», die ewig dauerte.

Wer aber war Jeschuas Vater?

Mirjam und ihr Erstgeborener

Vermutlich wurde Jeschuas Mutter vergewaltigt. Ihr Erstgeborener wurde kaum in einem vorehelichen Liebesverhältnis gezeugt; denn dabei wäre Mirjam ihrer Jungfräulichkeit verlustig gegangen – ein Verbrechen, das damals mit dem Tod durch Steinigung bestraft wurde. Junge Frauen kamen mit Vierzehn – selbstverständlich als Jungfrauen – unter die Haube. Ein sexuelles Abenteuer Mirjams war kaum der Grund für Jeschuas Zeugung.

Die Vergewaltigung hatte Mirjam ihrer Jungfräulichkeit beraubt. Dadurch war die Ehre der Sippe beschmutzt worden. Mirjams Wert auf dem Brautmarkt sank. Doch sie blieb heiratsfähig. Ein weiterer Trost im Unglück war, dass sie einen gesunden Sohn hatte, der bewies, dass sie in der Lage war, einem künftigen Gatten wackere Söhne zu gebären. Wer sie heiratete, kaufte die Katze nicht im Sack.

Doch die Aussicht auf eine wirklich gute Partie blieb natürlich getrübt; denn Mirjam war mit dem Makel des Illegitimen behaftet. Doch wenn sie sich nach Kräften bemühte, untadelig zu leben, würde der Schandfleck mit der Zeit etwas verblassen. Dennoch würde ihr Erstgeborener nie ihr Stolz und ihre Freude sein, sondern bloß – *Ben Mirjam.*

Schließlich fand sich einer, namens Joseph, der sie nahm. Diesem schenkte sie vier Söhne: Jakob, Joses, Judas und Simon sowie einige Töchter, deren Namen nicht erwähnenswert schienen – es waren ja nur Frauen.

Rechtmäßig gezeugte Kinder wurden den illegitimen natürlich vorgezogen. An dieses Gesetz hatte sich auch Mirjam zu halten. Doch Mutter und Kind konnten ihr Leben mit tadellosem Benehmen erträglich gestalten; so konnten sie der Rolle des Sündenbocks entkommen.

Doch das Gefühl, angenommen zu sein und selbstverständlich dazu zu gehören, konnte in Jeschua nie aufkommen.

Dies erklärt Jeschuas Distanz seiner Mutter gegenüber. Wir werden später – bei der Besprechung der Geschichte von der Hochzeit zu Kana und im Abschnitt: «Wer ist meine Familie?» – nochmals darauf zurückkommen.

Als Joseph eines Tages starb, musste Jeschua an die Stelle seines Stiefvaters treten; denn Jakob, der Älteste von Josephs Söhnen, war für diese Aufgabe noch zu jung. Nun erhielt Jeschua eine andere Stellung in der Familie; er war jetzt – zumindest bis Jakob sein Amt übernehmen würde – ihr Oberhaupt. Doch bald würde Jakob an seine Stelle treten.

Eines Tages hörte Jeschua vom Täufer, der den Leuten gehörig einheizte:

> «Ihr Natterngezücht, wo steht geschrieben, dass ihr im Gericht dem Zorn Gottes entkommt!? … Schon ist die Axt den Bäumen an die Wurzel gelegt. Jeder Baum, der nicht gute Frucht bringt, wird umgehauen und ins Feuer geworfen» (Lukas $3_{7.9}$)!

Der Täufer predige wie Elia, jener Gottesmann, den der Herr zu sich in den Himmel entrückt hatte, um ihn in der Endzeit als Prophet zu den Menschen zu schicken (2. Könige 2). Er drohte mit dem Gericht für die Sünder, nahm jedoch jene, die Buße taten und sich von ihm taufen ließen, in seine Endzeit-Gemeinschaft auf, in der man Gottes Zorn zu entkommen hoffte.

Jeschua ließ sich vom Täufer beeindrucken: Im Jordan untertauchen und alles Alte abwaschen … Als «Ben Mirjam» hatte Jeschua ein Identitätsproblem, das ihn belastete. Wäre es nicht wunderbar, beim Täufer neu anfangen zu können? Er verließ die Familie.

Beim Täufer

Taufe

Dass sich Jeschua von Johannes taufen ließ, ist nicht zu widerlegen. Was sich aber bei der Taufe genau abspielte, wie lange er in der Gemeinde des Täufers lebte und wann er sich von diesem trennte, um als freier Wanderprediger zu wirken, ist unklar. Wir wissen nur, dass er beim Täufer ein entscheidendes numinoses Erlebnis hatte, das in den Evangelien, literarisch stilisiert, im Bericht über Jeschuas Taufe erzählt wird:

Den Kern des Tauf-Mythos bildet Psalm 2_{7}: «Du bist mein geliebter Sohn.» Dieser Psalmvers stammt aus dem Krönungsritual der Könige Israels, das seine Wurzeln im ägyptischen Krönungsritual hatte (der Pharao galt als «Sohn Gottes» und nach ihm auch David und seine Söhne).

Nach den Evangelien war der *Sohn Gottes* aber nicht mehr ein Spross aus dem Haus Davids, sondern Jeschua, ein Tischler aus Nazareth:

> «Da öffnete sich der Himmel, und eine Stimme erscholl:
> Du bist mein geliebter Sohn» (Markus 1_{11}).

Die geheime Salbung Jeschuas fand nach den Evangelien nicht im Tempel auf statt, sondern am Jordan, und der Gesalbte war ein Mann aus dem Volk. Diese Umdeutung der Verheißung war für Orthodoxe inakzeptabel.

Der christliche Tauf-Mythos hat einen historischen Kern: Während seines Aufenthalts beim Täufer hatte Jeschua eine Vision. Darin erschien ihm *Abba* und nannte ihn seinen geliebten Sohn. Die Vision beendete Jeschuas Identitätskrise. Nun hatte er endlich ein Vater – und was für einen! Das numinose Erlebnis machte Jeschua eigenständig; nun musste er sich nicht mehr an die Vaterfigur des Täufers anlehnen. Fortan ging er seine eigenen Wege, die ihm sein innerstes Du wies.

Was war geschehen?

Vision

Jeschuas Vision war vom Charisma des Täufers inspiriert. Was Jeschua beim Täufer gesucht hatte, war die Vaterbeziehung.

In der Kindheit ist dies die Beziehung zum eigenen Vater oder zu Vaterfiguren der näheren Umgebung, auf die das Kind seinen Vater-Archetyp projiziert. Im Erwachsenenalter wird die Projektion allmählich zurück genommen, und aus den äußeren Vätern wird mit der Zeit der innere Vater: der Vater-Archetyp bzw. das Selbst, der «Vater» des Ichs.

Jeschuas Vision stellte die Beziehung zwischen seinem Ich und seinem Selbst her. Als Mensch der Antike fasste er die Vision konkretistisch auf glaubte, er habe den «Vater im Himmel» gesehen.

Diese Beziehung zum neuen Vater war so innig, dass er ihn fortan *Abba* nannte – ein Wort, das unserem *Papa* entspricht.

> Das Wort Abba oder Papa, das in ähnlicher Form in allen Sprachen existiert, ist vielleicht so entstanden:
>
> Seit jeher betrachten Eltern ihr Neugeborenes voll Liebe und Stolz; es weckt ihren Brutpflege-Instinkt, der zu selbstlosem Dienst am Nachwuchs befähigt. Dabei fühlt sich der Säugling wohl und plappert zufrieden vor sich hin: «Abababab - Amamamam …»
>
> Von diesem Geplapper fühlen sich die Eltern als «Papa» und «Mama» angesprochen; sie projizieren ihren Eltern-Namen ins kindliche Plappern hinein und hören ihr Kind ihren Namen sagen: «Papa», «Mama». Die Elternnamen illustrieren die uroborische Gemeinschaft zwischen Eltern und Kleinkind.

Die innige Erfahrung, vorbehaltlos angenommen zu sein, die Jeschua als Kind schmerzlich vermisst hatte, wurde durch die Vision kompensiert, und zwar in einer Intensität, wie sie nur numinosen Erfahrungen eigen ist. Nun hatte Jeschua ein neues Lebensgefühl: *Abba* war stets gegenwärtig. Er war befreit von der Schmach der illegitimen Zeugung. Das Gefühl, nicht «recht» zu sein, war weg, der Minderwertigkeitskomplex abgefallen, die Identitätskrise überwunden. Sein Selbstbewusstsein wurde stabil.

Nun konnte er seine Heilung sozial fruchtbar machen und weitergeben, was ihm Abba geschenkt hatte.

Der Täufer in den Evangelien

Die Bedeutung des Täufers für Jeschua wird in den Evangelien entwertet. Er ist dort nur der *Vorläufer des Herrn*, der sagt: «Nach mir kommt der, der größer ist als ich; ich bin nicht würdig, mich zu bücken und ihm den Riemen seiner Sandalen zu lösen» (Markus 1_7). Das entspricht in keiner Weise den Tatsachen.

In Wirklichkeit wäre Jeschua ohne den Täufer nie der geworden, der er war; er brauchte ihn, um zu sich selber finden zu können. In der Nähe des Täufers konnte sich bei Jeschua ein positiver Vater-Komplex konstellieren. Dieser fiel dann in der Vision in Jeschuas Bewusstsein ein und veränderte dieses für den Rest seines Lebens.

Vision und Alltag

Folgen der Vision

Der numinose Einfall: «Du bist mein geliebter Sohn!» prägte Jeschua nachhaltig. Er fühlte sich nun von Abba berufen, der Himmel und Erde erschaffen hatte und demnächst neu erschaffen werde. So wie seine innere Welt neu geworden war, so würde auch die äußere Welt bald neu werden … Das musste er der Welt verkünden! Dazu berief ihn die Vision. Sie gab Jeschua den schöpferischen Impuls zur Gründung einer jüdischen Reformbewegung, aus der sich später – nach seinem Tod, wiederum aufgrund von Visionen – die christliche Kirche entwickeln sollte. Die Vision war von weltgeschichtlicher Bedeutung.

Es stellt sich nun die Frage, wie weit sich Jeschua nach der Vision in der Realität noch zurecht fand. Wie weit gelang es dem vom Fanum Ergriffenen, sein Ich von seinem Selbst zu unterscheiden und normal zu bleiben?

Um diese Frage zu klären, muss man jene Bibelstellen, wo sich Jeschua für ein göttliches Wesen hält, historisch-kritisch untersuchen. Gehen diese Worte auf ihn selbst zurück, oder sind sie Ideen seiner Anhänger?

Die Antwort ist eindeutig: Jeschua versah sich mit keinem einzigen religiösen Hoheitstitel, nicht einmal mit dem des Gottessohns. Andererseits fühlte er sich berufen, der Welt ihr nahes Ende anzusagen.

Dies bewirkte eine gewisse Realitätsferne. Da er sich mit dem Schöpfer Himmels und der Erde auf du und du fühlte, verharmloste er die Macht der «Herren dieser Welt» und vermengte die innere Sicherheit, die ihm seine Vision schenkte, mit der äußeren Situation. Das führte dazu, dass er die Macht seiner Gegner unterschätzte. Da Abba demnächst das Himmelreich errichten würde, waren die Tage «dieser Welt» für ihn gezählt. Auch seine mächtigsten Gegner hatten seines Erachtens nicht mehr viel zu sagen.

Diese Fehleinschätzung kam ihn teuer zu stehen. Hätte er die Macht seiner Gegner realistischer beurteilen können, hätte er auf seinen Auftritt vor dem Tempel verzichtet, der ihn Kopf und Kragen kostete.

Geheilter Heiler

Die numinose Erfahrung beim Täufer machte ihn – auf dem Hintergrund seiner Kindheit – zu einem einfühlsamen Sozialtherapeuten für Randständige. Er wurde ein geheilter Heiler, ein erlöster Erlöser, sensibilisiert für jene, die am selben Schicksal litten wie einst er. Er kannte das beklemmende Gefühl, an den Rand gedrängt zu werden, aus eigener Erfahrung, kannte aber auch das Glück der Befreiung aus der Identitätskrise.

Dabei geriet er in «schlechte Gesellschaft»; er kam in den Ruf, er sei ein «Freund von Landesverrätern und Sündern» (Markus 2_{16}).

Doch denen, die er für seine Endzeit-Gemeinschaft gewann, ging die Sonne auf; sie erlebten einen Vorgeschmack des kommenden Himmelreichs.

Wenn Traurige fröhlich wurden, durchlebte er seine eigene Heilung nochmals. Davon erzählt Lukas 15_{8-9}:

> «Was tut eine Frau, die zehn Groschen hat und einen davon verliert? Sie nimmt ein Licht, leuchtet jede Ecke im Haus aus und sucht, bis sie ihn findet. Dann ruft sie ihre Freundinnen und Nachbarinnen zusammen und sagt: Machen wir ein Fest! Feiert mit; ich habe meinen verlorenen Groschen wieder gefunden!»

Dieses Gleichnis handelt nicht nur von jenen, die in seiner Gegenwart des Lebens wieder froh wurden; es erzählt auch Jeschuas eigene Geschichte.

Die Vision weckte aber nicht nur Jeschuas Empathie und Heilkraft, sondern auch seine poetische Begabung. Er schuf Weltliteratur.

Dichter und Erzähler

Zu Weltliteratur wurden seine Geschichte vom verlorenen Sohn (Lukas 15_{11-32}) oder von der Menschlichkeit des Samaritaners (Lukas 10_{29-37}), aber auch seine Aufforderung, im Hier und Jetzt zu leben:

> «Schaut den Vögeln zu! Sie haben keine Scheunen und finden doch genug zu essen. Betrachtet die Lilien im Felde! Selbst König Salomon war nicht so schön gekleidet wie sie in ihrer Pracht» (Matthäus 6_{25-29})!

Das unverfälschte Leben war ihm vorbildlich, Leben aus *Abba*, dem Schöpfer von Himmel und Erde, dem innersten Du, dem unverstellten Selbst. Damit eroberte er sich viele Herzen. Er verdiente sich sein Brot sowohl als Zimmermann auf Stör wie auch als einer der vielen Geschichtenerzähler, die damals im Nahen Orient ihre Zuhörer faszinierten.

Dionysos

Vielleicht lernte Jeschua eine Frau kennen, die ihn für das bewunderte und liebte, was er war: ein feinfühlender junger Mann, therapeutisch, poetisch und spirituell begnadet. Vielleicht verliebte er sich in sie und erfuhr in ihrem Schoß, was er im Schoß seiner eigenen Familie entbehrt hatte?

Hierher gehört auch die bereits kurz erwähnte Geschichte von der Hochzeit zu Kana, die Jeschuas Beziehung zum dionysischen Element des Lebens zeigt (Johannes $2_{1\,\text{ff.}}$). In diesem Mythos wandelt Jeschua Wasser, das in sechs riesigen Steinkrügen für die Hochzeitsgäste bereit stand, in besten Wein. Dasselbe Wunder wurde damals von *Dionysos* erzählt, dem Sohn des Göttervaters Zeus und der Semele, dem Gott des Rausches und der Fruchtbarkeit, zu dessen Gefolge Nymphen, lüsterne Satyrn und ekstatische Bakchantinnen gehörten.

Johannes 2 übertrug diesen Mythos auf Jeschua – wohl nicht ganz von ungefähr: Als historischer Kern steckte eine innere Verwandtschaft Jeschuas mit Dionysos dahinter. Diese wurde später aus verständlichen Gründen apollinisch übertüncht; es durfte nicht sein, dass der christliche Erlöser etwas mit Dionysos zu tun hatte.

Doch in Ägypten erinnerten sich Anhänger Jeschuas noch lange an dessen dionysische Seite. Spuren davon sind noch in Johannes $20_{11\,\text{ff.}}$, im apokryphen koptischen Philippusevangelium und in einem im September 2012 publizierten koptischen Papyrusfragment aus dem 4. Jh.p erhalten, das Mirjam als Gemahlin Jeschuas erwähnt.

Mirjam war vielleicht die erste, der Jeschua nach seinem Tod in einer Vision erschien; das ist ein klarer Hinweis auf die Intimität der Beziehung zwischen den beiden (Johannes $20_{11\,ff.}$). Zudem trat Mirjam als weiblicher Apostel auf, was im Judentum verboten war; dort war Religion Männersache. «Das Weib schweige in der Gemeinde!», sagte die Tora, die in 1. Korinther 14_{34} zitiert wird.

Jeschua soll Mirjam «sieben Dämonen» ausgetrieben haben. Was immer man darunter versteht: Auch dieser Mythos ist ein Hinweis auf die tiefe Beziehung zwischen beiden (als moderne Parallele wäre die Beziehung zwischen C. G. Jung und Sabine Spielrain zu nennen, die als unheilbar galt und durch die dionysische Beziehung zu Jung gesund wurde). War Mirjam aus Magdala Jeschuas *femme inspiratrice?*

Von Jeschuas Frauenfreundlichkeit zeugen auch Johannes $7_{53\,ff.}$ und Lukas 7_{36-50}. In der ersten Geschichte rettet Jeschua eine Ehebrecherin vor ihrer Steinigung, und in der zweiten lässt er sich bei einem Essen im Haus eines Pharisäers von einer stadtbekannten Dirne ausgiebig die Füße küssen und verteidigt diese gegen den sittenstrengen Hausherrn.

Mit der Zeit passte die dionysische Seite Jeschuas aber nicht mehr zum christlichen Erlöser. In der Großkirche wurde Jeschuas Leben umgeschrieben, und gleichzeitig wurde Platon der Lieblingsphilosoph christlicher Gelehrter. Der Gottessohn bedurfte keiner irdischen Liebe.

Zur positiven Beziehung Jeschuas zu den Frauen gehört auch sein natürlicher Umgang mit Kindern.

Kinder

Jeschua liebte Kinder, weil sie unverstellt sind:

> «Den Kindern gehört das Reich Gottes. … Er umarmte sie» (Markus $10_{14.16}$).

Der einst selber an den Rand Gedrängte genoss die Nähe von Kindern: «Und er umarmte sie.» Seine Liebe zu Kindern wurzelt in seiner Vision: «Du bist mein geliebter Sohn.»

Wie sich Jeschuas Beziehung zu seiner ersten Familie weiter entwickelte, zeigt Markus $3_{21.31\,ff.}$.

«Wer ist meine Familie?»

In Jeschuas Endzeit-Gemeinschaft ersetzte die geistige Einstellung die Blutsbande; an die Stelle der Blutsverwandtschaft trat die Wahlverwandtschaft. Das war weiterer Fortschritt der Bewusstseinsevolution.

Jeschuas toragläubige Familie war konservativ. Als er sein Leben als Wanderprediger begann, dachte sie, «er sei von Sinnen» (Markus 3_{21}). Deshalb wollte sie den «Übergeschnappten», der aus der Reihe tanzen wollte, zur Raison bringen und zurück pfeifen. Sie machte sich auf den Weg, ihn heimzuholen, um die Schande, die er ihr anzutun im Begriff war, von sich abzuwenden.

Als sie das Haus fand, wo er sich aufhielt, ließ sie ihm ausrichten, seine Mutter, Brüder und Schwestern seien draußen und wollten ihn sprechen. Jeschua hielt das nicht für nötig. Er ließ ihnen ausrichten: «Meine Familie – wer ist das? Wer sind meine Mutter, Brüder und Schwestern? Meine Familie ist hier drinnen» (Markus $3_{31\,ff.}$)!

Das war der letzte Kontakt Jeschuas mit seinen Blutsverwandten.

Dass die Beziehung Jeschuas zu seiner Mutter kühl war, zeigt auch der eben erwähnte Mythos von der Hochzeit zu Kana, wo Jeschua seine Mutter anfuhr: «Weib, was habe ich mit dir zu schaffen» (Johannes 2_4, nach Luther)! Die Anrede mit «Weib» anstatt mit «Mutter» war ungehörig; sie verrät, dass man noch lange wusste, dass die Beziehung Jeschuas zu seiner Mutter nicht herzlich war.

Jeschua brach aber nicht nur mit seiner toragläubigen Familie, sondern auch mit der Tora selbst.

Die Tora

Drohbotschaft und Frohbotschaft

Das Milieu, in dem Jeschua groß wurde, war von der Tora bestimmt, die er sozusagen mit der Muttermilch aufnahm. Sie blieb ihm Richtschnur seines Tuns, bis er *Abba* begegnete.

Hatte ihm die Heilige Schrift gedroht: «Die Frucht aus gesetzeswidrigen Verbindungen wird schmählich zugrunde gehen» (Weisheit Salomos $3_{16\,f.}$), so vernahm er in der Vision die Worte: «Du bist mein lieber Sohn!»

Nun standen sich Drohbotschaft und Frohbotschaft gegenüber, der Buchstabe des Gesetzes und die numinose Erfahrung. Diese bewirkte, dass Jeschua begann, die Gültigkeit der Tora infrage zu stellen.

Als erstes Beispiel dafür dient sein Umgang mit dem Sabbatgebot.

Sabbatgebot

Das Sabbatgebot gehört zum Kern der Tora:

> «Die Königin Sabbat! Wohl keine andere Königin wird mit größeren Ehren, solch herzlicher Liebe und kindlicher Freude begrüßt. Zwar steht die ganze Arbeitswoche unter dem Zeichen des Sabbats; aber der Freitag ist ganz besonders dem Empfang der Königin gewidmet. Das ganze Haus muss für sie vorbereitet werden. Mindestens drei Mahlzeiten müssen dem Sabbat zu Ehren vorbereitet werden: die Mahlzeit am Freitagabend, das Frühstück am Sabbatmorgen und die dritte Sabbatmahlzeit» (De Vries, S. 57).

Jeschua relativierte die Sabbatgesetzgebung mit dem Argument:

> «Der Sabbat wurde für den Menschen geschaffen, nicht der Mensch für den Sabbat» (Markus 2_{27}).

Diesen Satz formulierte er, wie ein Rabbi, in Anlehnung an 2. Makkabäer 5_{19}, einen für Rechtgläubige zentralen Vers:

> «Der Herr schuf den Tempel für das Volk;
> er erwählte dieses nicht wegen des Tempels.»

Mit 2. Makkabäer 5_{19} argumentierte er, modern gesagt:

> «Wenn das Volk wichtiger ist als der Tempel, dann ist auch der Mensch wichtiger als der Sabbat. Tempel und Sabbat in Ehren – doch der Mensch geht vor!
>
> So wie sich der Allmächtige nach der Erschaffung von Himmel und Erde einen Ruhetag gönnte, so dürfen auch wir uns nach unserem Sechstagewerk einen Ruhetag gönnen. Der Sinn des Sabbats ist die Erholung von den Mühen der Arbeit. Der Sabbat dient dem Menschen. Das Sabbatgesetz war ursprünglich ein menschenfreundliches Gesetz. Doch die Schriftgelehrten machten mit ihrer ganzen Sabbatgesetzgebung eine Schikane daraus und pervertierten damit den wahren Sinn des Gebots. Darum ist nicht die ganze Sabbatgesetzgebung, sondern nur deren Kern verbindlich. Dieser dient dem Leben; die Schriftgelehrten aber meinen, das Leben müsse dem Gesetz dienen.»

Die kritische Haltung gegen Tempel und Schriftgelehrte übernahm Jeschua vom Täufer. Doch Markus 2_{27} enthielt ein Programm: «Das Gesetz muss dem Menschen dienen, nicht der Mensch dem Gesetz!» Diesen programmatischen Grundsatz konnten die Orthodoxen niemals akzeptieren. Darum beschlossen sie, den aufmüpfigen Nazarener beiseite zu schaffen.

Markus 3_6 berichtet, historisch korrekt:

> «Nachdem Jeschua das Sabbatgebot angegriffen hatte, gingen die Pharisäer hin und berieten sich mit den Anhängern des Herodes, wie sie ihn ins Verderben bringen könnten» (Markus 3_6).

Die Freiheit Jeschuas im Umgang mit der Tora zeigte sich auch in seinem Verhalten gegenüber den Speisegeboten.

Speisegebote

Markus 7_{15-19} handelt vom Gebot der rituellen Waschung vor dem Essen und vom Verbot, kultisch unreines Fleisch zu essen (z. B. Schweinefleisch oder Opferfleisch aus heidnischen Tempeln). Ich fasse den Text zusammen:

> «Was verunreinigt, ist nicht das, was von außen in uns hinein kommt, sondern das, was von innen, aus unserem Herzen, aus uns heraus kommt. Die Speisen gehen in den Mund, in den Magen und aufs Klo. Sie verunreinigen uns nicht. Das Böse kommt nicht durch die Berührung äußerer Dinge in uns hinein; es kommt aus unserem Herzen.»
>
> Vers 19 kommentiert: «Damit erklärte er alle Speisen für rein.»

Wie Markus 2_{27}, so enthält auch Markus 7_{19} ein Programm.

1. Kor. 10_{23} bringt dieses auf den Punkt: «Dem Reinen ist alles rein.» Markus $7_{15ff.}$ entzog der Speisegesetzgebung und der koscheren Küche der Boden unter den Füssen. Wenn es auf das «Herz» ankommt, braucht es keine koschere Küche mehr. Jeschua überwand den Buchstabenglauben. Sein freier Umgang mit der Tora galt den Orthodoxen als Angriff auf das Gesetz, das Jahwe seinem Knecht Mose auf dem Sinai übergeben hatte und das von den Schriftgelehrten rechtmäßig verwaltet wurde. Was Jeschua tat, war in ihren Augen gotteslästerlich.

Ich schließe das Kapitel über den Umgang Jeschuas mit der Tora mit Überlegungen zum oft missverstandenen Gebot: «Liebet eure Feinde!»

Feindesliebe

> «Ihr wisst, dass die Schrift sagt: ‹Du sollst deinen Nächsten lieben und deinen Feind hassen!› Ich aber sage euch: Liebt eure Feinde» (Matthäus $5_{43f.}$)!

Wer ist hier mit den «Feinden» gemeint? In der Regel denken wir dabei an unsere *persönlichen* Feinde. Das ist die moderne, individualistische Sicht. Die «Feinde» in unserem Text waren aber Angehörige eines gehassten *Kollektivs:* Samaritaner. Diese waren verhasst, weil sie den Tempel auf dem Zion nicht anerkannten und ihre Gottesdienste im Tempel auf dem Berg Garizim feierten. Deshalb galten sie als Gottesfeinde und wurden von den Juden entsprechend behandelt. Die Tora schrieb vor, Samaritaner nicht zu grüßen, und ein jüdisches Kind durfte einer alten Frau aus Samarien, die eine schwere Tasche schleppte, nicht helfen.

Das akzeptierte Jeschua nicht. Er widersprach mit der Geschichte vom Mann aus Samarien und den Tempeldienern (Lukas 10_{25-37}):

> Zwei Tempeldiener begegneten auf ihrem Weg zur Arbeit einem von Räubern überfallenen Mann. Weil sie nicht zu spät kommen durften, ließen sie den Mann liegen. Das Gesetz war klar: «Der Gottesdienst geht vor!» Selbst wenn sie gewollt hätten: Die Tora hinderte sie daran, dem Verwundeten zu helfen.

Aus diesem Grund war die Tora für Jeschua nicht Gottes Gesetz; denn Gottes Gesetz forderte für Jeschua in erster Linie *Mitmenschlichkeit.*

> Mitmenschlich handelte ein Kaufmann aus Samaria auf einer Geschäftsreise. Auch er begegnete dem unter die Räuber Gefallenen. Er stellte jedoch sein Geschäft hintan, nahm sich des Verwundeten an, verband dessen Wunden, brachte ihn zum nächsten «Samariterposten» und kam für die Kosten auf.

Die Geschichte macht klar, wer *human* handelte:

Die Tempeldiener verhielten sich gesetzeskonform, waren aber nicht mitmenschlich. Da für Jeschua das Gebot der Mitmenschlichkeit erste Priorität besaß, erfüllte der von den Juden verachtete Mann aus Samarien Gottes Gesetz, nicht die Tempeldiener. Folglich geschah den Samaritanern Unrecht, wenn man sie als Gottesfeinde verschrie.

Darum ersetzte Jeschua das Gesetz, das gebot, die Samaritaner zu hassen, durch ein neues Gebot: «Ich aber sage euch: Liebet eure Feinde!»

Das war ein Angriff auf Tora und Tempel, den die Verantwortlichen nicht hinnehmen konnten. Für sie war Jeschuas Parabel böswillig ersonnen. Dem Mann, der Tempel und Tora beschmutzte, musste der Mond gestopft werden. Nicht genug, dass er in schlechter Gesellschaft verkehrte, Ehebrecherinnen vor der Steinigung rettete, den Sabbat und das Speisegesetz brach: Nun widersetzte er sich auch noch dem Gebot, die Gottesfeinde aus Samaria zu hassen und forderte, sie zu lieben! Er hatte sein Leben verwirkt.

Doch seine Hinrichtung war nicht das Ende der Geschichte.

So wie Jeschua seine Gegner unterschätzt hatte, so unterschätzten diese die Macht der Psyche.

Sein Tod am Kreuz war nämlich der Anfang einer metaphysischen Karriere sondergleichen: Jeschua wurde der berühmteste «wachsende Tote» der Antike. Sein jenseitiger Triumphzug hievte ihn in allerhöchste Höhen hinauf: Aus dem Tischler von Nazareth wurde die zweite Person der göttlichen Trinität, vor der sich sogar der Kaiser verneigte.

Wie dieser Siegeszug begann, schildert das nächste Kapitel.

Entstehung eines neuen Mythos

Mythisch geschwängerte Atmosphäre

Wegen der Abba-Vision begann der Mythos um Jeschua schon zu seinen Lebzeiten; man war überzeugt, er stehe im Kontakt mit dem Jenseits. Nachdem er Simons Schwiegermutter vom Fieber geheilt hatte (Markus $1_{30f.}$), rätselten einige, ob sich in ihm Elia inkarniert habe, der von Jahwe in den Himmel entrückte Prophet (2. Könige $2_{1ff.}$). Andere mutmassten, vielleicht verberge sich in ihm der Menschensohn, der auf den Wolken des Himmels komme, um die Welt zu richten und das Reich der zwölf Stämme Israels wiederherzustellen (Daniel 7_{13}). Oder war Jeschua der Messias? Er war von einem mythischen Nimbus umgeben.

Eine Kostprobe dafür gibt Markus $8_{27ff.}$, wo berichtet wird, Simon, sein erster Schüler, habe ihn für den Messias gehalten:

«Jeschua fragte seine Schüler: ‹Für wen halten mich die Leute?› Sie antworteten: ‹Für Johannes den Täufer, für Elia oder sonst einen der Propheten.› Er: ‹Und für wen haltet *ihr* mich?› Petrus: ‹Du bist der Messias!›»

Simon wird hier *Petrus* genannt, *Fels* (aramäisch *Kepha*; gräzisiert *Kepha**s***). «Petrus» ist Simons *Ehrentitel*, mit dem er sich in seiner Gemeinde ansprechen ließ (wie weit er diesen verdiente, werden wir noch sehen). «Auf diesen *Fels* will ich meine Kirche bauen», heißt es Matthäus 16_{18} von Simon Petrus.

Obwohl die historisch-kritische Forschung längst nachgewiesen hat, dass Matthäus 16_{18} nicht historisch ist, glaubt der Papst heute noch, Jeschua habe Simon als «Fels» bezeichnet und ihn zu seinem Nachfolger erkoren (sich selbst halten die Päpste ja für die Nachfolger Petri).

In Wirklichkeit legten Simons Anhänger Matthäus 16_{18} Jeschua in den Mund, um Simon im Kampf um die Alpha-Position in der Gesamtkirche mit besonderer Autorität auszustatten. Dieser Vers ist Propaganda.

Die apokalyptische Stimmung, die damals herrschte, wurde durch numinose Erfahrungen nach Jeschuas Tod zusätzlich aufgeheizt. Diese bildeten den Anfang eines neuen, des christlichen Mythos.

Simons Vision

Neben Maria von Magdala hatte auch Simon eine Vision, in der er Jeschua lebendig vor sich sah.

Die Vision beendete Simons Dilemma, in das er nach Jeschuas Verhaftung geraten war. Um seine Haut zu retten, hatte er geleugnet, den Nazarener zu kennen (Markus $14_{66\,\text{ff.}}$). Diese Notlüge hatte ihm zwar das Leben gerettet, ihn aber in einen inneren Zwiespalt gebracht: Einerseits konnte er Jeschua in seinem Innern nicht verleugnen; andererseits musste er ihn aber totschweigen, wenn er sein Leben liebte. Da war guter Rat teuer.

Das Dilemma wurde durch die Vision beendet, die sich bald nach Jeschuas Tod ereignet haben dürfte (nach der Bibel «am dritten Tag»). Plötzlich sah Simon am helllichten Tag den am Kreuz Gestorbenen lebendig vor sich. Die Vision war kein Traum und schon gar keine Einbildung; sie war eindrücklicher als alles, was sich Simon hätte ausdenken können. Er erlebte das Gesicht als einen Blick nach drüben: Vor ihm stand Jeschua. Da dieser aber am Kreuz gestorben war, musste Gott ihn von den Toten auferweckt haben. Jeschua war vom Tod auferstanden!

Mit der Auferstehung der Toten begann nach damaligem Glauben aber das Gottesreich. Folglich schaute Simon in der Vision den Anfang der neuen Welt. Nun war klar: Das Gottesreich war angebrochen!

Jetzt erfüllten sich die Verheißungen des Propheten Jesaja:

«Vernichten wird Gott den Tod auf ewig; er wird die Tränen von ihrem Antlitz abwischen» (25_8). «Jauchzen und Wonne wird bei ihnen einkehren, Leid und Seufzen fliehen» (35_{10}). «Siehe, ich mache alles neu» (43_{19})!

So entstand der christliche Mythos. Dessen Kern bildet die Vision des Auferstandenen. Diese beendete Simons Dilemma, in das ihn seine Notlüge gebracht hatte. Sie war derart überwältigend, dass Simon den nicht mehr verleugnen konnte, der den Tod überwunden hatte und demnächst eine zentrale Rolle im apokalyptischen Drama spielen würde. Die innere Wahrheit hatte sich mit der Übermacht des Numinosen durchgesetzt. Nun wusste Simon, was er zu tun hatte. Sein Glaube an Jeschua war jetzt unerschütterlich.

Auf Simon wartete in den kommenden Ereignissen viel Arbeit: Als erster Schüler Jeschuas – die rechte Hand des Weltenrichters! – würde er mithelfen, die zwölf Stämme des Gottesvolks zu installieren.

> Aus der Sicht der Tiefenpsychologie war Simons Vision die Folge eines psychischen Druckausgleichs zwischen dem Ich und dem Unbewussten. Nun konnte Simon wieder dazu stehen, was wirklich war: Er brauchte keine Notlüge mehr. Er konnte nun zu Jeschua stehen. Nun war er ein Fels: Petrus (aramäisch: Kepha). Nun konnte er wieder ruhig schlafen, auch wenn die äußere Situation wieder gefährlich geworden war.

Simon war nicht der einzige, der Jeschua wieder lebendig vor sich sah.

Weitere Visionen

1\. Korinther 15 berichtet von zahlreichen Visionen, in denen der Auferstandenen gesehen wurde. Es handelt sich im Folgenden um die Überlieferung von Messiasgläubigen in Jerusalem:

> «... und dass er dem Kepha erschien, später den Zwölfen. Hernach erschien er mehr als fünfhundert Brüdern auf einmal, von denen die Mehrzahl heute noch am Leben ist. Später erschien er noch Jakob, dem Bruder des Herrn, ... und zuletzt auch mir, Paulus» (1. Korinther $15_{5 ff.}$).

Diese Jerusalemer Liste zeigt, dass der Glaube an die Auferstehung Jeschuas in Jerusalem breit abgestützt war. Bemerkenswert ist allerdings, dass die Liste keine Vision einer Frau enthält. Das erstaunt; denn Frauen stehen jenen Schichten der Psyche, aus denen Träume und Visionen kommen, in der Regel näher als Männer. Es ist unwahrscheinlich, dass keine einzige Frau den Auferstandenen schaute. Die Liste ist der Ausdruck des in dieser Gemeinde herrschenden Patriarchats.

Johannes 20_{11-18} und Markus 16_9 heißt es dagegen, der Auferstandene sei *zuerst* Mirjam aus Magdala erschienen, die dann als Jeschuas *Apostel* aufgetreten sei. Für die Gemeinde, die hinter diesen Texten stand, besass Mirjams Vision denselben Wert wie Simons Vision für die Jerusalemer.

In der apokalyptischen Atmosphäre dieser Tage kursierten verschiedene Berichte von Visionen des Auferstandenen. Die einen setzten sich im Laufe der Zeit durch; andere verblassten.

Die Bedeutung von Mirjams Vision wird in der katholischen Kirche heute noch herunter gespielt. Für sie ist *Simon* der Fels, nicht Mirjam aus Magdala. Der Papst ist der Nachfolger *Petri*, nicht Mirjams; sonst müsste er ja auch Frauen zum Priesteramt zulassen …

Überwindung des Karfreitags-Schocks

Jeschuas Kreuzigung war ein Schock: Aus der Traum vom Gottesreich! Die Visionen gaben den Niedergeschlagenen wieder Zuversicht; sie verwandelten die sinnlose Hinrichtung in ein Heilsereignis: Jeschua starb, um auferstehen und so dem Gottesreich den Weg bereiten zu können.

Im Nachhinein werden Katastrophen nicht selten zu sinnvollen Ereignissen. Zuerst scheint das Unglück nur sinnlos zu sein. «Warum gerade ich!», ruft man. Doch die Trauerarbeit kann Unheil in Segen verwandeln. Schließlich kommt der erlösende Seufzer: «Ende gut, alles gut!»

Die Visionen ermöglichten die Umdeutung des brutalen Karfreitagsgeschehens in ein notwendiges Heilsereignis. Um die Bedeutung der Auferstehung besser zu verstehen, forschten hellenistische Messiasgläubige in der Heiligen Schrift. Im Buch des Jesaja stießen sie auf die Lieder des Gottesknechts; da fielen ihnen die Schuppen von den Augen:

«Er wurde durchbohrt um unserer Sünden, zerschlagen um unserer Verschuldungen willen; die Strafe bedrückte ihn, uns zum Heil. … Ihn ließ der Herr treffen unser aller Schuld. Er ward misshandelt und beugte sich und tat seinen Mund nicht auf, wie ein Lamm, das zur Schlachtbank geführt wird. …

Aus dem Land der Lebenden ward er getilgt, ob der Sünde meines Volks zum Tode verurteilt.

Und man gab ihm sein Grab bei den Gottlosen und bei den Übeltätern seine Stätte, wie wohl er kein Unrecht getan und kein Trug in seinem Munde war. … Dem Herrn gefiel es, … ihn zum *Sühnopfer* zu machen, … damit *die Sache des Herrn* durch ihn glücke» (Jesaja 53_{5-10}).

Diese Verse waren für sie eine Offenbarung von erstrangiger Bedeutung.

«Die Sache des Herrn»: Das war das Gottesreich, das mit Jeschuas Auferstehung eingeläutet wurde. Jeschua war der Gottesknecht Jesajas:

> «Er wurde durchbohrt um unserer Sünden willen …, uns zum Heil …, wie wohl er kein Unrecht getan.»

Jeschua brachte demnach das *Sühnopfer* dar, das Gott mit der Welt versöhnte. Er war das Opferlamm, das sein Blut vergoss, um denen, die an ihn glauben, zum Leben im Reich Gottes zu verhelfen.

Die Offenbarung schlug ein wie ein Blitz. Sie wurde für alle Messiasgläubigen verbindlich bis zum heutigen Tag. Karfreitag und Ostern waren fortan die Basis eines neuen Mythos: Zum Glauben an Jeschuas Auferstehung kam der Glaube an dessen heilbringenden Opfertod hinzu. Auf diesem doppelten Fundament ruht das Gebäude der christlichen Dogmatik.

Dass dieses Fundament heute nicht mehr trägt, liegt daran, dass sowohl das konkretistische Verständnis der Ostervisionen wie auch der archaische Glaube an heilschaffendes Opferblut nicht mehr zeitgemäß ist.

Der Mythos vom Sühnetod

Der Glaube an Jeschuas Sühnetod hatte eine nachhaltige Wirkung: Er ermöglichte die Ablösung vom Opferkult im Tempel. Jeschuas Tod wurde als das letzte Blutopfer gedeutet, das zur Versöhnung Gottes mit der Welt nötig war. Nun war genug Blut geflossen!

Damit wurden die täglichen Opferzeremonien im Tempel für hellenistisch denkende Christusgläubige hinfällig. Um vor dem Allmächtigen Gnade zu finden, musste man fortan kein Opferblut mehr vergießen, sondern nur noch *glauben*, Jeschua sei für alle Gläubigen gestorben.

Der neue Mythos war ein Fortschritt im Prozess der Vergeistigung der Religion bzw. der religiösen Evolution. Er fühte zum Exodus der hellenistischen Messiasgläubigen aus dem Tempel. Dieser Schritt befremdete aber nicht nur orthodoxe Juden, sondern auch die konservativen Messiasgläubigen in Jerusalem, die «Hebräer». Diese glaubten nämlich nicht an den Sühnetod Jeschuas und verblieben im jüdischen Tempelverband, wo sie auf Jeschuas Wiederkunft und die Völkerwallfahrt zum Zion warteten.

Der Auszug der hellenistischen Christusgläubigen aus dem Tempelverband brachte diesen den Anschluss an den archetypischen Mythos von Tod und Auferstehung und machte ihren Glauben «globalisierungstauglich»:

«Stirb und Werde!»

Vom «Stirb und Werde!» erzählen religiöse Mythen seit jeher. Ich erwähne nur die Geschichten von Isis und Osiris und die von Demeter (Göttin der Natur) und deren Tochter Kore (Weizenkorn): Kore wurde im Spätherbst vom Unterweltsgott geraubt und «starb», um im nächsten Frühjahr wieder zu neuem Leben «erweckt» zu werden (dieser Mythos lag den bekannten eleusinischen Mysterien zugrunde).

Zu diesen uralten religiösen Mythen gehörte nun auch der Mythos von Jeschuas Tod und Auferstehung. Im Unterschied zu den traditionellen Mythen erzählte er von einem *wirklichen* Menschen, der nicht einer fernen Vergangenheit angehört, sondern als Zeitgenosse gelebt hatte. Jeschuas Tod und Auferstehung wurde von Augenzeugen glaubhaft berichtet. Diese Berichte waren für die damalige Zeit keine Mythen, sondern reale Ereignisse.

Erzählte man in den eleusinischen Mysterien von Kore, die einst starb und auferstand, so berichteten die hellenistischen Messiasgläubigen nun von Jeschua, der unter Pontius Pilatus gestorben und am dritten Tag von den Toten auferweckt worden war. Das war nicht ein uralter Mythos aus entlegenen Zeiten, sondern eine Begebenheit, die sich unlängst in Jerusalem zugetragen hatte. Nun war es nicht mehr Mutter Erde, die das Mysterium bewirkte, sondern Vater Himmel. Damit war man *up to date;* man lebte ja im patriarchalen Zeitalter.

Damit, dass das «Stirb und Werde» von einem Menschen der Gegenwart erzählt wurde, kam es zu einem religiösen Aggiornamento. Die hellenistischen Christianer waren «in». Mit ihrer neuen Version des uralten «Stirb und Werde!» hatten sie der Welt etwas zu bieten, das die jüdische Religion nicht entwickelt hatte. Das trug wesentlich zum Erfolg ihres Glaubens bei. Sie gehörten zur damaligen Spitze der religiösen Evolution.

Doch ein neuer Mythos allein genügte noch nicht, um eine neue Religion gründen zu können. Es brauchte auch neue Riten.

Entstehung einer neuen Religion

Mythos, Ritus, Religion

Religionen sind nicht nur Mythen-, sondern auch und Ritengemeinschaften. Der Ritus vergegenwärtigt das im Mythos Verkündete; was der Mythos erzählt, wird im Ritus dramatisiert. Beide ergänzen sich. Der in den Ritus Eingeweihte kennt den dazu gehörigen Mythos und versteht, was zelebriert wird; dem Nicht-Eingeweihten kommt spanisch vor, was da gespielt wird.

Riten galten im archaisch-mythischen Zeitalter als *wirkmächtig*. Sie dienten dem Erhalt der kosmischen Ordnung. Sie mussten regelmäßig zelebriert werden, um einen Rückfall der Schöpfung ins Chaos zu verhindern. Man konnte darum nicht leben ohne Gottesdienste; ohne wirkmächtige Riten drohte die Welt aus den Fugen zu geraten.

Die wichtigsten neuen Riten der hellenistischen Messiasgläubigen waren Taufe und Abendmahl, zwei Sakramente, die das Heil in Christo vergegenwärtigten. Damit lehnten sich die Christianer an Riten aus «heidnischen» Mysterienreligionen an.

Taufe

Die Taufe ersetzte die jüdische Beschneidung. Bereits Jeremia und Ezechiel hatten eine «Bescheidung des Herzens» gefordert, eine Verinnerlichung und Vergeistigung des archaischen Blutritus.

Der Ritus war unblutig. Was in der Beschneidung das Opferblut bewirkt hatte, bewirkten nun gesegnetes Wasser und Öl. Der neue Ritus war ein weiterer Fortschritt in der religiösen Evolution.

Im Ritus der Taufe identifizierte sich der Täufling mit Jeschuas Tod und Auferstehung (Römer 6_{1-11}): Beim Untertauchen starb er im Geist mit Jeschua am Kreuz. Damit starb er dem Leben «im Fleisch» ab; er kreuzigte den alten Adam, um sich hernach mit dem Auferstandenen zu vereinen, der ihm die Kraft zum Leben «im Geist» schenkte.

Die Taufe war ein mystisches Geschehen, ähnlich dem in «heidnischen» Msterienreligionen, wo sich die Gläubigen mit ihrem Gott identifizierten: «Wir verwachsen sowohl mit Christi Tod wie mit seiner Auferstehung» (Römer 6_5). Der Taufritus bewirkte eine *Wesensänderung* des Täuflings. Das gesegnete Taufwasser wusch den sündhaften alten Adam ab, und die Salbung mit heiligem Öl bewirkte, dass der heilige Geist in den Getauften einfloss. Dieser wurde ein neuer Mensch und erhielt damit einen Vorgeschmack des ewigen Lebens im Himmel.

Ähnliches galt für den Ritus der Eucharistie. Auch dieser vergegenwärtigte das Heilsgeschehen von Jeschuas Tod und Auferstehung und hob damit das «fleischliche» Leben auf ein höheres Niveau: auf das Leben im Geist des Auferstandenen.

Abendmahl

Die der Eucharistie zugrunde liegende Idee entstammt den Liedern des Gottesknechts in Jesaja 42 ff.: Jeschua starb als Sühnopfer, das Gott mit der Welt versöhnte. Der Ritus der Eucharistie dramatisiert diesen Mythos und vergegenwärtigt damit den heilschaffenden Opfertod des Erlösers.

Im Ritus der Messe wandelt der Priester Brot und Wein in den Leib und das Blut des Gottessohns. Damit vergegenwärtigt er das Heilsgeschehen am Kreuz. Dieses wird nicht nur in der Erinnerung vergegenwärtigt, sondern wird durch die Wandlung «realpräsent» (so das Transsubstantiations-Dogma von 1215).

Deswegen ist die Messe wichtiger als der bloße Wortgottesdienst; sie ist die unblutige Vergegenwärtigung des blutigen Heilsgeschehens am Kreuz. Die *sacra potestas* (heilige Macht), die die Wandlung ermöglicht, fließt bei der Weihe des Priesters durch Handauflegung des Bischofs in diesen ein (Kaufmann 2006; Artikel: Kleriker).

Der Gläubige, der sich das Sakrament (Fleisch und Blut des Auferstandenen) einverleibt, kommt dadurch mit dem Heilsgeschehen *leibhaft* in Berührung. Dank der *sacra potestas* des Priesters erhält er Anteil am Mysterium der Wandlung des Vergänglichen ins Unvergängliche.

> Für moderne Menschen ist die Wandlung von Brot und Wein archaischer Aberglaube, ein «Hokuspokus» (dieses Wort entstammt der Messe: Weil das ungebildete Volk die lateinischen Worte der Wandlung: *Hoc est corpus* nicht verstand, verdrehte es sie in: «Hokuspokus»).

Der dem Abendmahlsritus der Kirche zugrunde liegende Mythos ist eine angebliche Mahlzeit von Jeschua und seinen Schülern:

> «Und als sie aßen, nahm er Brot, sprach das Dankgebet darüber, brach es, gab es ihnen und sagte: Nehmet! *Das ist mein Leib.*
>
> Und er nahm den Kelche, sprach das Dankgebet darüber und gab ihnen denselben; und sie tranken alle daraus. Und er sprach zu ihnen: *Das ist mein Blut* …, das für viele vergossen wird» (Markus 14_{22-24}).

Dass dieser Bericht nicht historisch sein kann, zeigen zwei Argumente:

Zum Einen verstand sich Jeschua nicht als Opferlamm, das die Sünden der Welt hinweg nimmt, sondern als einen endzeitlichen Propheten, der Gottes Reich ansagte. Dass er das Passah-Lamm gewesen sei, das für viele geopfert worden sei, wurde den Seinen erst *nach* seinem Tod beim Studium der

Lieder des Gottesknechts offenbart. Der Mythos von der Einsetzung des Abendmahls wurde von hellenistischen Christianern geschaffen.

Zum Andern war es Juden streng verboten, Blut zu trinken; denn im Blut eines Lebewesens war nach 3. Mose 17_{11} dessen Seele, die Gott gehörte:

> «Und wider einen jeden, der Blut zu sich nimmt – sei er nun aus dem Hause Israel oder von den Fremden in Israel –, wider den werde ich mein Angesicht wenden und ihn aus seinem Volk ausrotten. Denn im Blut ist die Seele aller sterblichen Wesen; darum gehört das Blut auf den Altar, dass es euch Sühne erwirke. Denn das Blut ist es, das durch die in ihm lebende Seele Sühne schafft. Darum habe ich den Israeliten geboten: Niemand unter euch darf Blut essen, auch der Fremde, der unter euch wohnt, nicht! ... Ein jeder, der Blut isst, soll ausgerottet werden» (3. Mose 17_{10-14})!

Für einen Juden ist es unvorstellbar, dass Jeschua die Seinen zu seinen Lebzeiten aufgefordert habe, aus einem Becher zu trinken, in dem sich sein Blut befinde. Jeschuas Abendmahl ist eine Schöpfung hellenistischer Messiasanhänger, die sich gedanklich vom Judentum ziemlich distanziert hatten.

Zusammenfassung

Die Riten von Taufe und Abendmahl zelebrierten das «Stirb und Werde!» und förderten damit den damals wichtigen Entwicklungsschritt vom unbewussten Leben «im Fleisch» zum bewussten Leben «im Geist».

Auch der Gottesdienst förderte die religiöse Evolution:

Nach Römer 12_1 waren die Gottesdienste der Christianer «vernunftgemäß». Die griechischen und lateinischen Worte dafür lauteten: *logike (latreia)* und *rationale (obseqium).* Die Begriffe «Logos» und «Ratio» weisen klar auf die Vergeistigung der Religion hin.

Neue Riten und vernunftgemäße Gottesdienste ersetzten nun den Tempelgottesdienst. Das Amt des Hohenpriesters und die Funktion des Opferlamms wurden auf Jeschua übertragen. Dieser war Hoherpriester und Opferlamm zugleich. Indem er das Blutopfer darbrachte, war er der Hohepriester, und indem er sein Blut vergoss, war er das Opferlamm (Hebräer 5_{1-10}). Damit war der Tempel überflüssig geworden. Die Christianer versammelten sich in Privathäusern.

Das nächste Kapitel wirft historische Schlaglichter auf die neue Religion.

Historische Schlaglichter

Die goldene Ursprungszeit

Nach der Darstellung der anfangs des 2. Jh.p verfassten Apostelgeschichte waren die ersten Messiasgläubigen «ein Herz und eine Seele»:

> «Die Gläubiggewordenen waren *ein* Herz und *eine* Seele. Auch nicht einer sagte, sein Besitz gehöre ihm; sie hatten alles gemeinsam» (Apg. 4_{32}).

Der Text «berichtet», die Kirche sei ursprünglich eine homogene Gruppe gewesen. Doch Apg. 4_{32} ist nicht ein Tatsachenbericht, sondern eine vom Mythos der goldenen Ursprungszeit inspirierte Predigt mit der Absicht, die Gläubigen zu ermuntern, unter sich «*ein* Herz und *eine* Seele» zu sein.

Der Mythos von den wunderbaren Anfängen der Kirche – dem «urchristlichen Kommunismus» – wurde bis vor kurzem wortwörtlich geglaubt. Die Re-Formen der Kirche zielten stets darauf hin, die «gute alte Zeit» wiederherzustellen und zur ursprünglichen, wahren Kirche zurückzukehren.

Die Verklärung der Urkirche wurde von der historisch-kritischen Forschung gründlich entzaubert. Sie wies nach, dass die Urchristenheit alles andere war als «*ein* Herz und *eine* Seele».

Das frühkatholische Una-Sancta-Ideal der Apostelgeschichte entpuppte sich als Projektion des inneren Bildes vom Paradies auf die Anfänge der Kirche. Mit diesem Bild bekämpfte der Verfasser der Apostelgeschichte die Uneinigkeiten der Kirche seiner Tage.

Da die Geschichte der Urkirche stets umgeschrieben wurde, ist es nicht einfach, ein zuverlässiges Bild von ihren Anfängen zu gewinnen.
Beginnen wir mit den konservativen Messiasgläubigen, den «Hebräern».

Die Hebräer (Q-Gemeinde)

Zweifellos genoss Simon unter den ersten Messiasgläubigen in Jerusalem ein hohes Ansehen, hatte er doch den Auferstandenen als erster gesehen. Zu ihm gesellten sich (1. Korinther $15_{5ff.}$) bald «die Zwölf», die Leiter der zwölf Stämme Israels im kommenden Gottesreich. Dann kamen jene Fünfhundert dazu, die den Auferstandenen «auf einmal gesehen» hatten. Danach stieß Jakob, Jeschuas Halbbruder, zur apokalyptischen Bewegung. Er war streng toragläubig, ein Hardliner, der behauptete, Jeschua habe die Tora bis zum letzten Jota und Häkchen befolgt. Sein Kreis legte Jeschua die Worte in den Mund:

«Wahrlich, ich sage euch: Bis der Himmel und die Erde vergehen, wird nicht ein einziges Jota oder Strichlein des Gesetzes vergehen» (Q, nach Matthäus 5_{18})!

Damit wollten die orthodoxen Messiasgläubigen die Richtigkeit ihres strengen Toraglaubens beweisen. Sie waren dem nationalreligiösen Erbe der Väter verpflichtet. Aus diesem Grund nenne ich sie «Hebräer». Sie blieben nach Jeschuas Auferstehung im jüdischen Tempelverband und unterschieden sich von orthodoxen Juden nur durch ihren Glauben, Jeschua sei auferstanden und werde demnächst auf den Wolken des Himmels zum Jüngsten Gericht erscheinen.

Die 1794 durch J. G. Eichhorn entdeckte Quelle «Q» gibt Aufschluss über den Glauben der Hebräer. Q war dem Verfasser des Markusevangeliums nicht bekannt, wohl aber – ins Griechische übersetzt und bearbeitet – den beiden Verfassern der Großevangelien. Dank der Übersetzung von Q ins Griechische und seiner Einarbeitung in das Matthäus- und Lukasevangelium blieben viele historisch echte Worte Jeschuas erhalten.

Die Hebräer hatten anfänglich großen Zulauf. Doch bald nahmen die torakritischen Hellenisten überhand, die sich «lawinenartig ausbreiteten» (Schulz 1972, S. 6). Nach einigen Jahrzehnten führten die Hebräer – unter Jakobs Leitung – nur noch ein «Sektendasein» (Schulz).

Neben den streng toragläubigen Hebräern lebten Hellenisten. Als solche bezeichne ich griechisch sprechende, liberale Christianer (Apg. 11_{26}).

Hellenisten

Lynch-Justiz an Stephanos

Stephanos (lateinisch: Stephanus) war ein hellenistischer Jude. Da er keinen biblischen Namen trug, ist anzunehmen, dass er nicht in einer streng toragläubigen Umgebung aufwuchs. «Stephanos» bedeutet «Siegeskranz». Er war der erste Märtyrer der Hellenisten; nach ihm ist der 2. Weihnachtstag benannt. In Jerusalem lernte er hellenistische Christusgläubige kennen und schloss sich ihnen an. Er gewann bald eine leitende Position und polemisierte – im Sinn Jeschuas – gegen Tempel und Tora (Apg. 6_5).

Die Orthodoxen sahen in ihm einen Gotteslästerer, der gesteinigt werden musste. Trotz dem Verbot der Römer, Todesurteile zu vollstrecken, lynchten sie Stephanus. Gottesrecht kam vor Menschenrecht (Apg. 7_{59}).

Damit begann der Exodus der Hellenisten aus Jerusalem. Sie breiteten sich in der Folge rasch aus: Nordwestlich gelangten sie «bis nach Phönizien und Cypern» (Apg. 11_{19}), südwestlich bis ins ägyptische Alexandria mit seiner großen jüdischen Gemeinde (Apg. 6_{9}).

In der syrischen Hafenstadt Antiochia, einer Weltstadt mit 500'000 Einwohnern, nannten sie sich erstmals «Christianer» (Apg. 11_{26}). Im griechischen Urtext steht: «Christ**ian**oi», lateinisch: «Christ**iani**», d.h Anhänger des Messias. Damit gaben sie sich eine neue Identität und setzten sich von den orthodoxen Juden, aber auch von den Hebräern ab.

In Antiochia nahmen sie – torawidrig – *Unbeschnittene* in ihre Gemeinschaft auf (Apg. 11_{20}). Da die Beschneidung das Zeichen der Verpflichtung auf die Tora war, brüskierten sie damit auch die Hebräer, nach deren Ansicht unbeschnittene Christianer im besten Fall *Proselyten* (Anwärter auf die Zugehörigkeit zum Gottesvolk) waren. Ein vollwertiger Messiasanhänger wurde man erst durch die Beschneidung. Unbeschnittene Christianer galten als halbe Heiden.

Streit um die Tora

Für Hellenisten war die Tora – wie für Jeschua – nur bedingt massgebend. Sie schafften die Beschneidung ab, ebenso die Details der Sabbatgesetzgebung, assen Speisen, die die Tora als «unrein» bezeichnete (Markus 7_{15}) und kauften Fleisch von Opfertieren in heidnischen Tempeln.

Die Hellenisten nannte der Apostel Paulus die «Starken»; die frommen Hebräer hingegen, «die Gemüse essen» (Römer 14_{2}), waren für ihn die «Schwachen». Einst selber ein fanatischer Verfechter des strengen Tora-Glaubens, stand er nach seiner Bekehrung auf der Seite der Liberalen, versuchte aber, die streitenden Parteien «um des Herrn willen» mit einander zu versöhnen (Römer 14_{20}). Das war ein schwieriges Unterfangen; denn extrem progressive Hellenisten gingen so weit zu behaupten, Jeschua sei gekommen, um die Menschen durch seinen Tod am Kreuz von der Last der Tora zu befreien (Galater 3; Philipper $2_{5ff.}$)! Dementsprechend galt für sie:

> «Wo der Geist des Herrn ist, da ist Freiheit» (2. Korinther 3_{17})!

Aus solchen Kreisen stammt die Geschichte im Lukasevangelium:

> «Jeschua sah einen Mann, der am Sabbat arbeitete. Da sprach er zu ihm: ‹Selig bist du, wenn du weißt, was du tust›» (Lukas 6_{5}; Codex D)!

Der Graben zwischen dem konservativen und dem extrem liberalen Flügel der Messiasgläubigen war nicht zu überbrücken. Das Gros der Christianer war gemäßigt liberal.

Einer, der von der einen zur andern Partei übertrat, war Saul, nachmals der Apostel Paulus. Zunächst war er ein orthodoxer Pharisäer; dann wurde er zu einem Verkünder der «Freiheit in Christo».

Paulus

Name, Herkunft, Ausbildung

Sein ursprünglicher Name war *Saul*, benannt nach dem ersten König der Hebräer, den seine Mutter Hanna lange Zeit vergeblich erbeten hatte («Schaul» heißt: «der Erbetene»; 1. Samuel 1).

Saul wuchs als hellenistischer Jude und römischer Bürger in der Stadt Tarsos am Mittelmeer auf, in der Provinz Cilicien im Süden Kleinasiens, wo er eine gute hellenistische Ausbildung erhielt, die ihn zum Rabbi in der Diaspora befähigen sollte.

Abschluss des Studiums. Erste Tätigkeit

Dem strebsamen jungen Mann genügte diese Ausbildung nicht. Ihm fehlte noch das Tüpfelchen auf dem i. Er absolvierte darum noch ein Zusatzstudium in Jerusalem, der Hochburg der Schriftgelehrsamkeit.

Nach dem Abschluss desselben engagierte er sich in der jüdischen Gemeinde Jerusalems im Dienst der Rechtgläubigkeit. Dabei wurde er in die vielfältigen religiösen Kämpfe zwischen dem liberalen und dem orthodoxen Flügel der Juden sowie zwischen diesen, Christianern und Hebräern verwickelt – ein Posten, der scharfes Denken und Schlagfertigkeit erforderte.

Jeschua hatte er nicht persönlich gekannt, ließ sich aber vom Argument überzeugen, dass einer, der das Gesetz brach, den Tempel als Räuberhöhle schmähte und als Verbrecher am Pfahl endete, unmöglich der Gesalbte sein konnte. Darum waren die österlichen Visionen der Messiasgläubigen für ihn ohne Bedeutung. Er half er kräftig mit, die Messiasgläubigen zu bekämpfen. Hellenisten wie Stephanos brachte er zum Schweigen. Im Rückblick auf deren Verfolgung schrieb er:

> «Ihr habt von meinem ehemaligen Wandel im Judentum gehört, dass ich die Gemeinde Gottes (sc. die Christianer, der Verf.) über die Maßen verfolgte und zerstörte und im Judentum weiter ging als viele Altersgenossen in meinem

Volk, indem ich in besonders hohem Maße ein *Eiferer für die Überlieferungen meiner Väter* war» (Galater $1_{13f.}$).

Apg. $8_{1.3}$ ergänzt:

«Saul hatte Wohlgefallen an der Steinigung des Stephanus. ... Er verwüstete die Gemeinde Gottes, indem er in ihre Häuser eindrang und sie ins Gefängnis brachte.»

Sauls innere Entwicklung

Die Dispute mit den Christianern gingen nicht spurlos an ihm vorbei. Sie beeindruckten ihn tiefer, als ihm lieb war. Die Debatten mit seinen Gegnern, die fortschrittlich dachten und gut argumentierten, unterhöhlten mit der Zeit seinen eigenen, orthodoxen Standpunkt. Je heftiger er die Christianer unterdrückte, desto stärker wurde der frei denkende Hellenist in seinem Innern. Seine Gegner begannen, ihn insgeheim zu überzeugen. Um nicht den Anschein zu erwecken, dass dem so sei, unterdrückte er den Feind noch heftiger. Sein orthodoxer Standpunkt wurde unbemerkt unterhöhlt. Sein Unbewusstes kollabrierte insgeheim mit dem Feind.

Da Saul den inneren Warner abblockte, bemerkte er die Sabotage nicht. Sein Ich war nach wie vor vom orthodoxen Standpunkt überzeugt. Weil er nicht in sich hinein hörte und seine Träume und Tagesphantasien nicht beachtete, realisierte er nicht, wie sich der unbewusste Hellenist in ihm mit dem äußeren Feind verbündete und sich dessen Argumente zunehmend zu eigen machte. In ihm tobte ein Krieg, in dem der Gegner die eigenen Reihen unbemerkt unterwanderte und das eigene reich Herrschaft destabilisierte. Dass ihm zunehmend unwohl wurde bei der Sache, verdrängte er. Er versteifte sich auf seine Persona. Er wollte sein Gesicht nicht verlieren. Was würden seine Auftraggeber sagen, wenn er jetzt weich würde?!

Doch auf die Dauer konnte er den stillen Rufer der Vernunft in seinem Innern nicht mehr unterdrücken (Kaufmann 1983, 147 ff.).

Bekehrung

Eines Tages fiel der Gegner aus dem Hinterhalt mit einer übermächtigen Vision in Sauls Bewusstsein ein: Nun sah auch er – wie vor ihm einige der verfolgten Christianer – den Auferstandenen.

Als Mensch der Antike verstand er die innere Wahrnehmung konkretistisch. Nun hatte der Auferstandene auch ihn überwältigt! Die numinose Erfahrung ließ Saul keine andere Wahl als die bedingungslose Kapitulation.

Aus dem orthodoxen Pharisäer Saul wurde Paulus, der Apostel der «Freiheit in Christo». Er änderte seinen Namen! Was er in seinem Übereifer für die Überlieferungen der Väter einst bekämpft hatte, schrieb er sich nun auf die eigene Fahne. Er hatte seine Persona verloren.

Was ergaben sich daraus für Konsequenzen?

Konsequenzen

Er konnte die Bekehrung unmöglich verschweigen; was würde der Auferstandene dazu sagen! Das numinose Erlebnis war übermächtig. Seine Karriere war ruiniert. Der bewunderte Streiter des Herrn machte mit dem Todfeind gemeine Sache! Das war Hochverrat. Ihm drohte dieselbe Verfolgung, mit der er einst die Christianer gepeinigt hatte. Andererseits konnte er nicht damit rechnen, dass ihn seine einstigen Gegner, deren Mitstreiter er jetzt sein wollte, überhaupt in ihre Reihen aufnehmen würden …

Dass er sich in diesem Dilemma eine Auszeit nahm, war weise:

> «Hernach begab ich mich zuerst nach Arabien und kehrte dann wieder nach Damaskus zurück. Erst drei Jahre später zog ich nach Jerusalem hinauf» (Galater 1_{17}).

In diesen drei Jahren erarbeitete er sich eine fundamental neue Theologie.

Bedeutung der Tora

Seine neue Einstellung zum Gesetz zeigen drei Zitate:

> «Christus ist das Ende des Gesetzes» (Römer 10_{4}).
> «Wo der Geist des Herrn ist, da ist Freiheit» (2. Korinther 3_{17}).
> «In Christus ist weder Jude noch Grieche, weder Sklave noch Freier, weder Mann noch Weib; vor ihm sind alle gleich» (Galater 3_{28}).

Die Orthodoxie reagierte dementsprechend.

Rache der Orthodoxie

Paulus musste seine «Freiheit in Christo» teuer bezahlen. Die Orthodoxen bestraften ihn als Gotteslästerer, wo immer sie seiner habhaft wurden:

> «Ich war in Gefangenschaft, wurde oft geschlagen und war viele Male in Todesgefahr. Fünfmal habe ich von Juden die neununddreißig Peitschenhiebe erhalten, dreimal bin ich mit Ruten geschlagen worden, einmal gesteinigt. …

In Damaskus wurde ich öffentlich gesucht. Ich entrann den Häschern nur dadurch, dass ich durch ein Fenster in einem Korb die Stadtmauer hinabgelassen wurde» (2. Korinther 11 $_{23-25.32-33}$).

Paulus und die Hebräer

«Nach meiner Berufung ging ich nicht mit Fleisch und Blut zu Rate und zog auch nicht nach Jerusalem hinauf zu denen, die vor mir Apostel waren. Ich begab mich vielmehr nach Arabien und kehrte dann wieder nach Damaskus zurück. Erst drei Jahre später zog ich nach Jerusalem hinauf, um Kepha kennen zu lernen, bei dem ich fünfzehn Tage blieb. Einen andern Apostel aber sah ich damals nicht, außer Jakob, den Bruder des Herrn» (Galater 1 $_{16-18}$).

Nach drei Jahren suchte Paulus den Kontakt zur Leitung der Hebräer in Jerusalem, insbesondere zu Simon, bei dem er zwei Wochen lang weilte. Neben ihm sah er keinen der Apostel, außer Jakob.

Die Gespräche mit Kepha, dem «Fels», verliefen zufriedenstellend. Danach setzte Paulus seine Arbeit fort: Er gewann *Unbeschnittene* für den Herrn. Simon hatte nichts dagegen einzuwenden.

Das schiedlich-friedliche Nebeneinander sollte aber nicht sehr lange dauern; in Jerusalem gewannen nämlich theologische Hardliner unter der Leitung Jakobs allmählich die Oberhand. Diese anerkannten die Arbeit des Paulus nur zur Hälfte; sie forderten eine nachträgliche Beschneidung der von Paulus für den Messias gewonnen Nichtjuden.

Für Paulus war das ein ungeheuerliches Ansinnen, war doch seine Berufung zum Apostel der Unbeschnittenen durch den Auferstandenen selbst erfolgt. Darum bekämpfte er das Begehren der Hardliner vehement. Er ging – nach vierzehn Jahren, aufgrund einer erneuten Offenbarung – nochmals nach Jerusalem hinauf, um ein für alle Male Klarheit zu schaffen und die volle Anerkennung seiner Arbeit zu erwirken:

«Nach vierzehn Jahren zog ich, aufgrund einer Offenbarung, abermals nach Jerusalem hinauf, zusammen mit Barnabas, und nahm auch Titus mit. Ich legte ihnen das Evangelium dar, das ich unter den Heiden predigte. ... Nicht einmal Titus, ein Grieche, wurde gezwungen, sich beschneiden zu lassen. Den eingedrungen falschen Brüdern ... gaben wir nicht für eine Stunde durch Unterwerfung nach! ... Sie anerkannten, dass mir das Evangelium an die Unbeschnittenen, Petrus aber das an die Beschnittenen anvertraut war. ... Als sie die Gnade erkannten, die mir verliehen ist, gaben Jakob und Kepha und Johannes, die als

> Säulen galten, mir und Barnabas den Handschlag der Gemeinschaft, dass ich und Barnabas die Heiden, sie aber die Beschnittenen für den Herrn gewinnen sollten» (Galater 2_{1-9}).

Mit dem zweiten Jerusalemer Besuch und dem abschließenden «Handschlag der Gemeinschaft» erreichte Paulus, dass seine beschneidungsfreie Heidenmission von Jerusalem voll anerkannt wurde.

Paulus war erleichtert. Es hatte sich gelohnt, der neuen Offenbarung Folge zu leisten, um die Sache endgültig zu klären. Nach dem «Handschlag der Gemeinschaft im Herrn» war er überzeugt, nicht mehr befürchten zu müssen, «vergeblich zu laufen» (Galater 2_2).

Doch es sollte anders kommen: Der «Fels» geriet ins Wanken.

Simon

Simon besuchte die von Paulus gewonnenen Unbeschnittenen in Antiochia. Wie vereinbart, anerkannte er diese als vollwertige Christianer. Er ass sogar mit ihnen, obwohl es Juden streng verboten war, sich mit Unbeschnittenen, die nicht koscher assen, an den gleichen Tisch zu setzen.

Für Simon, den ersten Schüler Jeschuas, war das offenbar kein Problem. Doch der Hardliner Jakob – Bruder des Herrn – dachte anders. Für ihn besaß der Handschlag mit Paulus und Barnabas keine Bedeutung mehr. Er forderte die Beschneidung unbeschnittener Christianer. Nun musste Paulus erneut befürchten, «vergeblich zu laufen» (Galater 2_2).

Was sagte Simon dazu? Paulus schildert die Auseinandersetzung:

> «Bevor etliche von Jakob kamen, ass Kephas mit den Unbeschnittenen; als sie aber da waren, zog er sich zurück und sonderte sich ab, weil er die aus der Beschneidung fürchtete. Und es heuchelten mit ihm auch andere; sogar Barnabas wurde von ihrer Heuchelei fortgerissen» (Galater 2_{13}).

Simon und Barnabas gaben klein bei; Jakob setzte sich durch. Doch Paulus gab sich nicht geschlagen und forderte Simon öffentlich heraus:

> «Da sagte ich zu Kephas in Gegenwart aller: Du, ein Jude, hast hier in Antiochia wie ein Heide gelebt und mit Unbeschnittenen gegessen. Wie kannst du jetzt plötzlich Unbeschnittene zwingen, wie Juden zu leben» (Galater 2_{14})!?

Simon war weder Jakob noch Paulus gewachsen. Der «Fels» wankte; er war theologisch überfordert.

Jakob wollte unbedingt im jüdischen Tempelverband bleiben.
Doch die Hebräer wurden exkommuniziert.

Exkommunikation der Messiasgläubigen

Zehn Jahre nach der Zerstörung des Herodianischen Tempels, im Jahr 80p, wurden sämtliche Messiasgläubigen – Hellenisten wie Hebräer – vom Judentum exkommuniziert. Während die Hellenisten dies auf die leichte Schulter nehmen konnten, bedeutete es das Ende der Hebräer.

Mit der Exkommunikation aller Messiasgläubigen war der Fall «Jeschua» für das Judentum endgültig erledigt: Jeschua war ein Ketzer, der zurecht zum Tode verurteilt worden war. Das Judentum hatte einen seiner großen Propheten ausgespuckt.

Von der messianischen Sekte zur Staatsreligion

Zusammenfassung

In der Folge ließen die Christianer die jüdische Tora gesundschrumpfen; sie warfen die Beschneidung, die Speise- und Reinheitsgebote über Bord, behielten aber die Zehn Gebote bei. Wie viel Ballast jeweils abgeladen wurde, war von Region zu Region verschieden. Beispielsweise wurde die Tora in Gemeinden, die sich nach dem Matthäusevangelium richteten, auf die «Goldene Regel» reduziert:

> «Alles nun, was ihr wollt, dass euch die Menschen tun, das sollt ihr ihnen tun; das ist der Kern des Gesetzes und der Propheten» (Matthäus 7_{12}).

Das oberste Gebot war das Doppelgebot der Gottes- und Nächstenliebe:

> «An der Gottes- und Nächstenliebe hängt das ganze Gesetz» (Matthäus $22_{39f.}$).

In der Regel wurde die hebräische Bibel beibehalten, aber zum *Alten* Testament degradiert, dem nun ein *Neues* zur Seite gestellt wurde, das den Sühnetod und die Auferstehung Jeschuas enthielt, die Worte und Taten des Erlösers, die Geschichte der Urkirche und einige Briefe hervorragender Christianer. Die Heilige Schrift umfasste nun zwei Hauptbücher: ein weniger verbindliches Altes und das maßgebende Neue Testament.

Sich selber verstanden die Messiasgläubigen als das *wahre Israel.*

Sie gestalteten auch den jüdischen Festkalenders grundlegend neu:

- Aus dem Versöhnungstag wurde der Karfreitag. Das Opferlamm war nun Jeschua, der sein Blut ein für allemal vergossen hatte. Dieses endgültige Blutopfer wurde in der Eucharistie «unblutig» gefeiert.
- Aus dem Pessach, dem Fest der Befreiung aus Ägypten, wurde Ostern, das Fest der Auferstehung, der Befreiung aus den Fesseln des Todes.
- Aus dem der Tora gewidmeten Wochenfest wurde Pfingsten, das Fest des Heiligen Geistes, der «Freiheit in Christo».
- Aus Chanukka, dem Lichterfest zu Ehren der Tempelweihe zur Zeit der Makkabäer, wurde Weihnacht, das Fest der Geburt des «Lichts der Welt» (Johannes 3_{19}, 8_{12}).

Zugleich wurde der christliche Mythos weiter ausgebaut, zunächst zum «Apostolischen Glaubensbekenntnis», dann zur Trinitätslehre und schließlich zur umfassenden christlichen Dogmatik.

Die neue Religion hatte als ein messianisches Reformjudentum begonnen, als ein weltoffenes «Judentum light», welches auch das Mysterium von Tod und Auferstehung enthielt. Die Hauptgründe des Erfolgs der Christianer waren einmal der Monotheismus, der im Trend der religiösen Evolution lag, dann die einfache, prägnant formulierte Ethik und – last but not least – die zeitgemäße Gestaltung des Mysteriums: «Stirb und Werde!»

Dieser Glaube entsprach dem Empfinden vieler religiös Suchender im römischen Reich. Offiziell war dieses zwar noch polytheistisch eingestellt, und der römische Kaiser war von Amtes wegen ein Gott, dem die Untertanen Reverenz zu erweisen hatten; doch während man offiziell noch polytheistisch dachte, war die Elite längst auf dem Weg zum Monotheismus.

Märtyrer

«Es gibt nur einen Gott» (5. Mose 6_{4-9}), sagt das *Sch^{e}ma Jisrael,* das jüdische Glaubensbekenntnis. Gott sitzt auf einem himmlischen, nicht auf einem irdischen Thron, und ihm muss man mehr gehorchen als den Menschen. Juden mussten ihren monotheistischen Glauben im Notfall mit dem *Martyrion* – dem Glaubensbekenntnis – bezeugen. Dasselbe galt auch für Christianer. Sie konnten den Kaiser nicht als Gott verehren und mussten ihm daher ihre Reverenz verweigern. Das wurde von Rom als Majestätsbeleidigung aufgefasst und mit der Todesstrafe belegt.

Juden und Christen nahmen den Tod auf sich, weil sie sich nicht gegen den Allmächtigen versündigen wollten. Sie glaubten, wenn sie den Kaiser als Gott verehren würden, würden sie im Jüngsten Gericht verurteilt werden. Ihnen würde vorgehalten, sie hätten neben dem wahren Gott noch einem andern gehuldigt. Ihnen drohte die Hölle. Im Vergleich zur Hölle war der irdische Tod das kleinere Übel. Märtyrer nahmen den Tod in Kauf, um in den Himmel zu kommen, wo die Verfolgungen ein Ende hatten.

Die barbarischen Pogrome widerten mit der Zeit immer mehr zivilisierte Menschen an. Die Märtyrer fanden zunehmend Bewunderer, während sich der Polytheismus allmählich als atavistisch erwies. Der Ein-Gott-Glaube gewann langsam, aber stetig an Boden.

Einer, der diesen Prozess maßgeblich förderte, war Kaiser Konstantin.

Die Konstantinische Wende

Einführung

Zur Zeit des Kaisers *Flavius Valerius Constantinus* (Kaiser 306–337) waren rund 10% der Bevölkerung des römischen Reiches Christianer (im Westreich etwa 5%, im Ostreich 15%). Diese gehörten allen Schichten der Bevölkerung an und waren ein nicht mehr zu übersehender gesellschaftlicher Faktor geworden.

Konstantin selber war religiös veranlagt: Er nahm seine inneren Wahrnehmungen (Träume, Visionen, Inspirationen) ernst. Zudem war er geistig aufgeschlossen und versuchte, die Staatsreligion an die religiöse Evolution anzupassen. Da seine Religiosität mit der christlichen verwandt war, fiel es ihm leicht, diese zu tolerieren und später sogar zu fördern. Er erhob die Kirche aber noch nicht zur Staatsreligion. Dies tat erst Kaiser *Theodosius der Große* (Kaiser 379–395), im Jahr 380p.

Die Zeit Konstantins wird oft als «Wende» in der Geschichte bezeichnet. Meines Erachtens ist der Begriff der «Wende» übertrieben. Was unter Konstantin geschah, war nicht ein plötzlicher Umschwung, wie das Wort «Wende» suggeriert, sondern das Resultat einer unaufhaltsamen Entwicklung.

Der Begriff: «Konstantinische Wende» entstammt dem Hauptwerk des christlichen Historikers *Eusebius*: «Geschichte der christlichen Kirche.» Eusebius verfasste seine Kirchengeschichte kurz nach dem Amtsantritt Konstantins als Alleinherrscher, nachdem der Kaiser das erste ökumenische Konzil der Kirchen in Nicäa (324) einberufen hatte. Er schilderte den

Kaiser als einen gläubigen Christen; dasselbe wiederholte er in seinem 337 verfassten Nachruf auf Konstantin.

Eusebius erlebte die Zeit unter Konstantin als Wende, weil die jahrhundertelangen Verfolgungen durch den Staat nun ein Ende hatten. Doch der Kaiser war kein bekennender Christ, sondern ein Sympathisant und Förderer der Kirche. Er bekannte sich erst am Schluss seines Lebens, bei seiner Taufe, zu Christus. Die Taufe war ein privater Akt und hatte für die Öffentlichkeit keine Bedeutung. Die Motivation zur Taufe war vielleicht der Blick aufs Jüngste Gericht, in dem nur Getaufte bestehen konnten.

Konstantin ließ auch bis kurz vor seinem Tod noch polytheistische Tempel bauen, um darin Kultfeiern für seine eigene Familie zu zelebrieren. Im Jahr 330 errichtete er in seiner neuen Hauptstadt Konstantinopel eine Statue, die ihn traditionsgemäß als Sonnengott mit Strahlenkrone, Weltkugel und Lanze darstellte. Als Kaiser war er bis zum Schluss ein Lichtgott und genoss die entsprechende Verehrung.

Konstantins Religiosität

Die Förderung der religiösen Evolution war dem Kaiser wichtig: Schon bald nach seinem Amtsantritt (um 310) ersetzte er den traditionellen Herkules-Kult am Hof durch den Sol-Invictus-Kult. *Sol Invictus*, der unbesiegbare Sonnengott, war jener Gott, der nach der bedrohlichen Nachtmeerfahrt von West nach Ost jeden Morgen wieder neu auferstand. Die Umstellung vom Herkules-Kult auf den Sol-Invictus-Kult zeigt eine Entwicklung vom Macht- zum Licht-Archetyp: eine Vergeistigung der Religion, einen Fortschritt in der religiösen Evolution. Damit näherte sich der Kaiserhof um einen Schritt dem christlichen Glauben. Für diesen war aber der *Auferstandene* der Sol Invictus, das unbesiegte Licht, das den Tod überwand: «Ich bin das Licht der Welt», sagte das Neue Testament von Jeschua, dem Sohn Gottes (Johannes $1_{4.5.9}$, 8_{12}, 12_{46}).

Dass der Licht-Archetyp auch beim Kaiser konstelliert war, zeigen seine Visionen und Träume.

Konstantins Vision

Zu Beginn seiner Zeit als Kaiser war Konstantin einer von vier Herrschern im römischen Reich. Im Jahr 310 hatte er auf der Rückkehr von einem Feldzug zu seinem Regierungssitz in Trier eine Vision. Diese überfiel ihn, als er in den Vogesen in einem Apollo-Tempel Einkehr hielt. Der Gott des Tempels war *Phöbus Apollo,* ein Lichtgott. Am Eingang seiner berühmten Orakelstätte in Delphi stand das Wort: «Erkenne dich selbst!»

Dass Konstantin ausgerechnet in einem *Apollo*-Tempel meditierte, zeigt, dass er auf der Suche nach *Licht* war. Während seiner Andacht tauchte ein numinoses Bild auf: Er sah eine Sonnenscheibe mit einem Kreuz. Er vertraute dieses Gesicht dem Apollo-Priester an; dieser deutete es als ein gutes Omen: «Der Gott des Lichts ist dem Kaiser wohl gesinnt.»

Mit dieser Deutung traf der Apollo-Priester den Kern der Vision: Sonne und Kreuz symbolisieren die erhellte Eins, die in die Vier ausdifferenziert wird (das bewusst werdende Selbst, das in alle Himmelsrichtungen ausstrahlt). Die Vision war ein Licht-Mandala, das ganzheitliche Bewusstwerdung anzeigte. Licht-Mandalas treten meist in dunklen oder gefahrvollen Situationen auf. Ihr Sinn ist ein kompensatorischer: die Förderung umfassender Bewusstwerdung und die Zentrierung der Persönlichkeit. Offenbar suchte Konstantin in einer schwierigen Situation innere Orientierung – und erhielt sie.

Wie weit er das Licht-Mandala auf sich selbst als der Mitte eines geeinten Kaiserreiches bezog, wissen wir nicht. Er handelte aber in diesem Sinn: *Ein* Kaiser, *ein* Reich …

Zweitgutachten

Das numinose Erlebnis ließ – aus verständlichen Gründen – Konstantin keine Ruhe. Zurück in seiner Residenz in Trier, holte er ein Zweitgutachten ein und ließ sich die Vision von einem Christianer deuten, wohl von *Lactantius*, dem Prinzenerzieher, der zu seinen engeren Beratern gehörte.

Dieser bestätigte die Deutung des Apollo-Priesters im Wesentlichen, benannte aber die Lichtgottheit anders: Er deutete die Symbole von Sonne und Kreuz als die Insignien *Christi*, des Lichts der Welt, das zurzeit des Kaisers Augustus unter den Sterblichen gelebt habe.

Der nächste Große Traum des Kaisers zeigt, dass ihn die christliche Deutung beeindruckt hatte.

«In hoc signo vinces …»

Im Frühjahr 312 brach Konstantin von Trier zu einem Feldzug nach Rom gegen seinen Schwager Maxentius auf, der sich in Rom mithilfe der Prätorianergarde im Jahre 306 an die Macht geputscht hatte.

Konstantin trachtete nicht nur nach mehr Licht, sondern auch nach mehr Macht. Vorerst ging es ihm um die Einverleibung Italiens in sein Reich. Am 27. Oktober 312 lagerte er mit einem Heer von 40'000 Mann an der Via Flaminia nördlich von Rom. In der folgenden Nacht träumte er, er solle «das Zeichen Gottes am Himmel», das er in der Vision vor zwei Jahren gesehen habe, auf die Schilder seiner Soldaten malen lassen; dann werde er siegen. *«In hoc signo vinces»,* sagte ihm der Traum.

Konstantin setzte diese Botschaft konkret um und ließ ein griechisches Monogramm **Chr**isti für seinen Helm und die Standarte anfertigen:

Es geschah, wie der Traum sagte: Er besiegte seinen Schwager Maxentius in der Schlacht an der Milvischen Brücke – die durch einen Sabotage-Akt zerstört wurde … Nun war Konstantin sicher, dass das «Licht der Welt» nicht Apollo oder Sol Invictus war, sondern der Gott der Christianer, mit dem er sich aus verständlichen Gründen gut stellen wollte.

Zukunftsträchtige Schritte

Im nächsten Jahr (313) erließ er das *Mailänder Toleranz-Edikt,* wonach sämtliche Religionen im Kaiserreich ihren Glauben unbehindert ausüben durften. Darüber hinaus veranlasste er eine Wiedergutmachung: Enteignungen während der Christen-Verfolgungen wurden zurückerstattet.

Konstantin unterstützte auch den Bau neuer Kirchen (Girardet 2010), und im Jahr 321 ließ er den wöchentlichen Reichsruhetag *Dies Solis* (Sonntag) mit dem christlichen Ruhetag zusammenfallen, dem Tag der Auferstehung Christi. Ausserdem regte er die Zusammenlegung der Geburtstage von *Sol Invictus* und *Christus* auf den 25. Dezember an – alles religionspolitisch wohl durchdachte Anordnungen.

Im Jahr 325 berief er das erste ökumenische Konzil der Kirchen ein.

Ökumenisches Konzil der Kirchen

Nachdem Konstantin Alleinherrscher im Reich geworden war, berief er ein Konzil aller Kirchen in seinem Reich ein: «*Ein* Kaiser, *ein* Reich, *ein* Gott.» Nicht nur das Kaiserreich, auch der Glaube sollte im Sinn der Vision von Sonne und Kreuz vereinheitlicht werden. Zu diesem Zweck versammelte er im Juni 325 318 Bischöfe samt Dienerschaft in seinem Palast in Nicäa am Südrand des Marmarameers (gegenüber Konstantinopel).

Das Konzil eröffnete er im kaiserlichen Purpur und nahm an den Verhandlungen teil, ohne sich in Debatten einzumischen. Die Leitung des Konzils überließ er Bischof Ossius von Cordoba, mit dem er befreundet war.

Kritische Würdigung

Mit seinem wohlwollenden Verhalten gegenüber der christlichen Religion und seiner geschickten Religionspolitik schuf Konstantin eine Win-win-Situation, die ihm selber wie der Kirche zugute kam.

Seiner Persönlichkeit gerecht zu werden, ist nicht einfach. Eusebius, dessen Darstellung Konstantins fast anderthalb Jahrtausende lang bestimmend war, glorifizierte den Kaiser. Die Glorifizierung rückgängig gemacht zu haben, ist das Verdienst des kristischen Basler Historikers Jakob Burckhardt (1818–1897). Dieser schoss mit seiner Kritik allerdings übers Ziel hinaus: Er reduzierte den Kaiser auf seine Machtgier. In Wirklichkeit war Konstantin eine schillernde Figur im Bann des archetypischen Symbols von Sonne und Kreuz: Er vermengte Macht und Licht. Er vermochte sein Ich zu wenig von den archetypischen Inhalten, die ihn überschwemmt hatten, abzugrenzen.

Doch er förderte die religiöse Evolution durch die Einführung des Sol-Invictus-Kults und die Sympathie für die Kirche. Damit stellte er die Weichen zur Einführung des solaren Monotheismus im Kaiserreich, die ein halbes Jahrhundert nach seinem Tod durch Kaiser Theodosius den Großen erfolgte. Konstantin war offen für evolutionäre Impulse aus seinem Innern.

Ich schließe das Kapitel über die christliche Religion mit einer tiefenpsychologischen Deutung des Trinitätsdogmas.

Der dreifaltige Gott

Einleitung

Die Lehre von der Dreifaltigkeit (Dreieinigkeit oder Trinität) Gottes ist für den christlichen Glauben von zentraler Bedeutung. Der neue Katechismus der katholischen Kirche von 1993 unterstreicht dies beredt:

> «Der Inbegriff des Glauben aller Christen ist die Dreifaltigkeit» (§ 232). … «Die Christen werden im Namen des Vaters, des Sohnes und des Heiligen Geistes getauft» (§ 233). … «Das Mysterium der heiligsten Dreifaltigkeit ist das *zentrale* Geheimnis des christlichen Glaubens und Lebens. Es ist das Mysterium des innersten Lebens Gottes, der *Urgrund* aller anderen Glaubensmysterien und das Licht, das diese erhellt. Es ist in der ‹Hierarchie der Glaubenswahrheiten› die grundlegendste und wesentlichste» (§ 234).

Der Stellenwert der Trinität für den christlichen Glauben ist demnach eindeutig: Diese hat erste Priorität «in der Hierarchie der Glaubenswahrheiten». Das ist zumindest die Ansicht der traditionellen Theologie.

Das Kirchenvolk denkt heute allerdings anders über die Trinitätslehre. Eine Umfrage unter der christlichen Bevölkerung brächte ein für die gelahrten Hüter der Tradition niederschmetterndes Ergebnis an den Tag: Die meisten Mitglieder der beiden großen Landeskirchen haben – trotz mehrjährigem Religionsunterricht – keine Ahnung von der Bedeutung der Trinität, dem «Mysterium des innersten Lebens Gottes».

Aber nicht nur Laien, sondern auch liberale Theologen haben Mühe mit der Trinitätslehre. Warum wurde die in den Konzilien von Nicäa (325) und Konstantinopel (381) beschlossene Lehre von der Dreifaltigkeit Gottes in der Moderne für viele zu einer leeren Worthülse?

Der Grund dafür ist im Bewusstseinswandel zu suchen, der in Europa zurzeit stattfindet. Dieser pflügt die religiöse Tradition tiefer um, als den meisten bewusst ist. Was sich «drüben» tut, interessiert heute nicht mehr. Unsere Kultur ist säkular; der Jenseitsglaube ist am Verblassen.

Das war im archaisch-mythischen Zeitalter ganz anders. Damals wollten die wachen Köpfe wissen, was sich «drüben» tue.

Die Tiefenpsychologie sucht einen Weg, der auf einem höheren Bewusstseinsniveau zwischen den Gegensätzen vermittelt. Sie verwirft das Trinitätsdogma nicht in Bausch und Bogen wie die positivistische Moderne, glaubt aber auch nicht wortwörtlich daran wie die archaisch-mythische Tradition. Sie deutet es symbolisch: «Im Symbol der Trinität erscheint die Dreifaltigkeit des unbewussten Seelengrundes.»

Damit wird Gott geerdet. Die Trinität landet nach ihrem Höhenflug nun dort, wo sie schon immer war: auf dem Grund unserer Psyche.
Was für psychische Kräfte symbolisieren denn die drei Personen Gottes? Was bedeuten «Gott-Vater», «Gott-Sohn» und «Gott, der Heilige Geist» in der Sprache von heute?

Gott-Vater

Das Apostolische Glaubensbekenntnis, das im 4. Jh.p in Nicäa und Konstantinopel dogmatisiert wurde, beginnt mit den Worten:

> «Ich glaube an Gott den Vater: den Allmächtigen, den Schöpfer von Himmel und Erde.»

Im Verständnis der Tiefenpsychologie symbolisiert «Gott-Vater» das Selbst, den irrationalen, unbewussten Seelengrund, die schöpferische Tendenz der Natur in uns, welche die Alten personifizierten und projektiv als «allmächtigen Schöpfer von Himmel und Erde» im Jenseits ansiedelten.

Zu «Gott-Vater» gehörte noch das im jeweiligen Kollektiv herrschende Gesetz, das in der goldenen Ursprungszeit von Göttern und Ahnen erlassen wurde. Es war heilig und tabu.

Aus diesem Grund waren die Alten neophob. Aus der Reihe zu tanzen, war eine Todsünde. Man hatte so zu denken wie alle.

Am Anfang der Menschheitsgeschichte war das Ich schwach, wie das eines Kindes, das sich weitgehend von seinen natürlichen Trieben und der Umgebung leiten lässt.

Zu Beginn der Bewusstseinsevolution gab Gott-Vater den Tod an. Er war eine innovative, schöpferische Kraft. In einem Prozess von Jahrmillionen erschuf er den «Sohn»: das Bewusstsein, das Ich, das sich als sehr erfolgreich erweisen sollte. Das Bewusstsein ist eine Schöpfung des kreativen Geists im Unbewussten. Bildlich gesagt: Der «Sohn» ging aus dem «Vater» hervor.

Vom «Sohn» handelt nun der zweite Artikel des Dogmas.

Gott-Sohn

Das Glaubensbekenntnis von Konstantinopel (381) ergänzt das Apostolicum im Blick auf den Sohn. Dieser wurde

> «… aus dem Vater vor aller Ewigkeit gezeugt, Gott von Gott, Licht vom Licht, wahrer Gott vom wahren Gott, gezeugt, nicht geschaffen, eines Wesens mit dem Vater.»

Im Verständnis der Tiefenpsychologie symbolisiert dieser mythische Text die psychische Wahrheit, dass die Entwicklung des Ichs im Selbst wurzelt. Das Bewusstsein gehört zum innersten Wesen des Menschen. Wie jedes Kind, will auch das Ich «groß und stark werden». Dieser unausrottbare Wunsch treibt die Bewusstseinsevolution voran: Aus der einen, uroborischen Psyche, dem unbewussten Selbst, wächst im psychischen Reifungsprozess ein Zweites heran: das seiner selbst bewusst werdende Ich. Die Wachstums-Impulse gehen vom Selbst aus, das die Entwicklung des Ichs mit Visionen, Träumen, numinosen Einfällen und andern Impulsen fördert.

Diesen naturgewollten Prozess durch autoritäre, traditionalistische Maßnahmen hemmen zu wollen, ist dem Menschen auf die Dauer nicht möglich. Wer es dennoch versucht, rennt je länger desto mehr gegen die Evolution an – ein letztlich erfolgloses Unterfangen. Dennoch versucht der Mensch immer wieder neu, die Evolution zu behindern. Das ist das Werk der Neophobie, die sich mit aller Kraft an den in der goldenen Ursprungszeit erlassenen Gesetzen festklammert.

Das orthodoxe Judentum, das die Tora bis zum letzten Jota und Häkchen befolgte, behinderte die schöpferische Tendenz von «Gott-Vater», die religiöse Evolution. Es unterdrückte den «Sohn», der sich in der hellenistischen Kultur der Achsenzeit im Vorderen Orient kräftig entwickelt hatte, und versuchte, ihn in die Zwangsjacke der väterlichen Überlieferungen zu stecken. Die Orthodoxie wollte den Sohn nicht mündig werden lassen.

Dadurch wurde das jüdische Kollektiv in zwei feindliche Lager gespalten. Die Orthodoxie wollte die Entwicklung des Sohnes abwürgen. Darum nahm dieser Reissaus, verließ das Vaterhaus und gründete im Namen des Sohnes eine neue, zeitgemäßere Religion, wo Vater und Sohn zusammenspannten. Diesen Prozess spiegelt das christliche Trinitätsdogma wider. In Jeschua fanden sich Vater und Sohn; Jeschua liebte den Vater. Er und Abba waren eins. Die Rückkoppelung von Vater und Sohn begründete ein neues, dialogisches Denken. Aus den Antipoden von Vater und Sohn wurden sich ergänzende Pole. Das Denken wurde komplementär; es ging nun um die gemeinsame Lösung im Gespräch. Das war ein neuer Geist.

Davon handelt der dritte Artikel.

Gott, der Heilige Geist

Das Glaubensbekenntnis der Westkirche sagt, der Heilige Geist gehe vom Vater *und* vom Sohn aus, lateinisch: *«Filioque»* (und vom Sohn). Dazu erklärt der Katechismus:

> «Die lateinische Tradition des Credo bekennt, dass der Geist aus dem Vater *und* dem Sohn (filioque) hervorgeht und mit dem Vater und dem Sohn zugleich angebetet und verherrlicht wird» (§ 246).

Ein maßgebender Vertreter des lateinischen, westlichen Denkens war der französische Theologe Anselm von Canterbury (1033–1109), der den folgenreichen Grundsatz aufstellte: *«Fides quaerens intellectum»* (der Glaube sucht das rationale Verstehen; damit ist symbolisch der «Sohn» gemeint).

Die enge Verknüpfung von Glauben und Verstehen ging der orthodoxen Ostkirche zu weit. Sie war nicht bereit, dem Ich bzw. dem «Sohn» so viel Macht zuzubilligen. Es kam zum Streit zwischen der Ost- und der Westkirche um das *Filioque*. Die Ostkirche vertrat die orthodoxe Ansicht, der Geist gehe *allein vom Vater* aus, was die Westkirche nicht akzeptierte. 1054 kam es zum endgültigen Bruch zwischen beiden Kirchen. Dabei ging es um das zentrale Thema der Bewusstseinsvolution: «Wie viel Spielraum darf dem Ich (bzw. dem Sohn) zugebilligt werden?»

In der Folge lernte das russische Volk, der Geist gehe *allein vom Vater* aus. Damit wurde das russische Denken über die Jahrhunderte hinweg an die väterliche Tradition angebunden; es wurde bis ins Mark patriarchal indoktriniert. Die Liturgie der Ostkirche entstammt dem 4./5. Jh.p.

Die heutige Bürgerrechtsbewegung im Geist des Sohnes wird nach wie vor unterdrückt oder im Alkohol ertränkt. Zar Putin, zurück im Schoß der wahren Kirche, schurigelt sie und steckt aufmüpfige Söhne wie Chodorkovsky oder die *Pussy Riots*, die in der Kirche tanzen, ins Gefängnis.

Die europäische Aufklärung konnte in Russland trotz verschiedener Anläufe bisher nie richtig Fuß fassen; das Bündnis von Thron und Altar schikaniert und piesackt den Sohn. Die Ostkirche erstickt die Evolution.

Wie steht es mit der Westkirche? Diese bekennt sich zwar zum «Filioque»; aber macht sie damit ernst? Wie verlief die Evolution hier?

Ein kurzes Spotlight muss genügen: Im Mittelalter begann mit Abälard eine vielversprechende Entwicklung, die später in der Reformation und dann in der liberalen Theologie fortgesetzt wurde. Doch insgesamt erstarrte auch in der Westkirche der Wille zur Weiterentwicklung der Religion bzw. zu deren Anschluss an die Bewusstseinsevolution. Der Sohn wurde auch in der Westkirche der väterlichen Tradition unterworfen. Man ruhte sich auf den Lorbeeren des «filioque» aus und meinte, der Evolution sei mit dessen feierlicher Rezitation genüge getan.

Doch Leben ist Evolution. Weil die Westkirche diese Tatsache nicht zur Kenntnis nahm, floss die evolutionäre Energie in die moderne Wissenschaft. Die Söhne der Pfarrer emanzipierten sich von der Kirche und studierten moderne Wissenschaften. Die neophoben Kräfte gewannen die Oberhand. Die Folge war, dass die Spitze der Bewusstseinsevolution aus der Kirche auswanderte.

Zusammenfassung

Die Trinitätslehre formulierte einst – in mythischer Sprache – den evolutionären Fortschritt, den Jeschua und die hellenistischen Christianer gegenüber der jüdischen Orthodoxie gebracht hatten. Die Ausarbeitung dieses Dogmas im Rahmen des archaisch-mythischen Weltbildes war eine großartige Leistung. Mit dem *Filioque* betonte die Westkirche zudem die fundamentale Bedeutung der Entwicklung des Bewusstseins für die Religion: *«Fides quaerens intellectum»*. Die Alte Kirche, welche die Trinitätslehre geschaffen und damit die Religion weiter entwickelt hatte, sorgte damals für den Anschluss ihrer Religion an die Spitze der Bewusstseinsevolution.

Von der Kirche der Neuzeit lässt sich das nicht mehr sagen.

Überleitung zum nächsten Kapitel

Zum Schluss dieses Kapitels über die Institutionalisierung des Monotheismus wenden wir uns dem Islam zu, der dritten abrahamitischen Religion.

Der Islam ist eine Vater-Religion, in der das Mythologem des Sohnes noch kaum entwickelt ist. Allah steht Jahwe, dem Herrn der Heerscharen, näher als dem dreifaltigen Gott (für den Islam ist die christliche Trinitätslehre polytheistisch).

Da Mohammed «das Siegel der Propheten» ist, endet die religiöse Evolution mit ihm. Er ist nicht Allahs Sohn, sondern Allahs Knecht.

Die muslimische Religion

Arabien

Das Land

Die arabische Halbinsel, ein Land von der Größe Europas, ist die Heimat des Islams. «Arabien» bedeutet: «Wüste.» Diese Landschaft zwischen Afrika und Asien ist die Mitte des größten Wüstensystems der Erde, das sich bogenförmig von der Wüste Sahara in Nordafrika bis zur Wüste Gobi im Norden von China erstreckt.

Geologisch betrachtet, ist Arabien noch jung; es entstand vor erst 35 Millionen Jahren. Seit damals driften die afrikanische und die eurasische Platte auseinander; das brach die Erdkruste auf und trennte Asien von Afrika durch einen 6'000 Meter tiefen Graben. In diesen strömte der Indische Ozean ein und bildete das Rote Meer; dieses ist heute um 100 Meter breiter als zu Mohammeds Zeiten (die afrikanische und die eurasische Platte entfernen sich jährlich um 7 Zentimeter von einander).

Am östlichen Ufer des 3'000 m tiefen Roten Meeres entstand ein über 3'000 m hohes Gebirge, an dem sich die Wolken abregnen und diese Gegend fruchtbar machen, während Arabien, die riesige, einst fruchtbare Landmasse dahinter, zur Wüste wurde.

Die Bevölkerung

Mithilfe des Kamels gelang es Beduinen vor 4'000 Jahren, in der arabischen Sandwüste heimisch zu werden. Das Wort «Beduine» kommt von arabisch *badia* und bedeutet: «Als Nomade leben.» Mit ihren Kamelkarawanen zogen die Beduinen während der letzten viertausend Jahren von Oase zu Oase durch die Wüste. Heute wird das stille, genügsame Wüstenschiff durch laute, umweltverpestende Landrover ersetzt.

Die soziale Grundlage der Beduinen bildeten bis vor kurzem die Sippe und der Stamm. Darin fand der Mann seine Frau, seine Kameraden, seine berufliche Ausbildung und Arbeit, sein Auskommen und seine Sicherheit. Es herrschte das uralte Gesetz: «Einer für alle, alle für einen!» Sich diesem Netz entziehen zu wollen, kam niemandem in den Sinn; der Einzelne definierte sich als Mitglied der Sippe und des Stamms und teilte dessen Freund- und Feindbilder – wie es einst im Klan des Mose der Fall war.

Bis vor kurzem herrschte in Arabien noch die früharchaische Identität des Einzelnen mit seinem Kollektiv. Wer den Stamm verließ, begab sich ins Ausland, ins Elend, und büßte alle Rechte ein. Da zwischen den Stämmen

Blutrache herrschte, konnte man kaum außerhalb des Stamms existieren. In einen fremden Stamm einzuheiraten, war schwierig; die Exogamie beschränkte sich auf die verschiedenen Sippen eines Stamms.

Die Erziehung erfolgte nach alter Väter Sitte: Die ersten Lebensjahre verbrachten die Knaben bei ihren Müttern. Sobald sie deren Obhut entwachsen waren, erlernten sie das traditionelle Handwerk ihrer Großfamilie. Außerdem lernten sie reiten, jagen und fechten. Die Mädchen arbeiteten von klein an im Haushalt mit und wuchsen so in ihre künftigen Aufgaben hinein. Die Geschlechter waren getrennt, Koedukation undenkbar.

Zurzeit Mohammeds waren die meisten Araber Analphabeten. Abends Geschichtenerzählern zu lauschen, war für sie ein besonderes Vergnügen.

Wer die arabische Welt von heute verstehen will, darf sich von ihrem modernen Äußeren und ihrer aufgeschlossenen Intelligenzija nicht blenden lassen. Die patriarchale Tradition herrscht vielerorts nach wie vor.

Für westlich sozialisierte Menschen ist das oft unverständlich; doch sie vergessen, dass der dramatische Umbruch, der sich im heutigen Arabien vollzieht, auch in Europa von heftigen Kämpfen begleitet war. Der Unterschied zwischen der westlichen Welt und Arabien ist der: Während im heutigen Arabien Mittelalter und Neuzeit auf einander prallen, vollzog sich der Übergang in Europa im Verlauf von Jahrhunderten. Der Schritt in die Moderne braucht mehrere Generationen.

Religion

Die Religion der Araber war im 6. Jh.p zur Hauptsache noch mittelarchaisch-polytheistisch, durchsetzt von früharchaisch-animistischen Elementen. Die konservative Lebensweise hatte Arabien weitgehend von den antiken Hochkulturen abgeschirmt. Vor der Zeit Mohammeds lag Arabien in der religiösen Entwicklung weit hinter den sie umgebenden Hochreligionen zurück. Mit dem Schritt zum Islam im 7.Jh.p holte es jenen Evolutionsschritt nach, den das Judentum mehr als ein Jahrtausend zuvor getan hatte: den Schritt vom Polytheismus zum Monotheismus.

Großmächte

Die Großmächte um Arabien waren im 6./7. Jh.p Byzanz und Persien. Das oströmische Reich machte seinen Einfluss vor allem im Norden, Persien im Südosten der Halbinsel geltend. Hie und da trat ein Stamm auch zum Monotheismus über, was oft politische Veränderungen nach sich zog:

Beispielsweise trat in Jemen einmal ein südarabischer Stamm zum Judentum über. Dagegen schritt das christliche Byzanz ein, um den Vormarsch der Mörder des Heilands zu stoppen; es schaltete das christliche Abessinien ein, um den jüdisch gewordenen Stamm zu christianisieren. Doch dieser wehrte sich und rief die Perser gegen den afrikanischen Negus zu Hilfe. Nun schritten die Perser in Jemen ein, um die Abessinier aus Arabien zu vertreiben …

Arabien war zurzeit des Propheten keine erst zu nehmende Macht. Es war das große Verdienst Mohammeds, seine Heimat unter Allah, dem einen Gott, zu einer großen und starken Nation vereint zu haben.

Nach seinem Tod begann die goldene Ursprungszeit des Islams, von der Arabien heute noch träumt.

Zusammenfassung

Dank seinem Propheten fand Arabien den Anschluss an die damalige kulturelle und religiöse Evolutionsspitze und begann alsbald, eine führende Rolle in der Welt zu spielen.

Doch als die Bewusstseinsevolution im Europa der Moderne einen Riesenschritt tat und ein neues Zeitalter eröffnete, blieb Arabien – hauptsächlich wegen seiner engen Verbindung von Thron und Altar – im Geist des Vaters gefangen. Es unterdrückte den sich emanzipierenden Sohn – die Eigenständigkeit des Ichs – und verpasste damit den Anschluss an die Evolutionsspitze. Es gilt nun, das Versäumte nachzuholen.

Mohammed

Kindheit

Muhammad ibn 'Abd Allah (570–632) wurde in Mekka geboren. Seine Familie gehörte zur einflussreichen, infolge einer Pechsträhne verarmten Sippe der Haschemiten, die zusammen mit den Omajjaden den Stamm der Quraisch bildeten, der Mekka regierte.

Sein Vater, *Abdullah* (arabisch *'Abd Allah:* Knecht Gottes), verstarb kurz vor Mohammeds Geburt, und seine Mutter *Amina* musste ihn in fremde Pflege geben. So verbrachte Mohammed seine ersten sechs Lebensjahre bei Nomaden. Dann durfte er wieder zu seiner Mutter zurückkehren; doch bald danach verstarb auch sie.

Nun sorgte seine Sippe – die Haschemiten – für ihn. Zunächst nahm ihn sein Großvater väterlicherseits auf, Abd al-Muttalib; doch auch dieser verstarb bald. Dann kam Mohammed in die Familie seines einflussreichen

Onkels *Abu Talib*, des Eintreibers der Armensteuer und obersten Handelsherrn von Mekka. Bei ihm verbrachte er seine Jugendzeit; besonders gut verstand er sich mit Abu Talibs Sohn *Ali*.

Ein weiterer bedeutender haschemitischer Onkel war *Abu Bakr*, der oberste Richter von Mekka, nachmals der erste muslimische *Kalif* (Nachfolger Mohammeds). Abu Bakr erhielt den Beinamen *as-Siddiq* (der Gerechte), weil er Mohammed auf seinem Weg zum Propheten stets unerschrocken zur Seite gestanden hatte.

Der folgende Stammbaum illustriert, wie wichtig im Alten Orient die Herkunft war; Mohammeds Stammbaum geht bis auf Abraham zurück …

Stammbaum der Quraisch

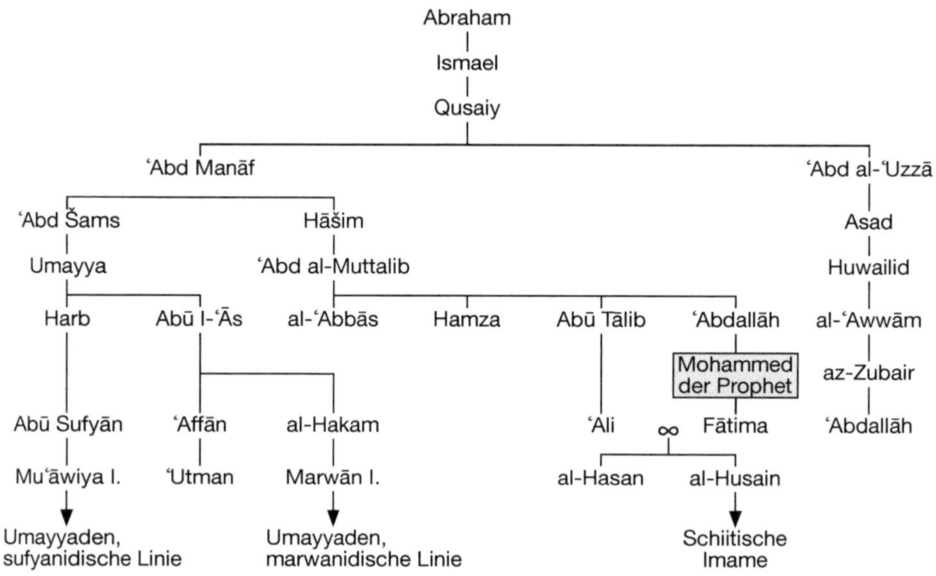

Das Militär befand sich in der Hand der zweiten einflussreichen Sippe Mekkas, der *Omajjaden*, die das Präsidium des Stadtrats innehatten. Sie führten sich auf Umayya zurück. Oberster militärischer Befehlshaber war damals *Khalid Ibn Walid*, der nachmalige gesamtarabische Heereskommandant.

Die Haschemiten hingegen leiteten sich von *'Abd al-Muttalib* ab, einem Cousin von Umayya. Der Großvater von Umayya und 'Abd al-Muttalib war angeblich *'Abd Manaf* (Nutting, 18).

Begegnung mit Bahira

Als Zwölfjähriger durfte Mohammed seinen Onkel Abu Talib auf die jährliche Geschäftsreise nach Syrien begleiten. In einem christlichen Kloster begegnete er einem Mönch namens *Bahira*, mit dem er sich über Glaubensfragen unterhielt (die biblische Parallele dazu bildet die Legende vom zwölfjährigen Jesus im Tempel, Lukas $2_{41\,\text{ff.}}$; deswegen muss die Echtheit der Begegnung mit Bahira nicht angezweifelt werden).

Der monotheistische Glaube des Mönchs beeindruckte ihn. Da die Karawane bald weiter zog, musste Mohammed das Gespräch abbrechen. Doch die Frage nach dem einen, einzigen Gott war gestellt und sollte ihn weiterhin beschäftigen.

Erste Lebenshälfte

Vorrang vor religiösen Fragen besaß in Mohammeds Leben zunächst die Pflicht, ein tüchtiger Geschäftsmann zu werden. Diese Aufgabe löste er mit Erfolg: Der Fünfundzwanzigjährige wird von Zeitgenossen als fähiger Geschäftsmann geschildert, von mittlerer Größe, mit eindrücklicher, hoher Denkerstirn, blauen, durchdringend blickenden Augen, einem breiten Mund, blassem Teint und einem buschigen Bart. Er ließ sich in seiner Geburtsstatt Mekka als Kaufmann nieder. Aus dieser Zeit überliefert der Geschichtsschreiber *Ibn al-Kalbi* (gestorben 819) den Satz Mohammeds: «Als ich noch der Religion meines Volks folgte, opferte ich dem Götzen al-Uzza ein weißes Mutterschaf.»

Heirat und Familie

Sein Arbeitgeber war Chadidscha (555–619), die Tochter des Huwailid, eine mehrfache Witwe aus Mekka, deren Männer einflussreiche Kaufleute gewesen waren. Wie Mohammed, gehörte auch sie zum Stamm der Quraisch, jedoch nicht zur Sippe der Haschemiten. Chadidscha, um 15 Jahre älter als Mohammed, war eine geschäftstüchtige, beliebte Frau.

Die beiden verstanden sich von Anfang an gut. Als Mohammed von einer erfolgreichen Handelsreise nach Syrien zurückkehrte, bot ihm Chadidscha ihre Hand an. Mohammed nahm an; diese Verbindung schenkte ihm nicht nur eine verständnisvolle, mütterliche Frau, deren Wärme und Güte ihn für vieles entschädigte, das er in seiner Kindheit vermisst hatte, sondern bescherte ihm auch ein finanziell gesichertes Zuhause und die Aussicht, seinen Namen fortpflanzen zu können. Zudem stieg er in den Rang eines Unternehmers auf.

Geschäft und Ehe florierten; trotz Chadidschas Alter – sie war bei der Heirat um die Vierzig – bekamen die beiden noch ein halbes Dutzend Kinder, zwei Söhne und mindestens vier Töchter. Die beiden Knaben überlebten das Kindesalter nicht; der ältere hieß Qasim (nach ihm heißt Mohammed auch: «Abu I-Qasim», Vater des Qasim; Mohammed hatte einen Erstgeborenen). Die dritte der Töchter hieß *Fatima*; sie wurde die Gattin von Mohammeds Neffen. Fatima war die einzige seiner Töchter, die Kinder bekommen sollte; deswegen wurde sie zur Ahnfrau der *schiitischen* Imame, in deren Adern Blut des Propheten fließt.

Mit Vierzig besaß Mohammed alles, was sich ein junger Mann wünschte. Vierzig, Zeit der Lebensmitte …

Religiös veranlagte Menschen, die auf ihr Inneres bezogen sind, beginnen sich in der Lebensmitte ernsthaft zu fragen, ob das bisher Erreichte nun alles sei, was zähle im Leben. Wie die Gespräche mit dem Mönch Bahira zeigen, gehörte Mohammed zu jenen Menschen, die den stillen Rufer in ihrem Innern ernst nehmen und ihr Leben in der zweiten Lebenshälfte entsprechend gestalten.

Da es ihm seine Geschäfte erlaubten, begann Mohammed, sich der Religion zuzuwenden. Dem Aufbau der Persona folgte die Wende nach innen, die Suche nach dem tragenden Grund des Lebens.

Midlife-Crisis

Die religiösen Fragen begannen, ihm den Schlaf zu rauben. Er wich nicht aus, sondern gönnte sich von Zeit zu Zeit ein *Time-Out*. Eine solche Auszeit dehnte er einmal auf einen ganzen Monat aus, in der Hoffnung, der inneren Unruhe auf den Grund zu kommen.

Chadidscha brachte Verständnis auf für dieses ungewöhnliche Verhalten eines erfolgreichen Geschäftsmanns und Familienvaters. Sie erkannte, dass es eine höhere Macht war, die ihren Gatten in die Abgeschiedenheit trieb.

Mohammed zog sich in die Einsamkeit einer Höhle am Berg *Hira* bei Mekka zurück. At-Tabari erzählt, in dieser Zeit habe er das Alleinsein lieb gewonnen. Seine Beziehung nach innen ersetzte nun die bisherigen gesellschaftlichen Kontakte; sie führte zu Mohammeds Berufung.

Berufung

Die älteste Überlieferung über Mohammeds Berufung findet sich bei at-Tabari; sie ist zuverlässig und dürfte auf Erzählungen von Mohammeds Tochter *Aischa* zurückgehen. Mohammed schilderte die Berufung als *Morgendämmerung*, die seinem Herumtappen ein Ende bereitet habe.

Sure $81_{22f.}$ betont, Mohammed sei nicht besessen gewesen und habe keine Halluzination gehabt; der Vers schildert, Mohammed habe im Wachzustand erlebt, wie sich ihm der Erzengel *Dschibril* (biblisch: Gabriel) vom Zenit des Himmels her auf zwei Bogenschüsse weit genähert habe (Dschibril war der «Herr der Erkenntnis», der ihm Allahs Botschaft überbrachte). Die Begriffe: «Morgendämmerung» und «Herr der Erkenntnis» zeigen, dass es auch bei dieser Berufung der *Licht-Archetyp* war, der ins Bewusstsein einfiel. Er gab Mohammed einen schöpferischen Impuls, der die Bewusstseinsevolution förderte.

Auch die mit Sure 81 verwandte, ältere Sure 53 betont, die Vision sei weder ein Traum noch ein Hirngespinst gewesen:

> «Der Prophet wurde nicht getäuscht; er spricht auch nicht aus Eigennutz. Der Koran ist nichts als geoffenbarte Offenbarung. Mohammed wurde belehrt durch den Erzengel Dschibril, den Herrn der Erkenntnis, der zuerst aufrecht im höchsten Horizont stand. Dann begann er, sich Mohammed zu nähern, bis auf zwei Bogenschüsse oder etwas näher. Und dann offenbarte er dem Propheten die Offenbarung. Mohammed erfand und erlog nicht, was er sah. Wer will abstreiten, dass er sah, was er sah» (Sure 53_{2-12})!

Mohammed dachte sich seine Berufungsvision nicht selber aus. Sie widerfuhr ihm in einer inneren Wahrnehmung (die er konkretistisch verstand). Es war nicht sein Ich, das ihn zum Propheten machte, sondern eine schöpferische Kraft in seinem Innern.

Mohammed hörte die Stimme:

> «Mohammed! Du bist der Gesandte Gottes!» … «Lies laut» (Sure 96_1)!

Sure 96_1 gehört zu den ältesten Versen des Korans. Mohammed wurde seines Erachtens von Dschibril aufgefordert, öffentlich aufzutreten.

Die Zeit seiner Einkehr endete mit der Aufforderung: «Lies laut!» Der Introversion folgte die Extraversion, nun aber nicht mehr als Kaufmann, sondern als prophetischer Warner in Allahs Namen:

> «Steh auf und warne! Verherrliche deinen Herrn! Der Götzendienst muss aufhören» (Sure $74_{2ff.}$)!

Gegen diesen Auftrag sträubte sich Mohammed zunächst. Doch nun presste Dschibril Mohammed drei Mal fest an sich, bis er seinen Widerstand gegen die Berufung aufgab:

«Darauf sprach Dschibril zu mir: ‹Lies!› Ich entgegnete: ‹Was soll ich lesen?› Da packte er mich und presste mich drei Mal fest an sich, bis mich die Kraft zum Widerstand verließ. Dann sagte er: ‹Trag vor im Namen deines Herrn, des Schöpfers.› Da gehorchte ich» (nach At-Tabari).

Ziel der Berufung

Nach den Suren 53, 74, 81, 96 und dem Bericht von At-Tabari wurde Mohammed berufen, seine Landsleute vom Polytheismus abzubringen und sie Allah, dem einzig wahren Gott, zuzuführen.

Bobzin fasst seine eingehende historisch-kritische Untersuchung zu Mohammeds Berufung wie folgt zusammen:

«An einem kann kein Zweifel bestehen: Das Berufungserlebnis war kein abgekartetes Gaukelspiel, wie man im Abendland lange Zeit glaubte» (S. 77 f.).

Seit der Erfahrung in der Höhle am Berg *Hira* war Mohammed ein *habitueller Visionär*, dem der Kontakt nach drüben selbstverständlich war. Er fühlte sich fortan als Allahs Knecht. Tiefenpsychologisch gesagt: Nun war seine Ich-Selbst-Achse errichtet, wobei sein Ich noch kein sehr eigenständiger «Sohn» war (seine geistige Basis war die arabische Kultur, nicht die antike Hochkultur).

Der Koran

«Lies vor!» heißt arabisch: *«Qara!»* Das von Mohammed Vorzulesende war der *Quran*, der Wille des Allerhöchsten, der im himmlischen Koran festgehalten ist. Aus dem, was Mohammed in Allahs Namen vortrug, entstand allmählich die muslimische heilige Schrift, der Koran.

Da Mohammed als «das Siegel der Propheten» gilt, ist der Koran für alle Zeiten tabu; Mohammed war das *endgültige* Sprachrohr Allahs.

Dieses Dogma blockiert die religiöse Evolution des Islams ebenso, wie die christlichen Dogmen die Weiterentwicklung des Christentums behindern. Die historisch-kritische Erforschung des Korans ist verboten.

War Mohammed einst ein Motor der religiösen Evolution Arabiens, so macht ihn die muslimische Dogmatik nun zu einem Hemmschuh derselben, weil sie nicht einsieht, dass auch die Religion der Evolution unterworfen ist.

Chadidscha

Bobzin bewertet Chadidschas Bedeutung für Mohammed als «überragend»; er beruft sich unter anderem auf Ibn Ishaq:

«Durch Chadidscha erleichterte Gott seinem Gesandten die Last. Wenn er den Vorwurf, ein Lügner zu sein, hörte und deswegen betrübt war, so war sie es, die ihn tröstete, ihm wieder Kraft gab und seine Bürde tragen half. Sie schenkte ihm Glauben und brachte ihn damit dazu, das, was die Leute gegen ihn vorbrachten, nicht allzu schwer zu nehmen» (Bobzin 73).

Chadidschas Hilfe war schon nach Mohammeds Berufung nötig gewesen:

Der Prophet sackte infolge des numinosen Erlebnisses zusammen und schleppte sich nach Hause. At-Tabari überliefert Mohammeds Erzählung:

«Ich kroch zitternd davon, bis ich zu Chadidscha kam und sagte: ‹Hüllt mich ein! Hüllt mich ein!› Danach wich der Schrecken langsam von mir, und ER kam zu mir und sagte: ‹Mohammed, du bist der Gesandte Gottes.›»

«Hüllt mich ein!» Auf diesen Hilferuf bezieht sich Sure 73:

«Oh du Eingehüllter, steh auf zur nächtlichen Lesung! ... Wir übergeben dir ein gewichtiges Wort (Sure $73_{1\,\text{ff.}}$)!

At-Tabari berichtet, wie Chadidscha Mohammed empfing, als er völlig entkräftet nach Hause kam:

«Dann kam ich zu Chadidscha und sagte zu ihr: ‹Ich war in Todesangst!› Ich erzählte ihr, was mir zugestoßen sei. Sie entgegnete mir: ‹Freue dich! Niemals wird Allah zulassen, dass du deine Ehre verlierst! Bei Gott, du bist ein Gewinn für deine Verwandtschaft! Du sagst nur die Wahrheit, die dir anvertraut wurde!›»

Chadidscha beruhigte den vom Gottesschrecken Gezeichneten, indem sie ihm versicherte, sie glaube an seine Berufung. Sie tröstete ihn, wie eine Mutter ihr Kind, das aus einem Albtraum erwacht: «Freue dich! Allah wird dir beistehen! Du bist ein Gewinn für deine Verwandtschaft!»

Die muslimische Tradition verehrt Chadidscha einhellig als die erste, die dem Propheten glaubte. Ibn Ishaq bestätigt:

«Chadidscha, die Tochter des *Huwailid*, glaubte an Mohammed, hielt die Offenbarung Gottes an ihn für wahr und unterstützte ihn tatkräftig. Sie war die erste, die an Gott und seinen Gesandten glaubte und Gottes Offenbarung an ihn für wahr hielt» (Bobzin, 78).

Erste Anhänger

Die Umsetzung der Berufung war ein Problem, das Mohammed überforderte. Auch dabei half ihm Chadidscha; sie riet ihm, zuerst zu seinem Onkel *Waraqa* zu gehen, der bereits Monotheist war.

Nach At-Tabari erzählte Mohammed:

> «Darauf ging Chadidscha mit mir zu Waraqa Ibn Naufal Ibn Asad und sagte zu ihm: ‹Höre, was der Sohn deines Bruders zu sagen hat!› Da fragte mich Waraqa, und ich erzählte ihm, was ich erlebt hatte. Darauf sagte er: ‹Das ist das Gesetz, das auf Mose herab gesandt wurde. O wäre ich doch noch ein junger Mann! Ich würde dann erleben, wie deine Leute dich vertreiben wollen; aber ich würde dir tatkräftig zur Seite stehen!›»

Der Bericht zeigt, dass sich Mohammed von Chadidscha führen ließ. Sie war weltgewandter als er. Aber auch Onkel Waraqa war zuversichtlich und ließ sich von der Echtheit der Berufung überzeugen. Andererseits hatte er genug Lebenserfahrung, um ermessen zu können, was für Hindernisse sich bald vor Mohammed auftürmen würden: «O wäre ich doch noch ein junger Mann! Ich würde dann erleben, wie deine Leute dich vertreiben wollen; aber ich würde dir tatkräftig zur Seite stehen!»

Wer die nächsten waren, die Mohammed glaubten, ist nicht klar. Die Tradition nennt Ali, Mohammeds Jugendfreund, und Abu Bakr, den ersten Kalifen, aber auch Mohammeds Adoptivsohn Zaid Ibn Harita.

Nach Bobzin (S. 79) entstanden allmählich drei Gruppen von Gläubigen:

> «Mohammeds frühe Anhänger lassen sich … in drei Gruppen einteilen:
> - Zum einen waren es jüngere Leute aus einflussreichen Clans, oft Verwandte der Gegner Mohammeds,
> - zum zweiten waren es jüngere Leute aus anderen, weniger einflussreichen Clans und
> - drittens waren es Leute aus der Unterschicht, mit nur loser Verbindung zu den Clans, darunter Handwerker und Freigelassene äthiopischer und byzantinischer Herkunft. Für diese dritte Gruppe wird oft der Ausdruck verwendet: ‹Die Schwachen›.»

Ein bei at-Tabari überlieferter Brief aus jener Zeit zeigt, dass Mohammed mit seiner neuen Botschaft anfänglich kaum auf Widerstand stieß. Dieser erwuchs ihm erst, als er polytheistische Kultobjekte attackierte:

«Während der ersten Zeit seines öffentlichen Auftretens, als Mohammed sein Volk zu dem rief, wozu ihn Allah gesandt hatte, entfernten sich die Mekkaner noch nicht von ihm, ja sie waren nahe daran, auf ihn zu hören. Als er aber begann, ihre Götzenbilder zu schmähen, missbilligten das einige Reiche unter den Quraisch und trieben ihn arg in die Enge. Sie hetzten die Menschen, so weit sie nur konnten, gegen ihn auf, sodass sich viele von ihm abwandten» (Bobzin 82 f.).

Ein wichtiger Streitpunkt war auch der *Hadsch*, die alljährliche Wallfahrt nach Mekka. Händler befürchteten, Mohammeds Reform würde ihre damit verbundenen finanziellen Einkünfte in Frage stellen.

Boykott

Um den Propheten und seine Sympathisanten in die Enge zu treiben, verhängten die Quraisch einen Handels-Boykott über Mohammed und seine Anhänger. Die Sanktion griff.

At-Tabari kommentiert: «Nur wenige blieben standhaft; diese fanden Zuflucht im Hause des *Arqam ibn Abi Arqam.*»

Exil in Abessinien

Um 615 befahl Mohammed einigen, nach Abessinien auszuwandern, mit dem Mekka Handel trieb. Die Exilanten fanden Aufnahme.

Da die Quraisch dadurch eine Beeinträchtigung ihrer Handelsgeschäfte befürchteten, sandten sie zwei Boten, um den König zu überreden, die Asylanten fortzuschicken. Die Boten sagten von Mohammeds Anhängern:

«Die törichten jungen Leute aus Mekka verließen die Religion ihrer Väter, nahmen aber nicht eure christliche, sondern eine neue Religion an, die weder euch noch uns bekannt ist» (at-Tabari).

Der Negus prüfte die neue Religion mithilfe seiner Bischöfe. Diese hielten während der Verhandlungen die Bibel in ihren Händen und blätterten fleißig darin. Ibn Ishaq berichtet:

«Bei Gott! Als Alis Bruder sprach, weinte der Negus, bis sein Bart feucht wurde, und mit ihm weinten die Bischöfe, bis deren Bücher nass wurden. Und der König sprach: ‹Wahrlich! Was du gesagt hast und die Offenbarung an Mose kommen aus derselben Ecke›» (Bobzin, 85)!

Weil die christlichen Theologen nichts Unbiblisches am Glauben Mohammeds fanden, wurde das Ansinnen der Quraisch abgewiesen, und die beiden Gesandten mussten unverrichteter Dinge wieder nach Mekka zurückkehren. Die Exilanten hingegen durften bleiben. Offenbar genügte den Bischöfen der Monotheismus der Anhänger Mohammeds, der ihnen näher stand als der Polytheismus der Quraisch.

Nach einigen Jahren kehrten ein paar Exilanten nach Mekka zurück, während andere in ihrer neuen Heimat blieben, bis Mohammed in Medina Fuß gefasst hatte.

In dieser Zeit gelangte Mohammed in Mekka an seinen Tiefpunkt.

Tiefpunkt

619 war für Mohammed das schlimmste Jahr seines Lebens. Zuerst wurde ihm Chadidscha und kurz danach Onkel Abu Talib durch den Tod entrissen, und zu allem Elend hinzu wurde Abu Lahab, Mohammeds Erzfeind, Abu Talibs Nachfolger als Mekkas Handelsherr.

Mohammed fühlte sich niedergeschlagen und begann, an seinem göttlichen Auftrag zu zweifeln. Da erfuhr er, dass es nicht nur äußere Stützen im Leben gibt, sondern auch den inneren tragenden Grund, der ihn zum Propheten berufen hatte:

Zwei Visionen beendeten den Zustand der Verzweiflung. Danach wurde Mohammeds Glaube nie mehr erschüttert.

Zwei Visionen

In beiden Visionen war Mohammed unterwegs:

In der ersten fuhr er in den Himmel auf, und in der zweiten reiste er nach Jerusalem. Die Visionen zeigen, dass etwas in Mohammeds Innerem in Bewegung kam, das ihn von seiner Depression befreite. Sie ersetzten Mohammed den Verlust Chadidschas und Abu Talibs.

Sie nehmen im Islam zurecht einen zentralen Platz ein.

Deutung:

1. Die Vision von der Himmelfahrt kompensierte Mohammeds Niedergeschlagenheit; sie half ihm, wieder aufzustehen, aufzusehen und zuversichtlich für Allahs Sache weiter zu kämpfen.
2. Die Vision von der Reise nach Jerusalem erfüllte ihn mit der Gewissheit, auch woanders als in Mekka wirken zu können. Sie spricht von einer «fernen Kultstätte» (Sure 17_1). Nach muslimischer Auslegung ist damit die Al-Aqsa-Moschee in Jerusalem gemeint.

Diese Auslegung ist dem *archaischen Konkretismus* verpflichtet, der auf einem Irrtum beruht: Innere Wahrnehmungen sind nach heutiger der Erkenntnis nicht konkretistisch, sondern symbolisch zu verstehen.

Die «ferne Kultstätte» in Mohammeds Vision symbolisiert die *innere* Kultstätte: das eigene Innere, den inneren Tempel (Johannes $4_{23\,f.}$: Der wahre Gott wird weder im Tempel auf dem Berg Garizim noch auf dem Zion angebetet, sondern dort, wo der Geist der Wahrheit ist, d. h. im Geist).

In dieser Richtung verstand auch Mohammed seine Vision. Sie motivierte ihn, sich vom Gotteshaus in Mekka zu lösen. Nun war er bereit, den mekkanischen *Masgid* durch eine andere, die «ferne» Kultstätte zu ersetzen (aus *Masgid* wurde in Spanien *Mesquita: Moschee*).

Nun war er frei zum «Auszug aus Ägypten»: zur *Hidschra.*

Die Hidschra

Nach der Vision machte sich Mohammed auf die Suche nach der «fernen Kultstätte». Nach zwei Jahren fand er sie:

Die Stadt *Yathrib* erklärte sich bereit, Mohammed und die Seinen als Asylanten aufzunehmen. Er schloss mit Yathrib einen Schutzvertrag ab und verließ Mekka im Jahr 622. Das Jahr der Hidschra hat für den Islam entscheidende Bedeutung; mit ihm beginnt die muslimische Zeitrechnung.

Unterwegs, vogelfrei, in einer Höhle versteckt, tröstete Mohammed seinen treuen Gefährten Abu Bakr: «Sei nicht traurig! Allah ist mit uns» (Sure 9_{40})! Die Kraft zu solchen Worten schöpfte er aus den beiden Visionen.

In Yathrib

In Yathrib lebten bereits Monotheisten, einerseits Juden, andererseits Muslime, die Mohammed in Mekka beim jährlichen Hadsch bekehrt hatte. Die Muslime aus Yathrib nannte Mohammed *al-Ansar* (Helfer), die aus Mekka ausgewanderten hingegen *Muhadschirun* (die Ausgewanderten).

Der Stadt Yathrib verlieh er ein neuen Namen: *Madinat an Nabi* (Stadt des Propheten; abgekürzt: Medina).

In Medina verschob sich der Schwerpunkt von Mohammeds Verkündigung: Hatte er in Mekka – der vielen Anfeindungen wegen – vorwiegend mit dem Endgericht gedroht, so rückten nun Fragen des Auf- und Ausbaus der *Umma* (Gemeinschaft) in den Vordergrund.

Die drei muslimischen Gruppen – Juden, al-Ansar und Muhadschirun – vereinte Mohammed zur neuen Schicksalsgemeinschaft der Umma.

Die Umma

Die drei Gruppen der Umma hatten dieselben Rechte. Nach dem alten Stämme-Gesetz waren sie verpflichtet, einander in der Not beizustehen. Die Blutrache wurde beibehalten:

> «Blut für Blut» (vergossenes Blut wird gerächt).

Mohammed war das Haupt der *theokratisch* organisierten Umma: Sämtliche Lebensbereiche – der religiöse, juristische, soziale, politische und militärische – unterstanden Allah und seinem Propheten.

Krieg gegen Mekka

Nachdem Mohammed seine Stellung in Medina gefestigt hatte, fasste er Mekkas Bekehrung ins Auge. Da die beiden Städte verfeindet waren, kamen Verhandlungen nicht in Frage. Mohammed entschloss sich zum Krieg gegen Mekka, seine Vaterstadt. Sure 22_{39-40}, die älteste Dschihad-Stelle des Korans, rechtfertigt diesen Glaubenskrieg:

> «Denen, die Unrecht erlitten, ist der Krieg erlaubt; der Allmächtige wird ihnen beistehen. Sie wurden zu Unrecht vertrieben aus ihrer Heimat, nur weil sie sagten: ‹Unser Herr ist Allah!›»

Die Verse zeigen, dass es Mohammed nicht ganz wohl war bei diesem Krieg. Deswegen versuchte er, ihn mit dem Argument zu rechtfertigen, die Mekkaner hätten ihn wegen seines Glaubens vertrieben. Das stimmte nicht ganz; die Mekkaner hatten ihn nämlich nicht fortgejagt, sondern ihm nur das Leben schwer gemacht, weil sie an ihrem angestammten Glauben festhalten wollten. Aus heutiger Sicht ist Mohammeds Krieg gegen Mekka nicht zu rechtfertigen; die Menschenrechte verbieten, jemandem seinen Glauben aufzuzwingen.

Im Kampf gegen Mekka beschloss Mohammed, einer offenen Feldschlacht auszuweichen. Mehr Erfolg versprach ihm ein stetes Sticheln, das den Gegner mit der Zeit zermürben sollte.

Aber es kam dennoch zur offenen Feldschlacht, allerdings ungewollt:

Eigentlich wollte Mohammed an der Spitze einer kleinen Truppe seiner Umma eine aus Syrien heimkehrende Karawane der Quraisch aus dem Hinterhalt überfallen. Doch aus dem geplanten Überfall wurde eine richtige Feldschlacht: Die Mekkaner hatten nämlich Böses geahnt und Mohammed im Verdacht, er überfalle die heimkehrende Karawane. Um das zu verhindern, versteckten sie sich mit einem stattlichen Heer in einem Hinterhalt, in der Hoffnung, Mohammeds Truppe den Garaus machen zu können.

Sure 3_{123} beschreibt Mohammeds Krieger als «bescheidenen, unscheinbaren Haufen». Es war ein Kampf Davids gegen Goliath, der wieder einmal zu Davids Gunsten entschieden wurde. Die Umma feierte den Sieg als ein von Allah gewirktes Wunder. In zwei weiteren Schlachten wurden die Mekkaner aufgerieben, und 630 fiel Mekka.

«Der Krieg zwischen Medina und Mekka nahm nun gesamtarabische Dimensionen an» (Bobzin 103). Überall verbreitete sich das Gerücht, auf Mohammeds Seite kämpfe ein unbesiegbarer Gott.

Zwei Jahre später feierte Mohammed, auf dem Höhepunkt seines Erfolgs, seine berühmte «Abschiedswallfahrt» nach Mekka.

Die Abschiedswallfahrt

632 gestaltete Mohammed den polytheistischen Hadsch zu einer monotheistischen Pilgerreise um. Den neuen Hadsch erklärte er zur «Wallfahrt des Islam». Diese war für Mohammed ein unglaublicher Triumphzug: Endlich war Mekka, seine Geburtsstadt, für Allah gewonnen!

Mohammed erlebte den Hadsch als ein überwältigendes Geschenk, das er kaum fassen konnte. Nun fiel sein alter Groll gegen Mekka von ihm ab. Wenn Allah derart gnädig war mit ihm, dann wollte auch er gnädig sein mit den Mekkanern. Nun war er auf dem Höhepunkt seines Erfolgs.

Tod

Kurz danach weilte Mohammed bei seiner geliebten Tochter Aischa. Dort überfiel ihn ein Fieber, das nicht mehr von ihm weichen wollte.

Er starb in Aischas Armen am 8. Juni 632 im Alter von 62 Jahren. Was für ein Schock! Abu Bakr fasste sich als erster und tröstete die Trauernden:

> «Leute! Wer Mohammed verehrt hat, dem sage ich: Mohammed ist tot!
> Wer den einzigen Gott verehrt, dem sage ich: Gott lebt» (Ibn Ishaq)!

Weitere Entwicklung

Abu Bakr wurde zum ersten Kalifen ernannt. Seine Hauptaufgabe bestand in der Eingliederung der für Allah Gewonnenen in die Umma.

In einem Jahrhundert wurde aus der Umma ein Riesenreich, das nach Westen bis zum Atlantik und nach Osten bis zum Pendschab reichte, ja bis nach Innerasien, wo der Islam den Mazdaismus ablöste.

711 überquerten *Tarik* und *Musa* die Meerenge von Gibraltar und leiteten die Eroberung Spaniens durch die Kalifen von Damaskus ein. Dieser Schritt eröffnete eines der glänzendsten Kapitel der muslimischen Geschichte. Die weitere Expansion ins Innere Europas wurde 732 vom Franken Karl Martell (688–741) in der Schlacht bei Tours und Poitiers gestoppt. Doch in Südspanien konnte sich der Islam bis zur christlichen Reconquista im späten Mittelalter halten: Granada, 711 von den Arabern erobert, wurde erst 1492, unter Ferdinand II. und Isabella I., wieder christlich.

Zusammenfassung

Islam

Das Wort «Islam» ist gebildet aus dem Wortstamm *s-l-m*, der bedeutet: «Heil, Unversehrtheit, Ganzheit» (hebräisch: «Scha**l**o**m**»). Das arabische Verb ***aslama*** heißt: «Sich für das Heil hingeben.» Die Anhänger des Islams, die *Muslime*, geben sich hin für Allah, den einzig wahren Gott, dessen letzter, nicht mehr zu übertreffender Prophet Mohammed war.

Die fünf Säulen

Der Islam ruht auf fünf Säulen:

1. Das Glaubensbekenntnis *(Schahada):* «Ich bezeuge, dass es keine Gottheit gibt außer dem einen Gott, und ich bezeuge, dass Mohammed der Gesandte Gottes ist.»
2. Das Ritual des Pflichtgebets *(Salat):* Dieses Gebet ist fünfmal täglich in Richtung Mekka zu verrichten, in ritueller Reinheit und mit vorgeschriebenen Gebärden: stehend, sich verneigend und den Kotau vollziehend.
3. Das Fasten: Gefastet wird im Monat *Ramadan* von allen erwachsenen und gesunden Muslimen. Von der Morgendämmerung bis nach Sonnenuntergang enthalten sie sich fester Nahrung und jeglicher Flüssigkeit. Verboten ist auch das Rauchen. In die Fastenzeit fällt das große Fest der Herabkunft des Korans aus dem Himmel.
4. Die Pflichtabgabe der Gläubigen.
5. Die Pilgerfahrt *(Hadsch)* nach Mekka.

Der Koran

Der Koran gilt im Islam als das vollkommene Abbild des *himmlischen Buches*. Da Mohammed das «Siegel der Propheten» ist, ist der Koran tabu.

Angelika Neuwirth (2011) ist jedoch überzeugt, dass sich der Siegeszug der historisch-kritischen Forschung nicht aufhalten lässt. Mit der Zeit wird sie zweifellos Recht erhalten. Für uns Eintagsfliegen kann das allerdings noch eine Weile dauern.

Islam und Bewusstseinsevolution

Überblick

Im 7. Jh.p war Arabien reif für den Evolutionsschritt vom Polytheismus zum Monotheismus bzw. vom mittel- zum spätarchaischen Weltbild. Damit schloss es zur Spitze der Bewusstseinsevolution auf und wurde eine ernst zu nehmende Großmacht.

Wegen der theokratischen Organisation des Islams, die sich an der goldenen Ursprungszeit des Propheten festklammert, stagniert jedoch die Weiterentwicklung. Wie in Russland, so wird die Entfaltung des «Sohnes» auch in muslimischen Staaten von der Religion gebremst.

Konkret: Muslime in Zürich

Gespräch in der Straßenbahn

Am Zürcher Hauptbahnhof steigt ein türkisches Ehepaar in eine Straßenbahn. Da es sich auf türkisch unterhält, versteht niemand der Umstehenden, was sie mit einander besprechen. Das heißt aber nicht, dass ihnen niemand zuhört; es ist auch nicht schwer zu erraten, worum es geht:

Das Oberhaupt trägt eine Tasche und einen Schirm, vor allem aber schöne neue Schuhe. Seine Frau hingegen besitzt bloß alte, abgetragene, schäbige Stiefel. Im Gespräch deutet sie darauf und fragt ihren Herrn und Gebieter, ob sie auch neue bekomme. Die Antwort ist abschlägig. Da verdunkelt sich ihr Gesicht – aber nur einen Augenblick lang. Dann lächelt sie ihren Mann freundlich an und deutet auf Tasche und Schirm. Er übergibt ihr diese. Unterdessen erreicht das Tram die nächste Station: Central. Die Türen öffnen sich. Blitzschnell schlüpft die Frau ins Freie. Er ist perplex, rührt sich nicht vom Fleck. Als er sich wieder gefasst hat, sind die Türen bereits geschlossen, und das Tram fährt mit ihm allein weiter. Die Distanz bis zur nächsten Station beträgt einen Kilometer.

Nun setzt heftiger Regen ein. Außerdem muss der arme Teufel die kalte Dusche eines evolutionären Lehrgesprächs über sich ergehen lassen, das fünf Schweizer Frauen und Männer mit ihm führen:

«Ihre Frau hat ganz recht! Es ist ungerecht von ihnen, nur für sich alleine neue Schuhe zu kaufen und die Frau leer ausgehen zu lassen. Das können sie in der Türkei tun, aber nicht hier. In der Schweiz lebt man nicht mehr im Mittelalter. Bei uns hat die Frau gleich viele Rechte wie der Mann. Ihre Frau ist clever; sie hat gemerkt, was es geschlagen hat: Die Gleichberechtigung von Mann und Frau ist ein *Menschenrecht,* an das sich alle zu halten haben. Wenn ihnen das nicht passt, können sie ihre Koffer packen und in die Türkei zurückkehren. Doch ihre Frau wird hier bleiben. Sie will Freiheit!»

Unterdessen ist das Tram am Neumarkt angelangt. Verwirrt steigt der Türke aus und beginnt, im Regen seine Frau mit seinem Schirm und Portemonnaie in einem der vielen Schuhgeschäfte des Zürcher Niederdorfs zu suchen.

Zum Kampf ums Dasein gehört heute auch die Emanzipation der muslimischen Frau. Wenn sie weiterkommen will, muss sie kämpfen. Waffen stehen ihr viele zur Verfügung; sie muss nur lernen, sie zu gebrauchen (ich erinnere daran, was ich oben zum Testosteron der Frau sagte).

Von der Emanzipation handeln viele Gespräche Uschis mit Musliminnen.

Gespräche von Uschi

Uschi ist eine Frau, die sich frei fühlt. Muslimische Frauen, insbesondere verschleierte, spüren das oft und sprechen Uschi deswegen an.

Einige begegnen ihr voller Hass und Aggression oder werden gar tätlich, indem sie sie mit dem Kinderwagen rammen oder ihr die Türe vor der Nase zuschlagen. Wenn Uschi sie deswegen anspricht, packen sie meist aus: Sie werfen ihr vor, sie gehe zu aufrecht einher, sei teuer gekleidet und zu selbstbewusst; es gezieme sich nicht für eine Frau, so provokativ umher zu stolzieren. Allah verabscheue das!

Andere hingegen bewundern Uschi und erzählen ihr, sie möchten auch so werden wie sie. Sie fühlen sich von Uschis Ausstrahlung unterstützt. Einige gestanden ihr, sie hätten im Sinn, sich gegen das Patriarchat zu erheben. Andere sagten, sie würden lieber einen Schweizer als einen Türken heiraten, weil die Frau in der Schweiz gleich viele Rechte habe wie der Mann …

Die Beispiele illustrieren, wie die Evolution im Alltag voran schreitet: Sie vollzieht sich, indem sie durch jeden Einzelnen hindurch geht.

Ihre Gespräche in der Stadt zu diesem Thema betrachtet Uschi als ihren Beitrag zur Bewusstseinsevolution. Den Auftrag dazu erhielt sie in einem Traum, der diese Arbeit als «Bäume pflanzen» bezeichnete.

Zum Schluss möchte ich noch zwei muslimische Bräuche erwähnen, welche die Evolution behindern: den Gebets-Kotau und die Verschleierung.

Zwei Bräuche

Der Gebets-Kotau

Auch der *Gebets-Kotau* steht der religiösen Evolution im Weg. Seine Wirkung geht tiefer, als man meint: Der Gläubige geht vor Allah auf die Knie, berührt mit seiner Stirn den Staub der Erde und hebt den Po in die Höhe. Die Demutsgebärde bedeutet: «Vor dir bin ich Dreck!»

Der Kotau ist der Ausdruck archaischer Unterwürfigkeit. Im Zeitalter des Sohnes, der heute zusammen mit dem Vater herrschen soll, ist der Kotau nicht mehr zeitgemäß; er entspricht nicht dem heutigen Niveau der Bewusstseinsevolution. Zeitgemäß ist nun der Dialog, bei dem Gleichberechtigte frei und aufrecht vor einander stehen. Die Zeiten stummer Unterwerfung von Sklaven unter ihre Herren sind passé.

Weder archaische Unterwürfigkeit noch modische Selbstherrlichkeit entsprechen dem heutigen Stand der Bewusstseinsevolution, sondern die Rückkoppelung von Ich und Selbst. Für das Ich bedeutet das: Bescheidenheit, Einfühlung und Achtung vor dem Andern, aber auch ein gesundes, mit Aufrichtigkeit und Sinn für Fairness gepaartes Selbstwertgefühl.

Nun noch ein Wort zur Verschleierung.

Die Verschleierung

Die umstrittene Frage der Verschleierung der Frau ist aus der Perspektive der Bewusstseinsevolution einfach zu beantworten:

Die Frau musste sich in der Öffentlichkeit verhüllen, weil sie außer Haus kein Ansehen hatte. Sie war allen Blicken (außer dem ihres Herrn) entzogen, weil ihre Rolle die der Ehefrau, der Mutter und Hausfrau war. Sie gehörte in den Harem und nicht in die Öffentlichkeit. Die Verschleierung ist nichts anderes als ein Überbleibsel aus dem patriarchalen Äon. Diese Tatsache wird dauernd verschleiert.

Aus der Perspektive der Bewusstseinsevolution und der Menschenrechte betrachtet, ist die Verschleierung ein Atavismus, eine drastische Beschneidung der Persönlichkeit und Rechte der Frau. Sie ist unmenschlich.

Diesem langen Kapitel über die Institutionalisierung des Monotheismus in den drei abrahamitischen Religionen folgt nun noch ein kurzer «Rückblick und Ausblick» auf diesen Jahrtausende umfassenden Prozess.

Was hat das Ganze gebracht, und wie wird es weiter gehen?

Rückblick und Ausblick

Rückblick

Kein Dauererwerb der Evolution

Im Gegensatz zur Selbsteinschätzung der drei abrahamitischen Religionen war der Monotheismus kein Dauererwerb der Bewusstseinsevolution.

Zwar halten alle drei Religionen den Monotheismus für den nicht mehr zu übertreffenden Höhepunkt der religiösen Entwicklung; aber in Wirklichkeit war er nur eine Phase der Evolution der Religion im archaisch-mythischen Zeitalter. In einigen Jahrhunderten wird er nur noch in Geschichtsbüchern zu finden sein.

Als Argument gegen diese Behauptung führen die drei monotheistischen Religionen ihr hohes Alter an: Die jüdische existiert seit zweieinhalb, die christliche seit zwei und die muslimische seit anderthalb Jahrtausenden.

Verglichen mit dem Leben eines Einzelnen, sind das riesige Zeiträume. Aber auch Institutionen sind der Evolution unterworfen. Wer die Augen offen hat, stellt fest, dass das Bollwerk des Ein-Gott-Glaubens bereits seit Jahrhunderten unter Beschuss liegt und dass die eine und andere Mauer schon lange Zeit sichtlich bröckelt. Die Bewusstseinsevolution schreitet für uns unvorstellbar langsam voran, wie Palm 90_4 sagt: «In Gottes Augen sind tausend Jahre wie der gestrige Tag.» Aber sie findet statt!

Die drei abrahamitischen Religionen entstanden zwischen dem 7. Jh.a und dem 7. Jh.p. Ihr Untergang wird wegen der heute weltweiten Vernetzung näher bei einander liegen als ihre Entstehung. Erstreckte sich diese auf den Zeitraum von mehr als einem Jahrtausend, so wird ihr Untergang – infolge der Schnelllebigkeit unserer Zeit – in wenigen Jahrhunderten erfolgen.

Der muslimische Flügel der monotheistischen Festung bekam den Zerfall bisher weniger zu spüren als die beiden andern, weil er gegen die Mutation des Bewusstseins besser abgeschottet war als diese. Das wird in Zukunft nicht mehr möglich sein; denn die Welt ist im Begriff, ein großes Dorf zu werden. Diesem Prozess kann sich auf die Dauer niemand entziehen.

Von der ganzheitlichen zur solaren Einstellung

In früharchaischer Zeit war die Einstellung des Bewusstseins – wie beim Kind – noch ganzheitlich. Der Mensch folgte den Impulsen seiner Instinkte sowie den Weisungen seines Kollektivs. Doch seit der Achsenzeit gewann das Ich in den antiken Hochkulturen zusehends an Gewicht. Diese Entwicklung führte – zunächst bei den Gebildeten – zu einer neuen psychischen Grundeinstellung: Der obere, höhere Geist – *νοῦς* und *Ratio:* Vernunft, Einsicht und Logik – erschien nun als wertvoll, der untere, chthonische Geist hingegen als minderwertig. «Vater Himmel» faszinierte nun mehr als «Mutter Erde».

Der Licht-Archetyp richtete den Blick des Bewusstseins nach oben, empor zum Tageshimmel. Da dieser von der Sonne beherrscht wurde, faszinierte die Sonne von allen Gestirnen am meisten. Ihr Lauf über den Himmel wurde zum Vorbild des menschlichen Ichs, das sich in der Frühe des Tages von seinem Lager erhob, sein Tagewerk vollbrachte und abends ermattet in den Schlaf sank, wo es – wie der Sonnengott auf seiner Nachtmeerfahrt – nächtliche Ungeheuer bekämpfen musste.

Ein Vorläufer dieser solaren Einstellung war Echnaton. Er antizipierte die psychische Konstellation des spätarchaischen Äons, die sich in der Achsenzeit ausbreitete, um ein halbes Jahrtausend. Mit ihm begann das Jenseits, in den Himmel hinauf zu steigen und über der Welt zu thronen, und Mutter Erde wurde zum Schemel für die Füße des weltüberlegenen Gottes.

Die solare Konstellation der Psyche breitete sich in den Hochkulturen der Antike zusehends aus. Mit der Institutionalisierung des Monotheismus begannen immer mehr Völker und Kulturen, nach oben zu streben. Sie wollten alle in den Himmel kommen.

Diese spätarchaische Einstellung illustriere ich mit drei Beispielen:
1. «Sursum corda!»
2. Umerziehung der Heiden
3. «Es geht um die Liebe»

1. «Sursum corda!»

«Erhebet die Herzen!», ruft der katholische Priester seiner Gemeinde zu Beginn der Messe zu, und die Gläubigen respondieren *unisono:* «Wir haben sie beim Herrn.» Nach oben zu streben, um in den Himmel zu kommen, ist das Ziel für alle. Der ätherische, lichte Pol der Psyche begeistert mehr als der dunkle, instinktive Erdpol.

Das Christentum ersetzte die dionysisch-orgiastischen Feiern für die Erdkräfte durch vernünftige, gesittete Gottesdienste für den himmlischen Licht-Vater und dessen Sohn, den fleischgewordenen Logos (Römer 12_1).

Das neue Lebensgefühl wurde vom Kirchenvater *Clemens von Alexandria* gegen Ende des 2. Jh.p emphatisch gepriesen:

> «Auf dem neuen Berg des Logos feiert man andere, nicht mehr dionysische Mysterien, sondern solche, die von jungfräulichen Töchtern unseres Gottes verkündet werden, deren Chorgesang nicht mehr trunken, sondern weise und nüchtern ertönt. …
>
> Wirf ab von dir dionysischen Trug und bacchantisches Rasen! … O wahre Weihe-Mysterien! O ungetrübtes, reines Licht! Von andern Fackeln geleitet, schaue ich den wahren Gott und dessen reine Sphären. Der Logos erleuchtet den Mysten. Er macht heilig, versiegelt und bewahrt in alle Ewigkeit.
>
> Endlich sind die dem Dionysos geweihten Mysterien überwunden! Die neuen Mysterien werden vom Chor der Engel angeführt, nicht mehr von rasenden Mänaden in wilder Ekstase» (Kaufmann 1998, 108 f.).

Die unteren Seelenkräfte – Sexualität und Aggression, symbolisiert in Pan, Dionysos, Eros, Venus, Ischtar und Mars – wurden entwertet. Der alte Adam wurde bei der Taufe mit geweihtem Wasser abgewaschen. Erstrebenswert war nun das Leben im Geist des Auferstandenen.

Der christliche Monotheismus bewirkte eine Hypertrophie der solaren und eine Unterernährung der chthonischen Seite des Lebens. Während sich der obere Pol prächtig entfaltete, führte der untere Pol ein Schattendasein. Dem Gott Pan verblieb nur noch eine einzige Flöte, mit deren Klang er sich in seiner Einsamkeit tröstete.

2. Umerziehung der Heiden

Als zweites Beispiel erwähne ich das himmelschreiende Unrecht, das zwischen 1900 und 1970 an etwa 100'000 Aborigines-Kinder in Australien begangen wurde (NZZ vom 22. Juli 2015, S. 7):

Im Auftrag der weißen Regierung wurden diese Kinder ihren Eltern von der Polizei geraubt und in Missionsschulen verbracht, wo ihr Geist auf ein «höheres Niveau» emporgehoben werden sollte. Man verbot ihnen, in ihrer Muttersprache zu sprechen und brachte ihnen englisch und die christlichen Tugenden bei: Ordnung, Disziplin, Sauberkeit und Gehorsam.

Die Idee war, die minderwertige Ethnie der Aborigines durch «Umerziehung» zum Verschwinden zu bringen. Als Christ des 20. Jahrhunderts konnte man die «Heiden» aber nicht mehr abschlachten wie früher. Daher rührt das «pädagogische» Engagement.

Das Projekt schlug natürlich fehl: Die geraubten Kinder, die unter einer schweren Identitätskrise litten, wurden in den frommen Schulen und Familien kaum sozialisiert. Viele wurden depressiv, gewalttätig, drogensüchtig oder straffällig. Das war das Resultat des Versuchs, «minderwertige Heiden» zu «guten Christen» erziehen. Die Schattenseiten des solaren Monotheismus sind riesig.

Das Trauma der staatlich angeordneten Verschleppungen der Kinder belastet die Aborigines noch heute.

Das dritte, weniger krasse Beispiel für die solare Einstellung ist das Buch von Pia Gyger und Niklaus Brantschen: «Es geht um die Liebe» (Brantschen 2013).

3. «Es geht um die Liebe»

«Aus dem Leben eines zölibatären Paares»

So lautet der Untertitel der Schrift von Gyger und Brantschen (Uschi und ich kennen und schätzen die beiden Ordensleute als Meditationslehrer seit Jahrzehnten).

Gyger und Brantschen nennen sich «ein zölibatäres Paar». Sie sind seit vier Jahrzehnten mit einander befreundet und legen Wert darauf, als *Liebespaar* betrachtet zu werden. Da sie als Ordensleute keusch leben müssen, dürfen sie ihre Sexualität nicht leiblich leben; der Geist muss das Fleisch beherrschen. Sie verstehen ihre Liebe darum als «Transformation des Leiblichen ins Geistige».

Biographischer Hintergrund

Von ihrem biographischen Hintergrund her ist ihre solare Einstellung verständlich. Beide wuchsen in gut katholischen, patriarchal bestimmten Familien auf, wo die Kirche und der Vater das Sagen hatten (S. 109). Die Bindung an die Kirche vertieften beide mit dem Eintritt in einen Orden und dem damit verbundenen Gelübde ewiger Keuschheit. Der heilige Ritus ihrer Weihe wandelte sie in Geschöpfe, die sich vom Heiligen Geist leiten lassen. Maßgebend wurde nun die Lehre der Kirche. An die Stelle ihres eigenen Geistes und ihres natürlichen Selbsts trat der übernatürliche Geist der Kirche. Der Ritus stärkte sie im Kampf gegen fleischliche Wünsche; so vermochten sie ihre Sexualität in Geist zu transformieren.

Schritt in die Öffentlichkeit

Mit gut Fünfundsiebzig stellen die beiden ihre Beziehung öffentlich zur Diskussion. Dieser gewagte Schritt bringt ihnen nicht nur Lob ein. Zu denen, die Kritik äußern, gehöre auch ich: Ich halte ihre Beziehung für ein Relikt aus einem Äon, der passé ist.

Ich frage mich auch, was sie bewogen habe, sich zu outen. Ihr Buch mutete meine Frau und mich beim Lesen bisweilen wie eine Rechtfertigung an. Wollten die beiden Kritik aus den eigenen Reihen zum Schweigen bringen; wollten sie ihre Rechtgläubigkeit betonen und darlegen, sie hätten im Einklang mit der Lehre der Kirche gelebt? Oder wollten sie der Welt zeigen, wie aufgeschlossen sie seien? Oder wollten sie gar beides sein: traditionell *und* aufgeschlossen? Was für ein Spagat!

Wie auch immer: Die Mühe, die sie sich gaben, ihre Sexualität in Geist zu transformieren, war meines Erachtens unnötig, für die Katz'. Denn die Zeiten haben sich geändert. Pia Gyger und Niklaus Brantschen lebten als Liebespaar wie Heilige. Doch heute ist ein ganzheitlicher Lebensstil gefragt. Ob die Orden in der Lage sind, diesen zu integrieren, muss ich bezweifeln. Ich glaube so wenig wie Jeschua, dass neuer Wein in die alten Schläuche gehört (Markus 2_{22}).

Neuer Wein in den alten Schläuchen?

Das Beispiel von Gyger und Brantschen zeigt, dass man nicht in einer dogmatisch fixierten Institution tätig sein und Zukunft eröffnen kann.

Ganz anders hat Willy Obrist sein Leben gestaltet. Wie Brantschen, begann auch er als Jesuit. Während seines Medizinstudiums gelangte er jedoch zur Überzeugung, dass der Äon des Christentums abgelaufen sei und dass es darum gehe, eine zeitgemäße, geerdete Spiritualität zu schaffen.

Wie diese aber gestaltet werden müsste, war ihm schleierhaft. So blieb ihm nichts anderes übrig, als aus dem Orden auszutreten und sich ein säkulares Leben aufzubauen. Dieses bestand in einer blühende Arzt-Praxis als Angiologe und in der Gründung einer eigenen Familie mit einer schönen Villa am Vierwaldstätter See.

Doch in der zweiten Lebenshälfte erkannte er, dass die spirituelle Dimension des Lebens beim heutigen Lebensstil verloren geht. Nun tat er den entscheidenden Schritt: Mit Fünfzig hängte er seinen einträglichen Beruf an den Nagel und absolvierte die tiefenpsychologische Ausbildung am Jung-Institut Zürich, wo er sich das Rüstzeug für das Werk seiner zweiten Lebenshälfte holte. Dieses bestand in der Erschaffung des Fundaments für eine zeitgemäße, mit der Wissenschaft kompatiblen Spiritualität.

Niklaus Brantschen aber blieb dem Orden treu und versuchte, den traditionellen Glauben durch die Zen-Meditation à jour zu bringen. Er versuchte, neuen Wein in die alten Schläuche zu füllen.

Willi Obrist suchte in seiner zweiten Lebenshälfte neue Schläuche und entdeckte, dass sich in unserer Zeit eine doppelte Metamorphose vollzieht: eine weltanschauliche und eine existentielle.

Ich schließe mit einem Ausblick auf diesen zweifachen Wandel.

Ausblick

1. Die weltanschauliche Metamorphose (Wandel des Weltbilds)

Die Tiefenpsychologie erbrachte den Nachweis, dass der eine Gott, der über dieser Welt thront und deren Geschick leitet, eine Projektion der inneren Führungsinstanz ist, die aus dem unbewussten Seelengrund heraus auf das Ich einwirkt. Der Mensch des archaisch-mythischen Äons verstand seine inneren Bilder konkretistisch und erlebte sein Inneres darum in der Projektion.

Diese Projektionen sind heute nicht mehr haltbar. Dem dualen Weltbild folgte ab dem 18. Jh. der säkulare Positivismus / Atheismus, der das Jenseits als «subjektive Phantasie» bzw. «Hirngespinst» ablehnte. Das positivistisch-atheistische Weltbild war aber für viele keine Alternative zum Monotheismus: Es konnte doch nicht alles sinnloser Zufall sein!

Heute wissen wir, dass die Natur nicht aus geistloser Materie besteht, sondern eine schöpferische Tendenz hat, die überall am Werk ist. Es gibt einen kreativen Geist, auch wenn sich dieser letztlich unserem Verständnis entzieht. Diese Erkenntnis wandelt das Gottes- und Menschenbild fundamental. Das ist die weltanschauliche Metamorphose.

Daneben gibt es noch die *existentielle* Metamorphose. Diese bringt eine nicht minder einschneidende Umgestaltung mit sich: einen Wandel der Einstellung des Bewusstseins. Nun wird die Kopflastigkeit des Lebensstils durch eine ganzheitliche Lebenshaltung ergänzt. Dabei wird das solar geprägte Ich mit allen übrigen Kräften der Psyche rückgekoppelt.

2. Die existentielle Metamorphose (Wandel der Einstellung)

Die existentielle Neugestaltung des Lebens besteht in der Ergänzung der kopflastigen Einstellung des Bewusstseins. Der Geist von «Vater Himmel» wird bewusst ergänzt vom unteren, chthonischen Geist der «Mutter Erde». Ich und Selbst, Mensch und Natur, werden rückgekoppelt.

Dadurch erweitert sich das Bewusstsein um die erdverbundenen Archetypen. Der Mensch und seine Spiritualität werden geerdet. Die Einstellung wird wieder ganzheitlich, wie in früharchaischer Zeit, aber bewusster.

Diese flüchtige Skizze der doppelten Metamorphose war ein Ausblick auf die beiden nächsten großen, abschließenden Kapitel dieses Buches.

Zerfall

(Phase 2)

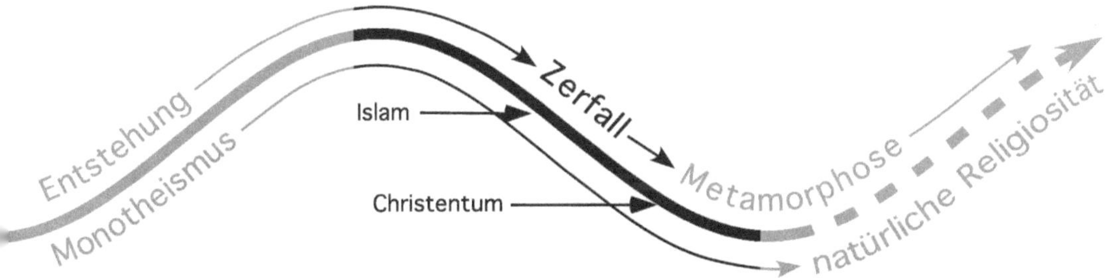

Einführung

Vorarbeit der Scholastik

Denk-Training im Mittelalter

Unsere heutige akademische Ausbildung wurzelt in der Scholastik, dem mittelalterlichen Hochschulbetrieb, mit dem Europa seinerzeit seinen Bildungsrückstand gegenüber der griechisch-römischen Antike aufholte. Die Scholastik verschaffte Europa den Anschluss an die Spitze der Bewusstseinsevolution, zu der damals auch der Islam gehörte.

Im Unterschied zur Scholastik wird die heutige Wissenschaft nicht mehr von der Religion auf ihre Rechtgläubigkeit hin kontrolliert. Das war im Mittelalter aber sowenig der Fall wie heute im Islam.

Im aufgeklärten Europa kam die Scholastik deswegen zurecht in Misskredit; doch ihr Verdienst war es, den Intellekt von Studenten und Lehrern intensiv trainiert zu haben. Das scholastische Denk-Training ermöglichte Europa, jenen Evolutionsschritt nachzuholen, den die Gebildeten der antiken Hochkulturen bereits in der Achsenzeit getan und den Arabien und der Islam in den Jahrhunderten nach dem Propheten gemacht hatten.

Der Hunger nach Bildung im frühmittelalterlichen Europa war enorm. Es gab aber zur Hauptsache nur die *Kloster- und Domschulen*, die diesen stillen konnten. Das Bildungsmonopol verwaltete die Kirche, die das antike Bildungsgut überlieferte. Viele Adelige waren damals noch Analphabeten (die Oberschicht des Nahen Ostens hatte das Analphabetentum bereits zwei Jahrtausende zuvor überwunden). Europa war Entwicklungsgebiet. Um die Bildung zu fördern, wurden im frühmittelalterlichen Europa allenthalben Kloster- und Domschulen gebaut, wo den Schülern der Bildungsschatz der Antike eingetrichtert wurde.

Im Hochmittelalter entstanden die *Universitäten*, die einen weiteren Evolutionsschritt brachten. Nun wurde das Wissen der Antike nicht mehr nur gepaukt, sondern disputiert. Die scholastischen Disputationen waren der zukunftsträchtige Kern; sie förderten das eigenee Denken.

Die angesehenste Disziplin – die «Königin der Wissenschaften» – war die Theologie. Die Dogmen der Kirche durften zwar nicht in Frage gestellt werden, wurden aber eifrig diskutiert. Der eigene Standpunkt musste mit Zitaten aus Bibel, Kirchenvätern und Konzilien fundiert werden.

Das rationale Bewusstsein war damals noch nicht reif, sich von der väterlichen Überlieferung zu lösen. Das Denken bewegte sich in den Bahnen der Tradition. Die Scholastik brachte darum *gläubige Denker* hervor.

Andererseits schliff sie mithilfe der aristotelischen Logik das Messer des Verstandes. Das hatte in der Neuzeit zur Folge, dass die Universitäten *ungläubige Freidenker* produzierten. Die Aufklärung lehrte: «Aude sapere» (wage, selber zu denken)! Nun wurde der «Sohn» eigenständig und befreite sich aus den Fesseln der Tradition. Damit begann das moderne Denken.

Das Fundament dieses Emanzipationsprozesses war das intensive *Denk-Training* der mittelalterlichen Scholastik – eine Tatsache, welche die heutige Entwicklungshilfe vermehrt berücksichtigen sollte. Die effizienteste Entwicklungshilfe ist nach wie vor die Schulung des logischen Denkens, verbunden mit der praktischen Anwendung. Nur so werden die ehemaligen Kolonien Europas wirklich eigenständig.

Einen kompakten Überblick über die Leistung der Scholastik gibt Obrist:

Die Vorarbeit der Scholastik für die moderne Wissenschaft

«… Mit dem Aufkommen der Scholastik im 11. Jh. erwachte der abendländische Geist aus seinem Dornröschenschlaf. Bis dahin waren die kläglichen Trümmer der antiken Bildung und die noch unsystematische Theologie der Kirchenväter an den Kloster- und Domschulen – schlecht und recht – weitergereicht worden.

Nun aber kam das Motto auf: *«Fides quaerens intellectum.»* Sinngemäß übersetzt heißt das: «Das Glaubensgut soll verstanden werden.» Damit trat erstmals jener Ausdruck – *intellectus* – ans Licht, der fast ein Jahrtausend später zum Dilemma zwischen Vernunft und Glaube führen sollte: zu jenem Dilemma, durch dessen Übersteigen der endgültige Durchbruch zur neuen Weltsicht gelang. Der Ausdruck, den ich meine, ist das Wort «Vernunft»; nichts anderes bedeutet ja das lateinische *«Intellectus»*.

Der Ruf nach Anwendung der Vernunft auf das christliche Glaubensgut bildete damals jedoch erst den Keim dessen, was sich später als Mutation des Bewusstseins ereignen sollte. Vorläufig saß die archaische Weltsicht noch so fest in allen Köpfen, dass sich im Verlauf der Scholastik nicht mehr als eine geistige *Vorbereitung* für das kommende Neue ereignen konnte.

Was sich unter dem Motto: *«Fides quaerens intellectum»* als erstes bemerkbar machte, war *die Anwendung der aristotelischen Logik* auf das Glaubensgut. Vom Werk des Aristoteles waren ja einzig seine Schriften zur Logik direkt ans

Abendland weitergegeben worden: in jenem Gefäß des in die «sieben freien Künste» eingebrachten trümmerhaften «weltlichen Wissens», das sich «Philosophie» nannte. Während des «finsteren» Mittelalters enthielt das Fach Philosophie nichts anderes als die Logik des Aristoteles! Bis ins 11. Jahrhundert wurden deren Regeln an den Schulen einfach gepaukt. In dem Moment aber, als der Ruf nach *Anwendung* der Vernunft auf das Glaubensgut aufkam, zeigte sich schnell, was für eine Brisanz darin steckte.

Als erster machte Berengar von Tours (990–1088) damit Ernst, indem er seine Kritik der Abendmahlslehre vorlegte. Er sagte, es sei *unlogisch* zu behaupten, Brot und Wein seien in den Leib und das Blut Christi verwandelt worden, wenn sie nach der Wandlung immer noch gleich aussähen wie vorher. In der Sprache der Scholastik: Es sei nicht logisch, eine Veränderung der Substanz bei gleich bleibenden Akzidentien zu postulieren. Natürlich wurde Berengar zum Widerruf gezwungen. Er leistete aber 20 Jahre lang Widerstand. Erst als die Ostersynode von 1079 drohte, das *Anathema* (Bannfluch) über ihm auszusprechen und ihn der Wut des Pöbels preiszugeben, gab er nach, wobei er sein Nachgeben für den Rest seines Lebens bedauerte.

Aber die Lust auf Anwendung der aristotelischen Logik war aufgekommen und während der folgenden Jahrhunderte nicht mehr aufzuhalten. Wie in einem Taumel übte man an den eben entstandenen Universitäten richtiges Schlussfolgern sowie das Aufdecken von Fehlschlüssen. War das Denken bis dahin vorwiegend kreisend – seinen Gegenstand umkreisend – gewesen, so trainierten sich nun Lehrer und Scholaren das *gerichtete* Denken an.

Die zweite Vorarbeit für die Entstehung des empirischen Typus von Wissenschaft leisteten die mittelalterlichen Theologen und Philosophen dadurch, dass sie den so genannten *Universalienstreit* austrugen. «Universalia» nannte man damals die Allgemeinbegriffe. Im Universalienstreit der Scholastik ging es um die Klärung eines Problems, das die Antike nicht gelöst hatte. ... Es ging um die Frage, ob in Bezug auf die Existenzweise der Allgemeinbegriffe die Auffassung Platons oder die des Aristoteles die richtige sei. Im Unterschied zu Platon hatte Aristoteles gelehrt, Abstrakta könnten nicht für sich allein existieren, sondern befänden sich in den Dingen, aus denen sie abstrahiert würden, sowie in unseren Köpfen.

Uns Heutigen scheint das selbstverständlich zu sein. Für die Scholastiker war es das aber ganz und gar nicht, da die Kirchenväter bei der Synthese des christlichen Mythos mit der griechischen Philosophie Platon den Vorzug gegeben hatten. Für die frühen Dogmatiker war das die einzig annehmbare Vorgehensweise, da Platons Begriffs-Konkretismus (wie ihr eigenes Denken) noch ganz in der archaischen Weltsicht wurzelte.

Entschieden wurde der Universalienstreit im Mittelalter noch nicht. Hingegen schlug der Franziskaner Wilhelm von Ockham (1280–1347) einen folgenschweren *Kompromiss* vor, der sich durchsetzen sollte:

Er sagte, für die Erforschung der *Übernatur* sei nach wie vor Platons Auffassung die richtige; für die Erforschung der *Natur* hingegen (die damals als etwas Minderwertiges galt) könne man die Auffassung des Aristoteles gelten lassen. Damit nahm Ockham eine Weichenstellung vor, die bis zum Ende des 19. Jahrhunderts dem Denken die Bahn wies: Sie erlaubte zum einen den Theologen, auf ihrem archaischen Geleise weiterzufahren. Zum andern aber gab sie den sich um Empirie bemühenden Wissenschaftlern freie Bahn für die Erforschung dessen, was der archaische Mensch als Natur bezeichnet (und der Übernatur gegenübergestellt) hatte: für die Erforschung von Natur und Kultur» (Obrist 2006, S. 31–35).

Der Schritt in die Moderne

Paradigmenwechsel

«Aristoteles für die Naturwissenschaft, Platon für die Theologie.» Dank diesem Kompromiss konnten sich die Natur- und Kulturwissenschaften Europas zu Beginn der Neuzeit von der religiösen Tradition befreien.

Nun trat die Wissenschaft einen in der bisherigen Geschichte der Menschheit einmaligen Siegeszug an, der die Welt in wenigen Jahrhunderten mehr veränderte als viele Jahrtausende zuvor. Dabei verblasste das Jenseits zusehends, und die Natur rückte immer mehr in den Vordergrund der geistigen Interessen. Die Theologie verlor ihre Leader-Position; nun wurden die wachen Köpfe von den Naturwissenschaften fasziniert.

Diese Entwicklung wurde von politischen Bedingungen begünstigt. Infolge der Zersplitterung Europas bildeten sich Freiräume, in denen die Forschung der Kontrolle von Papst und Kaiser entzogen war (im theokratischen Islam gab es das nicht; dort wurde – und wird noch immer – die Wissenschaft von Koranglaubigen überwacht, zumindest pro forma).

Dabei kam in Europa ein fundamentaler *Paradigmenwechsel* zustande:

Das in sich geschlossene duale Weltbild der Alten wurde allmählich vom in sich geschlossenen monistischen Weltbild der Moderne abgelöst.

Diesen Mega-Schritt der Bewusstseinsevolution skizziert Obrists Grafik:

Vom mythischen zum positivistischen Weltbild:

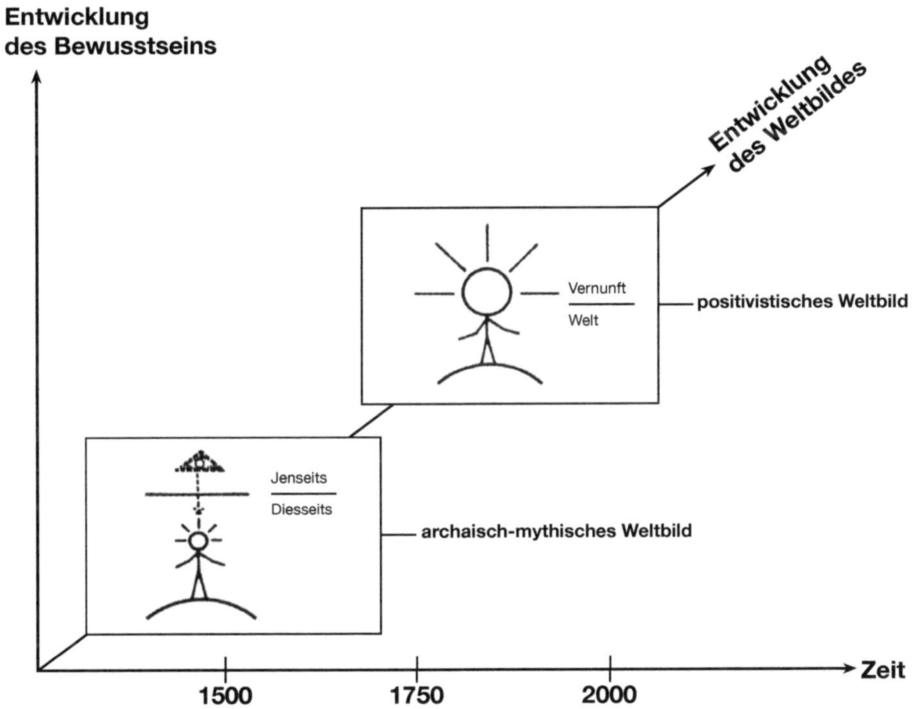

Legende

Das Rechteck links unten (um 1500) stellt das duale, dasjenige rechts darüber (um 1900) das monistische Weltbild dar, das nicht mehr zwei Welten kennt – Natur und Übernatur –, sondern nur noch ein einziges Sein, das bloß aus Materie besteht. Aus dem alten Gegensatz von Diesseits und Jenseits wird der neue von Welt und Vernunft.

Im positivistischen Weltbild zählt die äußere, mit den fünf Sinnen erfahrbare Realität. Innere Wahrnehmungen werden ausgeblendet und als «bloß subjektive Fantasien» entwertet. Das geistige Interesse verschiebt sich dabei von der Vertikalen auf die Horizontale: Exerzierfeld des Denkens ist jetzt nicht mehr (wie noch in der Scholastik) das Jenseits, sondern das Diesseits. Die Frage der Wissenschaft lautet nicht mehr: «Wie komme ich zu Gott?», sondern: «Wie funktioniert die Welt?»

Nun verliert die Theologie an Bedeutung. Ihre Mythen werden durch empirisch gewonnene, wissenschaftlich fundierte Erkenntnisse ersetzt; beispielsweise wird aus den alten Schöpfungsmythen die moderne, empirisch begründete Evolutionstheorie.

Da das Universum nur noch aus Materie besteht, ist die menschliche Vernunft das einzig Geistige im Universum. Diese inflationäre, den menschlichen Geist überbewertende Ansicht stellt Obrist als aufgeblasenen Kopf dar. Die Überbewertung der Vernunft ist das säkulare Pendant zum solaren Monotheismus mit der Überbewertung des Himmels (bzw. des oberen Pols der Psyche). Die Kopflastigkeit von Mensch und Kultur bleibt beim Paradigmenwechsel erhalten. Der Positivismus schaft keinen ganzheitlichen Lebensstil.

Das folgende Diagramm listet wichtige Entwicklungsschritte auf:

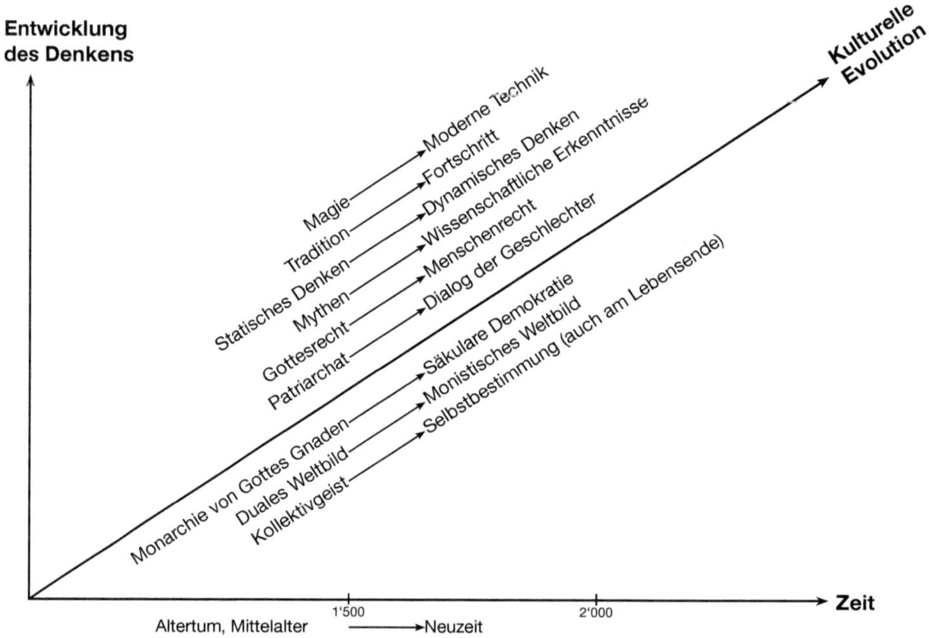

Legende

Aus magischen Zauberriten entstand die moderne Technik, die nicht mehr auf Mythen basiert, sondern auf empirisch fundierten Beobachtungen. Dieser Mega-Schritt brachte die «Entzauberung der Welt» (Max Weber).

Aus der traditionsgebundenen Gesinnung der Alten wurde die fortschrittsfreundliche Einstellung der Moderne.

Das statische, vermeintlich ewig gültige Offenbarungen umkreisende mythische Denken verwandelte sich in das dynamische, gerichtete Denken der

Wissenschaft, die keine ewig gültige Wahrheiten mehr kennt (jede Hypothese ist die Voraussetzung für eine nächste).

Mythen wurden durch wissenschaftliche Erkenntnisse ersetzt.

Aus dem Gottesrecht der Alten entstanden die modernen Menschenrechte.

Das Patriarchat wich der Idee der Gleichwertigkeit der Geschlechter.

Aus den Monarchien von Gottes Gnaden wurden säkulare Demokratien.

Aus dem dualen wurde das monistische Weltbild. Die kollektiv verbindliche, der Übernatur verpflichtete Religion wandelte sich in eine materialistisch-atheistische Weltanschauung, in der die menschliche Vernunft die höchste Instanz war. Nun herrschte der «Sohn» im Alleingang. Er erlitt eine Inflation.

Der Kollektivgeist weicht der Selbstbestimmung, auch am Lebensende.

Von der religiösen zur areligiösen Einstellung

Bewertung der inneren Wahrnehmung

Das archaisch-mythische Zeitalter schenkte der inneren Wahrnehmung große Beachtung; es war grundsätzlich religiös eingestellt. Da das positivistische Zeitalter die innere Wahrnehmung als «subjektiv und unwissenschaftlich» ausklammert, nimmt es eine prinzipiell areligiöse Haltung ein. Was jetzt zählt, sind äußere Tatsachen, nicht innere Bilder.

Da die äußere Wahrnehmung wichtiger ist als die innere, erinnert sich der moderne Mensch in der Regel nicht an seine Träume. Wenn er morgens erwacht, nimmt ihn das Tagesgeschehen gefangen. Der Zugang zur inneren Welt ist blockiert. Der moderne Mensch hat sich seinem Innern entfremdet.

Religion wird Privatsache

Unter dem Einfluss von Aufklärung und Positivismus wurde die einst kollektiv verbindliche Religion zur Privatsache. Für sie bedeutete dies eine große Machteinbuße; andererseits half es ihr, in der zunehmend säkularen Welt zu überleben; denn die Moderne garantiert Glaubensfreiheit.

Der interreligiöse Dialog

Solange es noch Religionen gibt, ist der interreligiöse Dialog ein Muss. Er wird jedoch vom Offenbarungsglauben der Religionen sabotiert. Jede Religion meint, ihr Fundament bestehe aus ewig gültigen Offenbarungen und wähnt sich im Besitz ewiger Wahrheiten. Da diese bei jeder Religion anders lauten, ist Streit unvermeidlich. Religiöses Gezänk und Kriege in Gottes Namen wird es geben, solange es Kollektiv-Religionen gibt.

Der religiöse Dialog wird heute zumindest innerhalb des Christentums – als «interkonfessioneller Dialog» – gesucht. Der Islam ist noch nicht so weit, weil die moderne Aufklärung dort noch kaum Fuß gefasst hat.

Dass es den interkonfessionellen Dialog gibt, ist nicht das Verdienst der christlichen Kirchen, sondern der Aufklärung. Einst waren sich Katholiken und Protestanten genauso spinnefeind wie Sunniten und Schiiten heute (denken wir nur an den Dreißigjährigen Krieg (1618–1648), der Europa für die Dauer einer Generation in ein Schlachtfeld verwandelte).

Zusammenfassung

Errungenschaften des Positivismus

Die hervorragenden Leistungen der Moderne lassen sich sehen: Demokratie, Menschenrechte, Gleichberechtigung von Frau und Mann, Gewaltentrennung, freie Wissenschaft, Technik, moderne Medizin, soziale Einrichtungen, allgemeine Schulbildung, Hebung des Wohlstands, zunehmender Zugang zu Luxusgütern, Mobilität, Meinungs- und Pressefreiheit, religiöse Toleranz, Recht auf Selbstbestimmung (auch am Lebensende).

Diese und andere Fortschritte wären früheren Zeiten als paradiesisch erschienen. Dass viele Menschen heute trotzdem nicht glücklich sind, hängt meines Erachtens hauptsächlich mit der mangelnden Wende nach innen und dem daraus folgenden oberflächlichen und unnatürlichen Lebensstil zusammen. Was im Handy steht, ist für viele wichtiger, als was ihnen die eigenen Gefühle sagen. Weil die innere Wahrnehmung verdrängt wird, geht die bewusste Beziehung zur inneren und zur äußeren Natur verloren.

Schattenseiten

Der Positivismus schuf ein seelenloses Zeitalter. Die Religion, die dem Leben einst Tiefgang verlieh, wurde altersschwach. Heute trägt sie kollektiv nichts Wesentliches mehr bei zur Gestaltung des Lebens.

Die Überbewertung des äußeren Lebens führte zu einer Verarmung im Innern. Die Aufblähung des Ichs brachte neben der Zerstörung der Natur auch den bedenklichen Werte- und Sittenzerfall unserer Tage.

Wie die Mängel zu beheben sind, wird das nächste, letzte Kapitel darlegen.

Zuvor soll der Mega-Schritt vom archaisch-mythischen zum positivistischen Äon noch mit den Biographien von Holbach, Kant und Freud illustriert werden.

Paul Henry Thiry d'Holbach

(1723–1789)

Rückständige Kurpfalz

Erste Lebensjahre

Der erste europäische Vertreter des konsequent monistischen Weltbilds wurde am 8. Dezember 1723, dem Hochfest der *immaculata conceptio Mariae*, in Edesheim bei Landau an der Weinstraße geboren (Edesheim liegt etwa 20 km westlich des Rheins zwischen Karlsruhe und Mannheim).

Anschließend an die Geburt wurde Holbach in der katholischen Kirche getauft. Der Taufeintrag im Kirchenbuch lautet auf: «Paul Heinrich *Dietrich*» (der Nachname «Dietrich» wurde im Register bisweilen auch französisch notiert: «Thiry» oder «Tirri»). Edesheim war zweisprachig.

Neugeborene wurden damals in der Regel gleich nach der Geburt getauft, weil man glaubte, wenn sie ungetauft verstürben, kämen sie in den *Limbus* statt in den Himmel. Der Limbus war ein öder Landstrich zwischen Himmel und Hölle. Dort warteten auch die vorchristlichen Gerechten – makellose, aber ungetaufte Heiden – auf den Eintritt in den Himmel.

Da Säuglinge noch keine Sünden begangen hatten, kamen sie nicht ins Fegefeuer, das damals den meisten Menschen drohte. Als Ungetaufte waren sie jedoch – wie die gerechten Heiden – noch mit dem Makel der Erbsünde befleckt. Deshalb mussten sie bis zum Jüngsten Tag (der stets vor der Türe stand) mit dem Limbus vorlieb nehmen. Im Endgericht würde der Heiland sie und die vorchristlichen Gerechten vom Odium der Erbsünde befreien und ihnen damit den Weg in den Himmel öffnen.

Weil die Kindersterblichkeit hoch und die Aussicht, in den Limbus zu gelangen, entsprechend groß war, wurden Neugeborene sofort getauft.

Ich erwähne diesen Brauch zur Illustration der religiösen Situation in der Pfalz, die damals von der Aufklärung noch nicht erfasst wurde. Edesheim war religiös noch fest in der Hand der katholischen Kirche.

Paul Heinrichs Vater, Johann Jakob *Dietrich* (1672–1756), war ein einfacher Winzer. Die Mutter dagegen, Katharina Jakobina, geb. Holbach (1684–1743), stammte aus vornehmem Haus; bei der Geburt von Paul Heinrich ging sie gegen die Vierzig. Ihr Vater, Johannes Jacobus Holbach, war Steuereintreiber des Fürstbischofs von Speyer; er hatte drei Kinder:

- Franz Adam (der Paul Heinrich adoptieren sollte),
- Katharina Jakobina, Paul Heinrichs Mutter, und
- Margarita, die Mutter von Suzanne, Paul Henrys erster Ehefrau.

Religiöses Gezänk

Auf dem Lande gab es damals noch keine Schulen. Geistig wache Kinder armer Leute hatten keine Aussicht auf Bildung und den damit verbundenen höheren sozialen Status. Das betraf auch Paul Heinrich. Dieser hatte aber das Glück, einen reichen Onkel zu haben, Franz Adam, der nicht verheiratet war. Franz Adam fand Gefallen an seinem aufgeweckten Neffen. Als dieser sechsjährig war, nahm er ihn zu sich in seinen prächtigen Landsitz in Edesheim, wo er ihm mit einem Hauslehrer eine gute Ausbildung zukommen lassen wollte.

Ein Jahr zuvor, 1728, war Franz Adam in Wien geadelt und in den Stand eines Reichsfreiherrn erhoben worden; er war nun ein **d'**Holbach. Paul Heinrich durfte von der ärmlichen Wohnung an der Ludwigstraße 4 in Edesheim in sein neues Heim umziehen, wo französisch gesprochen und Paul Heinrich *Paul Henry* genannt wurde. Sein Hauslehrer war *François Bellemont*, ein aus Paris stammender Kleriker ohne Pfründe, der sich freute, Arbeit und einen intelligenten Schüler gefunden zu haben.

Die erste Zeit im Haus des Onkel erlebte Paul Henry wie einen wunderbaren Traum. Daraus erwachte er aber bereits nach zwei Jahren. Der Hauslehrer war der Kirche nicht genehm: Er war ein Ketzer, ein *Jansenist*.

> Jansenisten nannte man die Anhänger des belgischen Bischofs *Cornelius Jansen* (1585–1638), der ein Jahrhundert zuvor in Ypern (100 km westlich von Brüssel) residiert hatte. Jansen war ein echt religiöser Kirchenmann gewesen, der versucht hatte, den Glauben in seinem Bistum zu *verinnerlichen*. Insbesondere hatte er sich gegen die intellektuelle Kasuistik der Jesuiten (des päpstlichen Stoßtrupps) gewandt und die ständige Ausweitung der päpstlichen Macht bekämpft. Seine Kritik an Rom trug ihm den Vorwurf ein, ein Krypto-Protestant zu sein. Jansen fand aber viele Anhänger. Diese breiteten sich in Frankreich, Belgien und den Niederlanden aus.
>
> Rom befürchtete – nach der Reformation – einen weiteren Machtverlust …

Vom Kampf gegen den Jansenismus wurde 1731 auch der Landsitz Franz Adams heimgesucht. Der Edesheimer Pfarrer Philipp Krelein hatte dem Bischof gehorsamst gemeldet, der polizeilich gesuchte Jansenist sei bei Holbach als Hauslehrer tätig. Bellemont wurde vor den Bischof zitiert.

Wohl wissend, was ihn erwartete, nahm er Reissaus und floh ins lutherische Nachbardorf Rhodt, wo man Feinde des Papstes mit Freuden aufnahm.

Franz Adam beschwerte sich beim Bischof wegen des Verlusts seines geschätzten Hauslehrers. Die bischöfliche Antwort auf die Beschwerde bestand in der Konfiskation von Bellemonts Büchern, und als Franz Adam auch dagegen protestierte, beschlagnahmte die Polizei auch noch die aufklärerischen Schriften in Franz Adams Bibliothek. So bekämpfte die Kirche die Aufklärung. Kirche und Staat arbeiteten Hand in Hand.

Nun reichte es dem Freiherrn von Holbach. Er nahm den Hut und verließ mit seinem Neffen die schwarzkatholische Kurpfalz, in der sein Vater fürstbischöflicher Steuereintreiber war.

Umzug nach Paris

Die beiden siedelten nach Paris um, einem Refugium fortschrittlich denkender Menschen aus aller Welt. Holbach kannte sich dort bereits aus, weil er, mit großem Erfolg, bei der *Französischen Westindienkompanie* beteiligt war. Dieses Engagement hatte ihm in wenigen Jahren 2 Millionen Livres eingebracht (das jährliche Einkommen eines einfachen Arbeiters betrug damals 2'000 Livres).

In Paris herrschte zwar das *Ancien Régime;* wer aber nicht offen gegen König und Kirche agierte, wurde in Ruhe gelassen.

Folgen einer traumatischen Kindheitserfahrung

Diese Erlebnisse müssen für Paul Henry sehr belastend gewesen sein: Der religiöse Zwist in der Kurpfalz, der Kampf zwischen Aufklärung und Kirche, der Verlust der Familie, die Bedrohung seines Lehrers und des Onkels durch die weltliche und geistliche Obrigkeit und der Umzug vom Land in die fremde Großstadt – und das alles wegen der Religion!

In diesen Kindheitserfahrungen ist die Wurzel seines Hasses auf die Religion zu suchen. Dass er nie davon abließ, diese abschaffen zu wollen, zeigt, wie tief die Verletzung ging. Zudem ärgerte ihn nicht nur das selber Erlebte; dazu gesellten sich andauernd schmerzliche Erfahrungen ungezählter anderer, die immer wieder in den Wunden seiner eigenen Kindheit rührten. Darum wollte er ein für alle Male Remedur schaffen, und zwar mithilfe einer fundamental neuen Weltanschauung.

Er brachte dieses gewaltige Werk – eine philosophische Leistung, die ihresgleichen suchte – zustande, weil er finanziell unabhängig war, umfassend gebildet, intelligent, sprachgewandt, tiefgründig, gesund – und wütend.

Die neuen Wissenschaften zeigten ihm, wo der Hebel anzusetzen sei: Er musste die *weltanschaulichen Grundlagen* der Religion überwinden und durch neue, empirisch fundierte ersetzen. An die Stelle des dualen Weltbilds setzte er einen *unistischen* Daseinsentwurf, mit dem er einen vernichtenden Schlag gegen die Religion führen konnte. Sein Denken prägte die Moderne. Er dachte konsequent zu Ende, was damals in der Luft lag. Als erster Philosoph Europas vollbrachte er den Mega-Schritt: «These → Antithese.»

Damit wiederholte er das Werk des Vorsokratikers Demokrit. Er brachte den damals fälligen Schritt der Bewusstseinsevolution auf den Punkt.

Das intellektuelle Rüstzeug dazu holte er sich im Studium an der Universität Leiden, einer der fortschrittlichsten Hochschulen Europas.

«Paulus Holbach, Baro Palatinus ...»

Studium in Leiden

Mit Einundzwanzig immatrikulierte sich *Paul Henry als Paulus Holbach Baro Palatinus* (Baron aus der Pfalz) an der Universität Leiden, wo er von 1744–1748 Jura und Naturwissenschaft studierte.

Das umfassende geistes- und naturwissenschaftliche Studium bildete das Fundament seines Lebenswerk. Der wissbegierige, aber auch gesellige junge Mann erhielt in Leiden nicht nur eine gründliche Einführung in das *empirisch begründete* Denken der Neuzeit, sondern lernte auch viele geistig aufgeschlossene junge Männer aus aller Welt kennen, mit denen er lebenslang freundschaftlich verbunden blieb.

Zurück in Paris

Nach dem Abschluss des Studiums kehrte er zu seinem 73-jährigen Onkel zurück, der ihn nun offiziell adoptierte. Jetzt war er auch vor dem Gesetz ein **d'**Holbach. Gleichzeitig erhielt er zusammen mit seinem Onkel die französische Staatsbürgerschaft.

Sein Jura-Studium verschaffte ihm den Zutritt als Anwalt am *Parlement de Paris.* Diesen Beruf musste er nicht ausüben, da er begütert war. Er führte nun das Leben eines Privatgelehrten. Dieses Privileg nutzte er zur Verbreitung des Gedankenguts der Aufklärung. Das war seine Berufung.

Familiäres

1750 heiratete Paul Henry d'Holbach seine Kusine *Basile Geneviève Suzanne d'Aine.* 1753 verstarb Franz Adam im Alter von achtundsiebzig

Jahren. Da von dessen beiden Schwestern nur noch die jüngere lebte, Margarita, erbte das Paar ein Riesenvermögen (Paul Henrys Mutter, Katharina Jakobina, geb. Holbach, war kurz vor seinem Studium gestorben).

Im folgenden Jahr verstarb auch Suzannes Vater, *Nicolas d'Aine.* Von diesem erbte Paul Henry das Amt eines *Conseiller-secrétaire du Roi.* Das war eine *Sinekure:* eine adelige Pfründe ohne Amtsgeschäfte. Dieser Posten eines königlichen Geheimrats trug ihm nicht nur Geld ein, sondern erhob ihn auch in den höheren französischen Adel.

Paul Henris Vermögen betrug nun über eine Million Livres und warf eine jährliche Rente von 60'000 Livres ab (das war mehr als das zwanzigfache Einkommen eines Arbeiters, rund eine Million Euro pro Jahr).

Mitten im Glück traf ihn, kurz nach der Geburt des ersten Kindes, ein Blitzschlag aus heiterem Himmel. Seine geliebte Frau Suzanne verstarb am Kindbettfieber. Nun stand er, mit Einunddreißig, ohne Ehefrau und mit einem Säugling ohne Mutter da.

Nach zwei Jahren heiratete er *Charlotte*, die Schwester von Suzanne. Für die Heirat benötigte er eine päpstliche Erlaubnis, weil Heirat unter Verwandten verboten war. Das Einholen des Dokuments war ihm zuwider; er erhielt es aber anstandslos. Mit Charlotte hatte Paul Henry drei Söhne.

Nach sechs Ehejahren kam es zu zweifelhaften amourösen Abenteuern im Hause d'Holbach, in welche die Dame des Hauses verstrickt war. Gewisse Gäste der *Coterie holbachique,* vielleicht auch die Baronesse selbst, schienen am Eros mehr Gefallen zu finden als am Logos. Wie viel daran wahr ist und wie viel Intrige, ist schwer zu sagen. Das unerfreuliche Zwischenspiel blieb eine Randerscheinung, die Holbachs Impetus, die Aufklärung mit aller Kraft voran zu treiben, nicht bremsen konnte.

Engagement für die Aufklärung

Salon und Coterie

Mit seinem umfassenden Wissen und klaren Denken, mit unermüdlichem Eifer, mit Geld, internationalen Beziehungen und einer guten Gesundheit förderte Holbach die Aufklärung sehr effizient. Dabei half ihm ein 1759 erworbenes fünfstöckiges Palais in der Rue Royale Saint Roche, worin er einen *Salon* einrichtete, in dem sich Enzyklopädisten und Aufklärer aus ganz Europa regelmäßig trafen.

Zusätzlich gründete er noch die *Coterie holbachique,* ein Privatissimum, wo es erlaubt war, frei von der Leber weg zu reden. Ein solcher Ort war damals eine Neuheit; der Meinungsaustausch in vornehmer Gesellschaft war nämlich durch drei Umstände behindert:

Zum einen wurde man von der Kirche und vom Ancien Régime bespitzelt; zum andern erlaubten die höfischen Sitten nur ein förmliches, taktvolles Gesprächsklima, und drittens war es verboten, die Religion in Gegenwart von Frauen anzugreifen …

Während die höfischen Umgangsformen im Salon eingehalten wurden, ging es in der Coterie oft hitzig zu und her. Sie war der Ort, wo sich die *«Clique»* – der harte Kern der Aufklärer um Holbach, etwa zwanzig Personen – allwöchentlich zum Abendessen traf.

In den drei Jahrzehnten des Salons und der Coterie genossen zahllose Förderer der Aufklärung aus dem In- und Ausland Holbachs Gastfreundschaft. Besonders häufige Gäste in Holbachs Salon waren aufgeklärte Intellektuelle, Diplomaten und Botschafter.

Zudem in die Coterie geladen zu werden, war eine Ehre. Für Europa war es ein *Novum,* nur mit *logischen Argumenten* debattieren zu dürfen.

Doch die Aufklärer befanden sich auf einer Gratwanderung; denn Kritik am *Ancien Régime* und an der Kirche war verboten und wurde bestraft.

> Als Beispiel diene der französische Arzt *Julien Offray de La Mettrie* (1709–1751). Er verfasste 1748 das dem weltanschaulichen Materialismus verpflichtete Buch: *«L'homme machine.»* Da es den Dogmen der Kirche zuwider lief, musste er sich ins Ausland absetzen. Er fand in Berlin Unterschlupf, bei König Friedrich dem Großen (1712–1786), dem bedeutendsten deutschen Fürsten, der sich für die Aufklärung einsetzte.

Holbach stand mit international bekannten Persönlichkeiten in regem brieflichem Kontakt, z.B. mit *David Hume* (1711–1776) in Schottland und mit *Benjamin Franklin* (1706–1790) in den USA.

Seit 1754 war er Mitglied der Akademie von Berlin, seit 1766 der Akademie von Mannheim und seit 1780 jener von Petersburg.

Der aufgeklärte Theologe *Henri Meister* aus Küsnacht am Zürichsee (1744–1826), dem Schwert des Henkers im vorrevolutionären Zürich nur knapp entronnen und in Paris gastlich aufgenommen, schildert Holbach als «edle und warmherzige Persönlichkeit, deren Stirn den Stempel eines weiten Geistes trägt» (Kaufmann 2006, 42).

Holbach besuchte auch regelmäßig andere aufklärerische Salons und war sogar Mitglied der Freimauererloge *«Les neuf Soeurs»,* wo er Gelegenheit fand, die seit seiner Kindheit verhassten Jesuiten zu bekämpfen.

L'Encyclopédie

Sein größtes Engagement galt der Mitarbeit an der *Encyclopédie,* welche die neuen Erkenntnisse aus allen modernen Wissenschaften sammelte und einer breiteren Öffentlichkeit zugänglich machte. Dabei entstand die langjährige Freundschaft mit *Denis Diderot* (1713–1784), einem führenden Kopf der Aufklärung, der, zusammen mit *d'Alembert,* ihr Herausgeber war. Die Encyclopédie half mit, das mittelalterliche Denken in Europa zu überwinden. Wer mit der Zeit ging und es sich leisten konnte, erwarb sie sich. Ihr erster Band erschien 1751; bis 1780 sollten es deren 35 werden.

Zusammen mit dem «Zedler» und der «Encyclopaedia Britannica» (ab 1768) lieferte sie einen großen Beitrag zum Bewusstseinswandel in Europa:

> Ab 1732 (zwanzig Jahre vor der französischen Encyclopédie) erschien das deutsche «Universal-Lexikon» des Verlegers *Johann Heinrich Zedler* in Leipzig. «Bei seinem Abschluss im Jahr 1754 umfasste der «Zedler» 68 Folianten mit der sagenhaften Zahl von 284'000 Artikeln. Ein Jahrhundert lang blieb er das größte Unternehmen seiner Art in deutscher Sprache. ... Er war ein großzügiges Zeughaus des Denkens der Aufklärung» (so Ralf Konersmann in der NZZ vom 27.4.2013, S. 63).
> U. J. Schneider (2013) nennt den Zedler einen «Vorläufer von Wikipedia».

Holbach verfasste in der *Encyclopédie* 427 Artikel naturwissenschaftlichen Inhalts, die er jeweils mit «_» kennzeichnete. Daneben schrieb er noch Hunderte von anonymen Beiträgen, insgesamt über 1'000 Artikel.

Holbach war ein wissenschaftlicher Allrounder. Das war seinerzeit noch möglich; zum einen war das wissenschaftlich qualifizierte Wissen noch nicht sehr umfangreich, und zum andern war die Zahl der kompetenten Wissenschaftler überschaubar. Zusätzlich zu seinen Beiträgen in der Encyclopédie verfasste Holbach mehr als 35 Bücher.

Holbachs Schriften und die drei riesigen Lexika fanden in Europa weite Verbreitung; andererseits darf man nicht vergessen, dass damals noch lange nicht alle Europäer lesen konnten und dass das Bildungsmonopol vielerorts noch vom Klerus verwaltet wurde. Entlegene Gegenden kamen mit dem aufklärerischen Gedankengut bis heute bis weit ins zwanzigste Jahrhundert hinein kaum in Berührung und blieben dem dualen Weltbild mit seinem archaisch-mythischen Gedankengut bis heute verhaftet.

Bis der Evolutionsschritt: «These → Antithese» ganz Europa durchwirkte, brauchte es Jahrhunderte – der Prozess ist heute noch im Gang.

Zensur

Seine vielen eigenen Bücher ließ Holbach wegen der Zensur meist in Holland drucken, und wenn ihr Inhalt staats- oder religionsfeindlich war, publizierte er sie anonym oder unter einem Pseudonym. Holbach lebte trotz seines Adelstitels und Reichtums nicht ungefährlich. Doch er fühlte sich berufen, mit aller Kraft für den geistigen Fortschritt zu kämpfen. Diesem diente er wie Sokrates seinem *Daimonion.* Beide standen im Dienst des Licht-Archetyps, der die Bewusstseinsevolution voran treibt.

Wie das *Ancien Régime* vorging, zeigt das folgende Beispiel:

> Ein Apothekergehilfe, der ein Exemplar von Holbachs Buch *«Le christianisme dévoilé»* (Enthüllung der christlichen Religion) verkauft hatte, wurde zu neun Jahren Galeere verurteilt, und gleichzeitig ordnete das Parlament die öffentliche Verbrennung des Werks an.

Das war ein Wink mit dem Zaunpfahl. Als *Conseiller-secrétaire du Roi* hatte Holbach zwar nicht allzu viel zu befürchten, und zudem war er inzwischen ein wichtiges internationalen Sprachrohr der Aufklärung geworden, mit dem das Ancien Régime nicht nach Belieben umspringen konnte. Aber dennoch musste er stets auf der Hut sein.

Mit finanzieller Hilfe unterstützte Holbach auch die Herausgabe von Büchern anderer Aufklärer. Zudem übersetzte er zahlreiche aufklärerische Schriften aus dem Deutschen und Englischen ins Französische.

Bis zu seinem vierzigsten Lebensjahr bearbeitete er vorwiegend naturwissenschaftliche Themen. Nach der Lebensmitte begann er, sich vermehrt grundsätzlichen philosophischen Problemen zu widmen.

Drei Werke

1. «Le Christianisme dévoilé» (1766)

Auf Anregung seines Freundes Denis Diderot schrieb Holbach, nunmehr dreiundvierzig, sein aggressivstes Buch: *«Das entschleierte Christentum»,* das die Stimmung in Holbachs «Clique» widerspiegelt.

Die folgenden fünf Zitate aus: «Le Christianisme dévoilé» zeigen Holbachs dezidiert antichristliche Einstellung:

1. Thema: Christliche Erziehung

«Wer die Menschen nachhaltig täuschen und Vorurteile verewigen will, beginnt damit am besten in ihrer Jugend. Bei fast allen christlichen Völkern scheint die Erziehung nur das eine Ziel zu haben: Fanatiker, Frömmler und Mönche hervorzubringen – alles für die menschliche Gesellschaft schädliche oder zumindest nutzlose Menschen. Das Christentum scheint nicht daran gedacht zu haben, wertvolle Staatsbürger heranzuziehen.»

2. Thema: Christen und Andersgläubige

«Für Christen war ein ‹Ungläubiger› nicht mehr wert als ein Hund. Dass sich die Christen die Besitzungen der einheimischen Bewohner der Neuen Welt widerrechtlich aneigneten, ist eine Folge jüdischer Ideen: Kastilier und Portugiesen nahmen sich dieselben Rechte, sich Amerikas und Afrikas zu bemächtigen, wie einst die Hebräer, die sich zu Herren über Kanaan aufschwangen und deren Bewohner vernichteten oder zu Sklaven machten, gemäß dem Psalmvers: ‹Die Gerechten werden die Frucht der Arbeit der Gottlosen essen.› Auf diesen Bibelvers rekurrierte bekanntlich der Papst in seiner Bulle für die Könige von Kastilien, mit der er deren Besitztümer in der Neuen Welt regelte.»

3. Thema: Religion und Wissenschaft

«Die moderne Wissenschaft ist für christliche Gelehrte ein Gegenstand des Hasses und wird es bleiben. Sie wären ja ihre eigenen Feinde, wenn sie die Wissenschaft und Wahrheit lieben würden.»

4. Thema: Vorchristliche Ethik

«Wenn man sich an die christlichen Gelehrten hält, macht es den Anschein, es habe vor der Ankunft des Begründers ihrer Sekte keine wirkliche Moral gegeben; denn sie schildern die vorchristliche Welt so, wie wenn diese in Finsternis und Verbrechen getaucht gewesen wäre.

In Wirklichkeit ist die Moral für die Menschen lebensnotwendig; darum war sie seit jeher überall bekannt. Eine Gesellschaft ohne Moral ist nicht lebensfähig. Es gab auch in der Zeit *vor* Jesus Christus blühende Völker und aufgeklärte Philosophen, die die Menschen an ihre Pflichten erinnerten. Bei Sokrates, Konfuzius oder den Gymnosophisten Indiens finden wir Lebensregeln, die denen des christlichen Messias in nichts nachstehen. Wir finden im ‹Heidentum› Beispiele von Gerechtigkeit, Menschlichkeit, Vaterlandsliebe, von Mäßigung, Uneigennutz, Langmut und Güte, welche die leeren Behauptungen des Christentums klar widerlegen und beweisen, dass echte Tugenden schon lange vor dessen Begründer existierten.»

5. Thema: Zölibat

«Der Zölibat, den die römische Kirche ihren Priestern vorschreibt, scheint das Ergebnis einer raffinierten Politik der Päpste zu sein. Er sollte die Verehrung des Volkes steigern, das glaubte, ihre Priester seien nicht Menschen von Fleisch und Blut wie die anderen. Zudem zerriss es die Bande, welche die Priester an Familie und Staat fesselten, und kettete die Priester an die Kirche. Durch den Zölibat wurden die Kirchengüter nicht weiter aufgeteilt, sondern als Ganzes über alle Zeiten hinweg erhalten. So wurde die Kirche mächtig. …

Die größten Fürsprecher des priesterlichen Zölibats waren immer jene Päpste, die am ehrgeizigsten waren. So bemühte sich Gregor VII. (1021–1085) mit höchstem Eifer, den Zölibat durchzusetzen.

Wenn Priester heiraten könnten, würden sich Könige und Fürsten bald selbst zu Priestern machen, und der Papst fände keine gehorsamen Untertanen mehr. Es ist der Zölibat, der jene Hartherzigkeit, Unmenschlichkeit und Sturheit erzeugt, die man der Geistlichkeit zurecht vorwirft.»

Holbachs Sprache ist für den heutigen Geschmack zu aggressiv; seine Polemik, die in den Ansätzen durchaus zurecht besteht, schießt oft übers Ziel hinaus. Andererseits ist in Rechnung zu stellen, dass die Kirche in den genannten 5 Punkten vor zweieinhalb Jahrhunderten noch wesentlich anders dachte als heute. Inzwischen hat sie sich in vielen Punkten dem Fortschritt geöffnet; die Aufklärung ging nicht spurlos an ihr vorbei:

1. Ihre Erziehung ist heute nicht mehr so weltfremd wie damals.
2. Ihr Urteil über Andersgläubige ist gerechter geworden.
3. Ihre Einstellung zur Wissenschaft ist weniger ablehnend (Galilei wurde von Rom rehabilitiert, nicht aber Darwin!).
4. Ihre Darstellung der vorchristlichen Ethik ist sachlicher als früher.
5. Der Zölibat wird heute sogar in kirchlichen Kreisen kritisiert.

Holbach war voreingenommen. Andererseits ist zu bedenken, dass er einen übermächtigen Gegner bekämpfte. In einem solchen Fall ist die Versuchung groß, diesen schlechter zu machen als er ist, um sich selber für den Kampf motivieren zu können. Holbachs Buch ist keine ausgewogene akademische Würdigung des Christentums, sondern die Abrechnung eines persönlich Betroffenen, zutiefst Verletzten. Man darf nicht vergessen, dass der Großvater seines Autors fürstbischöflicher Steuereintreiber war. Von dieser Vergangenheit galt es sich loszureißen.

Viel sachlicher schrieb Holbach sein Hauptwerk: *Le Système de la Nature.* Darin entwickelte er sein neues Welt- und Menschenbild. Das Buch wurde zu einem auch von Gegnern geachteten philosophischen Klassiker.

2. «Le Système de la Nature» (1770; deutsche Neuauflage: 1960)

Vom dualen zum unistischen Weltbild

Das klar gegliederte Buch: *«Le Système de la Nature»* veröffentlichte der Siebenundvierzigjährige unter dem Pseudonym: *Jean-Baptiste de Mirabaud.* Mit bisher nicht erreichter Stringenz und gedanklicher Konsequenz stellte Holbach die Natur als ein in sich geschlossenes mechanisches System dar, das sich selber erschaffe.

Damit überwand er die Vorstellung von einem Jenseits, die das weltanschauliche Fundament aller Religionen bildet. Mit seiner konsequent materialistischen Welterklärung erreichte er sein Ziel, den Religionen den Boden unter den Füssen zu entziehen.

Wikipedia (Stichwort: «Holbach») ergänzt:

> «D'Holbach betrachtet die Natur als ein deterministisches System. … Alles entsteht aus Notwendigkeit; kein Wesen kann anders handeln, als es handelt. … Die Menschen … werden geformt durch die Anordnung der Atome. Diese schaffen die Bedingungen, die das Wesen des Menschen bestimmen und sein Schicksal lenken. … Für d'Holbach stellt die Natur das ‹große Ganze› dar, worin alle Phänomene naturgesetzlich miteinander verwoben sind.»

Kritik

Holbachs Vorstellung vom Universum erinnert an ein gewaltiges Uhrwerk. Sie entsprach dem Entwicklungsstand der Wissenschaft seiner Zeit.

Nach dem systemischen Modell, das im 20. Jahrhundert entstand, fehlt Holbachs «Système de la Natur» der *élan vitale,* die Schöpferkraft, die im Verlauf der Evolution unablässig zeugt, vernichtet und wieder neu schafft.

J.W. von Goethe (1749–1832) nannte den Schöpfergeist der Natur: «Gestaltung, Umgestaltung, des ewigen Sinnes ewige Unterhaltung.» Den Dichter gemahnte Holbachs Universum an einen Friedhof. Goethe stand der heutigen Auffassung von der Natur näher als Holbach, der dem mechanistischen Paradigma der Naturwissenschaft seiner Zeit verpflichtet war.

Holbachs Einstellung zum Deismus

Holbachs konsequenter Schritt in die *Antithese* ging vielen Aufklärern zu weit. Angesichts der Stürme der Entrüstung, die Holbach in kirchlichen Kreisen entfesselte, suchten viele einen Kompromiss. Ein solcher war der *Deismus*. Dazu bekannte sich auch Voltaire (1694–1778), ebenfalls ein eingefleischter Feind der Kirche und unermüdlicher Enzyklopädist.

Nach deistischer Auffassung war das Universum eine göttliche Konstruktion; doch nach getanem Werk zog sich der Schöpfer ins Jenseits zurück und überließ die Welt den von ihm geschaffenen Naturgesetzen.

Der Deismus vermittelte zwischen dem dualen und dem monistischen Weltbild. Er hielt am Schöpfungsglauben und damit am dualen Weltbild fest, reduzierte aber die Bedeutung des Jenseits für die Gegenwart auf ein Minimum, was ihn als zeitgemäß erscheinen ließ. Die Herrschaft über die entzauberte Erde übernahm der Mensch, die Krone der Schöpfung, das vernunftbegabte Ebenbild Gottes (1. Mose 1_{28}).

Die liberale Theologie vertrat die deistische Auffassung. Sie hielt das Universum und die Natur für etwas Großartiges, das die menschliche Intelligenz übersteige und darum Bewunderung verdiene. Für Holbach hingegen war der Kosmos ein Zufallsprodukt. Er lehnte den Deismus ab, weil dieser zwei in sich geschlossene Systeme, die nicht mit einander kompatibel waren, zur Deckung bringen wollte. Für Holbach gab es nur ein Entweder-Oder: das duale oder das unistische Weltbild. Weil er die Religion abschaffen wollte, durfte er ihr kein Hintertürchen offen lassen.

Im dritten Buch versuchte Holbach, die Ethik neu zu begründen. Es lautete: *«La morale universelle ou les devoirs de l'homme fondés sur la nature»* (1776); deutsch: «Die universelle (archetypische) Moral oder die in der Natur begründeten Pflichten des Menschen.»

3. «La morale universelle» (1776)

Ich beginne meinen Kommentar zu diesem Werk mit einem Zitat aus: «Le Système de la Nature», wo Holbach die Ethik nichtreligiös begründet:

> «So gab die Religion der Menschheit – weit entfernt davon, der Moral eine sichere, natürliche und vernünftige Basis zu geben – eine unsichere und unverständliche Grundlage, und so kam es, dass die Leiden des Menschengeschlechts immer mehr anwuchsen. … Man kann es nicht oft genug wiederholen: Der *Irrtum* ist die wahre Quelle der Leiden, die unter den Menschen grassieren. Nicht die Natur macht die Menschen unglücklich, und nicht eine Erbsünde hat uns böse gemacht. Vielmehr ist *mangelnde Aufklärung* die Quelle der gegenwärtigen Misere» (Holbach 1960, S. 252).

«Mangelnde Aufklärung ist die Quelle der gegenwärtigen Misere.» Für Holbach waren viele Übel, unter denen die Menschheit litt, selbstgemacht. Darum mussten sie nicht gottergeben hingenommen, sondern mithilfe von Aufklärung, Bildung, Wissenschaft und Technik überwunden werden. Dieses Credo sollte im Abendland Schule machen.

Holbach wollte das *Moral-Monopol* der Kirche überwinden. Um einer zeitgemäßen Ethik zum Durchbruch zu verhelfen, musste der Kirche auch die Hoheit über die Schule entzogen werden. Die Kinder sollten nicht mehr zu guten Christen erzogen werden, sondern zu guten Staatsbürgern, deren Moral nicht in Mythen, sondern in wissenschaftlich fundierten Erkenntnissen sowie in der Vernunft gründete:

> «In der Vernunft und der Natur haben wir zwei Führer, die sicherer sind als jene Götter, denen die Geistlichkeit nach ihrem Gutdünken irgendwelche Worte in den Mund legt und in ihrem eigenen Interesse auslegt.»
>
> «Wenn ein Atheist seinen Verstand und seine Natur zu Rate zieht, besitzt er zuverlässigere und menschlichere Prinzipien als der Abergläubische, den seine finstere oder schwärmerische Religion zur Torheit und Grausamkeit verführt.»

Holbachs doppeltes Fundament der Ethik – Natur und Vernunft – ist im Prinzip heute noch zeitgemäß. Was Holbach als «Natur» bezeichnete, ist heute das natürliche (phylogenetisch erworbene, archetypische) Verhaltensrepertoire des Menschen, auf dem alle Kulturen basieren. Da der Mensch ein Instinkt-Mangelwesen ist, ist sein Verhaltensmuster aber flexibel, und somit ist die Ethik einem beständigen Wandel unterworfen. Das der jeweiligen Situation gemäße Verhalten ist mithilfe der Vernunft stets wieder neu zu erarbeiten und an die gegebenen Umstände anzupassen.

Der Glaube an ein ewig gültiges Gesetz ist nicht mehr zeitgemäß. Aus dem statischen Gottesrecht der Alten wurde das sich immer weiter entwickelnde, dynamische Recht der Moderne.

Politische Gesinnung

Wolf im Schafspelz

Mit der neuen Begründung der Ethik hob Holbach nicht nur die Grundlage der Morallehre der Kirche, sondern auch die des *Ancien Régimes* aus den Angeln. Für Holbach war die Zeit des Bündnisses von Thron und Altar sowie des «Königtums von Gottes Gnaden» vorbei. Er plädierte für eine

Demokratisierung des Staates, die mit Weisheit und Umsicht umzusetzen sei. Vor allem lag ihm die Einführung der allgemeinen Schulpflicht am Herzen, welche intelligenten Kindern der Unterschicht ermöglichte, eine gute Ausbildung mit Aussicht auf verantwortungsvolle Posten zu erhalten.

Doch er musste immer wieder erleben, dass die Privilegierten nicht bereit waren, freiwillig Macht abzugeben. Für sie war Holbach ein Verräter, ein Wolf im Schafspelz. Die mangelnde Einsicht des Adels in das Gebot der Stunde hatte zur Folge, dass die blutige Revolution, die Holbach zu vermeiden suchte, unumgänglich wurde.

«Vater der Revolution»

Im Unterschied zur Kirche, die predigte, es sei besser, Unrecht zu leiden, als Unrecht zu tun, sprach sich Holbach für das Widerstandsrecht und den Kampf gegen die Unterdrückung aus:

> «Der Freund der Menschheit greift den Irrtum *offen* an; sein Schweigen würde ihn zum Helfershelfer der Unterdrücker und Betrüger machen.»

Holbach sprach Klartext. Er hätte den Ehrentitel: «Vater der Revolution» verdient. Doch diesen erhielten nur Diderot, Voltaire und Rousseau; Holbach war zum einen ein Adeliger und zum andern kein richtiger Franzose.

Zusammenfassung

Holbach starb am Vorabend der Französischen Revolution in Paris, am 21. Januar 1789, im Alter von 66 Jahren. Er beeinflusste nicht nur viele Zeitgenossen im In- und Ausland, sondern auch maßgebliche Köpfe des 19. Jahrhunderts, so etwa Ludwig Feuerbach (1804–1872), Auguste Comte (1798–1875), Karl Marx (1818–1883) und Sigmund Freud (1856–1939). Im kommunistischen Osteuropa, wo er als Vorläufer von Marx und Engels galt, wurden seine Schriften sogar noch im 20. Jahrhundert studiert.

In einem Rundfunkvortrag zum 200. Todesjahr Holbachs sagte H. Brekle:

> «Holbach … gehörte zum innersten Kreis der französischen Aufklärungsbewegung, die sich durch so illustre Namen wie Voltaire, Rousseau und Diderot charakterisieren lässt. Als Naturwissenschaftler und radikalaufklärerischer Philosoph gehörte er zweifelsfrei zu jenen geistesgeschichtlich bedeutenden Gestalten des europäischen 18. Jahrhunderts, welche die Grundlagen dafür legten, dass die Menschheit die auch heute noch vielfach spürbaren Fesseln

> ihrer selbstverschuldeten geistig-intellektuellen Unmündigkeit sprengen kann» (Vortrag vom 24. Dezember 1989 im Bayerischen Rundfunk II).

Das durch Karl Marx (1818–1883) populär gewordene Schlagwort von der *Religion als Opium fürs Volk* stammt von Holbach:

> «Unsere religiösen und politischen Institutionen entstammen allesamt den Zeiten der Unwissenheit der Völker. ... *Die Religion betäubt die Menschen* mit Schwärmerei, um sie daran zu hindern, sich mit jenen Übeln zu befassen, die ihre Regierungen ihnen aufladen. Mithilfe der unsichtbaren Mächte, mit denen ihnen gedroht wird, zwingt man sie, jenes Elend zu erdulden, das ihnen von den sichtbaren Mächten auferlegt wird. Man lässt sie hoffen, in der andern Welt würden sie glücklich.»

Nicht minder radikal im Denken war ein anderer bedeutender Aufklärer, Holbachs Zeitgenosse *Immanuel Kant,* der Philosoph aus Königsberg.

Immanuel Kant

(1724–1804)

Überwindung der erkenntnistheoretischen Naivität

Kants Bedeutung

Kants wissenschaftliches Interesse galt nicht der Beschaffenheit eines Objekts außerhalb des Menschen, sondern der Beschaffenheit des *Subjekts,* und zwar des erkennenden und handelnden Ichs. Indem Kant das menschliche Erkenntnisvermögen analysierte, überwand er die bis dahin herrschende erkenntnistheoretische Naivität: den Glauben, der Mensch vermöge das Sein so zu erkennen, wie es wirklich sei.

Kant gelang der Nachweis, dass zwischen der Wirklichkeit an sich und unserem Bild von ihr eine niemals ganz zu überwindende Differenz bestehe. Er erkannte, dass das «Ding an sich» und unsere Ansicht von ihm grundsätzlich zweierlei Paar Stiefel sind.

Diese Erkenntnis wirkte unter den Gebildeten Europas wie ein Paukenschlag. Mit ihr begann – vor bald zweieinhalb Jahrhunderten – die moderne Kognitions- und Verhaltensforschung, die wissenschaftliche Untersuchung menschlichen Erkennens und Handelns.

In seinem Buch: «Kritik der reinen Vernunft» analysierte Kant die apriorischen, angeborenen kognitiven Strukturen, mit denen der Mensch die Welt erkennt, und in seinem Buch: «Kritik der praktischen Vernunft» untersuchte er die apriorischen, angeborenen *Patterns of behavior,* nach denen sich der Mensch im praktischen Leben verhält.

Die beiden Werke waren ein Meilenstein in der Bewusstseinsevolution. Kants erkenntnistheoretische Pionierleistung wird von *Karl Popper* (1902 –1994) bestätigt: «Es gibt keine *reinen* Beobachtungen; diese sind stets von Theorien durchsetzt» (Popper 1934, 31969, S. 76).

Nach *Obrist* begann mit Kant die *anthropische Wende.* Seither kann der Mensch nicht mehr naiv annehmen, sein Bild von der Welt sei mit dieser identisch. Seit Kant ist zwischen Welt und Weltbild zu unterschieden.

Kants Entdeckung ist in der modernen Kognitionsforschung selbstverständlich. Was heute klar ist, war zu Kants Zeit ein schwer verdaulicher Brocken. Es gab Menschen, die sich deswegen sogar das Leben nahmen. Sich eingestehen zu müssen, dass das Bild einer Sache niemals diese selbst ist, war für viele eine schwere Kränkung. Kant verunsicherte fundemental.

Obrist fasst Kants Pionierleistung zusammen:

> «Die anthropische Wende
>
> Es war Immanuel Kant, der mit seiner *Kritik der Vernunft* eine Wende im Denken eingeleitet hat, die in ihrer Bedeutung gewiss der Verlagerung des Interesses von der Übernatur zur Natur zu Beginn der Neuzeit nahe kommt. Ich nenne sie die *anthropische* Wende (von griechisch *anthropos:* Mensch), weil dabei das Interesse auf das menschliche Erkenntnisvermögen gelenkt wurde: auf die Art und Weise, wie der Mensch die Wirklichkeit erkennt. Zwar war während der Aufklärung schon verschiedentlich über Wahrnehmung und Vernunft spekuliert worden; was aber Kant mit seiner «Kritik» bewirkt hat, kann man als Anstoß zur Überwindung des bis dahin üblichen naiven erkenntnistheoretischen Realismus bezeichnen.
>
> Als naiven erkenntnistheoretischen Realismus bezeichnet man den Glauben, der Mensch erkenne die Wirklichkeit so, wie ist. Kants weiterführende Einsicht war, dass zwischen Welt und Weltbild zu unterscheiden ist, weil unsere Auffassung der Welt durch *angeborene Erkenntniskategorien* bestimmt ist.
>
> Damit nahm Kant heutiges Wissen bis zu einem gewissen Grade voraus. Er hat mit seiner Erkenntniskritik die anthropische Wende *eingeleitet* und damit einen Bewusstwerdungsprozess ausgelöst, der bis in unsere Tage weiterschritt. Während anderthalb Jahrhunderten fand dieser zwar nur im esoterischen Kreis akademischer Philosophen statt; dann aber wurde er – als empirisch fundierte Kognitionsforschung – von den Neurowissenschaften übernommen» (Obrist 1999, S. 86).

Das «Ding an sich»

Die Analyse des Erkenntnisvorgangs führte Kant zur Einsicht, dass das «Ding an sich» (die Wirklichkeit) *prinzipiell* unerkennbar ist, weil das Bild, das wir uns von etwas machen, stets ein Konstrukt des Gehirns ist, das durch die Verarbeitung von Sinneswahrnehmungen mittels angeborener Muster entsteht.

Das heißt natürlich nicht, dass unser Bild von der Welt *ganz* anders sei als diese selbst, wie einige Strukturalisten und Solipsisten behaupten, nach deren Ansicht der Mensch in seinem Gehirn fest eingemauert ist und darum *a priori* ein verzerrtes Abbild der Wirklichkeit hat. Diese Behauptung schießt übers Ziel hinaus. Wer ein verzerrtes Abbild der Welt im Kopf hat, entfremdet sich der Realität und verirrt sich. Den Kampf ums Dasein überlebt nur, wer an seine Umgebung angepasst ist. Das Bild von der Wirklichkeit muss so weit mit dieser übereinstimmen, dass er nicht aneckt.

Kant im Alltag

Kants Überwindung der erkenntnistheoretischen Naivität ist nicht nur für die Philosophie und die Wissenschaft, sondern auch für das Zusammenleben der Menschen im Alltag von größter Bedeutung. Der größte Fehler, den erkenntnistheoretisch naive Menschen begehen, ist der, dass sie von sich selber ausgehen und wähnen, der andere sei ähnlich wie sie selber und müsse entsprechend reagieren – wehe, wenn er es nicht tut! Die immer noch weit verbreitete erkenntnistheoretische Naivität – mangelnde Bewusstheit – wirkt sich auf unsere Beziehungen verheerend aus.

Mit Kant gesagt …

Der Philosophie-Historiker Franz erklärt (2003, Bd. 3, S. 343):

> «Jede Erkenntnis setzt sich – nicht getrennt, sondern in ein und demselben Vorgang - aus zwei Bestandteilen zusammen: Das eine sind die Wahrnehmungen; ihre Quelle ist eine «an sich» nicht erkennbare Außenwelt (bei Kant: «Ding an sich»). Das andere sind einerseits die Formen der reinen Anschauung (Raum und Zeit) und andererseits die reinen Verstandesbegriffe (Kategorien).
>
> Der Gegenstand, also das Objekt der Erkenntnis, wird immer durch das *Zusammenwirken* dieser Faktoren hervorgebracht. Diese Bestandteile lassen sich allerdings nur theoretisch in der Analyse des Erkenntnisvorgangs trennen; keiner von ihnen tritt irgendwo rein auf, und die Erkenntnis eines Gegenstandes besteht daher auch nicht in der Zusammensetzung von verschiedenen Bestandteilen, sondern ist immer schon ein zusammengesetztes Ganzes, d. h. die konkrete Erkenntnis eines bestimmten Gegenstandes. Die Kategorien sind gleichsam das Netz (oder der Filter), das der Verstand über die Wahrnehmungen legt, wodurch dem Gegenstand der Erkenntnis seine Form aufgeprägt, genau dadurch aber auch der Gegenstand der Erkenntnis erzeugt wird.
>
> *Damit ist gesagt, dass wir prinzipiell über «Dinge an sich» … nichts aussagen können. …*
>
> Von bleibender Bedeutung an der Theorie Kants ist die These, dass in jeder Erkenntnis eine apriorische, d. h. vor aller Erfahrung liegende und strukturell von dieser unabhängige Tätigkeit des Verstandes am Werk ist.»

Kein Best-, aber ein Longseller

Für die Ausarbeitung seiner Kritik des menschlichen Erkenntnisvermögens brauchte Kant ein ganzes Jahrzehnt, während dem er in einer erkenntnistheoretischen Krise steckte, in die ihn David Hume's *«Nachtgedanken eines Zweiflers»* gebracht hatte (Geier [5]2004, 141 f.).

Kants *«Critik der reinen Vernunft»* erschien im Mai 1781 an der Leipziger Buchmesse (elf Jahre nach Holbachs epochalem Buch: «Le Système de la Nature»). Das Erscheinen von Kants Werk zur Leipziger Ostermesse war dem epochalen Werk angemessen; verlegerisch war das Buch aber eine Katastrophe: Es war kein *Best-*, sondern ein Longseller (wie im 20. Jh. Freuds *«Traumdeutung»)*.

Kants Zeitalter

Kränkungen

Trotzdem seine Bücher keine Verkaufsschlager wurden, war sich Kant der epochalen Bedeutung seiner *«Critik der reinen Vernunft»* bewusst: Er verglich seine Entdeckung mit der des Kopernikus (1473–1543).

Dasselbe tat nach ihm ein anderer großer Pionier der Moderne, Sigmund Freud (1856–1939), der die wichtigen wissenschaftlichen Entdeckungen der Neuzeit *Kränkungen* nannte, die der naiven Menschheit durch die Wissenschaft zugefügt würden. Freud nannte deren drei:

1. Die Entdeckung des *Kopernikus:* Die Erde ist nicht die Mitte des Weltalls.
2. Die Entdeckung *Darwins* (1809–1882): Der Mensch wurde nicht von einem jenseitigen Wesen erschaffen, sondern ging aus der Evolution hervor.
3. Die Entdeckung Freuds: Der Mensch ist nicht Herr im eigenen Haus, sondern wird weitgehend von unbewussten psychischen Kräften beherrscht.

Ich nehme Freuds Idee der drei Kränkungen auf und spinne sie weiter:

Zu den Pionieren der Moderne gehörten auch Holbach und Kant: Sie überwanden das duale Weltbild und die erkenntnistheoretische Naivität. Der Kopernikanischen Wende folgte mit Kant die anthropische. Die Pionierleistungen von Holbach und Kant waren deshalb die zweite und dritte Kränkung der unwissenden Menschheit; nun werden jene von Darwin und Freud zur vierten und fünften. Die sechste war die tiefenpsychologische Entdeckung, dass Visionen nicht von einer äußeren, jenseitigen, sondern von einer inneren, psychischen Realität handeln. Foglich beruht die Vorstellung von einem Jenseits auf dem konkretistischen Missverständnis innerer Wahrnehmungen: Das Jenseits ist die Projektion einer inneren, psychischen Wirklichkeit. Es existiert innen, nicht außen.

Die siebente Kränkung war Obrists Entdeckung der Bewusstseinsevolution. Da diese vom schöpferischen Unbewussten angestoßen wird, ist sie letztlich ein Naturgeschehen. Was der Mensch überheblich als seine eigene, großartige Leistung preist, ist in Wirklichkeit nur zu einem geringen Teil sein Verdienst. Der Initiant der menschlichen Geistergeschichte ist der natürliche Schöpfergeist im menschlichen Unbewussten, tiefenpsychologisch gesagt: der Licht-Archetyp bzw. das Selbst. Die Leistung des Ichs besteht darin, die Impulse ernst zu nehmen.

Eine letzte Kränkung ist die neurologische Erkenntnis, dass es kein persönliches Weiterleben nach dem Tod gibt, weil das Ich nicht ohne Gehirn existiert. Mit dem Nervensystem zerfällt auch das Bewusstsein.

Mit diesen Kränkungen des naiven Menschen durch die moderne Wissenschaft wird der Mensch (bzw. das Ich) gehörig zurecht gestutzt – eine schmerzliche, aber sehr heilsame Erfahrung.

Sapere aude!

Bereits in jungen Jahren realisierte Kant, dass er in einem Zeitalter lebe, in dem die Tradition fundamental umgekrempelt werde.

Mit Sechzig formulierte er den berühmten, heute noch aktuellen Satz:

> «Aufklärung ist der Ausgang des Menschen aus selbst verschuldeter Unmündigkeit. Unmündigkeit ist das Unvermögen, sich seines Verstandes ohne Leitung eines anderen zu bedienen. Selbstverschuldet ist sie, wenn die Ursache derselben nicht am Mangel des Verstandes, sondern des *Mutes* liegt, sich seiner ohne Leitung eines andern zu bedienen. ‹*Sapere aude!* Habe den Mut, dich deines eigenen Verstandes zu bedienen!›, das ist der Wahlspruch der Aufklärung» (Kant, 1998,VI, 53).

Kant war friedliebend; er konnte aber auch bissig werden. Besonders ärgerte ihn, wie viele seiner Zeitgenossen nicht selber denken wollten:

> «Sie trotten wie Herdenvieh hinter ihren Leithammeln her» (Kant I,15).

Über sein Zeitalter sagte er:

> «Wenn denn nun gefragt wird: ‹Leben wir in einem aufgeklärten Zeitalter?›, so ist die Antwort: ‹Nein, aber in einem Zeitalter der Aufklärung›» (VI, 59).

Für Kant war «Aufklärung» ein nie endender Prozess.

Mit der Aufklärung endet der archaisch-mythische Äon, und gleichzeitig beginnt jene Epoche, in der sich die empirisch fundierte Forschung etabliert. Die Verfasser der Geschichtsbücher, welche die Aufklärung ins 18./19. Jahrhundert eingrenzen, begreifen nicht, worum es in der Aufklärung geht: um die Förderung der letztlich unaufhaltsamen Bewusstseinsevolution.

Religion und Ethik

Religiosität ohne Religion

An der Königsberger Schlossmauer ist eine Gedenktafel für Kant angebracht. Darauf steht dessen berühmter Satz aus dem «Beschluss der Kritik der praktischen Vernunft» (1788):

> «Zwei Dinge erfüllen das Gemüt mit immer neuer, zunehmender Bewunderung, je öfter und anhaltender sich das Nachdenken damit beschäftigt: der gestirnte Himmel über mir und das moralische Gesetz in mir» (Kant IV, 300).

Der Satz zeigt Kants Religiosität. Diese bestand in der Ergriffenheit vom Geist-Aspekt der Natur: «Der gestirnte Himmel über mir und das moralische Gesetz in mir» erfüllen «mein Gemüt mit immer neuer, zunehmender Bewunderung». Das ist zeitgemäße «Religiosität ohne Religion» (Obrist).

> Zu Kants Zeit tasteten sich auch andere Pioniere zu einer «Religiosität ohne Religion» vor, so etwa J. W. Goethe (1749–1842), in dessen berühmtem *Osterspaziergang* zu lesen ist (Faust I, 918 ff.):
>
> «Jeder sonnt sich heute so gern.
> Sie feiern die Auferstehung des Herrn;
> *denn sie sind selber auferstanden:*
> Aus niedriger Häuser dumpfen Gemächern, …
> Aus der Kirchen ehrwürdiger Nacht
> Sind sie alle ans Licht gebracht. …
> Hier ist des Volkes wahrer Himmel.
> Zufrieden jauchzet groß und klein:
> Hier bin ich Mensch, hier darf ich's sein!»
>
> Goethe verstand die Auferstehung nicht mehr konkretistisch, sondern *symbolisch*. Damit überwand er Holbachs *Antithese* und legte das Fundament für die *Synthese*: die natürliche, individuelle Spiritualität der Zukunft. Die Kirche hingegen verharrt nach Goethe in der «ehrwürdigen Nacht» veralteter Traditionen.

Kant verunsicherte die rechtgläubige Kirche, die nach dem Tod Friedrichs des Großen (1786) wieder Auftrieb erhielt. Dessen Nachfolger, Friedrich Wilhelm II. (König 1786–1797), war kein Freund der Aufklärung mehr wie sein Onkel, sondern sorgte als *Summus Episcopus* (oberster Bischof) wieder für den wahren Glauben in Preußen.

Kant erhielt darum am 12. Oktober 1794 eine königliche Kabinettsorder, die ihm verbot, «Religionsdinge künftig öffentlich zu behandeln».

Kant war damals Siebzig und litt zunehmend unter Altersgebresten. Da seine Ansichten längst veröffentlicht waren, lenkte er ein.

Trotz seines apolitischen, gutbürgerlichen Lebensstils war Kant für das Ancien Régime kein harmloser Philosoph. Sein Denken war Dynamit.

Zu Kants Religiosität ohne Religion gehörte eine Ethik ohne Gott.

Ethik ohne Gott

«Das moralische Gesetz in mir» war Kants *kategorischer Imperativ:*

> «Handle so, dass die Maxime (der Grundsatz) deines Willens jederzeit zugleich als Prinzip einer allgemeinen Gesetzgebung gelten kann» (1998, IV, 140)!

Der kategorische Imperativ ist eine Neufassung der «goldenen Regel»:

> «Ihr sollt die Andern so behandeln, wie ihr von ihnen behandelt werden wollt; darin besteht das Gesetz und die Propheten» (Matthäus 7_{12}).

Der kategorische Imperativ begründet das dem Menschen in den Grundzügen angeborene «Weltethos» – das instinktive Wissen um Fairness – nicht mehr religiös, sondern säkular. Kants Ethik beruht nicht mehr auf dem Gottesrecht. Sie ist etwas Naturgegebenes, «das moralische Gesetz in mir». Die Vernunft formuliert das Wissen um Fairness stets wieder neu.

Die Grundlage von Kants Ethik ist dieselbe wie die von Holbach.

Kritik an Kant: Überschätzung der Vernunft

Kant teilte den aufklärerischen Glauben seiner Zeit, die menschliche Vernunft sei stark genug, den kategorischen Imperativ im Alltag umzusetzen.

Dieser Glaube zerbrach im 20. Jahrhundert. Die Wissenschaft kam zur Einsicht, das menschliche Handeln werde leider oft von Kräften gesteuert, die stärker seien als die Vernunft.

Ethisches Verhalten ist nicht nur eine Sache der Vernunft und des guten Willens, sondern setzt eine umfassende Schulung der Gesamtpersönlichkeit voraus. Es geht um die Rückkoppelung des Ichs mit den Archetypen und die dabei erfolgende Erweiterung des Bewusstseins.

Die Gesamtpersönlichkeit umfasst psychische Bereiche, zu denen das Ich nur über einen achtsamen Umgang mit dem *Unbewussten* Zutritt erhält. Den Königsweg zum Unbewussten – die *via regia* – entdeckt zu haben, ist das Verdienst Sigmund Freuds, des Begründers der Tiefenpsychologie, die über das Zeitalter der ersten Aufklärung hinaus führt und diese durch die Rückkoppelung von Ich und Sebst ergänzt. Damit wird eine zweite Etappe der Aufklärung eingeleitet.

Vom Begründer der Tiefenpsychologie handelt das nächste Kapitel. Die *via regia* zum Unbewussten bildeten für Freud die Träume.

Sigmund Freud

(1856–1939)

Totem und Tabu (1913)

Bruch mit Jung

Freud veröffentlichte sein Werk: «Totem und Tabu» mit Siebenundfünfzig, ein Jahr nach der Trennung vom fast zwanzig Jahre jüngeren Jung. Ein wichtiger Grund für den Abbruch der tief reichenden Beziehung war die unterschiedliche Einstellung der beiden zur Religion.

Einig waren sie sich darin, dass die Religion zurzeit hoffnungslos veraltet sei. Als Positivist und Atheist kämpfte Freud für deren ersatzlose Streichung; Jung hingegen wollte die Religion umgestalten. Da es keinen Kompromiss gab, trennten sie sich – ein für beide sehr schmerzhafter Schritt.

Freuds Buch: «Totem und Tabu» war eine Kritik der Religion. Für ihn gab es zwei Epochen in der Geschichte der Menschheit: eine kindlich-religiöse und eine wissenschaftlich-aufgeklärte. In einem Brief schrieb er:

> «Aber, nicht wahr, der Infantilismus ist dazu bestimmt, überwunden zu werden. Der Mensch kann nicht ewig Kind bleiben; er muss endlich hinaus ins Leben. Man darf das ‹Erziehung zur Realität› nennen.
>
> Brauche ich Ihnen noch zu verraten, dass es die einzige Absicht meiner Schrift ist, auf die Notwendigkeit dieses Fortschritts aufmerksam zu machen» (GW XIV, S. 327 f.)?

«Totem und Tabu» erklärte nun die Entstehung der Religion.

Entstehung der Religion

Die Religion entstand als Folge einer grausigen Untat. Diese gedachte Freud in seiner Schrift aufzudecken, als ein psychoanalytischer *Sherlock Holmes.* Die kriminelle Story:

Die menschliche Urhorde wurde von einem Patriarchen tyrannisiert, der niemanden neben sich aufkommen ließ. Doch eines Tages rotteten sich dessen Söhne zusammen, um sich des despotischen Silberrückens zu entledigen. Sie erschlugen den Alten und fraßen ihn auf.

Diese bestialische Tat war der Nährboden der Religion. Zunächst triumphierten die Söhne. Doch mit der Zeit begann sich ein Chaos auszubreiten; denn nun sorgte niemand mehr für Ordnung. Angst und Panik griffen um sich. Die Söhne wurden kleinlaut und gingen in sich. Nun erkannten sie, dass der verhasste Vater nicht nur negative, sondern auch positiven Seiten besessen hatte: Ihm verdankten sie Ordnung und Ruhe vor Feinden.

Nun erinnerten sie sich daran, dass sie ihn einst wegen seiner Größe und Kraft, seines Wissens und Könnens bewundert hatten. Sie begannen ihn zu idealisieren. Er wurde ein wachsender Toter: der göttliche Urahn.

Sie schlossen einen Bund und setzten die alte Ordnung wieder in Kraft, die sie durch das Verbot der Vatertötung ergänzten. Damit begann für Freud das Zeitalter der Religion, des Versuchs, die Menschheit zu zivilisieren. Hinter Gott verbirgt sich der Urahn der Menschheit, der von seinen Söhnen gehasst und erschlagen, dann aber verehrt worden war.

Warum die Menschheit von alledem nichts mehr weiß, liegt daran, dass die peinliche Sache *verdrängt* wurde. Diese Verdrängung galt es aufzudecken und rückgängig zu machen.

Die Verdrängung der Untat

Als die Menschheit allmählich zivilisierter wurde, wollte sie nicht mehr an die Ermordung des Urvaters erinnert werden und setzte ein heiliges Tier an dessen Stelle, das sie als ihren leiblichen Ahn verehrte.

Einmal im Jahr, bei der Totemmahlzeit, dem höchsten Fest, kam etwas von der Untat ans Licht: Der Clan verspeiste sein Totem-Tier …

In diesem heiligen Ritus kehrte die verdrängte Erinnerung an die Ermordung und Verzehrung des Urvaters wieder. Die kannibalische Siegesfeier der Söhne wiederholte sich, aber getarnt. Freud kommentiert:

> «Mit dem Gesellschaftsvertrag entstand die erste Form einer sozialen Organisation mit Triebverzicht, Anerkennung von gegenseitigen Verpflichtungen, Einsetzung bestimmter, für unverbrüchlich erklärter Institutionen: die Anfänge von Moral und Recht. Jeder Einzelne verzichtete auf das Ideal, die Vaterstellung für sich zu erwerben; er verzichtete auf den Besitz von Mutter und Schwestern. Damit waren das Inzesttabu und das Gebot der Exogamie gegeben. … Das Totem galt als *leiblicher Ahnherr* und Schutzgeist des Clans; es musste verehrt und geschont werden. Es wurde aber von allen Genossen in einem heiligen Ritus gemeinsam getötet und verzehrt (Totemmahlzeit). Dieser große Festtag spiegelte in Wirklichkeit die *Triumphfeier des Sieges* der verbündeten Söhne über den einst allmächtigen Vater wider» (Freud, S. 103 f.).

Da der Schritt von der heiligen Totemmahlzeit zum christlichen Abendmahl nicht sehr groß ist, legte sich den Lesern des Buches wohl auch die Frage nahe, ob sich hinter der Eucharistiefeier der katholischen Messe ebenfalls der kannibalische Akt der Urzeit verberge – immerhin werden dabei der Leib und das Blut des Herrn verkostet …

Es brauchte Mut, «Totem und Tabu» im schwarzkatholischen, latent antisemitischen Wien zu veröffentlichen.

So viel zu dieser Schrift. Deren Ziel war es, die Menschen von der Religion abzubringen.

Ein weiteres Argument im Kampf gegen die Religion lieferte Freud die Erfahrung, dass die Religion viele Gläubige neurotisch machte.

Religion und Gesellschaft

Kampf zwischen Es und Über-Ich

In seiner psychoanalytischen Praxis begegnete Freud vielen Patienten, die an einer von der Kirche verursachten Krankheit litten, der sog. *ekklesiogenen Neurose* (der Fachausdruck kam erst nach Freud auf).

Die Neurose war das Ergebnis einer zermürbenden Gegensatzspannung in der Psyche, bedingt durch eine leibfeindliche religiöse Erziehung. Gewissenhaft veranlagte Menschen gerieten durch die strengen Forderungen der Religion zwischen Hammer und Amboss: Einerseits drängte das Es, der Trieb, zur Erfüllung; andererseits verhinderte das Über-Ich – das verinnerlichte religiöse Gesetz – die Befriedigung des Triebes (bei Ungehorsam wurde das Ich von der Angst geplagt, in die Hölle zu kommen).

Weil der unwissende, nicht aufgeklärte Mensch den Konflikt in seinem Innern nicht durchschauen konnte, wurde sein Ich von den psychischen Mächten des Über-Ichs und des Es bis zur Erschöpfung aufgerieben.

Die Therapie der Neurose bestand in der Stärkung des Ichs. Danach konnten die Patienten mit ihren inneren Instanzen – dem Es und dem Über-Ich – adäquat umgehen. In einem ersten Schritt der *psychoanalytischen Kur* klärte Freud den Patienten über den Grund seiner Krankheit auf, und im zweiten Schritt, der Therapie, begleitete er ihn auf dem Weg zur Neugestaltung des Lebens. Die Psychotherapie machte die Menschen wieder arbeits- und genussfähig. Über-Ich und Es kamen in eine gesunde Balance. Freuds Patienten entfremdeten sich dadurch der Religion. Gesund zu werden und der Kirche den Rücken zuzukehren, waren für sie in der Regel dasselbe.
Für Freud war die Voraussetzung für eine gesunde Gesellschaft die Abschaffung der Religion. Diese musste der modernen Wissenschaft weichen.

Gesellschaftliche Relevanz der Tiefenpsychologie

Im Alter von 74 Jahren, kurz vor dem Beginn der Nazi-Herrschaft, verfasste Freud das Buch: «Das Unbehagen in der Kultur» (1930). Darin beschrieb er die stete Bedrohung der Kultur durch die rohe, noch nicht zivilisierte menschliche Natur. Er forderte, sich diese Seite bewusst zu machen und zu lernen, verantwortlich mit dem «Wilden in uns» umzugehen. Man nennt das heute «Schattenintegration».

Freud versprach sich viel von der Assimilation tiefenpsychologischer Erkenntnisse durch die Gesellschaft. Im Aufsatz: «Zur Frage der Laienanalyse» schrieb er:

> «Durch die Lehre vom seelisch Unbewussten kann die Psychoanalyse all den Wissenschaften unentbehrlich werden, die sich mit der … menschlichen Kultur und ihren großen Institutionen wie Kunst, Religion und Gesellschaftsordnung beschäftigen» (GW XIV, S. 207–296).

Dasselbe hatte er schon 1919 in einem Memorandum festgehalten:

> «Die Psychoanalyse übt eine besondere Methodik der Untersuchung seelischer Vorgänge, welche auch auf künstlerische, philosophische und religiöse Leistungen anwendbar ist und darum bereits einige neue Gesichtspunkte und wertvolle Aufschlüsse in der Literaturgeschichte, Mythologie, Kunstgeschichte, Religionsphilosophie u. a. zu Tage gefördert hat» (M. Schröter, in: *Merkur* 63.7, Juli 2009, S. 599–609).

Im Alter schließt sich der Kreis

Im hohen Alter befasste sich Freud fast nur noch mit dem Thema: «Tiefenpsychologie und Gesellschaft.» Im Rückblick auf sein Leben schrieb der Neunundsiebzigjährige:

> «Nach dem lebenslangen Umweg über die Naturwissenschaften, Medizin und Psychotherapie kehrt nun mein Interesse wieder zu jenen kulturellen Problemen zurück, die einst den kaum zum Denken erwachten Jüngling gefesselt haben» (Assmann 2010, 181).

Mit der Herausgabe seines letzten Buches: *Der Mann Moses und die monotheistische Religion* krönte der Zweiundachzigjährige seine Bemühungen um den Brückenschlag zwischen Tiefenpsychologie und Gesellschaft.

Die Veröffentlichung dieses Werkes war für ihn von größter Bedeutung. Er hatte jahrzehntelang daran gearbeitet, die Arbeit aber auch mehrfach wieder beiseite gelegt.

Diese *Summa* soll nun ausführlich besprochen werden.

«Der Mann Moses und die monotheistische Religion» (1939)

«Ein Dokument des Scheiterns»

Viele Ägyptologen, Alttestamentler, Historiker, Religionswissenschaftler, Tiefenpsychologen, Verhaltensforscher etc., die sich mit Freuds Mose-Buch befassen, sind sich darin einig, dass es heute überholt sei. Jan Assmann nennt es sogar «ein Dokument des Scheiterns» (216).

Andererseits schreibt Assmann in seinem informativen Nachwort zur neuesten Ausgabe von Freuds Mose-Buch, dieses gehöre «unbestritten zu den bedeutendsten Büchern des zwanzigsten Jahrhunderts». Dem ist beizupflichten; denn sein transdisziplinärer Ansatz ist nach wie vor aktuell.

Biographisches

Freud schrieb das Buch während der Nazizeit zu Ende. Als die Nazis 1933 an die Macht kamen, wurden Freuds Bücher in Deutschland öffentlich verbrannt. Die Ächtung Freuds erfasste bald auch auch Österreich. Insbesondere Wien befleißigte sich eines vorauseilenden Gehorsams, und viele begannen auch, Freuds Praxis zu meiden.

Als deutsche Truppen am 12. März 1938 in Wien einmarschierten, wurde Freuds älteste Tochter Anna zum Verhör eingezogen. Der Hausarzt, Dr. Max Schur, versorgte sie für den Notfall mit tödlichem Veronal. Anna wurde wieder entlassen.

Nach diesem Wink mit dem Zaunpfahl entschloss sich der gesundheitlich schwer angeschlagene Zweiundachzigjährige, seine Koffer zu packen und zu emigrieren. Einflussreiche Anhänger verhalfen ihm zu einer Ausreisebewilligung. Am 4. Juni 1938 reiste er, nach der Entrichtung der obligaten «Reichsfluchtsteuer», nach London ins Exil.

Sein Rachenkrebs war bereits so weit fortgeschritten, dass er nur noch mit Mühe sprechen konnte. Die Nazis ließen den Todgeweihten ziehen. Dafür steckten sie vier seiner fünf Schwestern in Konzentrationslager, wo sie sie ermordeten.

Freud trug sein Krebsleiden stoisch. Als die Qualen unzumutbar wurden, setzte er seinem Leiden am 23. September 1939, um 3 Uhr morgens, mit Morphin ein Ende. Das Gift hatte er von seinem Wiener Hausarzt erhalten.

Der Mann Mose

Freud war der erste, der es wagte, Mose für einen Nicht-Juden zu halten. Selbst kritische Historiker glaubten damals noch, im Bann der jahrtausendealten Tradition, Mose sei der größte der Söhne Israels. Freud dachte quer: Für ihn war Mose ein Ägypter.

Der erste Satz seines Vermächtnisses von 1939 war ein Fanfarenstoß, mit dem er eine Attacke auf den Mose-Mythos eröffnete:

> «Einem Volkstum den Mann abzusprechen, den es als den größten unter seinen Söhnen rühmt, ist nichts, was man gern oder leichthin unternimmt, zumal wenn man selbst diesem Volke angehört.
>
> Aber man wird sich durch kein Beispiel bewegen lassen, die Wahrheit zugunsten vermeintlicher nationaler Interessen zurückzusetzen. Man darf auch von der Klärung eines Sachverhalts einen Gewinn für unsere Einsicht erwarten.
>
> Der Mann Moses, der dem jüdischen Volk Befreier, Gesetzgeber und Religionsstifter ist, gehört so entlegenen Zeiten an, dass man die Vorfrage nicht umgehen kann, ob er überhaupt eine historische Persönlichkeit sei oder eine Schöpfung der Sage. …
>
> Der Name *Moses* rührt aus dem ägyptischen Sprachschatz her. Das ‹s› am Ende des Namens stammt aus der griechischen Übersetzung; es gehört nicht dem Hebräischen an, wo der Name *Mosche* lautet. …
>
> Nun sollte man meinen, dass irgend einer der Vielen, die den Namen des *Moses* als ägyptisch erkannten, auch den Schluss gezogen oder wenigstens die Möglichkeit erwogen hätte, dass der Träger des ägyptischen Namens selbst ein Ägypter gewesen sei. … Dennoch hat meines Wissens im Falle des Moses noch kein Historiker diesen Schluss gezogen. …
>
> Hält man die Frage nach der Nationalität dieses großen Mannes für bedeutsam, so wäre es wohl wünschenswert, neues Material zu deren Beantwortung vorzubringen.
>
> Dies unternimmt nun meine kleine Abhandlung» … (S. 9ff.).

Falls Mose ein ägyptischer *Goi* war, war der jüdische Monotheismus auf heidnischem Mist gewachsen! Die ägyptische Herkunft des Mose bestätigte Freud am 16. Dezember 1934 in einem Brief an Arnold Zweig:

> «Dass Moses ein Ägypter ist, ist … so gut wie gesichert» (S. 108).

Freuds Zusammenfassung

Ein Abstract

«Moses war ein vornehmer Ägypter, hoher Beamter, Priester, vielleicht ein Prinz der königlichen Dynastie, ein eifriger Anhänger des monotheistischen Glaubens, den der Pharao Amenhoteb IV. so um 1350 vor Christus zur herrschenden Religion gemacht hatte. Als nach dem Tod des Pharaos die neue Religion zusammenbrach, beschloss der hochstrebende Ehrgeizige, das Vaterland zu verlassen und sich ein neues Volk zu schaffen, das er in der großartigen Religion seines Meisters erziehen wollte.

Er ließ sich zu dem semitischen Stamm herab, der damals … im Lande verweilte, stellte sich an dessen Spitze, führte ihn aus dem Frondienst in die Freiheit und gab ihm die vergeistigte *Atonreligion*. …

Was die Juden später von ihrem Gott *Jahwe* rühmten, dass er sie zu seinem Volk auserwählt und aus Ägypten befreit habe, traf wörtlich zu für *Moses*. Mit der Erwählung und dem Geschenk der neuen Religion *schuf der Ägypter Moses den Juden.*

Doch der Jude vertrug den anspruchsvollen Glauben der Atonreligion so wenig wie früher der Ägypter. Der christliche Forscher Sellin hat wahrscheinlich gemacht, dass Moses wenige Jahre später in einem Volksaufstand erschlagen und seine Lehre abgeworfen wurde. Gesichert scheint, dass der aus Ägypten zurückgekehrte einzelne Stamm sich später mit anderen verwandten Stämmen vereinigte, die im Lande Midian wohnten. Dort nahmen sie die Verehrung eines auf dem Berge Sinai hausenden Vulkangottes an. Dieser primitive Gott *Jahwe* wurde nun der Gott des jüdischen Volkes.

Aber die Mosesreligion war deswegen nicht völlig ausgelöscht; denn eine dunkle Kunde war von ihr und ihrem Stifter geblieben. Die Tradition verschmolz nun den Mosesgott Aton mit Jahwe, schrieb Jahwe die Befreiung aus Ägypten zu und identifizierte Moses mit Jahwepriestern aus Midian, die den Dienst Jahwes im jüdischen Volk eingeführt hatten.

In Wirklichkeit hat Moses den Namen Jahwes aber nicht gekannt, und die Mehrzahl der jüdischen Stämme war nie durch das Rote Meer gegangen und nie am Sinai gewesen.

Das Werk des Moses wurde später Jahwe zugeschrieben; dieser soll das ganze Volk aus dem Sklavenhaus Ägypten erlöst haben. Doch Jahwe hatte für seine Anmaßung auf Kosten des Mosesgottes schwer zu büßen. Dieser stand nämlich immer hinter ihm, und im Verlauf von 6 bis 8 Jahrhunderten wurde Jahwe zum Ebenbild Atons, des Mosesgottes, verändert. Schließlich setzte sich … die ägyptische Religion im Kleide der Jahwereligion durch.

Dieser Vorgang ist für die Religionsbildung vorbildlich. Er war die Wiederholung eines früheren Ereignisses. Die Religionen verdanken ihre zwingende Macht der Wiederkehr des Verdrängten; sie sind *Wiedererinnerungen* von uralten, verschollenen, höchst effektvollen Vorgängen der Menschheitsgeschichte.

Ich habe das schon in *Totem und Tabu* gesagt und fasse es jetzt in die Formel: ‹Was die Religion stark macht, ist nicht ihre reale, sondern ihre historische Wahrheit›» (193f.).

Dieses Abstract hatte Freud vor der Veröffentlichung des Buches an Lou Andreas Salomé gesandt.

Anmerkungen

Mit der «historischen Wahrheit» meinte Freud die bereits in *Totem und Tabu* dargestellte Ermordung des Vaters der Urhorde durch dessen Söhne, die sich in der unbewussten Psyche der Menschheit als dumpfe Erinnerung niedergeschlagen und als ein nicht mehr zu löschendes Engramm eingebrannt hatte, das von Zeit zu Zeit getarnt wiederkehrte.

Dieses Engramm wurde durch die Ermordung des Mose, des Vaters der Juden, *wiederbelebt*. Die Wiederholung des Vatermordes der Urzeit an Mose verstärkte auch den dem Mord folgenden Prozess der *Religionsbildung*. Aus diesem Grund wurden die Juden ein besonders religiöses Volk.

Wie die Ermordung des Urvaters, so wurde auch die des Mose verdrängt, und wie einst der ermordete Urvater zu einem «wachsenden Toten» wurde, so wurde auch Mose im Lauf der Jahrhunderte für die Juden immer bedeutender. Sein Gott Aton wurde zwar mit dem jüdischen Jahwe übertüncht; doch der *Inhalt* der Aton-Religion setzte sich im Lauf der Jahrhunderte durch. Wie seinerzeit das Totem-Tier für den Urvater, so war nun Jahwe die Tünche für Aton.

Doch das Verdrängte kehrt wieder; es drängt mit der Kraft eines Naturgesetzes ans Licht. Auch bei den Juden setzte sich die Wahrheit durch. Das *Comeback* des Ägypters Mose und seiner Aton-Religion war nicht aufzuhalten. Zuletzt wurde der ägyptische *Goi* zum größten der Söhne Israels, und die Jahwe-Religion war eigentlich die Aton-Religion.

Unterschiedliche Folgen der Religion

Positive und negative Wirkung

Einerseits verhalf die Religion den Juden zu ihrer bekannten Geistigkeit; andererseits führte sie zur Zwangsneurose vieler Frommer.

Positiv: Fortschritt in der Geistigkeit

Das Mose-Engramm bewirkte in der jüdischen Psyche einen «Fortschritt in der Geistigkeit». Im Ausblick auf ein nächstes Kapitel erläutert Freud:

> «Nun wird zur Darstellung gelangen, wie die besonderen Eigentümlichkeiten der Ägypten entlehnten monotheistischen Religion auf das jüdische Volk wirken und seinen Charakter dauerhaft prägen mussten: durch die Ablehnung von Magie und Mystik, die Anregung zu *Fortschritten in der Geistigkeit,* … zur Hochschätzung des Intellektuellen und zur Betonung des Ethischen» (108). …
> «Das Verbot, sich ein Bild von Gott zu machen, bedeutete eine Zurücksetzung der sinnlichen Wahrnehmung gegen eine abstrakt zu nennende Vorstellung, einen *Triumph der Geistigkeit* über die Sinnlichkeit» (139).
> «Wir fanden, der Mann Moses habe den Charakter der Juden dadurch geprägt, dass er ihnen eine Religion gab, die ihr Selbstgefühl so erhöhte, dass sie sich allen andern Völkern überlegen glaubten. … Die Mosesreligion hatte diese Wirkung, … weil sie dem Volk einen *Fortschritt in der Geistigkeit* aufnötigte, der … den Weg zur Hochschätzung der intellektuellen Arbeit und zu weiteren Triebverzichten eröffnete» (151).

Am Internationalen Psychoanalytischen Kongress in Paris 1939 verlas Freuds Tochter Anna ein wichtiges Kapitel aus Freuds Mose-Buch, das in der Internationalen Zeitschrift für Psychoanalyse (1939, S. 6–9) als Separatdruck veröffentlicht wurde. Der Vortrag trug den Titel: «Der Fortschritt in der Geistigkeit.»

Assmann fasst zusammen:

> «Freud sah im *Fortschritt in der Geistigkeit* sein Bekenntnis zum Judentum, sein Vermächtnis als Kulturphilosoph und die Quintessenz seines Moses-Buches. So geht man gewiss nicht fehl, wenn man Freuds Verständnis des Judentums und des jüdischen Beitrags zur Menschheitsentwicklung auf diese Formel bringt. Wenn es die Bestimmung des Menschen ist, in der Geistigkeit fortzuschreiten, dann sind es die Juden, die auf diesem Wege die Avantgarde bildeten» (213).

Negativ: Zwangsneurose

> «Heil dem Mann, … der seine Lust hat am Gesetz des Herrn
> und darüber nachsinnt Tag und Nacht» (Psalm 1_{1-2})!

Der Fromme, der nach dem Psalter «seine Lust hat am Gesetz des Herrn und darüber nachsinnt Tag und Nacht», opfert seine sinnlichen Interessen dem geistigen Streben nach einem höheren Leben. Dabei tut er oft des Guten zu viel und bringt damit seine Psyche aus dem Gleichgewicht:

> «Die frommen Juden legten sich in einem Rausch moralischer Askese immer neue Triebverzichte auf und erreichten dabei – wenigsten in Lehre und Vorschrift – ethische Höhen, die andern Völkern unzugänglich geblieben waren. … Diese Ethik … hat den unabgeschlossenen und unabschließbaren Charakter *zwangsneurotischer* Reaktionsbildungen» (S. 163f.).

Die Frommen kasteien sich in ihrem Glaubenseifer, in der Hoffnung, damit den stillen Rufer in sich zum Schweigen bringen zu können, der ihnen die Untat ihrer Vorfahren vorhält. Damit machen sie zwar «Fortschritte in der Geistigkeit», geraten aber in den Teufelskreis einer Neurose.

Fazit:
Freud war ein geistreicher Totengräber der Religion. Wie Holbach, war auch er ein radikaler Vertreter der *Anti-These.* Zweifellos trug er viel bei zum Zerfall der Religion. Das war wohl seine Rolle in der Bewusstseinsevolution. Er sorgte dafür, dass es Platz gab für Neues.

Kritische Würdigung

Selbstkritik

Im bereits erwähnten Brief vom 16. Dezember 1934 an Arnold Zweig bekannte Freud, sein Buch stehe vor ihm «wie ein Koloss auf tönernen Füssen» (187). Er schrieb:

> «Dies ist unser Ergebnis, und obwohl wir nichts davon zurücknehmen mögen, können wir doch nicht verhehlen, dass es *irgendwie unbefriedigend* ist. Die Verursachung deckt sozusagen nicht den Erfolg. Die Tatsache, die wir erklären wollten, scheint von einer *anderen Größenordnung* zu sein als alles, wodurch wir sie erklären. Wäre es möglich, dass meine Untersuchungen nicht die ganze Motivierung aufgedeckt haben» (151)?

Freud zweifelte daran, dass ein Mord etwas derart Wichtiges wie die Religion nach sich ziehen könne. Dieser Brief zeigt, dass Freud ein echter Wissenschaftler war: stets bereit, eine Hypothese fallen zu lassen, falls eine neue mit mehr Überzeugungskraft auftauchen sollte.

Am Ende seines Lebens sah er die *Summa* seines Werks als einen «Koloss auf tönernen Füssen» vor sich; die Religion schien ihm «von einer *andern Größenordnung* zu sein als alles, wodurch wir sie erklären».

Das gibt nur ein Forscher zu, der sich dem dynamischen Denken der modernen Wissenschaft total verpflichtet. Hut ab!

Zum Schluss erwähne ich zwei Schwachstellen in Freuds Werk.

Zwei Schwachstellen

1. Zum «Fortschritt in der Geistigkeit»

Als Atheist und Materialist konnte Freud in der Evolution keinen Vorläufer für das Streben nach einem geistigen Leben finden. Wenn sich die geistige Weiterentwicklung des Menschen nicht in der Natur verwurzeln ließ, musste sie in der *Kultur* verankert werden. Freud:

> «Vielen von uns mag es schwer fallen, auf den Glauben zu verzichten, dass im Menschen selbst ein Trieb zur Geistigkeit oder Vollkommenheit liege, der ihn auf seine gegenwärtige Höhe geistiger Leistungen und ethischer Sublimierung gebracht habe. Allein ich glaube nicht an einen solchen Trieb. Die bisherige Entwicklung des Menschen scheint mir keiner anderen Erklärung zu bedürfen als die der Tiere, und was man an einer Minderzahl von menschlichen Individuen als einen rastlosen Drang zu weiterer Vervollkommnung beobachtet, lässt sich ungezwungen als eine Folge der Triebverdrängung verstehen, auf welcher das Wertvollste an der menschlichen Kultur aufgebaut ist» (213f.).

Das konkrete Ereignis, das den Menschen zum Triebverzicht und «Fortschritt in der Geistigkeit» motivierte, fand Freud in der Ermordung des Urvaters und der daraus folgenden Religion. Für ihn wurzelte die Bewusstseinsevolution nicht in der Natur, sondern in der Geschichte. Sie wird von einem psychischen Engramm im Unbewussten in Gang gehalten und «lässt sich ungezwungen als eine Folge der Triebverdrängung verstehen, auf welcher das Wertvollste an der menschlichen Kultur aufgebaut ist».

Inzwischen erarbeitete die Naturwissenschaft ein neues Bild von der Evolution. Diese beruht nicht mehr auf blindem Zufall, sondern auf der naturgegebenen Tendenz des Seins, zunehmend Komplexeres zu schaffen. Die Evolution ist das Ergebnis eines Ideenwettbewerbs, in dem der Cleverste im Kampf ums Dasein die besten Überlebenschancen hat.

«Geist» – die schöpferische Tendenz der Natur – ist ein ursprünglicher

Aspekt des Seins; das geistige Streben des Menschen fällt keineswegs aus dem Rahmen, wie Freud als Vertreter des positivistischen Weltbildes annehmen musste. Da dieses Weltbild heute überholt ist, fällt Freuds Religionskritik in sich zusammen.

Der «Fortschritt in der Geistigkeit» basiert nicht auf Triebverzicht, sondern gehört zur Evolution.

Ein zweiter Schwachpunkt Freuds ist die Annahme, Erfahrungen könnten *als solche* vererbt werden.

2. Vererbung von Erfahrungen

Freuds Engramm-Theorie setzt voraus, dass sich Erfahrungen im Genom niederschlagen können. Diese These war zu Freuds Lebzeiten umstritten. Es gab damals zwei Lager, den Darwinismus und den Lamarckismus. Der französische Zoologe Jean Baptiste de Monet, Chevalier de *Lamarck* (1744–1829), vertrat in seinem 1809 erschienen Buch: *«Philosophie Zoologique»* die Ansicht, persönlich Erworbenes könne sich mit der Zeit im Genom niederschlagen. Lamarcks These wurde im 19. Jahrhundert vom Darwinismus verdrängt.

> Heute erlebt der Lamarckismus ein Comeback; neulich konnte empirisch nachgewiesen werden, dass individuelle Anpassungen an Umweltbedingungen das Erbgut tatsächlich verändern können. So schädigen beispielsweise dauerhafter frühkindlicher Stress, Unterernährung oder Drogenkonsum der Mutter während der Schwangerschaft nicht nur das Kind selber, sondern auch dessen Erbgut. Johannes Gräff schreibt:
>
> «Die Anzeichen häufen sich: Umwelteinflüsse hinterlassen vererbbare Markierungen auf dem Erbgut und ändern womöglich sogar den genetischen Code. Die Evolutionstheorie muss erweitert werden» (Forschungsbericht in der NZZ vom 4.1.2013: «Spuren der Vorfahren auf unserem Erbgut», S. 50).

Freud Engramm-Theorie war lamarckistisch. Indem er ihr folgte, begab er sich ins wissenschaftliche Out. Doch es blieb ihm nichts Anderes übrig, wenn er seine Engrammtheorie nicht aufgeben wollte. Er argumentierte:

> «Wir entschließen uns zur Annahme, dass die *psychischen* Niederschläge jener Urzeiten *Erbgut* geworden waren, in jeder neuen Generation nur der Erweckung, nicht der Erwerbung bedürftig. … Das ist nur durch einen *phylogenetischen Erwerb* erklärbar» (161 f.).
>
> «Die archaische Erbschaft des Menschen umfasst nicht nur Dispositionen,

sondern auch psychische *Inhalte, Erinnerungsspuren* an das Erleben früherer Generationen. Damit werden Umfang wie Bedeutung der archaischen Erbschaft in bedeutungsvoller Weise gesteigert. …

Diese Sachlage wird allerdings durch die gegenwärtige Einstellung der biologischen Wissenschaft erschwert, die von der Vererbung erworbener Eigenschaften auf die Nachkommen nichts wissen will. Aber wir gestehen in aller Bescheidenheit, dass wir diesen Faktor nicht entbehren können. …

Wenn wir den Fortbestand solcher Erinnerungsspuren an äußere Eindrücke in der *archaischen Erbschaft* annehmen, haben wir die Kluft zwischen Individual- und Massenpsychologie überbrückt und können Völker behandeln wie einzelne Neurotiker. …

Wir verringern damit auch die Kluft, die frühere, überhebliche Zeiten allzu weit zwischen Mensch und Tier aufgerissen haben. Wenn die so genannten Instinkte der Tiere, die ihnen gestatten, sich von Anfang an in der neuen Lebenssituation so zu benehmen, als wäre diese eine alte, längst vertraute – wenn das Instinktleben der Tiere überhaupt eine Erklärung zulässt, so kann es nur die sein, dass sie die Erfahrungen ihrer Art in die neue, eigene Existenz mitbringen, dass sie also *Erinnerungen* an das von ihren Voreltern Erlebte in sich bewahrt haben. Beim Menschentier ist es nicht anders:

Den Instinkten der Tiere entspricht die menschliche *archaische Erbschaft*.

Nach diesen Erörterungen trage ich kein Bedenken, auszusprechen: *Die Menschen haben es … immer gewusst, dass sie einmal einen Urvater besessen und erschlagen haben»* (124 f.).

Der letzte Satz, stilistisch ein Meisterwerk, ist wissenschaftlich nicht zu verifizieren, weil konkrete Ereignisse das Erbgut zwar *verändern*, aber nicht *als solche* im Genom gespeichert werden können.

Es gibt kein Engramm, das die Ermordung eines Urvaters enthält. So brillant Freuds Satz formuliert ist – er ist falsch. Es gibt keinen Urvater, dessen Ermordung zur Entstehung der Religion geführt hat. Freuds Religionskritik ist ein «Koloss auf tönernen Füssen» – aber dennoch ein imposantes Gebilde.

Das nächste und letzte Kapitel dieses Buches zeigt, dass sich Wissenschaft und Religion nicht ausschliessen müssen.

Es steht nicht mehr im Zeichen der Antithese, sondern der Synthese.

Wandlung

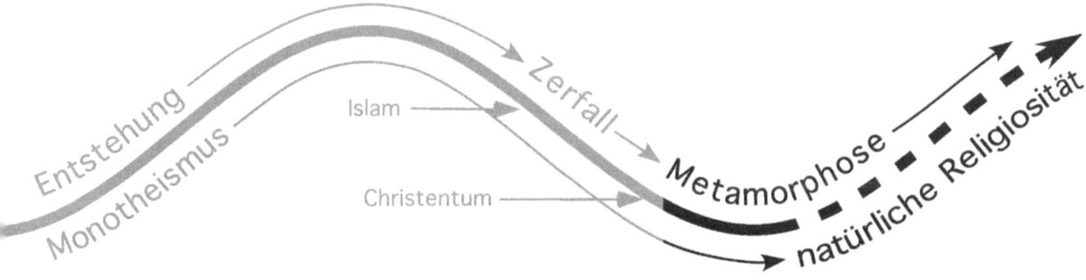

Entstehung
Monotheismus
Islam
Zerfall
Christentum
Metamorphose
natürliche Religiosität

Einführung

1. Überwindung des Positivismus

Grafik

Entstehung, Zerfall und Wandlung des Monotheismus erscheinen im Titel dieses Buches als Sinuskurve. Die folgende Grafik stellt den Prozess im Bild des Aufstiegs auf der Wendeltreppe der Bewusstseinsevolution dar:

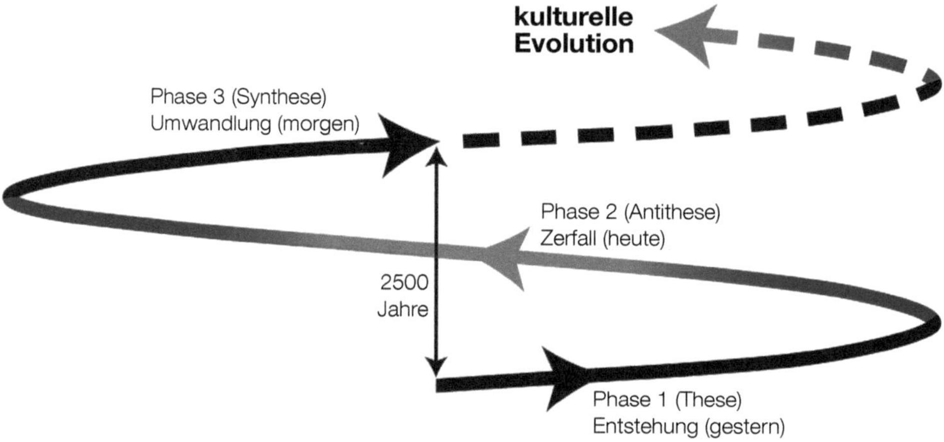

Die drei Phasen nahmen von ihrem Anfang bei Echnaton bis heute mehr als drei Jahrtausende in Anspruch (seit der Institutionalisierung des Monotheismus in Altisrael sind – siehe Grafik – rund 2'500 Jahre vergangen).

Während sich das Gros der westlichen Welt heute in einem gefährlichen Niemandsland – in der Kurve zwischen den Phasen 2 und 3 – befindet, kommt das Gros des Islams nun in die Kurve zwischen der Phase 1 und 2: Hierzulande bleiben bereits zwei Drittel der Muslime dem Freitagsgebet der Moschee fern (Tendenz steigend). Der Prozess der Säkularisierung, der die Kirchen leerte, wird in Zukunft auch die Moscheen leeren.

Die heutige Multi-Kulti-Gesellschaft vermischt alle drei Phasen. Dabei entsteht eine *Gleichzeitigkeit von Ungleichzeitigem;* Kulturen, die in der Bewusstseinsevolution hinter einander liegen, leben neben einander.

Phase 2 → 3

Der Schritt: «Phase 2 → 3» lässt sich in fünf Punkten skizzieren:

1. Vom mechanistischen zum systemischen Modell

Im 18. und 19. Jahrhundert erklärte die Naturwissenschaft das Leben *mechanistisch*. Diese Auffassung wurde durch das *systemische Modell* ersetzt. Den Übergang fasst Obrist wie folgt zusammen:

> «Begonnen hat der Wandel im 20. Jahrhundert mit der Modifikation der Auffassung von Kausalität.
>
> In einem ersten Schritt wurde – mit dem Zustandekommen der Quantentheorie – die monokausale Auffassung der Naturprozesse abgelöst von der statistischen.
>
> Als sich nach dem Zweiten Weltkrieg die Kybernetik entfaltete, wurde zudem die lineare Auffassung des Ursache-Wirkung-Geschehens durch die kreisförmige abgelöst: durch das Bild des rückgekoppelten Regelkreises, bei dem die Wirkimpulse fortlaufend korrigiert und damit die Ausgangsbedingungen verändert werden. Dazu kam die Einsicht, dass in der Natur sozusagen alles mit allem – wiederum über Regelkreise – vernetzt ist. …
>
> Als dann das Zeitalter der Biologie dasjenige der Mikrophysik ablöste, setzte sich der Begriff «System» als Schlüsselbegriff der Naturbeschreibung durch: die Vorstellung eines dynamischen Ganzen, das sich selber reguliert und die Fähigkeit hat, sich unter Aufrechterhaltung der Ganzheit zu transformieren, wobei sich auch die Transformation mittels Selbstregulation vollzieht. Evolutionsmäßig höhere Systeme erweisen sich sogar als lernfähig: als fähig, ihre immanenten Sollwerte aufgrund gemachter Erfahrung zu verändern.
>
> Für all das passt das Bild des mechanischen Uhrwerks nicht mehr. Die mechanistische Naturauffassung wird nun von der systemischen abgelöst» (Obrist 2006, 115f.).

2. Vom ausschließenden zum komplementären Denken

Der dänische Atomphysiker Niels Bohr (1885–1962) forderte diesen Schritt bereits 1927. Wikipedia (Art. «Bohr») erläutert:

> «1926/1927 dozierte Werner Heisenberg am Institut von Niels Bohr in Kopenhagen; durch die Diskussionen der beiden Forscher entwickelten sich Heisenbergs Unschärfe-Relation sowie das Prinzip der *Komplementarität* Bohrs.»

Das komplementäre, vernetzte Denken nähert sich seinem Gegenstand von verschiedenen Seiten her, wobei die verschiedenen Aspekte einander nicht mehr ausschließen, sondern ergänzen. Das komplementäre Vorgehen bewährt sich seit vielen Jahrzehnten, etwa in der psychosomatischen Medizin. Es bildet die Grundlage für den inter- und transdisziplinären Dialog.

3. Neue Auffassung von Geist und Materie

Wie bereits dargelegt, hat das Sein (nach Obrist) einen geistigen *und* einen materiellen Aspekt. Diese Sicht hat zur Folge, dass Natur- und Geisteswissenschaften nicht mehr so mehr klar getrennt werden können wie im positivistischen Weltbild, wo in der Natur geistloser Zufall herrschte, während die Kultur vom menschlichen Verstand erzeugt wurde.

Die künftige Wissenschaft wird sich in Natur- und Kulturwissenschaften gliedern, welche durch einen transdisziplinären Dialog mit einander verbunden sind. Naturwissenschaften erforschen dann Erzeugnisse des Naturgeists, Kulturwissenschaften solche des menschlichen Bewusstseins.

> Eine Brücke zwischen Natur- und Kulturwissenschaften ist die Tiefenpsychologie. In ihrem Psyche-Modell sind das Selbst und das Ich – Natur und Kultur – rückgekoppelt. Die Tiefenpsychologie ist somit eine transdisziplinäre Wissenschaft; sie war es von Anfang an (Obrist, in: Mertens 2004, 55 – 120).

Die ontologischen Gegensätze des dualen Weltbilds – Diesseits und Jenseits – verwandeln sich in die zwei Pole des Seins, den geistigen und den materiellen Pol. «Kein Geist ohne Materie – keine Materie ohne Geist», lautet ein Buchtitel von Obrist (2015). Der Geist-Aspekt ist das anordnende, schöpferische Prinzip, der Materie-Aspekt die angeordnete Masse. Was einst «Eingriffe von oben» waren, sind nun «Erfindungen der Evolution».

4. Neue Auffassung von der Evolution

Die Neudefinition von Geist und Materie zieht auch eine neue Auffassung der Evolution nach sich. Nach dem systemischen Modell funktionieren lebende Wesen nicht wie Maschinen, sondern als *geistbegabte*, informationsverarbeitende Systeme, die sich selber organisieren.

Dementsprechend ist die Evolution kein Zufallsprodukt mehr, sondern das Ergebnis der Tendenz des Seins zu zunehmender Komplexität.

> Gegen die Annahme, die Evolution beruhe auf Zufall, spricht die mathematische Erkenntnis, dass 13,7 Milliarden Jahren nicht ausreichen, um das heutige Universum *per Zufall* entstehen zu lassen. Ohne die Annahme einer kreativen Tendenz der Natur ist die Evolution nicht zu verstehen.

Zur neuen Auffassung vom Sein gehört auch ein neues Psyche-Modell.

5. Neue Auffassung von der Psyche

a) Der unbewusste Bereich

Die menschliche Psyche ist ein Produkt der Tendenz des Seins zu zunehmender Komplexität. Ihr unbewusster Bereich entstand während der Bio-Evolution. Ihr phylogenetischer Ursprung sind einfachste kognitive Systeme, die im Verlauf der Evolution zunehmend komplexer wurden.

Die Psyche ist demnach ein mehrere Milliarden Jahre altes, inzwischen hochkomplex gewordenes kognitives System, das den Menschen vielfach mit dem Reich der Pflanzen und Tiere verbindet.

Wie weit diese Verwandtschaft geht, illustriert Erwin Thoma in seinem wunderbaren Buch: *Die geheime Sprache der Bäume* (Ecowin 2012):

> «Pflanzen allgemein und Bäume im Besonderen sind ortsverwachsene und gleichzeitig sehr sensible Wesen, die sich aktiv um ihre Umwelt bemühen. Sie speichern Erinnerungen und Erfahrungen. Sie nehmen sich selber wahr und unterscheiden zwischen sich selbst und anderen. Daraus entwickeln sie aktive Strategien der Abwehr von Bedrohungen sowie der Erhaltung und Entwicklung der eigenen Ressourcen. Sie schützen und fördern aktiv ihren Nachwuchs und passen ihr Verhalten an gewonnene Informationen an. Die Wörter in der Pflanzensprache – die Zeichen der Kommunikation – sind Moleküle. Flüssig, fest oder gasförmig dienen sie als Botenstoffe, als Informationsspeicher zur Erinnerung und als Signale. Bis jetzt sind über 20 Molekülgruppen mit zirka 100‘000 unterschiedlichen Substanzen dieser Pflanzensprache bekannt.
>
> Wer will da noch von primitiven Lebewesen sprechen? Pflanzen und Bäume sind alles andere als nur mechanisch funktionierende Systeme. …
>
> Die Fähigkeit, aktive Strategien zu entwickeln und vorausblickend zu agieren, geht so weit, dass Pflanzen ihren *genetischen Code ändern* können, sobald sie merken, dass der von den Eltern ererbte Code in einer neuen Lebenssituation nicht mehr optimal ist. … Angesichts solcher wissenschaftlich erhärteter Erkenntnisse wackelt das mechanistische Weltbild» (Thoma 2012, 94 f.).

Zwei Jahre nach E. Thomas Buch erschien die Zeitschrift: «GEOkompakt» (Nr. 38) mit dem Titel: «Das geheime Leben der Pflanzen – wie sie fühlen, riechen, sehen, weshalb sie warnen und täuschen» (Februar 2014).

Darin schreibt J. Auf dem Kampe:

> «Lange Zeit waren sich Biologen einig: Pflanzen sind simple Geschöpfe und, anders als Tiere, unfähig zu so komplexen Sinnesleistungen wie Sehen, Hören, Riechen und Fühlen. Doch neuere Forschungen zeigen, dass viele Gewächse ihre Umwelt verblüffend präzise wahrnehmen, mit einander kommunizieren – und sogar eine Art Gedächtnis haben. Wie genau sie Berührungen, Schall, Licht, Düfte und Geschmack erkennen, ist noch weitgehend rätselhaft. Fest steht aber: Sie tun es (S. 22). …
>
> Was die Wissenschaft über die feinen Sinne der Flora herausfindet, verändert unser Bild der Pflanzen. Inzwischen konnten Forscher sogar nachweisen, dass die Gewächse eine Art Gedächtnis haben: Anhand zahlreicher Beispiele ließ sich belegen, dass Bäume, Ranken und Krautgewächse bestimmte bedrohliche Ereignisse wie etwa Dürre, Feuersbrunst oder Insektenbefall abspeichern und bei einer Wiederholung schneller auf die Gefahr reagieren. …
>
> Damit drängt sich die Frage auf: Empfinden sie Schmerzen?
>
> In der Schweiz hat man sich schon abgesichert: In der Schweizer Bundesverfassung ist seit ein paar Jahren die «Würde der Pflanze» als schützenswertes Gut festgeschrieben. Man will nicht kategorisch ausschließen, dass Gewächse so etwas wie Gefühle haben» (S. 36).

Der wissenschaftliche Nachweis ist erbracht:

Unsere unbewusste Psyche ist tief mit der Natur verflochten. Wenn wir in der Natur wandern, verbindet sich unser Selbst, der Naturgeist *in* uns, mit dem Naturgeist *um* uns. Das regeneriert.

Derselbe Prozess findet auch in der Meditation statt, aber auf der inneren Ebene, durch die Rückkoppelung von Ich und Selbst.

Am meisten hat unsere unbewusste Psyche mit der Psyche der Primaten gemeinsam, mit denen sie die längste Strecke der Evolution teilt. Da unsere Gene mit denen von Schimpansen zu 98% identisch sind, ist unser unbewusstes Verhaltensrepertoire dem der Primaten sehr ähnlich. Darum verweilen wir im Zoo so gerne bei ihnen.

So viel zum *unbewussten* Bereich unserer Psyche.

Dieser wird durch einen *bewussten* Bereich ergänzt. Zum Selbst kommt bei Homo sapiens noch das Ich.

Dieses erscheint im Psyche-Modell von Marie-Louise von Franz als helle Fläche (in: Jung 1968, S. 161):

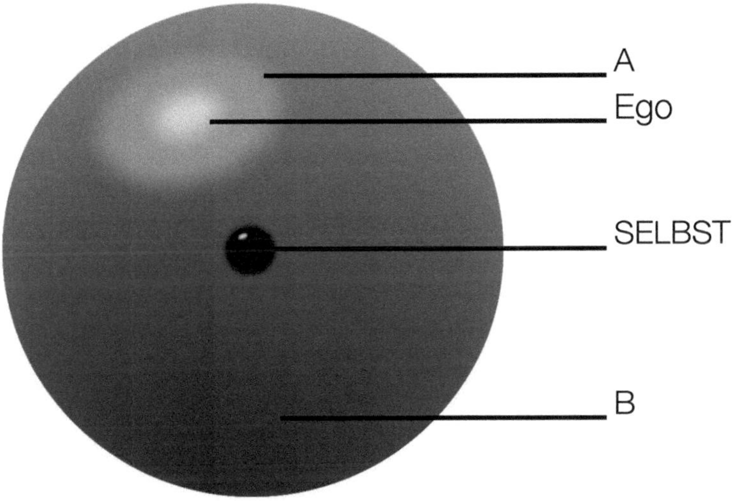

Die Psyche ist mit einer Kugel zu vergleichen, die auf ihrer Oberfläche ein helles Feld (A) hat, welches das Bewusstsein darstellt. Das Ego ist das Zentrum des Feldes (bewusst ist etwas nur dann, wenn «ich» es weiß). Das Selbst ist der Kern und gleichzeitig die ganze Kugel (B); seine Regulationsvorgänge erzeugen die Träume.

Wir betrachten nun den bewussten Teil der Psyche, das Ich.

b) Der bewusste Bereich

Der Mensch unterscheidet sich von anderen Wesen hauptsächlich durch den Umfang und die Bedeutung, die das Bewusstsein für sein Leben besitzt. Dieses wird im Verlauf seiner Entwicklung – der Phylo- wie der Ontogenese – zu einem zunehmend wichtigeren Subsystem.

Das heutige Ich eines reifen Menschen lässt sich mit dem Lehrer einer Schule vergleichen, der seine Klasse selbständig unterrichtet, aber doch nur einer unter vielen Angestellten der Schule ist. Letztlich hat nicht er, sondern der Rektor – das Selbst – die Fäden in der Hand.

Das positivistische Ich überschätzt seinen Einfluss. Es setzt sich an die Stelle des Selbst. Es hat einen *Gotteskomplex.*

Das Bewusstsein wandelt sich heute fundamental. Es mutiert. Die Mutation ist ein tief reichender Vorgang. Der Evolutionsschritt: «Phase 2 → 3» ist eine Zunahme an *Bewusstheit*, die den Menschen nachhaltig verändert.

Erfahrungsgemäß haben verkopfte Menschen Mühe, diesen Schritt *ganzheitlich* nachzuvollziehen; sie meinen, es handle sich um eine Sache des Intellekts. Neben ihrem Bett und auf ihrem Clubtisch türmen sich Stapel von Büchern zum Wandel des Weltbilds auf; doch ihr Lebensstil verändert sich nicht. Der Bewusstseinswandel besteht aber nicht nur in einer intellektuellen Aneignung von Sach- und Fachwissen; es geht um *Persönlichkeitsbildung*, aus der eine Neugestaltung des Lebens und der Umwelt resultiert.

Zum Prozess der Mutation des Bewusstseins gehört beispielsweise auch die Gründung der Stiftung: «Gesundheitsförderung Schweiz.»

Die Schweiz hat ein «Bundesamt für Gesundheit» (BAG). Daneben existiert noch eine Stiftung mit bundesgesetzlichem Auftrag, die «Gesundheitsförderung Schweiz». Diese neue Institution wurde nötig, weil das BAG von seiner Aufgabe, für die Gesundheit der Schweizer Bevölkerung zu sorgen, zunehmend überfordert ist. Wie gesagt, erfordert der Schritt: «Phase 2 → 3» ein *fundamentales Umdenken*, was ein offizielles Amt in der Regel überfordert.

Das schweizerische BAG denkt denn auch weitgehend noch in den Kategorien der Phase 2. Es ist im Grunde ein BAK (Bundesamt für Krankheitsmanagement), nicht ein BAG. Es rennt den Krankheiten hinterher und treibt Symptombekämpfung: Es versucht, die steigenden Kosten durch administrative Maßnahmen in den Griff zu bekommen, statt die *Ursachen* der unaufhaltsam zunehmenden Krankheitskosten zu suchen.

Um Remedur zu schaffen, wurde von weitsichtigen Politikern die Stiftung «Gesundheitsförderung Schweiz» gegründet, mit der Aufgabe, die *Wurzeln* der überbordenden Krankheitskosten zu finden und dem Übel mit Pilotprojekten zu begegnen.

Der Direktor der Stiftung «Gesundheitsförderung Schweiz», Thomas Mattig, ist ein initiativer junger Mann mit einem nebenamtlichen Lehrauftrag für «Public Health» an der Medizinischen Fakultät der Universität Genf.

Als Basis für sein Tun dient ihm die weit gefasste, der Phase 3 entsprechende Definition von «Gesundheit» durch die Weltgesundheitsorganisation (WHO) von 1946: «Gesundheit ist ein Zustand des vollständigen körperlichen, geistigen und sozialen Wohlbefindens» (Mattig 2014, S. 18).

Da der Mensch ein soziales Wesen ist, ist sein Wohlbefinden fest mit seiner Umgebung verflochten. Diese beeinflusst ihn körperlich, psychisch, geistig, spirituell, sozial, ökologisch, ökonomisch und politisch. Wenn sie kränkelt, kränkelt auch er. Es geht darum, krankmachende *Ursachen* zu beseitigen.

Aus diesem Grund rief die *Ottawa Charta* 1986 die *Gesundheitsförderung* der WHO ins Leben. Seither sind drei Jahrzehnte vergangen – für die Durchsetzung eines neuen gesellschaftlichen *Paradigmas* ein relativ kurzer Zeitraum.

Mattigs Report: «Haelthy Economy» (2014) berichtet von erfreulichen Erfolgen. Er deutet auf einen sich anbahnenden Fortschritt hin: In der Wirtschaft entsteht zurzeit ein umfassenderes, komplexeres Denken; die Gesundheitsförderung wird allmählich ebenso wichtig wie die Krankheitsbekämpfung. Immer mehr Firmen sind bereit, krankmachende Arbeitsplätze umzugestalten und den Schritt: «Phase 2 → 3» zu wagen.

Hinter die von der WHO 1946 initiierte und in der Ottawa Charta 1986 fortgesetzte *ganzheitliche Gesundheitsförderung* gibt es kein Zurück mehr.

So viel zum ersten Teil der Einführung in den Schritt: «Phase 2 → 3.»

Nach der Darstellung der Überwindung des Positivismus folgt nun – als zweiter Teil der Einführung – noch eine Skizze zur Entstehung einer zeitgemäßen Spiritualität.

2. Auf dem Weg zu einer zeitgemäßen Spiritualität

Definition von Religion, Religiosität und Spiritualität

Homo naturaliter religiosus

Religionen gibt es, seit es Menschen gibt. Im Leben aller alten Völker spielte die Religion eine zentrale Rolle. Ein Sprichwort der alten Römer sagt: *«Homo naturaliter religiosus»* (der Mensch ist von Natur aus religiös).

Gilt das heute – angesichts der fortschreitenden Säkularisierung – immer noch? Ist die Welt nicht auf dem Weg, das duale Weltbild abzulegen und «gottlos» zu werden? Diese Frage bedarf einer gründlichen Klärung.

Beginnen wir mit einer etymologischen (sprachgeschichtlichen) Deutung der drei Wörter: «Religion», «Religiosität», «Spiritualität».

Religion

Das Wort «Religion» wurde im 16. Jahrhundert von Humanisten aus dem lateinischen *religio* eingedeutscht. *Religio* bezeichnete «den gemeynen (allen gemeinsamen) Glauben» (in Europa: das Christentum).

Im klassischen Latein bedeutete *Religio*: «Rücksichtsvolle, sorgfältige, gewissenhafte Beachtung, Gewissensskrupel, fromme Scheu, religiöse Gesinnung, Frömmigkeit, Gottesfurcht.»

Die in einem Kollektiv herrschende *religio* verpflichtete alle, sich ehrfürchtig gegenüber den jenseitigen Wesen und den von ihnen erlassenen Gesetzen zu verhalten. In diesem Sinn definierte *religio* der römische Philosoph und Politiker *Marcus Tullius Cicero* (106–43a; in: «De natura deorum», II, 28).

Etymologisch ist das lateinische *religio* aus dem verstärkenden Präfix *«re»* und der Wurzel *«lig»* abzuleiten, die sich auch im Verb *di-lig-ere* findet: «Schätzen, hochachten, lieben». Diese Wurzel *«lig»* steckt auch im verneinenden Verb neg-leg-ere: «Pflichtvergessen handeln, vernachlässigen.» Dazu gehört das Substantiv *neg-ligentia*, welches das Gegenteil von *religio* bedeutet, nämlich: «Gleichgültigkeit, Geringschätzung.»

Mit re**lig**ere ist auch das griechische ***ἄλεγειν*** *(a**leg**ein)* verwandt: «Achten auf, berücksichtigen, aus Ehrfurcht vor den Göttern handeln.»

Oft wird das Wort *religio* – etymologisch falsch – von *relig**a**re* abgeleitet: «Anbinden, zurückbinden.» Das Substantiv zu *religare* heißt aber nicht *religio*, sondern *relig**atio*** und meint: «Das An- oder Zurückbinden (z.B. von Weinstöcken oder Schiffen).»

Da *relig**a**re* aber auch heißen kann: «An die *Tradition* anbinden», ist diese (etymologisch nicht korrekte) Ableitung von religio doch nicht ganz falsch.

Religionen sind soziokulturelle, im archaisch-mythischen Weltbild verankerte Institutionen, die einen kollektiv verbindlichen, ihren Gründern vom Jenseits geoffenbarten Glauben pflegen. Sie sind hierarchisch aufgebaut.

Vor der europäischen Neuzeit gab es – *cum grano salis* – keine individuelle Religiosität. Wer sich nicht in seine Kollektiv-Religion einfügte, galt als Ketzer. Als solcher wurde er zum Außenseiter, an dem das Kollektiv seinen Schatten abreagierte. Er hatte keine Daseinsberechtigung, weil er nicht «einer von uns» war.

Religiosität

Das Wort «Religiosität» kommt vom Adjektiv religiös (früher: *religi**os***), dem das lateinische religiosus zugrunde liegt: «Gewissenhaft, pflichtbewusst, sorgfältig, achtsam.» Das Wort «Religiosität» bezeichnet die *pflichtbewusste* Einstellung gegenüber der traditionellen Religion. Wer sich «religiös» nennt, bekennt sich aktiv zu seiner Religion.

Als *Religiosi* galten früher Ordens- und Klosterleute; auf Deutsch nannte man sie die *Religi**o**sen*. Der Umlaut «ö» – die Religi**ö**sen – bürgerte sich im Deutschen im 18. Jh. ein, unter dem Einfluss des Französischen *Les Religieux* (Mönche und Nonnen). Mit der Zeit wurden jene als «religiös» bezeichnet, die mit dem Glauben ernst machten.

Das Ergebnis der etymologischen Untersuchung der beiden Wörter «Religion» und «Religiosität» lautet:

Beide wurzeln im archaisch-mythischen Weltbild. Sie sind nicht mehr zeitgemäß. Es wäre klug, sie nicht mehr zu verwenden. Wer das nicht tun möchte, sollte zur Verdeutlichung hinzufügen: »Ich bin zwar religiös, aber nicht im traditionellen Sinn.»

Als Ersatz für «Religiosität» dient der Begriff «Spiritualität».

Spiritualität

Etymologisch ist «Spiritualität» herzuleiten von lateinisch *spirare*: «Blasen, wehen, hauchen, atmen, leben» bzw. von *spiritus*: «Luftzug, Hauch, Ausdünstung, Atem, Leben, Gedanke, Geist, Mut, Enthusiasmus.»

Im Gegensatz zu «Religiosität» ist «Spiritualität» weniger traditionsgebunden. Es eignet sich daher besser zur *zeitgemäßen* Bezeichnung der Beziehung zur schöpferischen Kraft der Natur in und um uns, mit der sich das Ich rückkoppeln sollte.

Den Schritt in eine zeitgemäße Spiritualität versuchten Pioniere schon seit geraumer Zeit. Wir sahen dies bereits im Kapitel von Immanuel Kant.

Zwei solche Pioniere waren *Goethe* und *Schiller*. Sie gaben der Bewusstseinsevolution mit ihrer neuen Ansicht wertvolle Impulse. Wie schwierig es ist, Neuland zu betreten, wird sich gleich zeigen.

Zwei Zitate zum Bedeutungswandel des Wortes: «Religion»

1. Friedrich Schiller (1759–1805)

In Schillers Votivtafeln: «Mein Glaube» steht:

> «Welche Religion ich bekenne? Keine von allen, die du mir nennst. Und warum keine? Aus Religion.»

Über diesen Satz diskutierten wir seinerzeit (1957) im Deutschunterricht, ohne zu einem Ergebnis zu kommen. Schillers Formulierung war für uns rätselhaft; denn das Wort «Religion» besitzt im selben Satz zwei verschiedene Bedeutungen. «Ich kann mich aus *Religion* zu keiner Religion bekennen»: Was heißt das im Klartext?

Offenbar war Schillers persönliche Religion etwas anderes als die offizielle. Seine eigene Religion bezeichne ich heute als «individuelle Spiritualität». Dazu durfte man sich aber zu Schillers Zeit noch nicht offen bekennen; denn damals war die Religion noch kollektiv vorgeschrieben und wurde von der Obrigkeit überwacht. Da sich Schiller mit dieser nicht anlegen wollte, äußerte er sich verschleiert. Er tat, was er konnte.

Die Dichterfürsten Schiller und Goethe gehörten an höheren Schulen zur Pflichtlektüre. Darum befassten wir uns im Deutschunterricht auch mit dem Thema «Religion». Deren Weiterentwicklung war kein Thema des Religionsunterrichts, weil das Fundament der Religion vermeintlich ewig gültig ist. Daher verlief die religiöse Evolution über den Deutschunterricht.

2. Johann Wolfgang Goethe (1749–1832)

Im 9. Buch seiner Xenien (kurze Sinngedichte) schrieb Goethe:

> «Wer Wissenschaft und Kunst besitzt, hat auch Religion;
> wer diese beiden nicht besitzt, der habe Religion!»

Zu diesem Satz mussten wir einen Aufsatz schreiben. Das war keine einfache Aufgabe; denn auch dieser Vers war unklar, aus demselben Grund wie bei Schiller: Das Wort «Religion» besaß verschiedene Bedeutungen.

«Wer Wissenschaft und Kunst besitzt, hat auch Religion»:

Wissenschaft war für Goethe noch nicht aufgehäuftes Sach- und Fachwissen, sondern eine umfassende Persönlichkeitsbildung, die den Menschen zum Staunen bringt und die spirituelle Einstellung fördert.

Kunst bestand für Goethe aus dem Kontakt mit den tieferen Schichten der Seele; sie war Ausdruck einer belebten Ich-Selbst-Achse. Es war darum für Goethe selbstverständlich, dass Wissenschaftler und Künstler «Religion haben» bzw. spirituelle Menschen sind, die einen eigenen, persönlichen Bezug zu dem haben, was unser Ich übersteigt.

Zu Goethes Zeiten besaß aber nur eine kleine Elite Zugang zur Welt von «Wissenschaft und Kunst» bzw. zu einer zeitgemäßen Spiritualität und Persönlichkeitsbildung.

Wer keinen Zugang dazu hatte, sollte nach Goethe mit der zurzeit herrschenden Religion Vorlieb nehmen:

> «Wer diese beiden nicht besitzt, der habe Religion!»

Das bedeutet: «Während Wissenschaft und Kunst für Gebildete ein vollwertiger Ersatz für die traditionelle Religion sind, soll sich die große Masse der Ungebildeten nach dem richten, was die altehrwürdige Kirche sagt. Das Volk *habe* Religion!»

So dachte auch Kaiser Wilhelm I., der am 6. November 1887 zur Erinnerung an den Sieg über die Franzosen ins Kirchenbuch schrieb: »Dem Volke muss die Religion erhalten bleiben!»

Obwohl viele Gebildete im 18. und 19. Jahrhundert nicht mehr glauben konnten, was die Kirche verkündigte, wurde offiziell immer noch der Anschein gewahrt, man sei religiös. Staat und Kirche spannten zusammen.

Die damit verbundene Obrigkeitsgläubigkeit kam Deutschland teuer zu stehen. Das Phänomen «Hitler» wird auf diesem Hintergrund verständlich.

Das nächste Kapitel bringt vier Träume von Uschi zum Kreuz. Sie illustrieren den Prozess der Entstehung einer zeitgemäßen Spiritualität.

Der erste Traum nimmt das eben erwähnte Thema auf: «Wer diese beiden nicht besitzt, der habe Religion.»

Vier Träume zum Kreuz

Vom magischen Heilszeichen zum Ganzheitssymbol – 6 Schritte

1. Das Kreuz als magisches Heilszeichen

Ursprünglich war das Kreuz ein magisches Zeichen, womit Heil bewirkt wurde. Es war in sämtlichen Kulturen verbreitet; das älteste Kreuz ist 180'000 Jahre alt.

Dass es Ganzheit bewirkt, kann jeder an sich selber erfahren:

Man fahre mit der Hand (oder mit beiden Händen) mehrmals langsam in der Senkrechten von der Stirn bis zum Unterbauch hinab und wieder hinauf und hernach in der Waagrechten von der einen Schulter zur andern und zurück. Die Wiederholung dieses Gestus erzeugt bei fast allen Menschen ein Gefühl von Sammlung und Ganzheit.

Diese uralte magische Gebärde bewahrte das Christentum im Brauch der Bekreuzigung: Die Christianer bekreuzigten sich, wenn sie aufwachten, wenn sie ihr Haus verließen, auf eine Reise gingen, zurückkehrten, etwas Wichtiges vorhatten, beteten, krank waren oder im Sterben lagen.

Das Kreuz-Schlagen wehrte Unheil ab und bewirkte Heil. Gebildete Römer verspotteten die Christianer deswegen als *«crucicolae»* (Kreuzler).

2. Historisierung

Im hellenistischen Urchristentum wurde das Kreuz mit dem Opfer-Archetyp verknüpft. Dadurch entstand der Glaube, Jeschua sei am *Kreuz auf Golgatha* gestorben, um mit seinem Opferblut Heil zu bewirken, Gott und die Menschheit zu versöhnen. Das uralte magische Heilszeichen des Kreuzes wurde dadurch *historisiert*. Diese Historisierung sollte für die Bedeutung des Kreuzes im Christentum entscheidend werden; sie verlieh dem Kreuz einen neuen, vergeistigten Sinn. Aus der Sicht der Bewusstseinsevolution war die Historisierung des Kreuzes ein Fortschritt. Das Kreuz war nun mehr als bloß ein magisch wirkendes Heilszeichen; es wies auch auf das Heilsgeschehen auf Golgatha hin.

Nun existierten im Christentum zwei Bedeutungen des Kreuzes neben einander: Einerseits wurde das Kreuz weiterhin als magisches, Segen bewirkendes und Unheil abwehrendes Heilszeichen verwendet; andererseits symbolisierte es das heilbringende Opfer auf Golgatha. Beide Bedeutungen ergänzten einander. Mit der Zeit wurde das Kreuz zum Wahrzeichen des Christentums. «Kreuz» und «Christentum» wurden fast Synonyme. Damit hatte das Christentum einem archetypischen Heilssymbol einen neuen

Sinn verliehen, den die Theologen zu formulieren versuchten. So wurde das Kreuz auf eine höhere geistige Ebene empor gehoben.

3. Kreuz und Glaubensbekenntnis

Ein weiterer evolutionärer Schritt im Verständnis des Kreuzes war die Verbindung des magischen Heilszeichens mit dem Glaubensbekenntnis: Wer das Kreuz schlug, begleitete die Geste mit dem Bekenntnis zum dreifaltigen Gott: «Im Namen des Vaters, des Sohnes und des Heiligen Geistes.» So verschmolz das magische Kreuz-Schlagen mit der Quintessenz des christlichen Glaubens – eine weitere Vergeistigung des Kreuzes.

4. An der Schwelle zur Neuzeit

An der Schwelle zur Neuzeit erfolgte ein weiterer Evolutionsschritt: Der Zürcher Reformator Huldrych Zwingli (1484–1531) verurteilte die magische Wandlung von Brot und Wein in Fleisch und Blut des Erlösers als «abergläubisch» und gestaltete das kirchliche Messopfer in ein *Erinnerungsmahl* um, bei dem die Gläubigen gewöhnliches Brot und gewöhnlichen Wein zu sich nahmen und sich *allein im Geist* mit Christus verbanden.

Zwinglis Gegner warfen ihm vor, er «spiritualisiere» die Realpräsenz Christi im Abendmahl. Genau das wollte er: Als Mensch an der Schwelle zur Neuzeit wollte er weg von der Magie des Mittelalters, hin zur Ratio der Neuzeit: *«Fides quarens intellectum.»* Damals hörte man in Zürich auf, ständig das Kreuz zu schlagen. Das Ich war nun stark genug und musste sich nicht mehr andauernd mit abergläubischen Zauberriten des göttlichen Segens versichern. Predigt und Gebet genügten.

5. Aufklärung und Moderne

Einen weiteren Schritt tat die Aufklärung, inner- und außerhalb der Kirche. Immer mehr Menschen entfremden sich dem Dogma vom blutigen Heilsgeschehen am Kreuz auf Golgatha. Diese Entwicklung wurde von der liberalen protestantischen Theologie tatkräftig unterstützt. Der Theologe Rudolf Bultmann (1884–1976) formulierte im Jahr 1941 die folgenden, vom Geist der *Antithese* geprägten Sätze über den Opfertod am Kreuz:

> «Der Sohn Gottes, ein präexistentes Gottwesen, erscheint auf Erden als ein Mensch; sein Tod am Kreuz, den er wie ein Sünder erleidet, schafft Sühne für die Sünden der Menschen.
>
> Der moderne Mensch kann die Lehre von der stellvertretenden Genugtuung durch den Tod Christi nicht verstehen. Wie kann meine Schuld durch den Tod eines Schuldlosen (wenn man von einem solchen überhaupt reden darf!) ge-

sühnt werden? Welche primitiven Begriffe von Schuld und Gerechtigkeit liegen solchen Vorstellungen zugrunde! Welch primitiver Gottesbegriff! Soll die Anschauung vom sündentilgenden Tod Christi aus der antiken Opfervorstellung heraus verstanden werden: welch primitive Mythologie, dass ein Mensch gewordenes Gottwesen durch sein Blut die Sünden der Menschen sühnt» (Bultmann 1985, S.12f.)!

Als moderner Mensch versuchte Bultmann, das Heilsgeschehen am Kreuz zu *entmythologisieren*. Er wollte ohne das Blutopfer auf Golgatha auskommen. Das am Kreuz vergossene Blut hatte für ihn keine Bedeutung mehr.

Das konnte die Kirche nicht dulden. Sie wollte nicht auf die Feier des Karfreitags verzichten. So versandete der Versuch der Entmythologisierung der biblischen Botschaft, und die Kirchenaustritte nahmen zu. Der moderne Mensch hat sich dem Mythos vom Blutopfer am Kreuz entfremdet.

6. Tiefenpsychologie

Eine andere Richtung als die liberale Theologie wählt die Tiefenpsychologie. Sie versteht Golgatha nicht mehr konkretistisch, sondern symbolisch. Sie löst die urchristliche Verknüpfung des magischen Kreuzes mit dem Opferarchetyp wieder auf. Sie geht hinter die Historisierung des Kreuzes zurück und versteht das Kreuz als einen zeitlosen Archetyp, als ein Symbol für psychische Ganzheit.

Zusammenfassung

Als Archetyp überlebt das Kreuz die drei Phasen der Bewusstseinsevolution, in denen seine Bedeutung immer wieder neu formuliert wurde.

Phase 1 (These): In dieser Zeit wurde das Kreuz als ein magisches Heilszeichen verstanden. Es wurde historisiert und mit dem Glaubensbekenntnis verbunden. Das Heilsgeschehen am Kreuz wurde in der Messe vom geweihten Priester vergegenwärtigt.

Der Übergang: «Phase 1 → 2» erfolgte zurzeit der Reformation im 16. Jahrhundert. Fortschrittlich Gesinnte dachten damals teils noch archaisch-mythisch, teils schon neuzeitlich.

Phase 2 (Antithese): In dieser Zeit herrschte die liberale Theologie, die mit dem Blutopfer des Heilands am Kreuz nichts mehr anfangen konnte und das Kreuz soweit wie möglich übersah (die Ausarbeitung der Karfreitags-Predigt bereitete liberalen Pfarrern stets größte Mühe).

Phase 3 (Synthese): In Zukunft wird das Kreuz als Ganzheitssymbol verstanden werden.

Die Entwicklung: «Phase 1 → 2 → 3» zeigt eine zunehmende Vergeistigung im Verständnis des Kreuzes an. So wandelte die Bewusstseinsevolution die Bedeutung dieses Archetyps.

Von diesem Bedeutungswandel handeln die folgenden vier Träume.

Vorbemerkung zu den vier Träumen:

> Die folgenden Kreuz-Träume hat Uschi nicht *erfunden,* sondern *gefunden;* sie hat sie sich nicht ausgedacht, sondern innerlich wahrgenommen. Träume sind nicht Erzeugnisse des Ichs, sondern des schöpferischen Geists im Unbewussten. Dieser hat die Träume geschaffen und gestaltet, während Uschi schlief. Autor und Regisseur der Träume ist darum nicht Uschi, sondern ihr Unbewusstes, das sie zum Weiterdenken inspirierte.

Erster Traum: Der Gekreuzigte im Berliner Dom

Der Dom

Berlins Oberpfarr- und Domkirche wurde 1894–1905 erbaut. Bauherr war Wilhelm II. (Kaiser 1888–1918), der Nachfolger Kaiser Wilhelms I., der am 6. November 1887 verkündet hatte: «Dem Volke muss die Religion erhalten bleiben!» Preußens Monarch war auch dessen *Summus Episcopus* (Oberster Bischof). Thron und Altar waren in Deutschland anfangs des 20. Jahrhunderts noch eng in einander verwoben.

Meines Erachtens ist der Dom mehr Ausdruck dieser fatalen Liaison als einer Religiosität, die dem 20. Jahrhundert entsprechen würde.

Vor dem Traum

Am Tag vor dem Traum besuchte Uschi den Dom. Sie vertiefte sich besonders in die Glasfenster im Chor, deren obere Reihe unter anderem den Erlöser am Kreuz abbildet.

Sie ärgerte sich über das Bild des Gekreuzigten: «Dieses atavistische Dogma vom Sühnetod, das den Menschen auch im 20. Jahrhundert noch aufgeschwatzt wurde! Der Dom verpasste dem Volk Religion, damit es zu Kreuze krieche!» Die aggressiven Gefühle kehren im Traum wieder.

Traum

«Ich sitze im Berliner Dom und betrachte die farbigen Glasfenster im Chor. Die Bilder der oberen Reihe mit den Darstellungen von Geburt, Kreuzigung und Auferstehung sind nun im Bild des Gekreuzigten verdichtet.

In der Mitte des Bildes steht ein Engel in einem blutrot/weißen Gewand. Er hat stark männliche Züge, große, eher derbe Hände und drahtiges, langes Haar. Er hält, wie der Priester bei der Elevation der Hostie und des Kelchs, einen Abendmahlskelch mit dem erlösenden Blut über seinem Kopf.

Leicht schräg hinter ihm, zu seiner Rechten, steht Christus, wie üblich in seiner weißen Tunika mit dem goldenen Gurt und den goldenen Sandalen. Beide Gestalten sind gleich groß; sie bilden ein imposantes Paar.

Von Christus geht eine Kraft aus, die mich in ihren Bann zieht. Er wendet sich nun dem Engel zu und betrachtet ihn lange Zeit ernsthaft.

Dann sagt er: ‹Wenn du glaubst, ich sei das Lamm Gottes, das die Menschheit mit seinem Blut erlöste, irrst du dich. Ich ging nicht freiwillig ans Kreuz, um mich als Opferlamm abschlachten zu lassen; allzu oft hatte ich zu meinen Lebzeiten das grässliche Bild mitansehen müssen, wie Tiere auf dem Altar des Tempels sinnlos geschlachtet wurden!›

Den Worten folgt die Tat: Christus kippt den Kelch von hinten her mit einem Faustschlag nach vorn, sodass er zu Boden fällt. Nun strömt das heilige Opferblut – gewandelter Wein! – über den Engel hinab und verfärbt dessen Haar, Gesicht und Kleid ganz rot.

Der Engel ist unfähig zu reagieren und lässt schockiert seine Arme fallen. Christus lässt sich davon nicht beeindrucken und doppelt nach: ‹Es war nie mein Auftrag, den Opfertod am Kreuz zu sterben.›

Endlich fasst sich der Engel und fragt: ‹Was war denn dein Auftrag?›

Christus antwortet: ‹Ich bin gekommen, den Menschen die absolute innere Freiheit zu bringen. Sie müssen mit ihrem inneren Meister in Verbindung treten und auf ihn hören. Dessen Botschaft gilt es, ins Leben zu integrieren. Das war es, was ich den Menschen sagen musste. Hast du mich verstanden?›

Der Engel und Christus blicken einander lange an.

Endlich stimmt der Engel Christus zu.»

Zu Uschis religiöser Erziehung

Der Traum wird verständlich, wenn man Uschis religiösen Hintergrund kennt:

Schon als Kind hatte sie eine intensive Beziehung zu Jesus. Ihr Jesus-Bild war von Anfang an liberal geprägt. Es wurde ihr von ihren frei denkenden Zürcher Eltern, von Erziehern, Lehrern und liberalen Pfarrern vermittelt. Damals war Jesus für viele gebildete Zürcher ein weit denkender Menschenfreund, der die Tora auf die goldene Regel reduziert, die blutige Beschneidung abgeschafft, Randständige integriert – und vielleicht auch eine Freundin gehabt hatte.

In Uschis Kindheit und Jugend (während und nach dem Zweiten Weltkrieg) spielte die Kirche im Leben der Bevölkerung noch eine wichtige Rolle; die Kirche gehörte zum Dorf. Liberale Pfarrer gingen mit der Zeit; Uschi hatte viele schöne, in der Adoleszenz auch persönliche Kontakte zu solchen Pfarrern.

Uschis Christus hat in ihren Träumen so wenig Aggressionshemmungen wie sie selbst: Er pariert Attacken gekonnt; er hat keinen «christlichen Höflichkeitskomplex». Er entspricht Uschis kämpferischem Naturell.

Eine ihrer Lieblingsgeschichten ist bis heute die Räumung des Tempels (Markus 11_{15-18}). «Denen hat er's gezeigt!», frohlockte ihr kindliches Kämpferherz, wenn sie sich das dazu gehörige Bild in ihrer Kinderbibel von Julius Schnorr von Carolsfeld wieder einmal zu Gemüte führte.

Jesus war für sie ein vorbildlicher Fighter; seine Schlagfertigkeit bei Streitgesprächen fand sie erfrischend. Besonders freute sie, wie er heuchlerische Pharisäer titulierte: «Ihr frisch geweißten (mit frischem Kalk übertünchten) Gräber! Außen fix, doch innen nix, voller Unrat und Gestank» (Matthäus 23_{27})!

Zudem begeisterte Jesus sie als Dichter und Geschichtenerzähler.

Dieser Jesus kam nicht, um sich «als Opferlamm abschlachten zu lassen»; er kam vielmehr, um «den Menschen die absolute innere Freiheit zu bringen».

Vom Karfreitagsdogma, dem Sühnetod am Kreuz, bekam Uschi nur am Rande etwas mit, beispielsweise im Jugendchor, wenn sie Passionslieder sang. Doch deren Text war nie ein Thema. Hauptsache war die wunderbare Musik, von der sie sich wegtragen ließ. Die Chorleiterin sagte ihr, sie müsse den Text der Lieder nicht wörtlich nehmen; es dürfe jeder glauben, was er für richtig halte. Das war in den Jahren nach dem Zweiten Weltkrieg.

In diesem liberalen Geist wuchs Uschi auf. Da Jesus ihrem eigenen Selbst entsprach und kollektiv noch als Vorbild galt, wurde er auch für sie zu einer prägenden Gestalt, zu einem Selbst-Symbol.

Im Erwachsenenalter trat Jesus in den Hintergrund. Für die extravertierte junge Frau mit einem großen, gastlichen Haus, zwei Kindern und vielen gesellschaftlichen Verpflichtungen war anderes vorrangig als die Religion.

Doch in der zweiten Lebenshälfte, als sie zu meditieren und ihre Träume ernst zu nehmen begann, wurde Religion für sie wieder ein Thema, und Jesus spielte wieder eine wichtige Rolle.

In ihren Träumen symbolisiert er ihren inneren Meister, der sie auf ihrem Individuationsprozess begleitet. Er ist ihr *Psychopompos* (Seelengeleiter).

Deutung

Christus symbolisiert Uschis innerstes Du. Er ersetzt das Dogma vom Sühnetod durch die Botschaft von der «absoluten inneren Freiheit»:

> «Ich ging nicht freiwillig ans Kreuz, um mich als Opferlamm abschlachten zu lassen. … Es war nie mein Auftrag, den Opfertod am Kreuz zu sterben. …
>
> Ich bin gekommen, den Menschen die absolute innere Freiheit zu bringen. Sie müssen mit ihrem inneren Meister in Verbindung treten und auf ihn hören. Dessen Botschaft gilt es, ins Leben zu integrieren.»

Dieses Statement wirft zwei Fragen auf:

1. Stimmt es mit dem Neuen Testament überein?
2. Lässt es sich mit der Botschaft des historischen Jesus vereinbaren?

Die Antworten:

Die erste Frage ist zu verneinen. Die Botschaft von Uschis Christus widerspricht dem Neuen Testament. Dort ist das Dogma vom Sühnetod am Kreuz von zentraler Bedeutung.

Die zweite Frage hingegen ist zu bejahen. Die Botschaft von Uschis Christus entspricht Jeschua. Dieser war mitnichten ein mittelalterlich-franziskanisches Gotteslamm, das sich von den allegorischen Gestalten der Weisheit und Demut ans Kreuz nageln ließ und dessen erlösendes Blut direkt in den Messkelch der Kirche floss.

Die historisch-kritische Forschung entdeckte, dass Jeschua nie im Sinn hatte, als Sühnopfer auf Golgatha zu sterben. Er kämpfte vielmehr dafür, das Gottesreich mit den Seinen schon jetzt – zeichenhaft – feiern zu können. In Wirklichkeit war Jeschua nicht der, als den ihn das Neue Testament darstellt, sondern stand dem Jesus der liberalen Theologie nahe.

Er war dem Bild des mexikanischen Revolutionsmalers *José Clemente Orozco* (1883–1949) nicht so fern, wie es auf den ersten Blick den Anschein macht: In der Bibliothek des Dartmouth-Colleges in Hannover N. H. (U.S.A.) ist ein Fresko von Orozco zu sehen, auf dem Jesus wutentbrannt vom Kreuz herab steigt und die Welt mit geballter Faust auffordert, kein Unrecht mehr zu dulden: «Schluss mit dem christlichen Mythos vom Opfertod; die Zeit der frommen Opferlämmer ist vorbei!»

So drastisch, für traditionell Gläubige abstoßend dieses Bild ist: Den Kampf für die Freiheit kämpfte auch Jeschua. Was Uschis Christus im Traum von sich sagt, er sei «gekommen, den Menschen die absolute innere Freiheit zu bringen», trifft auch für Jeschua zu:

Er löste sich sowohl von seiner toragläubigen Familie wie vom Täufer, motiviert durch die Vision, in der *Abba* ihm gesagt hatte: «Du bist mein geliebter Sohn!» Von diesen Augenblick an war seine Ich-Selbst-Achse errichtet. Nun gab es für ihn keinen äußeren Meister mehr, sondern nur noch die innere Führungsinstanz, das innerste Du (das er als Mensch der Antike als «Vater im Himmel» verstand). Die innere Freiheit ist «absolut», weil sie keiner andern Instanz als dem Selbst verpflichtet ist.

Fazit: Uschis Christus (vermittelt vom liberalen Zürich), Jeschua und der revolutionäre Jesus von Orozco kämpfen für die Freiheit.

Diesen Kampf kennen der Jesus des Neuen Testaments und jener der lutherischen Kirche im Berliner Dom nicht, wo Untertanen vor dem biblisch-franziskanischen Opferlamm zu Kreuze kriechen müssen.

Der Traum zeigt Uschi die Überlegenheit ihrer liberalen Auffassung gegenüber der konservativen Ansicht der Lutheraner.

Er bestätigt ihr, die Ablehnung des Karfreitags-Dogmas sei nicht «moderner Unglaube», sondern stamme vom historischen Jesus selbst und sei ein *echter Fortschritt* in der Weiterentwicklung der Religion. Was sie in ihrer Jugend in Zürich über Jesus erfahren habe, sei dem, was in Berlin behauptet werde, überlegen (der Engel stimmt Christus schließlich zu).

Zentrales Thema des Traums ist demnach die religiöse Evolution. Da es dabei – wie in der Bio-Evolution – ums Überleben geht, wird gekämpft:

> «Christus kippt den Kelch von hinten her mit einem *Faustschlag* nach vorn, sodass er zu Boden fällt.»

Im Faustschlag tritt Uschis streitbares Naturell zutage. Als sie vor dem Glasfenster stand, wurde der urschweizerische «Wilhelm-Tell-Reflex» in ihr ausgelöst, der Hass gegen «fremde Vögte» (diesen Hass kannte sie als Kind im Zweiten Weltkrieg sehr wohl, musste sie doch jahrelang auf ihren geliebten Vater verzichten, der als Offizier der Schweizer Armee an der Grenze stand, um sein Land vor Hitler zu schützen). Jeschuas Kampf für die Freiheit war auch ihr eigener.

Ab Mitte des 20. Jahrhunderts wurde die Zürcher Kirche, unter dem Einfluss der dialektischen Theologie (welche die liberale Theologie vom Tische fegte), wieder rechtgläubig und kehrte zum Fundament der Bibel zurück.

Damals begann der Massen-Exodus aus der reformierten Zürcher Kirche, dem sich schließlich auch Uschi anschloss. Die Kirchenaustritte hatten zur Folge, dass die religiöse Evolution zurzeit außerhalb der Kirche stattfindet. Das Ziel einer individuellen, natürlichen Spiritualität verfolgen jetzt Laien. Die Zeiten der Kleriker und Gottesgelehrten sind vorbei.

Die *regressive Wiederherstellung* des «rechten» Glaubens durch die Zürcher Kirche wird in Uschis Traum mit einem Faustschlag beendet. Die Angleichung der Zürcher an Berlin wird vehement bekämpft.

Da die Ablehnung des Karfreitags-Dogmas ein Fortschritt in der religiösen Evolution ist, bleibt dem Engel im Traum zuletzt nichts anderes übrig, als Christus zuzustimmen.

Gegen die Evolution kommt er nicht auf. Er willigt ein, weil auch er sich im Grunde nach der «absoluten inneren Freiheit» sehnt:

> «Der Engel und Christus blicken einander lange an.
> Endlich stimmt der Engel Christus zu.»

Für Uschi war der Traum beruhigend. Ihr Ärger über das Bild des Gekreuzigten im Berliner Dom fiel von ihr ab. Sie tröstete sich, irgendwann würden die Konservativen ihren Widerstand gegen den Fortschritt aufgeben.

Zudem bestätigte der Traum sie in ihrer Ansicht, dass ihr Jesusbild dem historischen Jesus entspreche und das Karfreitags-Dogma überholt sei.

Es freute sie, dass der Gekreuzigte im Berliner Dom keine Zukunft hat und der Botschaft von der «absoluten inneren Freiheit» weichen muss. In Uschis Innerem lebt ein freiheitsliebender, kämpferischer Geist, der ihr für ihre geistige Weiterentwicklung fruchtbare Anregungen vermittelt.

Das zeigt sich auch im nächsten Traum, der vom «neuen Kreuz» handelt.

Zweiter Traum: Das neue Kreuz

Traum

«Christus und ich gehen Hand in Hand durch Jerusalem nach Golgatha hinauf. ‹Was denkst du von diesem Ort, Uschi?›, fragt er mich. ‹Ich weiß nicht›, sage ich und schweige. ‹Eine freudige Überraschung wartet oben auf dich›, sagt er nach einer Weile.

Schweigend steigen wir den Hügel hinauf.

Oben angekommen, erfüllt mich grenzenloses Erstaunen: An der Stelle der drei traditionellen Kreuze stehen zwei riesige Amphoren aus Ton! Aus der einen quellen unablässig frische, dunkelrote Rosenköpfe, die die Luft mit ihrem Parfum erfüllen. Die andere ist ebenfalls mit klarem Wasser gefüllt, aber voller Kräuter: Rosmarin, Thymian und Salbei.

Christus und ich stehen neben einander vor den beiden Amphoren. Nun geht er zwischen den Amphoren drei Schritte weiter und dreht sich dann um zu mir. Die Amphoren und wir bilden nun ein gleichschenkliges Kreuz.

Mit seiner Rechten deutet Christus auf die Amphore mit den Rosen und sagt: ‹Die Schönheit von Natur pur.›

Mit der Linken zeigt er auf die Amphore mit den Gewürzen: ‹Küche international, für die Praxis.›

Ich bin sprachlos. Er erklärt: ‹Es gibt kein Golgatha mehr, das in Angst und Schrecken versetzt. Das ist das neue Kreuz.›

Wir stehen schweigend davor.

Nach einer Weile nimmt er mich bei der Hand und führt mich in die Stadt hinunter. ‹Wohin gehen wir?›, frage ich. ‹Wir feiern das neue Kreuz bei Freunden.› ‹Wer sind sie?›, frage ich. ‹Mir stehen Tür und Tor offen›, antwortet er.

Schließlich gelangen wir in eine stille Gasse, wo er die Tür eines schönen Hauses öffnet. Wir betreten einen großen Raum, in dem gekocht wird. Durch die Fenster sehe ich in die Landschaft hinaus.

Die Menschen laden uns herzlich zum Essen ein an einem langen, bereits gedeckten Holztisch. Es kommen noch zwei neue Gedecke dazu.

Große Schüsseln mit Gemüse, Fisch und Fleisch, frischem Brot, Wein und exotischen Früchten werden aufgetragen. Alle setzen sich zu Tisch. Die Stimmung ist fröhlich und herzlich. Niemand fragt, woher ich komme. Ich gehöre einfach dazu. Ich bin happy.»

Das Ende des christlichen Äons

Als Archetyp überlebt das Kreuz den Wandel der Zeiten. Doch es verändert dabei seine Bedeutung.

Mit dem Ende des christlichen Äons gibt es Platz für einen neuen Sinn des Kreuzes. Zwischen alt und neu wird klar getrennt: Der Traum zeigt kein esoterisches Mischmasch mit ein bisschen Karfreitag und etwas tiefenpsychologischer Symbolik. Es gibt nur das alte und das neue Kreuz.

Um den Wandel klar zu machen, findet die Szene dort statt, wo einst das alte Kreuz stand. Dieses existiert nicht mehr: «Es gibt kein Golgatha mehr, das in Angst und Schrecken versetzt.» Wo es einst war, befindet sich jetzt der «Rosenhügel». Für Uschi, der Golgatha stets auf dem Magen lag, ist das eine «freudige Überraschung».

Da das Kreuz auf Golgatha das Wahrzeichen des Christentum war, bedeutet sein Verschwinden das Ende des christlichen Äons.

Das alte, senkrechte Kreuz wies von der Erde zum Himmel. Das neue, waagrechte Kreuz liegt auf der Erde. Das Kreuz auf Golgatha macht dem Kreuz als einem Symbol für ganzheitliches irdisches Leben Platz.

Nach zwei Jahrtausenden verliert das christliche Kreuz seine Bedeutung. An seine Stelle tritt das Kreuz als Symbol für heiles Leben (Schalom).

Das neue Kreuz

Das aufrecht stehende, langschenklige römische Kreuz auf Golgatha, an dem der christliche Heiland mit seinem Blut Himmel und Erde versöhnte, verwandelt sich im Traum in das auf der Erde liegende gleichschenklige griechische Kreuz, die *crux quadrata*. Das Jenseits wird geerdet.

Aus dem waagrechten Arm des Kreuzes entstehen die beiden Amphoren, und der senkrechte, zum Himmel weisende Stamm wird zu inneren Verbindung zwischen Christus und Uschi.

Die trinitarische Übernatur weicht der irdischen Quaternität.

Im geerdeten Kreuz symbolisiert die Verbindung zwischen Uschi und Christus Uschis Innenleben, ihre Ich-Selbst-Achse. Die Verbindung von Ich und Selbst erfolgt in der Wende nach innen, der *Introversion*.

Uschis *Extraversion* erscheint in den beiden Amphoren, die zwei wichtige Bereiche in Uschis äußerem Leben symbolisieren:

Die eine Amphore – «Schönheit von Natur pur» (dunkelrote Rosenköpfe, die die Luft mit dem Duft ihres Parfums erfüllen) – symbolisiert Uschis Schönheitssinn. Von klein an war sie eine Ästhetin, mehr auf den Vater als auf die Mutter ausgerichtet, stärker auf den Mann als auf das eigene Geschlecht bezogen. Alles an ihr musste schön sein. Ihr Vorbild ist die Schönheit der Natur: «Nicht einmal Salomo in seiner Pracht war so schön wie eine Lilie auf dem Feld» (Matthäus 6_{29}).

Die andere Amphore – «Küche international, für die Praxis» – weist auf Uschis Kochkünste hin. Als extravertierter Mensch ist sie gerne Gastgeberin; schöne Mahlzeiten in einer Runde von Freunden bedeuten ihr viel. Ihr großes Vorbild im Kochen ist *Paul Bocuse* (2013) mit seiner natürlichen, aber exquisiten Küche.

War die erste Phase von Uschis Erwachsenenleben mehr nach außen gerichtet, so entwickelte sich in der zweiten Lebenshälfte durch intensives Meditieren ihre Introversion. Im Alter bilden sie nun ein gleichschenkliges Kreuz; Inneres und Äußeres halten sich die Waage.

Das auf der Erde liegende Kreuz symbolisiert irdische Ganzheit.

Der zweite Teil des Traums

Der zweite Teil des Traums zeigt das neue Leben:

> «Wir feiern das neue Kreuz bei Freunden. … Mir stehen Tür und Tor offen.»

Aus der Feier des Opfertods im heiligen Abendmahl der Kirche, das den Gläubigen den Weg zum Himmel bereitete, wird das nicht minder beglückende abendliche Mahl bei Freunden:

> «Alle setzen sich zu Tisch. Die Stimmung ist fröhlich und herzlich.
> Niemand fragt, woher ich komme. Ich gehöre einfach dazu. Ich bin happy.»

Das ist das neue Kreuz: Lebensfülle. Was für «eine freudige Überraschung»! Nun hat das Kreuz seinen Schrecken verloren.

Auch dieser zweite Traum ist ein origineller, kreativer Einfall von Uschis Unbewussten, der zum Weiterdenken inspiriert. Er setzt die Säkularisierung der Moderne konsequent um. Die Theologie wird geerdet. Ihre Nachfolgerin ist die Tiefenpsychologie.

Zum nächsten Traum

Der dritte Traum wird die Mitte des neuen Kreuzes zeigen, den Schnittpunkt der inneren und der äußeren Achse unseres Lebens.

Nach dem Hereinklappen der Übernatur bildet der schöpferische Geist der *Natur* unsere Mitte. Diesen bezeichnete die Antike als *Pan*.

Am Ende der Antike erschallte die Klage: «Pan ist tot!» Die christliche Kultur ersetzte den heidnischen, erdenverhafteten Gott durch die himmlische Trinität. Pan wurde verteufelt. Nun hatte er nichts mehr zu lachen.

Aber jetzt feiert er sein Comeback; der untere Pol wird integriert.

Dritter Traum: Pans Comeback

Traum

«Ich weile mit Christus im Haus unserer beiden Freunde in Jerusalem. Christus sagt zu mir: ‹Komm bitte am späteren Nachmittag mit deiner Stabelle zum Rosenhügel hinauf; ich werde dort auf dich warten.›

Am späteren Nachmittag mache ich mich mit meiner dunklen, schweren Stabelle aus massivem Holz auf den langen, mühsamen Weg. Ich komme mir vor wie Christus, als er sein Kreuz tragen musste.

Oben wartet er auf mich; er begrüßt mich: ‹Wir bilden nun mit den Amphoren wieder ein gleichschenkliges Kreuz; die Stabelle kommt in die Mitte.›

Der Stadt den Rücken zugewandt, betrachte ich Christus fragend. Schließlich stelle ich die Stabelle in die Mitte und frage, was das bedeute. Er sagt: ‹Sammle dich und warte.›

Ich muss sehr lange warten.

Endlich sagt Christus zu mir: ‹Dreh dich um, zur Stadt hinunter.› Nun sehe ich weit unten eine dunkle Gestalt den Hügel hinauf steigen, erkenne sie aber nicht. Als sie näher kommt, erkenne ich Pan. Ich staune.

Christus begrüßt Pan herzlich und bietet ihm den Sitzplatz zwischen sich und mir an. Ich betrachtete die beiden. Pan freut sich sehr und setzt sich.

So verbleiben wir drei, im Schweigen, bis es Abend wird.

Auf einmal tönt Orgelmusik von Jerusalem herauf; sie ist so deutlich zu hören wie unten im Dom, wo sie gespielt wird. Christus sagt zu Pan: ‹Du hast nur deine einzige Flöte, die Orgel aber hat deren Hunderte. Am Orgeltisch sitzt der Teufel. Er spielt für dich, damit du wieder einmal ein Flöten-Ensemble genießen kannst.›

Pan ist vor Freude dem Weinen nahe. Wir lauschen der wunderbaren Musik, während die untergehende Sonne die Welt in ihr goldenes Licht taucht.

Nachdem die Musik verklungen ist, gehen wir hinunter in die Stadt zu den zwei Freunden, bei denen alle vier – der Teufel, Pan, Christus und ich – zum Essen eingeladen sind.

Die beiden Gastgeber sitzen oben und unten am Tisch; auf der einen Längsseite sind Pan und der Teufel, auf der andern Christus und ich platziert. Ein wunderbares Essen!

Danach laden uns die Gastgeber zum Übernachten ein.

Wir bedanken uns und begeben uns zur Ruhe. Alle schlafen im selben Zimmer, am Boden auf Stroh. Vier Decken liegen für uns bereit. Das Zimmer ist zur Küche hin offen. Ich schlafe ein mit dem unbeschreiblichen Glücksgefühl, eins zu sein mit allem, was ist.»

Deutung

> «Komm bitte am späteren Nachmittag mit deiner Stabelle zum Rosenhügel hinauf!»

Damit beginnt die symbolische Darstellung eines intensiven Bewusstwerdungsprozesses. Der spätere Nachmittag, die Zeit vor der Abenddämmerung, meint den Herbst und Spätherbst in Uschis Leben, die Zeit der Reife und Bewusstheit. Der Weg dahin ist für Uschi steil und mühsam:

> «Am späteren Nachmittag mache ich mich mit meiner dunklen, schweren Stabelle aus massivem Holz auf den langen, mühsamen Weg. Ich komme mir vor wie Christus, als er sein Kreuz tragen musste.»

Uschis dunkle, schwere Stabelle ist ein Bild für das, was sie trägt, worauf sie sitzt. Das Massivholz weist auf langsam gewachsenes, langlebiges Material. Wer darauf sitzt, hat eine solide natürliche Grundlage. Die Stabelle symbolisiert Uschis gesunde, stabile Natur. Im Gegensatz zu ihrer äußeren, feingliedrigen Erscheinung ist ihre Gesundheit robust; sie ist zäh, meist heiter und fröhlich. Obwohl sie gegen die Achtzig geht, fehlt ihr nichts.

Doch eine gute Gesundheit und robuste Natur allein genügen nicht. Das ist erst die eine Seite unseres Lebens. Die andere ist die *Bewusstwerdung*. Sie krönt unser Leben. Darum muss Uschi ihre Stabelle – ihre natürliche Grundlage – auf den Rosenhügel hinauf tragen. Sie muss die eigene Natur auf ein höheres Bewusstseinsniveau heben. Das ist ein langer, mühsamer Prozess, der Uschi an Christus erinnert; auch er musste «sein Kreuz tragen»: den beschwerlichen Weg der Bewusstwerdung gehen.

> Ein Beispiel dafür war die Bewusstwerdung des eigenen Typs von Uschi:
>
> Der Typen-Test, den sie vor dreißig Jahren machte, hatte ergeben, dass sie ein extremer Fühltyp ist. Sie hatte sich bei dreißig Test-Fragen zum Thema: «Fühlen oder Denken?» achtundzwanzig Mal für das Fühlen entschieden. Als sie das Gesamtergebnis vor sich sah, wurde ihr klar, dass sie anders tickt als ihr Ehemann, der mehr im Denken daheim war. Eine gedeihliche Beziehung zu ihm war nur möglich, wenn sie sich des Unterschieds zwischen beiden klar bewusst wurde und sich entsprechend einstellte. Keine einfache Sache!

Die Individuation fällt niemandem in den Schoß. Die Alchemisten nannten sie nicht umsonst ein *opus magnum*. Sie betonten, dieses sei ein *opus contra naturam*, bei dem man seiner Natur nicht einfach freien Lauf lassen dürfe.

«Oben wartet er auf mich; er begrüßt mich: ‹Wir bilden mit den Amphoren wieder ein gleichschenkliges Kreuz; die Stabelle kommt in die Mitte.› Der Stadt den Rücken zugewandt, betrachte ich Christus fragend. Schließlich stelle ich die Stabelle in die Mitte und frage, was das Ganze bedeute.

Er sagt: ‹Sammle dich und warte.› Ich muss sehr lange warten.

Endlich sagt Christus: ‹Dreh dich um, zur Stadt hinunter.› Nun sehe ich weit unten eine dunkle Gestalt den Hügel hinauf steigen, erkenne sie aber nicht.»

Uschi versteht noch nicht, worauf die Sache hinaus läuft. Sie hat eine «lange Leitung»; sie ist keine Schnelldenkerin. Anstatt dass sie sich nach dem kräftezehrenden Aufstieg auf den Rosenhügel auf ihrer Stabelle ausruhen darf, muss sie diese in der Mitte zwischen Christus und ihr platzieren …

Die Stabelle bildet nun die Mitte des geerdeten, gleichschenkligen Kreuzes, der *Crux quadrata*. Was bedeutet das, und wer wird die *quinta essentia* sein, die Quintessenz des Ganzen?

Uschi weiß es nicht. Sie muss sich sammeln und sehr lange warten. Der Nachvollzug der Mutation des Bewusstseins, die Uschi durch viele Gespräche mit Willy Obrist und mir kennen lernte, brauchte bei ihr insgesamt zwei Jahrzehnte. In dieser langen Zeit mussten uralte Bahnungen des Denkens neu gestaltet werden – für einen Fühltyp keine einfache Sache!

Endlich rückt die Lösung näher: Christus sagt zu Uschi, sie solle sich zur Stadt hin umdrehen. Jetzt sieht sie weit unten eine dunkle Gestalt den Hügel hinauf steigen. Um wen es sich handelt, erkennt sie erst am Schluss:

«Als sie näher kommt, erkenne ich Pan. Ich staune!»

Endlich, im späten Nachmittag ihres Lebens, macht es: «Klick!», und der Groschen fällt. Nun ist klar: «Es ist *Pan*, der in die Mitte des Seins gehört, das Symbol des kreativen Geists der Natur. Ihm gebührt der Ehrenplatz.»

Nun ist ihr bewusst, worauf sie bisher saß: auf ihrer Natur, deren Mitte Pan ist, dem sie sich schon immer nahe fühlte. Nun vermag sie sich von ihrer Natur zu unterscheiden (das zunehmende Unterscheidungsvermögen ist das Hauptmerkmal im Prozess der Bewusstwerdung).

«Christus begrüßt Pan herzlich und bietet ihm den Sitzplatz zwischen sich und mir an. Pan freut sich sehr und setzt sich.

So verbleiben wir drei, im Schweigen, bis es Abend wird.»

Um die neue Lebens-Ordnung zu verinnerlichen, verbringen die drei die Zeit bis zum Abend im Schweigen. Bewusstwerdung braucht Zeit …

In der Stille wird alles neu geordnet:

> «Auf einmal tönt Orgelmusik von Jerusalem herauf; sie ist so deutlich zu hören wie unten im Dom, wo sie gespielt wird. Christus sagt zu Pan: ‹Du hast nur deine einzige Flöte, die Orgel aber hat deren Hunderte. Am Orgeltisch sitzt der Teufel. Er spielt für dich, damit du wieder einmal ein Flöten-Ensemble geniessen kannst.›
>
> Pan ist vor Freude dem Weinen nahe.»

Jetzt muss sich Pan nicht mehr einsam mit dem Klang seiner einen Flöte trösten, wie während des christlichen Äons, als er oft melancholische, bisweilen aber auch wilde, ekstatische Weisen spielte. Nun musizieren Hunderte von Flöten für ihn. Das Leben ersteht wieder in seiner ganzen Fülle, wie vor dem Äon des solaren Monotheismus.

Ob der späten Ehre, die ihm widerfährt, ist Pan so gerührt, dass er dem Weinen nahe ist. «Zu schön, um wahr zu sein!», denkt er sich wohl.

Zur Feier von Pans Comeback wird alles aufgeboten. Der Teufel, der mit Pan Verdrängte, erhält eine Schlüsselrolle; er zieht sämtliche Register auf der Orgel des heil und ganz gewordenen Lebens. Seine Musik erfüllt den Dom und die ganze Stadt mitsamt dem Rosenhügel.

Das Fest am Abend ihres Lebens ist der Lohn für Uschis Ernsthaftigkeit, mit der sie den Weg ihrer Individuation ging. Die Belohnung erfolgt nicht im Jenseits, sondern hienieden, als Krönung des Lebens.

> «Wir lauschen der wunderbaren Musik, während die untergehende Sonne die Welt in ihr goldenes Licht taucht.
>
> Nachdem die Musik verklungen ist, gehen wir hinunter in die Stadt zu den beiden Freunden, wo alle vier – der Teufel, Pan, Christus und ich – zum Essen eingeladen sind.
>
> Die beiden Gastgeber sitzen oben und unten am Tisch; auf der einen Längsseite sitzen Pan und der Teufel, auf der andern Christus und ich. Ein wunderbares Essen!
>
> Danach laden uns die Gastgeber zum Übernachten ein.
>
> Wir bedanken uns und begeben uns zur Ruhe. Alle schlafen im selben Zimmer, am Boden auf Stroh. Vier Decken liegen für uns bereit. Das Zimmer ist zur Küche hin offen.»

Der Erleuchtung oben auf dem Rosenhügel folgen die leiblichen Freuden unten in der Stadt: ein wunderbares Essen! Nun ist das Leben heil und ganz: Pan und der Teufel, Christus und Uschi, der untere und der obere Pol des Lebens ergänzen sich in der Tafelrunde zur irdischen Quaternität.

Alle vier schlafen zusammen im selben Zimmer, geerdet, am Boden auf Stroh. Sie stecken aber nicht unbewusst unter *einer* Decke; jeder hat sein eigenes Deckbett, unter dem er es sich wohl sein lässt.

Vor dem Einschlafen erfährt Uschi das numinose *Mysterium conjunctionis:*

> «Ich schlafe ein mit dem unbeschreiblichen Glücksgefühl, eins zu sein mit allem, was ist.»

Das «unbeschreibliche Glücksgefühl» ersetzt das Paradies der Alten. Solche Augenblicke erfüllen unser Leben – und erleichtern uns zu gegebener Zeit auch den Abschied davon. Für Uschi scheint es zurzeit aber noch nicht so weit zu sein; denn seit diesem Traum sind vier Jahre verflossen, und noch immer ist sie gesund und guter Dinge …

Dieser Traum zeigt, was «geerdete Spiritualität» ist: Lebensfülle.

Der neue Äon bringt ein neues Lebensgrundgefühl.

Zum nächsten Traum

Im vierten und letzten Traum erscheint wiederum die Mitte des Kreuzes, aber nicht mehr als Pan, sondern als ein Edelstein, genauer: als ein «Rubin in der Farbe schweren, gereiften Rotweins» – zwei verschiedene Symbole für ein und dieselbe psychische Kraft: das Selbst.

Vierter Traum: Das Kreuz im Wüstensand

Der Traum

«Ich sitze auf einem Stuhl vor einem der großen Fenster im Wohn-Essraum des Wüstenpalasts, wo ich wohne, und meditiere die Wüste vor mir. Nach einer Weile kommt Christus von hinten zu mir, legt seine Hände auf meine Schultern und sagt: ‹Komm bitte mit mir hinaus; ich möchte dir etwas zeigen.›

Draußen bleibe ich vor dem Fenster stehen, durch das ich eben hinaus blickte. Nun entfernt sich Christus einige Schritte vom Haus und kehrt sich dann um zu mir. Es ist ganz still. Plötzlich sehe ich, wie sich der Sand hinter ihm bewegt. Ganz langsam steigt ein senkrechter eiserner Balken aus dem Sand auf, gut einen Meter hoch. Dann bewegt sich der Sand links und rechts des Balkens; nun erscheinen zwei waagrechte, je etwa anderthalb Meter lange eiserne Balken. Ein gewaltiges Kreuz richtet sich vor mir auf und steht schließlich in seiner ganzen Größe da, tief verankert im sandigen Grund.

Nun kommt Christus zu mir zurück. Schweigend betrachten wir zusammen dieses Kreuz. Ich bin sehr gerührt. Es ist nicht nur riesig, sondern auch wundervoll geschmückt. Christus erklärt mir das Kreuz, von oben nach unten:

Ziemlich weit oben am Stamm ist ein leuchtender, großer Aquamarin angebracht. Dazu sagt Christus: ‹Der hellblaue Aquamarin symbolisiert das lichte, luftige, geistige Element, das wir nicht fassen können: den Geist, der weht, wo er will.›

Ziemlich weit unten am Stamm befindet sich ein Smaragd von der Größe des Aquamarins. Christus: ‹Der grün funkelnde Smaragd spiegelt die Grünkraft der von Menschenhand noch nicht berührten Erde wider.›

Den Schnittpunkt des Stamms und der beiden Arme – die Mitte des Kreuzes – ziert ein dritter Edelstein, der größte von allen, ein Rubin in der Farbe schweren, gereiften Rotweins. Christus erklärt: ‹Das ist die Mitte. Das Leben ist Evolution. Es braucht keine Religionen mehr. Alle Menschen sind von Natur aus religiös.›

Der rechte Arm des Kreuzes ist mit Diamanten besetzt, die auf dem schwarzen Untergrund hell funkeln. ‹Das ist das bewusste Denken und Handeln des Menschen›, sagt Christus. Den linken Arm schmücken kunstvoll versetzte Goldplättchen. ‹Das ist die Herzseite›, sagt er.

Nach längerem Schweigen umkreisen wir das Kreuz im Kinhin, meditativ schreitend. Vier Mal bleiben wir stehen und machen Taiji-Übungen, zuerst vor dem Stamm, danach rechts außen, dann in der Mitte hinter dem Kreuz und zuletzt links außen.

Christus lobt mich: ‹Du machst diese Übungen so schön!›

Dann gehen wir wieder ins Haus. Unter der Türe blicke ich zurück. Das

Kreuz ist verschwunden. Christus sieht meinen Blick, schweigt aber. Drinnen heißt er mich, mein Bett vor der Feuerstelle zu betrachten. Auf dem Kopfkissen liegt ein Abbild des Kreuzes, so groß wie das schmiedeeiserne Kreuz über meinem Schreibtisch in Zürich, aber geschmückt wie das Kreuz hier.

Ich bin vor Freude dem Weinen nahe. Er sagt, das sei ein Andenken: ‹Ich ließ es von den Tuareg schmieden. Du wirst es nie mehr vergessen.›»

Deutung

Vorbemerkung

Der Traum kam während den drei Monaten, in denen sich Uschi – auf Geheiß eines Traums – intensiv nach innen richtete und in der Phantasie oft im Wüstenpalast weilte (siehe das Bild von E. Fux: «Die Eulen-Frau», Bild 13). Zurzeit des Traums war Uschi bald Achtzig.

Nun steht das Kreuz nicht mehr auf einem Hügel über Jerusalem (einer Stadt der antiken Hochkultur, der das Christentum entstammt), sondern in Afrika, der Wiege der Menschheit. Es ist uralt und symbolisiert somit einen für alle Kulturen aller Zeiten gültigen Archetyp.

Der waagrechte Balken

Der waagrechte Balken bedeutet die Extraversion. Der linke und der rechte Arm sind verschieden geschmückt:

Zum linken heißt es: «Den linken Arm des Kreuzes schmücken kunstvoll versetzte Goldplättchen. Das ist die Herzseite.» Das warme Gold meint die innersten, wertvollsten Gefühle, die beim Fühltyp im Vordergrund stehen. Er spürt instinktiv, wie ihn etwas berührt: unsympathisch oder sympathisch, anziehend oder abstossend. Nach diesen Gefühlen verhält er sich.

Der kühle Denktyp hingegen ordnet seine Beziehung zur Außenwelt vorzugsweise mithilfe seines Denkens. Dieses symbolisiert der rechte Arm des Balkens: «Das ist das bewusste Denken und Handeln des Menschen.»

Als Fühltyp orientierte sich Uschi in ihrer ersten Lebenshälfte vorwiegend mithilfe ihrer Herzseite. Später lernte sie, das Fühlen mithilfe des Denkens zu ergänzen. So gewann sie ein vollständigeres Bild vom Leben. War sie in ihrer Jugendzeit oft ein «Feuerteufel» (wie sie es heute formuliert), so wurde sie im Alter etwas nüchterner, ausgeglichener und sachlicher.

Der Stamm

Der Stamm symbolisiert die Ich-Selbst-Achse. Die Edelsteine (Aquamarin, Smaragd und Rubin) bilden drei Hauptfelder der Psyche ab, den oberen und den unteren Pol (die lichte, rationale Himmelsseite und die dunkle, irrationale Erdseite) sowie das Selbst.

Die drei Edelsteine strahlen besonders intensiv während der ihnen zugehörigen Lebensphase: der Aquamarin in der ersten, der Smaragd in der zweiten und der Rubin zuletzt.

Erste Lebenshälfte:

In der ersten Lebenshälfte – der Zeit vom Ende der Kindheit bis zur Lebensmitte – erfolgt der *Aufbau der Persona*. Der Mensch hat die Aufgabe, sich seinen Platz in der Welt zu erarbeiten; er muss «jemand werden». Diese vorwiegend nach außen orientierte, rationale Lebensphase untersteht dem himmelblauen *Aquamarin*, der das Bewusstsein prägt: «Er symbolisiert das lichte, luftige, geistige Element, das wir nicht fassen können, den Geist, der weht, wo er will.» Das Bewusstsein ist in der ersten Lebenshälfte solar: Was fasziniert, ist das Helle, Klare. Der Mensch strebt nach oben, zum Licht der Sonne (die Ausnahme bilden künstlerisch, philosophisch und religiös veranlagte Menschen, welche schon in jungen Jahren ganz bewusst das Umfassende suchen).

Zweite Lebenshälfte:

In der zweiten Lebenshälfte erfolgt in der Regel die Wende nach innen. Das klare Licht der Sonne wird durch das unscharfe Licht des Mondes ergänzt. Bei Uschi geschah dies nach Fünfzig. Nun gewann die innere Wahrnehmung zunehmend an Bedeutung. Sie achtete sorgfältig auf ihre Träume und interessierte sich für Meditation und Tiefenpsychologie. Damit begann die Ära des «grün funkelnden *Smaragds*, der die Grünkraft der Erde widerspiegelt». Die irrationale, «von Menschenhand noch nicht berührte Erde» symbolisiert eine *«terra inkognita»,* eine unbewusste Seelenlandschaft, die dem unteren Pol der Psyche untersteht. Fasziniert vom Smaragd, wandte sich Uschi geistigem Neuland zu. Damit begann ihre Individuation.

Am Anfang dieser Phase steht die Aufgabe der *Schattenintegration*, die C. G. Jung das «Gesellenstück» nannte. Sie ist von erstrangiger Bedeutung für die seelische und geistige Reifung. Wer lernt, seinen Schatten zu erkennen, anzuerkennen, anzunehmen und so weit wie möglich in sein Leben zu integrieren, fördert die Lebensqualität für sich und seine Umgebung. Er lernt, sich mit äußeren und inneren Feinden zu versöhnen. Wem dieses *Opus* gelingt, der darf ein erfülltes Alter erwarten.

Die Jungsche Psychologie widmet sich hauptsächlich dem Reifungsprozess der zweiten Lebenshälfte.

Alter:

Dem «Gesellenstück» folgt im Spätherbst des Lebens das «Meisterstück». Nun gelangt der Mensch – wie eine Frucht – zur vollen Reife. Bevor eine Frucht vom Baum fällt und verfault, ist sie in der Regel reif und entfaltet ihre ganze Köstlichkeit. Auch der Mensch kann seine wertvollsten Seiten erst im Alter entfalten, bevor er stirbt. Der jugendliche Mensch ist eine grüne, noch unreife Frucht. Für ihn ist das Fleisch wichtiger als der Geist.

In der letzten Lebensphase werden die archetypischen, «männlich» und «weiblich» gefärbten Kräfte auf dem Seelengrund – *Animus* und *Anima* – ins Leben integriert. Der Animus ist «männlich» geprägter Geist: Ordnung, Klarheit, Struktur, Gesetz. Die Anima ist «weiblich» gefärbtes Leben: Vitalität, Energie, Kraft, Gefühl. Bei diesem Integrations-Prozess rundet sich unsere Persönlichkeit ab. Wir werden ganz. Ein Kreuz.

Am Schluss dominiert der dritte Edelstein, der «Rubin in der Farbe schweren, gereiften Rotweins». Da wir nicht mehr an Götter glauben, ist der Rubin für uns ein passenderes Symbol für das Selbst als Pan.

Umkreisen der Mitte

> «Nach längerem Schweigen umkreisen wir das Kreuz im Kinhin, meditativ schreitend. Vier Mal bleiben wir stehen und machen Taiji-Übungen. Christus lobt mich: ‹Du machst diese Übungen so schön.›»

Das Kreuz im Wüstensand ist ein für die Meditation sehr geeignetes Symbol. Weil es «Ganzheit» bedeutet, schließt es auch den Leib ein. Darum machen Uschi und Christus Taiji-Übungen, die helfen, uns einzumitten. Für Uschi sind diese Übungen zu einem Teil ihrer selbst geworden. Darum lobt Christus sie: «Du machst diese Übungen so schön.»

Ein unvergesslicher Schluss

> «Dann kehren wir ins Haus zurück. Unter der Türe blicke ich zurück. Das Kreuz ist verschwunden. Christus sieht meinen Blick, schweigt aber. Drinnen heißt er mich, mein Bett vor der Feuerstelle zu betrachten. Auf dem Kopfkissen liegt ein Abbild des Kreuzes, so groß wie das schmiedeeiserne Kreuz über meinem Schreibtisch in Zürich, aber geschmückt wie das Kreuz hier.

Ich bin vor Freude dem Weinen nahe. Er sagt, das sei ein Andenken: ‹Ich ließ es von den Tuareg schmieden. Du wirst es nie mehr vergessen.›»

Die vier Träume zur Mutation des Kreuzes haben das Leben von Uschi fundamental verändert. Die Macht der unbewussten Psyche ist grenzenlos. Durch sie wirkt die letztlich durch nichts aufzuhaltende Evolution, vor der alles verblasst, was der Mensch hervorbringt.

Natürliche Spiritualität: Zehn Thesen

Natürliche Spiritualität: Zehn Thesen

1. Ursprung der Religion

Der Mutterboden aller Religionen ist die menschliche Psyche, die sich in der unvorstellbar langen Zeit der Evolution aus einfachsten kognitiven Systemen entwickelt hat.

Die biologische Evolution ging beim Menschen nahtlos in die Bewusstseinsevolution über; die Grenze zwischen Natur- und Kulturgeschichte war fließend.

Die Tiefenpsychologie nach C. G. Jung unterscheidet zwei Bereiche der Psyche. Den älteren, naturgewordenen Teil nennt sie das Unbewusste, das im Selbst zentriert ist; den jüngeren, weitgehend kulturbedingten Teil nennt sie das Bewusstsein, das im Ich zentriert ist.

Dieses war bisher sehr erfolgreich; ob es sich weiterhin bewährt, wird sich weisen.

2. Bewusstseinsevolution

Wie alles im Universum entwickelte sich auch das Bewusstsein aus einer ursprünglich einfachen zu einer immer komplexeren Gestalt. Dasselbe gilt für die vom Bewusstsein geschaffene Kultur. Darum schreitet nicht nur die Bio-Evolution, sondern auch die kulturelle und religiöse Entwicklung unaufhaltsam und irreversibel voran. *Life is Evolution.*

Zurzeit findet eine Mutation des Bewusstseins statt, die unter Geburtswehen globalisiert. Bisher entstanden drei verschiedene, je in sich geschlossene und nicht mit einander kompatible Grundformen von Kultur:

1. Der archaisch-mythische Typ
   (These; Altsteinzeit bis Spätmittelalter).
2. Der positivistisch-rationalistische Typ
   (Antithese; seit der Aufklärung).
3. Der integrale Typ
   (Synthese; Zukunft).

Die Evolution des Bewusstseins schreitet nicht linear, sondern *dialektisch* voran, nach dem Muster: «These → Antithese → Synthese.» Die zwei Schritte der Mutation sind ein tief reichendes: «Stirb und Werde!» Zuerst wird das archaisch-mythische, dann das positivistische Zeitalter verschwinden.

3. Natur und Religion

Ursprünglich half den Lebewesen ihr unbewusster schöpferischer Geist, der Instinkt, den Kampf ums Dasein zu bestehen und immer neue Überlebens-Strategieren zu entwickeln. Bei höher entwickelten Arten kam mit der Zeit bewusstes, individuelles Lernen hinzu. Da die menschlichen Instinkte nur mehr vage ausgebildet sind, erteilen sie keine klaren Weisungen. Arnold Gehlen (1904–1976) nennt Homo sapiens darum ein «Instinktmangel-Wesen». Die Lücke füllen Kultur und Religion, indem sie die Instinkte durch kollektiv verbindliche Gebote angeblich übernatürlicher Wesen ergänzen.

In der Neuzeit entfremdete sich der Mensch dem Instinkt und der Natur. Die künftige Spiritualität wird ihn wieder mit der Natur in und um sich vernetzen.

4. Wende nach innen

Im Kampf ums Überleben hat das Selbst das größere Knowhow als das Ich, ein noch unerfahrener *Newcomer* der Evolution. Das Ich kann sich durch die Wende nach innen mit dem Seelengrund verbinden. Die Introversion, die Ich und Selbst rückkoppelt, besteht in der Achtsamkeit gegenüber inneren Wahrnehmungen. Das Ernstnehmen der Träume nannte Freud die *via regia* zum Unbewussten.

5. Abschied vom Jenseitsglauben

Die Vorstellung eines außerhalb des Menschen liegenden Jenseits wurzelt im archaischen Konkretismus: Innerlich wahrgenommene Bilder wurden früher als konkret existierende Dinge verstanden und in ein unsichtbares, mysteriöses Jenseits projiziert, das sich außerhalb der Welt zu befinden schien. Die Alten nahmen ihr Inneres in der Projektion wahr.

Die Rücknahme der Projektion verwandelt das Jenseits in ein inneres «Jenseits-des-Ichs»: ins Unbewusste, in dem sich autonome, vom Ich unabhängige Komplexe tummeln.

Die Tiefenpsychologie klappt das Jenseits der Alten ins Diesseits herein und verortet es in der Psyche, seinem Ursprung.

6. Offenbarungen verblassen

Die Religionen glauben, ihre Offenbarungen entstammten dem Jenseits. Darum halten sie diese für ewig gültig und erklären sie für *tabu.* Weil sie meinen, sie müssten einen unvergänglichen Schatz hüten, sind sie konservativ.

Nun wies die Tiefenpsychologie aber nach, dass Träume und Visionen zum Informationsfluss vom Selbst zum Ich gehören. Visionen sind zwar eindrucksvolle, aber natürliche Vorgänge. Wegen ihrer Eindrücklichkeit wurden sie früher für Offenbarungen von drüben gehalten. Da sie sich aber *ad hoc* ereignen und auf konkrete Situationen eingehen, sind sie dem Wandel der Zeit unterworfen. Große Offenbarungen bestimmen zwar ganze Äonen; doch mit deren Ende verblassen auch sie.

7. Keine Materie ohne Geist

Im Weltbild der Alten wurde die Welt angeblich von jenseitigen Geist-Wesen erschaffen; nach heutiger Erkenntnis wird sie vom kreativen Geist der Natur hervorgebracht. Das neue Weltbild ist monistisch: Das Sein ist ein einziges mit zwei Aspekten, einem geistigen und einem materiellen. «Es gibt keinen Geist ohne Materie und keine Materie ohne Geist» (Obrist 2015).

8. Seelenheil

Der alte Heilsweg der Seele zum ewigen Leben wird in Zukunft durch den Individuationsprozess ersetzt werden. Nun muss der Mensch nicht mehr heilig, sondern darf heil und ganz werden. Aus dem ewigen Leben dort drüben wird ganzheitliches Leben hienieden. Dazu gehört die Bemühung um Bewusstwerdung: die Integration des Schattens (das «Gesellenstück») und die bewusst gestaltete Verbindung zum eigenen Seelengrund (das «Meisterstück»).

9. Kränkungen

Die Entdeckungen der modernen Wissenschaften führten zur Erosion des archaisch-mythischen Weltbildes und der auf diesem basierenden Religion. Nach Freud waren die Entdeckungen von Kopernikus, Darwin und der Tiefenpsychologie drei schwere Kränkungen der Religion durch die Wissenschaft.

Eine weitere Kränkung ist die Erkenntnis, dass der Glaube an ein persönliches Weiterleben nach dem Tod auf einem Irrtum beruht: Wenn die Neuronen im Frontallappen des Gehirns nicht mehr feuern, erlöscht das Bewusstsein und mit ihm das Ich. Mit dem Zerfall des Leibes zerfällt auch die Psyche. Was vom Leib der Verstorbenen übrig bleibt, recycelt die Natur; ihr Geist lebt in der Erinnerung der Hinterbliebenen weiter. Doch auch diese verblasst; selbst in Stein gemeißelte Namen verwittern. Dereinst wird sogar unsere Sonne verlöschen – und mit ihr alles Leben auf Erden.

Es gibt nichts Ewiges; der ewige Wandel ist das einzig Beständige.

10. Sinn des Lebens

Ob das Leben an sich einen Sinn habe, kann niemand wissen. Wir verleihen unserem Leben Sinn, wenn wir uns nach innen wenden und uns um *Bewusstwerdung* bemühen. Dann leben wir evolutionsgemäß und finden unseren Platz im großen Ganzen der Natur. Das macht Sinn.

Für spirituelle Menschen besteht der Sinn des Lebens in der Erfahrung des Numinosen, mit Goethe gesagt:

«Gefühl ist alles;
Name ist Schall und Rauch»
(Goethe, Faust I, 3457).

Literatur

Augstein, R.: «Jesus Menschensohn.» Hoffmann und Campe, 2000.

Benz, Ernst: «Die Vision. Erfahrungsformen und Bilderwelt.» Klett-Cotta 1969.

Berger, David: «Der heilige Schein.» Als schwuler Theologe... Berlin ²2010: Ullstein.

Bobzin, Hartmut: «Mohammed.» München ³2006: C.H. Beck (Wissen).

Bocuse, Paul: «Bocuse für jeden Tag.» 220 Gerichte. 2013: WBG.

Boyce, Mary: «A History of Zoroastrism.» 4 Bd. Brill (o.J.).

Brantschen, N./**Gyger**, P.: «Es geht um die Liebe. Aus dem Leben eines zölibatären Paares.» München 2013: Kösel Verlag.

Buber, M./**Rosenzweig**, F.: «Die fünf Bücher der Weisung.» DBG 1992.

Bultmann, R.: «Neues Testament und Mythologie.» München 1941/85: Kaiser Verlag.

Clot, A.: «Harun al Raschid. Kalif von Bagdad.» Düsseldorf/Zürich 2001.

Demel, W. u. a.: «Weltgeschichte. Eine globale Geschichte von den Anfängen bis ins 21. Jh.» 2009 by WBG, Darmstadt; 6 Bände.

DeVries, S. Ph.: «Jüdische Riten und Symbole.» Wiesbaden ²1982: Fourier Verlag.

Dawkins, R.: «Das egoistische Gen.» Berlin, Heidelberg, New York 1978.
«Der Gotteswahn.» Berlin 2008: Ullstein TB.

Eagleman, D.: «Inkognito.» 2011: Campus Verlag.

Fowler, J.: «Stufen des Glaubens.» Gütersloh 1991.

Freud, S.: «Der Mann Moses und die monotheistische Religion – drei Abhandlungen»; Herausgeber: **Jan Assmann,** Reclam Nr. 18721, Stuttgart 2010.

Frevel, Christian: «Grundriss der Geschichte Israels.» In: Erich Zenger (u.a.): Einleitung in das Alte Testament. Kohlhammer, Studienbücher Theologie, Band 1, ⁷2008.

Geier, Manfred: «Kants Welt.» Eine Biografie. Rowohlt ⁵2004.

Girardet, K. M.: «Der Kaiser und sein Gott. Das Christentum im Denken und in der Religionspolitik Konstantin des Großen.» Berlin 2010: Walter de Gruyter.

Graefe, Erhart: «Das Alte Ägypten.» In: WBG Weltgeschichte, Darmstadt, 2009; Bd. I, S. 147–183.

Halm, Heinz: «Die Araber.» München ³2010: C.H. Beck (Wissen).

Halfwassen, J.: «Der Gott des Xenophanes» (in: Archiv für Religionsgeschichte 10 (2008), S. 275–294.

Hartmann, Benedikt: «Monotheismus in Mesopotamien», S. 15-52; in: «Monotheismus im Alten Israel und seiner Umwelt», hgg. von Othmar Keel, Fribourg 1980.

Heine, H.: «Ein Wintermärchen» (Werke in zwei Bänden, Bd. 1. Salzburg 1985).

Henning, Max: «Der Koran.» Stuttgart 1991: Reclam (4206).

Holland, Tom: «Persisches Feuer. Das erste Weltreich und der Kampf um den Westen.» Stuttgart 2008: Klett-Cotta.

Holbach, P. H.: «System der Natur.» Neuauflage: Berlin 1960.

Hornung, Erik: «Grundzüge der ägyptischen Geschichte.» Darmstadt ⁶2008: WBG.

Humbach, Helmut and Klaus **Faiss**: «Zarathustra and His Antagonists.» Reichert, Wiesbaden 2010.
Jaspers, Karl: «Vom Ursprung und Ziel der Geschichte.» München 1949.
Judah, Ben: «Fragile Empire. How Russia Fell In and Out of Love with Vladimir Putin.» Newhaven 2013: Yale U.P.
Jung, C. G.: «Der Mensch und seine Symbole». Olten 1968: Walter-Verlag.
«Erinnerungen, Träume, Gedanken.» Walter-Verlag Olten 1971.
«Psychologische Typen.» GW Bd. 6, Patmos-Verlag [3]2011.
Jung, Lorenz: «Der Archetypus des Knaben.» Jungiana, Reihe B, Bd. 4, 1995.
Jursa, Michael: «Die Babylonier.» München [2]2008: C.H. Beck, Wissen.
Kant, Immanuel: «Werke in sechs Bänden.» Darmstadt 1998.
Karger, Bernt: «Die Geschichte der Medizin.» Patmos 2001.
Kaufmann, Rolf: «Die Krise des Tüchtigen – Paulus und wir im Verständnis der Tiefenpsychologie.» Olten 1983: Walter-Verlag.
«Zazen und Kinhin.» Zürich 1998 (Broschüre; gratis zu beziehen beim Verf.).
«Das Gute am Teufel.» Stuttgart 2010: opus magnum.
«Alte und neue Religiosität.» Stuttgart 2006: opus magnum.
«Am Puls der Evolution.» Stuttgart 2010: opus magnum.
Kaufmann, U.: «Die Eulenfrau.» Frankfurt 2004: R. G. Fischer.
Keel, Othmar: «Die Geschichte Jerusalems und die Entstehung des Monotheismus.» 2 Bände, Vandenhoeck & Ruprecht, Göttingen 2007.
Kettermann, G.: «Atlas zur Geschichte des Islam.» Darmstadt [2]2008: WBG.
Kusch, Roger: «Sterbehilfe aus christlicher Nächstenliebe.» 2011. ISBN 978-3-8448-6759-6.
Leeuw, G.: «Phänomenologie der Religion.» Tübingen 1933: J. C. B. Mohr.
Lindner, Michael: «Ein stärkstes Erlebnis – C. G. Jung und Nietzsches Zarathustra.» Jung-Journal, Heft 28, August 2012.
Lorenz, Konrad: «Die Rückseite des Spiegels. Versuch einer Naturgeschichte menschlichen Erkennens.» München 1973: Piper (dtv 1249, [4]1980).
Löwith, Karl: «Weltgeschichte und Heilsgeschehen.» Stuttgart 1953: Kohlhammer.
Lüdemann, G.: «Jesus nach 2000 Jahren.» Zu Klampen, 2000.
Mahlstedt, Ina: «Die religiöse Welt der Jungsteinzeit.» Darmstadt 2004: WBG.
Mattig, Tomas: «Haelthy Economy.» Neue Denkformen … Verlag NZZ, 2014.
Mertens / Obrist / Scholpp: «Was Freud und Jung nicht zu hoffen wagten … Tiefenpsychologie als Grundlage …» Gießen 2004: Psychosozial-Verlag.
Müller, Lutz: «Der Held – Jeder ist dazu geboren.» Stuttgart [2]2013: opus magnum.
Neumann, Erich: «Kulturentwicklung und Religion.» Rascher Verlag [1]1953.
«Ursprungsgeschichte des Bewusstseins.» Zürich 1949.
«Die Große Mutter.» Walter Verlag 1985 ([1]1956, Rhein-Verlag).
Neuwirth, Angelika: «Der Koran.» Handkommentar, Bd. I. Berlin 2011.

Nietzsche, F. : «Werke in 3 Bänden.» Hg. K. Schlechta. München 1966: Hanser.

Nutting, Anthony: «Die arabische Welt.» Goldmann Verlag, München (o. J.).

Obrist, Willy: «Die Mutation des Bewusstseins. Vom archaischen zum heutigen Selbst- und Weltverständnis.» Stuttgart 2013: opus magnum.

«Religiosität ohne Religion.» Stuttgart 2009: opus magnum.

«Archetypen.» Stuttgart 2013: opus magnum.

«Keine Materie ohne Geist». Stuttgart 2015: opus magnum.

«Die Mutation des europäischen Bewusstseins. Eine Kurzfassung des Gesamtwerks.» Stuttgart 2015: opus magnum.

«Tiefenpsychologie und Theologie – zwei Etappen der Evolution des Bewusstseins.» Stuttgart 2009: opus magnum.

«Die Mutation des Bewusstseins fand in Europa statt.» 2013: opus magnum.

Oeser, Erhard: «Das selbstbewusste Gehirn. Perspektiven der Neurophilosophie.» Darmstadt 2006: WBG.

Ohlig, Karl-Heinz: «Religion in der Geschichte der Menschheit.» Darmstadt 2002.

Otto, Eckart: «Mose – Geschichte und Legende.» München 2006 (C.H. Beck).

Platon: Werke in acht Bänden. WBG Darmstadt, 1977 (^{6}2011).

Popper, Karl R. «Logik der Forschung». 1934; ^{3}1969.

«Objektive Erkenntnis.» Hamburg 1973.

Roesler, Chr.: «Analytische Psychologie heute.» Der aktuelle Stand der Forschung zur Psychologie C. G. Jungs. Basel 2010: Karger.

Reichholf, Josef: «Warum die Menschen sesshaft wurden. Das größte Rätsel unserer Geschichte.» Frankfurt 2008: Fischer.

Rosenstock-Huessy, Eugen: «Die europäischen Revolutionen und der Charakter der Nationen.» Eugen-Diederichs-Verlag, Jena 1931; Düsseldorf/Köln ^{2}1951, ^{3}1960.

Schleiermacher, Friedrich: «Platon.» GW, Berlin 1824.

Zweisprachige Ausgabe der WBG: Platon, Werke. Darmstadt 1974 (^{6}2011).

Schlögl, H.: «Echnaton.» München 2008: C.H. Beck.

Schmid, K.: «Literaturgeschichte des Alten Testaments.» Darmstadt 2008: WBG.

Schmidt-Salomon, M.: «Manifest des evolutionären Humanismus. Plädoyer für eine zeitgemäße Leitkultur.» Aschaffenburg ^{2}2006: Alibri Verlag.

Schmitz, Barbara: «Geschichte Israels.» UTB. Paderborn 2011.

Schneider, U. J.: «Die Erfindung des allgemeinen Wissens. Enzyklopädisches Schreiben im Zeitalter der Aufklärung.» Berlin 2013, Akademie-Verlag.

Schulz, S.: «Griechisch-deutsche Synopse der Q-Überlieferungen.» Zürich 1972: tvz.

Schupp, Franz: «Geschichte der Philosophie.» 3 Bände. Meiner Verlag 2003.

Schroer/Keel: «Die Ikonographie Palästinas/Israels.» Fribourg 2005ff.

Senn, Felix: «Der Geist, die Hoffnung und die Kirche». TVZ 2009.

Stausberg, Michael: «Zarathustra und seine Religion.» C.H. Beck (Wissen), 2005.

Thoma, Erwin: «Das geheime Leben der Bäume.» Salzburg 2012: Ecowin-Verlag.

Tilly M. / **Zwickel** W.: «Religionsgeschichte Israels.» Darmstadt 2011: WBG.
von Franz, M. L.: «Der ewige Jüngling.» München 1987: Kösel-Verlag.
Wiesehöfer, Josef: «Das frühe Persien.» Beck Wissen, ²2002.
Wyss, Kurt O.: «Wir haben nur dieses Land. Der Israel-Palästinenser-Streit als Mutter aller Nahostkonflikte.» Bern 2013: Stampfli-Verlag AG.
Zenger, E. (u. a.): «Einleitung in das Alte Testament.» Stuttgart ⁷2008: Kohlhammer.